中国现代文化名人

评传丛书

秦林芳 著

丁玲评传

南京大学出版社

总主编　张一兵

执行主编　丁帆

教育部人文社会科学重点研究基地
南京大学中国新文学研究中心　策划

中国现代文化名人评传丛书

总　序

　　《中国现代文化名人评传丛书》是教育部南京大学新文学研究中心酝酿多年的一个课题计划,它的主旨就是要为广大读者提供一个认识现代社会以来中国文化在极其复杂的语境下是怎样孵化出一大批文人名流的窗口,从而回到历史的现场,更真切地从历史的脉络和缝隙中识别那个时代的文化真实,体悟那个时代里名人的心路历程。

　　近三十年来,海内外陆续出版了许多文化名人的传记和评论著作,可谓十分繁多,其中亦不乏可圈可点之佳作。但总起来说,其局限性也是很明显的——要么就是注重文本的传记特征,凸显其文学性,而淡化了史料性和学术性;要么就是从纯学术性入手,只注重对传主遗留文字内涵的学术性发掘与剖析,而忽略了对人物内心世界的揣摩,对其工作与生活事件的叙述以及对文本艺术性和文学性的追求。从技术层面上来看,这似乎只是个体例问题,其实它关乎的却是文化理念以及方法运用等宏观统摄的大问题。

　　我们这里特别要强调的是关于怎样在大量的史料基础上完成评与传的问题,尤其是传的部分,如何运用合理的"历史的想象力",应该是每一个学者应该持有的基本价值立场。

　　当"历史是一个被任意打扮的小姑娘"成为许多历史学家回避历史真实性的遮羞布时,当克罗齐的"一切历史都是当代史"成为史学界治史的箴言时,我们不能不看到历史一次次被歪曲的悲剧。我们是一个不缺乏历史教育的国度,但是,我们的历史教育往往是建立在充满着过度丰富的"历史的想象力"之中的,实用政治对历史学的干预往往建立在夸张、扭曲、变形和虚构的基础之上,造就了一代又一代人对历史的误读——远离历史的真实成为一种历史的常态,这是一个十分可怕的事情。当然,我们也十分清楚,历史是永远不可能"还原"和"复原"的,但是,尽可能接近历史的真实,却是每一个史学工作者最最基本的学术道德底线。然而,这个底线为什么会在不同的历史时期一次又一次被突破呢?实用历史的观念把历史学推向了深渊。曾几何时,对秦始皇的过分褒扬而掩盖其非人性的残酷一面,无非是为彼时的专制制度树碑;对各朝各代法家的歌颂无非是为维护其专制统治而立传;对成吉思汗穷兵黩武的膜拜无非是为人类"兽性"张目,因而,当"惜秦皇汉武,略输文采,唐宗宋祖,稍逊风骚,一代天骄成吉思汗,只识弯弓射大雕"不是一个浪漫主义诗人的文学抒情,却成为史学界的治学指南时,注定会产生历史学教育的悲剧结局。同样,对辛亥革命的由贬到褒的过度阐释,片面地追求"历史的想象力",也正是体现了史学界实用主义的治学理念,倘若这种理念不改变,我们的历史学教育仍然会沿着错误的道路滑行。即便是并不遥远的现代史,涂抹历史的记忆也同样是易如反掌的事情。

我们以为,"历史的想象力"应该建立在丰富的史料公开的基础之上,它应该是照亮历史幽暗处的一束光线,使其成为更加光明的原动力;它更应该是填补历史细节不足的润滑剂,成为使其更加丰满起来的驱动力。它不能建立在凭空想象的基础上,没有坚实的史料作为基础,没有基本史实作为实证的依据,就不能抵达历史真实性的彼岸,只有在实证加合乎逻辑的想象前提下,才能更加接近历史真实的原态。

如果从文学的角度来谈"历史的想象力",可能会有许多古往今来的事例可举,只一部《红楼梦》就足以证明它在文学艺术中的生命力所在。

但是我想举证的恰恰是二十世纪末以来中国文学在消费文化的影响下滥用"历史的想象力"的弊端。

自台港文学中的武侠历史小说流入大陆以后,效仿戏说历史的风潮开始蔓延,作为一种消遣休闲文学,这似乎是无可指责的创作方法。但是,我们不能不看到这样一个悲剧性的事实:许多喝着这样的文学奶汁成长起来的年轻人居然将那些虚构出来的人物故事当作历史教科书的内容来阅读,尤其是在这个人文意识日趋淡薄、工具理性日益发达的时代,那些只希望在"快餐"中获得和完成人文教育的人,是无视历史学和消遣文学之间的界限的,这不能不说是我们文学教育和历史教育的悲哀。

如今的历史题材创作已经到了不戏说和不杜撰历史就不能成书的地步了,其中一个最重要的原因就是作家们对于那种需要查阅大量史料,在基本史实的基础上有凭有据地发挥"历史的想象力"的功夫已经失去了耐心,那种"十年磨一剑"、"二十年磨一剑"、"一辈子磨一剑"的严肃创作态度已然被消费文化时代的"快餐"制作法所取代,谁还愿意穷几十年的皓首来"磨铁杵"呢? 传统意义上的历史题材的严谨创作已不复存在,为弄清楚一个历史细节花费巨大精力的创作将会成为历史。不知道这是文学的幸还是不幸呢?!

从没有"历史的想象力"到过度的"历史的想象力",我们的历史和文学走过的道路并不曲折,但都不是我们所需要看到的结局。我们需要的是贴近历史原态的价值理念,所以,我们希望这套丛书成为一个运用合理的"历史的想象力"的典范。

本着兼顾学术性与可读性的原则,我们在准备编纂这套丛书时,就明确要求作者将"传"与"评"尽可能完美地结合。所谓"传",是作者以叙事的方法再现传主的生活历程;所谓"评",是作者直接站出来阐释、论说传主的人生意义与文化成就。做到在真实可靠的史料考察基础之上,既具备叙事的文学魅力,又不失清晰的学术剖析。我们充分注意到了本套丛书的受众面——既要为少数文化研究者提供可资参考的史料和学术视野,同时也要兼顾广大文化和文学爱好者拜视文化名人的嗜好,为文化普及做好基础工作。因为我们深知,无论是专业研究,还是业余爱好,一旦失去了其趣味性,是无论如何不可能达到一个"自由王国"境界的。所以,我们倡导在严谨的叙述中,避开那种繁琐考证和过多纠缠于枝节问题的写法,力图着眼于大事件和传主之间的勾连,以及传主行状与时代思潮之间的关联性,以此来勾勒与构筑传主在历史现场的真实存在。

毫无疑问,我们这个时代已经进入了一个文化消费的时代,我们不能要求每一个人都是守成主义者,固守拒绝任何想象的传统"评传"写法,摈弃一切文学的想象和合理的推论。但是,我们绝不提倡那种以出卖传主隐私而获得名利的商业性炒作,反对那种"演义化"的写法。因此,本丛书的编撰原则就十分清楚了,广大读者也可从中看出某种端倪。

为了丰富本丛书史料的直观性,我们要求作者尽可能提供一些有关传主的图像资料,内容包括生活照、手稿、书影等等。其目的就是在严肃的学术性观照中增加历史现场感,同时给书籍的装帧增添一些活泼的色彩,融学术性与艺术性为一体。

丛书将会以成熟一批出版一批的方式呈现在读者面前,其中多属新制原创,少量是旧著修订新版,我们也将在此过程中不断改进和不断完善,将这一套丛书做成一流品位的文化书籍。我们相信,有众多高水平作者的支持,有广大高品位读者的呵护,有一个高要求的编委会以及出版单位的努力与支持,这套丛书一定会达到预期的目标。

丛书编委会

2012 年 1 月

1931年2月胡也频牺牲后，丁玲于次月送儿子回湖南老家时与母亲、儿子合影

抗战爆发之初，丁玲任西北战地服务团团长

1946年7月，丁玲在涿鹿县桑干河畔参加土改工作

1952 年 3 月 15 日《太阳照在桑干河上》获斯大林文艺奖金，此照于当日摄于苏联

1975年秋,丁玲、陈明在山西长治老顶山公
社嶂头村

晚年丁玲,摄于 1982 年

目　录

第一章　湘西"孤女"

　　1904 年 10 月 12 日（农历甲辰年九月初四），蒋家一名女婴在湖南省常德县外祖父余泽春家的深宅大院里呱呱坠地。她后来成长为一名二十世纪中国重要的女作家，以笔名"丁玲"行世，其他使用过的笔名还有"曼伽"、"彬芷"、"丛喧"、"晓菡"、"毛毛"等。关于自己的姓名和笔名等，她后来作过如此说明："我小时在家叫冰之，上学时取名蒋伟，是我母亲给取的。我上中学时自己改为玮。到上海进平民女子学校，用冰之名。废姓引起很多麻烦，只好随便加了一个姓。后来为去上海想当电影演员，改名丁玲，投稿时便又用了它，'丁玲'毫无意思，只是同几个朋友们闭着眼睛在字典上各找一个字作名字。玲字是我瞎摸到的。"①她的原籍是在常德之北的安福县（1914 年改临澧县）修梅乡沃沙村黑胡子冲

———————

① 丁玲：《致叶孝慎、姚明强》（1979 年 7 月 7 日），《丁玲全集》第 12 卷，河北人民出版社 2001 年版，第 118 页。下引《丁玲全集》其他各卷，版本均同此。

（现为佘市桥镇高丰村建新组），在临澧县城西北约十公里。

高尔基曾经指出，对于作家来说，童年印象"具有决定意义"。[①] 任何一位成功的作家几乎都把童年经验看做是生活的宝贵赐赠，看做是自己不竭的创作源泉。这里所说的"童年经验"，是指从儿童时期[②]的生活经历中所获得的体验。它之所以对于一个作家具有"决定意义"，就在于它使作家在创作之前就形成了看取世界、看取人生的心理定势和特有视角。正如童庆炳先生所说："就作家而言，他的童年的种种遭遇，他自己无法选择的出生环境，包括他的家庭，他的父母，以及其后他的必然和偶然的不幸、痛苦、幸福、欢乐，他的缺失，他的创伤，他的幸运，社会的、时代的、民族的、地域的、自然的条件对他的幼小生命的折射，这一切以整合的方式，在作家的心灵里，形成了最初的却又是最深刻的先在意向结构的核心。这个先在意向结构核心是如此顽强，可能对他的一生都起着这样和那样的引导、制约作用。"[③]在丁玲童年经验形成过程中，地域、时代尤其是家庭等因素发生了重要作用。

任何个体都是文化的造物。不管何人，其心灵深处都会刻上地域的、时代的文化印记。常德、安福两县，均处湘西。作为一种遗传基因和精神血液，风格独具、流布绵远的湖湘文化（特别是其中的湘西文化）在丁玲诞生之际就深植于其内心深处，并在其血管中流淌。1931 年 9 月，沈从文为纪念胡也频作长文《记胡也频》，其中对湘西"蛮"性文化的特质以及丁玲与湘西文化的关系就作过这样的描述：丁玲"生长地方是湘西，同我所生长的地方并不很远。我们家乡所在的地方，一个学习历史的人

---

① ［苏］高尔基：《论文学》，人民文学出版社 1978 年版，第 12 页。

② 现代心理学一般把出生到成熟这一时期称为"儿童期"。就丁玲本人而言，其"儿童期"大体是指从出生到 1922 年出湘赴沪之前。

③ 童庆炳：《作家的童年经验及其对创作的影响》，《文学评论》1993 年第 4 期。

会知道,那是'五溪蛮'所在的地方。这地方直到如今,也仍然为都会中生长的人看不上眼的。假若一种近于野兽纯厚的个性就是一种原始民族精力的储蓄,我们永远不大聪明,拙于打算,永远缺少一个都市中人的兴味同观念,我们也正不必以生长到这个朴野边僻地方为羞辱"①。沈从文夫人张兆和说,该书出版前,沈从文"给丁玲看过的,征求过丁玲的意见"②。沈从文本人在1933年所作《记丁玲续集》中也早已写道:"这本书从《时报》登载以后,拿过光华付印时,一切便是她(指丁玲——引者)所经手的。"据此,可以认为,丁玲自己对沈从文的上述分析应该是认可的。

事实上,在现实生活中,后来的丁玲也表现出了湘西文化所赋予她的那种泼辣、倔强、执着的"蛮"性文化特征。1949年7月,在第一次文代会上,丁玲应邀在许杰的纪念册上题字:"文学工作是要有一批'死硬派'的,就是不管怎样有困难,也要坚持下去,因为这是一件严肃而艰苦的工作,须要一批老实而忘我的人去努力。"③她倡导的这种"死硬"精神,正是"不大聪明,拙于打算"的湖湘文化(尤其是湘西文化)孕育的结果。后来,也有学者曾以"辣"、"倔"、"蛮"三字来概括丁玲的个性气质,指出:"她火辣、热情;她倔强、执着、乐观洒脱、刚毅勇悍、好胜任性;她又具有'蛮霸'的精神,吃得苦,耐得劳,不达目的决不罢休。"④

---

① 沈从文:《记胡也频》,《沈从文文集》第9卷,花城出版社、三联书店香港分店1984年版,第56页。

② 见巨文教:《张兆和、汪曾祺谈沈从文——访张兆和、汪曾祺两位先生谈话笔录》,《中国现代文学研究丛刊》1994年第2期。

③ 许杰:《死硬精神分外香——对丁玲同志创作的片断回忆》,《河北学刊》1984年第5期。

④ 彭漱芬:《"辣"、"倔"、"蛮"——丁玲个性气质的文化基因及其丰富、发展》,《湖南教育学院学报》2000年第4期。

如果说"不大聪明,拙于打算"的"近于野兽纯厚的个性",是湖湘文化(尤其是湘西文化)传统给丁玲的赐予,那么,风云际会的大时代则给丁玲的成长提供了大舞台。美籍学者周锡瑞指出,湖南"在中国现代历史上的关键性地位是无庸置疑的":"十九世纪时,湖南被看做中国保守主义的中心;而在二十世纪,作为毛泽东和其它近代革命党人的家乡,湖南博得了一种非常不同的声誉。"①独特的湖湘文化在这一历史区间里融入了更多的时代元素,在变动不居的大时代中显示出了更大的影响力。需要补充说明的是,湖南在中国近现代历史上地位之重要,实际上从十九世纪下半叶就开始显现出来。曾国藩和湘军的崛起,扩大了湘学的影响力。而到十九世纪末,处在中国腹地的湖南更成了全国维新变法运动的"先行者"。这一运动在湖南持续时间不长,因而,"它对于湖湘文化的最大意义不是新政的具体实施本身,而是借由学堂、学会和报纸三利器,造就了大批维新人才,使得湖南一度成为全国开风气的省份"。此后,受维新运动之影响,湖南形成了赴日留学的热潮;新思潮和新文化的输入,改变了湖南相对闭塞的文化环境,"从中产生出的社会思潮和革命党人,在辛亥革命中起了决定性的作用"。② 丁玲出生前后,正是湖南维新风气炽盛之时。在这种时代风气的熏染下,丁玲父亲也曾赴日研修;在丁玲于湘地求学过程中,她所拜之师也大都是受新思潮熏染的新派人物。所有这些都对丁玲产生了直接或间接的影响,使她较早感受到时代的气息,汇入了时代的大潮。

在以整合的方式对丁玲童年体验产生影响的诸多因素中,影响最大

---

① [美]周锡瑞:《改良与革命——辛亥革命在两湖》,中华书局 1982 年版,第 3 页。

② 凌云岚:《五四前后湖南的文化氛围与新文学》,北京大学出版社 2008 年版,第 12 页。

的是家庭(主要是其父亲、母亲)。1937 年 5 月,在接受斯诺夫人尼姆·威尔斯(亦译尼姆·威尔士)采访时,丁玲对自己的家庭出身作了这样的介绍:"我出身是中国破产的封建大家庭,蒋家是湖南省内出名的一个有势力的大族。我自己的一支都是大地主。许多祖宗,像我祖父和曾祖父,都是在朝的官吏。"①这是一个当地非常著名的官僚地主家庭。蒋家四代为官,初兴于乾嘉两朝,盛于道光至同治年间,是一个集官、商、财于一体的特大官僚地主家族。族中拥有官品头衔者多达两百人。以权力为后盾,蒋家的财富急剧膨胀,地产多达六十万亩。② 丁玲叔曾祖父蒋徽瑞(祖父的亲生父亲)是一名进士,在兵部任职。祖父蒋定礼是长子,曾在贵州为官,官至普安厅同知,三十五岁时卒于任上;生子三人,丁玲父亲蒋保黔(号浴岚)最幼。

这个封建官僚大家族人丁兴旺,地位显赫,曾经富甲一方。1931 年5 月,丁玲在上海光华大学演讲时这样说道:

我的家庭,现在还有三千人——远近亲戚都在内,彼此都

① [美]尼姆·威尔斯:《续西行漫记》,解放军文艺出版社 2002 年版,第 240 页。该书在第三部分"妇女与革命"中专辟一节"丁玲——她的武器是艺术",记述了 1937 年5 月丁玲接受其采访时四次谈话的内容。由于作者立意要将她"告诉我的故事准确地记录下来",使之成为"简单、朴素、拘泥于事实的传记"(见第 181 页),所以,这些记述可视为丁玲的长篇口述自传,多可征信。它不但真实地记录了丁玲对自己家庭和过往生活、思想道路的回忆,而且保存了丁玲许多不见于《丁玲全集》的自我感悟类、评价类文字,因而显得相当珍贵。四十四年后,丁玲在 1981 年访美期间还于 11月 21 日看望过作者,回国后作散文《会见尼姆·威尔士女士》。其中写道:"后来她出版了《续西行漫记》,是对斯诺的《西行漫记》的补充,引起了许多人在图书馆里争相阅读。她对中国革命的友谊,是我们许多人都不会忘记的。"由此,也可见出丁玲对作者及其《续西行漫记》的肯定。
② 参见王增如、李向东:《丁玲年谱长编》(上卷),天津人民出版社 2006 年版,第 2 页。

十二分亲近。家中还算有钱,我的祖父,做过很大的官。我在
家里看到父亲留下许多荣耀的衣服饰物。①

近半个世纪后的1980年,晚年丁玲对此还作过这样的描写:

> 安福县蒋家,是一个有钱的人家,是一个人丁兴旺的人家,
> 在我的爷爷时代,据说那些爷爷们,这房、那房、远房、近房究竟
> 有多少房,多少人,连姓蒋的自己人也分不清楚,外人就更无从
> 知道,只知凡是安福县的大屋子,一片一片的,都姓蒋。
>
> 这些人都是财主,大财主,小财主,家家都做官,这个官,那
> 个官,皇帝封敕的金匾,家家挂,节烈夫人的石牌坊处处
> 有。……②

同是安福(临澧)人的林伯渠1937年5月在延安告诉丁玲,蒋家的建筑
非常考究,连《红楼梦》里的房屋也没那么华丽。湘西的人是个个知道那
个"蒋宅"的。

但是,对于童年的丁玲来说,蒋家曾经的富贵,只是一个口耳相传的
"遥远的故事",给她带来的至多也不过是阴森、恐怖和忧郁("我的母亲
在家里曾享过大家庭的福,而我得到什么? 忧郁地,住在有二百多间屋
子的门院里,床铺非常大,每张床都带着窗格子的。……每天晚上,家人
都怕进那无人住的空屋子"③),因而并没有多少切实的意义可言。而使

---

① 丁玲:《我的自白》,《丁玲全集》第7卷,第4页。
② 丁玲:《遥远的故事》,《丁玲全集》第10卷,第256页。
③ 丁玲:《我的自白》,《丁玲全集》第7卷,第5页。

她产生痛切的生命体验的，却是父亲的死、家道的中落以及由此所引发的自我命运的变迁。丁玲后来从母亲那里知道，"父亲是一个多病、意志消沉、有才华、却没有什么出息的大家子弟，甚至是一个败家子"①。他天分很高，且兴趣广博，多才多艺。他十几岁时的作文，其起承转合就显得周详辩证。十四五岁时，他就凭着自己的才华考上了秀才。据说蒋家的秀才是不值钱的，因为有钱，安福县每年除正额之外，一定要留两名给蒋家，但他却好像是正式的。因自己从小体弱多病，他自习医术，以至久病成医，能够在乡间行医，并在附近镇子上开了中药铺。他甚至也曾有过较远大的精神追求。受维新思潮的影响，他在丁玲出生前曾东渡扶桑，到日本留学研习法律，后因肺病辍学归来。

在丁玲的记忆中，"父亲是非常体弱的一种人，但他有一个优点。他爱他自己的自由，也愿意给人自由"；"他对我母亲非常宽大，他们结婚了几年之后，他要她放足。凡是她的行为在他家中引起冲突的时候，他总不非难她的"。② 他的这种爱自由的洒脱本性深深地影响了丁玲。据沈从文观察，"这人大方洒脱的风度，事实上却并不随了死者而消灭，十年后又依然可以从丁玲女士性格发现，成为她一生美丽特征之一点"；二十余年后胡也频牺牲，丁玲"孤单一人住在上海打发每一个日子，支配她生活上各种行动的，据我看来还依然因为那个父亲洒脱性格的血液，在这

① 丁玲：《我母亲的生平》，《丁玲全集》第6卷，第63页。
② ［美］尼姆·威尔斯：《续西行漫记》，第241、242页。

个人身体中流动"。①

　　这样一个天分高、有才华、性情洒脱却不善经营的世家子弟很快被生活重担彻底压垮了。他三岁亡父,十五岁时便兄弟分家独立门户过日子,跟着他的有他的母亲和一个妹妹。生活的重担无情地压在了他稚嫩纤弱的肩头,他只好靠祖传的土地收租过日子。他像许多纨绔子弟一样,一味沉迷于"玩乐有趣"之中。丁玲曾这样描述父亲主持家政时的热闹情景:"家中吃饭,非常热闹,每次开饭,都是好几桌。家中时常向外挑战,或任性购物。我听说父亲有一天叫工人整日做马鞍子的绣工,而他自己不会骑马;等做好后,他请旁人骑,自己在后面跟着跑。现在我的家庭里还少不了有这种人。"②关于其父"爱马"、"玩马"的故事,姚蓬子和沈从文也有过相关记述。丁玲曾向当时与之多有过从的姚蓬子讲过,她父亲出重金差人到外地买回多匹白马,邀请许多邻舍来骑。他自己不会骑,"只好背着一条光滑的长辫,站在草坪边,眼看白马的蹄子在绿草上奔驰着,心里感到了一种说不出的满足和愉快"③。沈从文在《记丁玲》中也记述过他"拦路赠马"的故事:往来过客只要多看马两眼,他就喜形

---

①　沈从文:《记丁玲》,重庆大学出版社 2011 年版,第 53、54 页。

　　有关版本及引用说明:一、该书为《沈从文别集》中之一卷,其中收入了《记丁玲》和《记丁玲续集》。编选者将 1933 年 10 月 9 日至 12 月 18 日在《国闻周报》上连载的《记丁玲女士》文本与上海良友图书印刷公司 1934 年出版的《记丁玲》、良友复兴图书印刷公司 1939 年出版的《记丁玲续集》两个单行本作了互参校订,恢复了单行本中被删改的文字。该校订稿经沈从文夫人张兆和校阅。因此,该版本比较完整可信。二、丁玲晚年对《记丁玲》和《记丁玲续集》多有訾议,她在阅读这两个单行本时作了一百多条眉批、旁注,指出其中"歪曲了我和也频"之处。其中除有互证的个别材料外,本著对丁玲不予认可的这些部分,一般不予引用。

②　丁玲:《我的自白》,《丁玲全集》第 7 卷,第 5 页。

③　姚蓬子:《我们的朋友丁玲》,蓬子编《丁玲选集》,天马书店 1933 年版。引自丁言昭编选《别了,莎菲》,人民文学出版社 2001 年版,第 89~90 页。

于色,不但盛情邀请其纵马狂奔,而且以君子成人之美之心,执意将好马相送。

父亲以如此异常的"慷慨"、"洒脱",坐吃山空。他吃光了租子,也渐渐吃光了土地:刚"分家时可能有一百来石田(即六七百亩地),在我们家算中下等地主,后来卖来卖去,祖母去世,卖一点,他自己结婚,卖一点,姑姑出嫁,卖一点,当我母亲在他家做媳妇时,她以为还剩四五十石田(因为她不管事),但年年卖,等到他死后,只剩十来石,我母亲为了替他还账,索性一古脑儿,连地里的青苗都抵出去了"①。1908 年,父亲年仅三十二岁,在即将吃光土地之时便因病撒手西去了。那时,丁玲还不满四岁,就成了一个孤女。这一重大的家庭变故,在丁玲的心灵上刻下了不可磨灭的印痕。直到其生命即将走到终点的 1985 年,她还发出了这样的感叹:"我从小是个孤女,三岁多父亲就死了。母亲带我出来,我没有家庭的感受,我没有哥哥弟弟。"②

在父亲去世之前,丁玲的家庭已经开始败落。而父亲的死,则成了家庭彻底败落的一个重要标志。在当时她只有一点朦胧知识的时候,她就有了这样的直觉:"父亲死了,我母亲就完了,我们也完了,我们家的一切都完了。"③于是,父亲的死和父亲的葬礼,构成了她最初的也是最深刻的童年记忆:

在我最早的记忆中,我最害怕的是我国传统的,前头吊着三朵棉花球的孝帽。我戴这样的孝帽的时候是三岁半,因为我

① 丁玲:《遥远的故事》,《丁玲全集》第 10 卷,第 261 页。
② 丁玲:《纪念柯仲平》,《丁玲全集》第 6 卷,第 324 页。
③ 丁玲:《死之歌》,《丁玲全集》第 6 卷,第 312~313 页。

父亲死了。家里人把我抱起来,给我穿上孝衣,戴上孝帽,那白色颤动的棉花球,就像是成团成团的白色的眼泪在往下抛。因而给我的印象太深了。他们给我戴好那帽子后,就把我放到堂屋里。堂屋的墙壁上都挂着写满了字的白布,那就是孝联,也就是挽联。可我不懂,只看到白布上乱七八糟地画了很多东西。我的母亲也穿着一身粗麻布衣服,跪在一个长的黑盒子的后面;家里人把我放在母亲的身边。于是,我就放声大哭。我不是哭我的命运……我觉得,我只是因那气氛而哭。后来,人们就把我抱开了。但那个印象,对我是深刻的,几十年后都不能忘记。①

虽然那时她还不可能理解到这将构成其一生命运中的一个转折点,但是,那种"满屋都是白色的,当中放一口黑棺材"的悲哀可怕的"死"的气氛,却给她以极大的震撼,并刻入其幼小心灵的深处,变成其终身挥之不去的"印象"和记忆。

如果说当时丁玲这一"最早的记忆"的对象还只是那种直观的黑白相映的凄凉场景和那种具有弥散性的令人生惧的氛围的话,那么,其后由父亲之死和家庭败落所带来的生活的不幸,却实实在在地落到了她的身上。父亲之死,使原本的小康之家彻底坠入了困顿,使她"成了一个贫穷的孤女"。父亲去世后的第二年,母亲"即携子女,一肩行李,凄然别此伤心之地,一路悲悲切切"②,奔返常德故里。童年的丁玲从此离开了蒋家,跟随母亲辗转漂流,开始了漫漫的"无家"之旅。从 1909 年开始至

① 丁玲:《死之歌》,《丁玲全集》第 6 卷,第 312 页。
② 丁玲:《我母亲的生平》,《丁玲全集》第 6 卷,第 64 页。

1918 年夏考人桃源湖南省立第二女子师范学校预科之前,她主要在常德生活,寄居在舅舅家里。即使她后来到湖南桃源、长沙等地求学,假期里仍回常德居住。她说自己"出生在临澧县,长在常德"①,即缘于她的这一经历。

鲁迅曾经这样感慨过:"有谁从小康人家而坠入困顿的么,我以为在这途路中,大概可以看见世人的真面目。"②"从小康人家而坠入困顿",使丁玲"从大家庭里脱离出来"。这一经历,一方面使丁玲在较大程度上隔断了与蒋氏封建大家庭的联系,剪断了与封建母体相连的脐带,致使自己"没有姊姊们受到大家庭熏染那样的深"③,这为其后来接受"五四"反封建的新思想打下了较为坚实的思想和行为基础;而另一方面,又使之看清了世人的真面目,体验到了世态的炎凉。十一二岁时,她就阅读了《红楼梦》,其中林黛玉的遭际是那样深深地打动了她——"那时每次读,我都比林黛玉哭得多。林黛玉哭一次,我也跟着哭;林黛玉不哭了,我也哭"。晚年丁玲把这解释为是对这个在强大的压迫势力下"毫无反抗的力量"的"柔弱女子"的同情,④但其中又何尝没有与这位同样是寄人篱下(同样是寄居在舅舅家里)的人物的心灵共鸣?在她二十五岁时所作的自传体小说《过年》中,她对年幼的女主人公作了这样的心理描写:寄居在舅舅家里的小菡"只觉得舅舅仍然很尊严,很大,高不可及,只呼吸都表示出与凡人不一样的权威。舅妈呢,也仍然是好看,笑脸,能干,和气,却又永藏不住那使小菡害怕的冷淡的神情。小菡不懂得这些,

---

① 丁玲:《我的自传》,《丁玲全集》第 10 卷,第 251 页。
② 鲁迅:《呐喊·自序》,《鲁迅全集》第 1 卷,人民文学出版社 1981 年版,第 415 页。下引《鲁迅全集》其他各卷,版本均同此。
③ 丁玲:《我的自白》,《丁玲全集》第 7 卷,第 4 页。
④ 丁玲:《死之歌》,《丁玲全集》第 6 卷,第 314 页。

但她生来,因了环境,早使她变得不像其余小孩了。神经非常纤细,别人以为她不够懂的事,她早已放在心上不快活了。她从小就被舅妈客气的款待着,但她总觉得她难得亲近"。不难看出,作者通过对小主人公内心感受的如此呈现、剖析,所表现出来的是积郁在自己心头多年的"小时生活太受压迫(我舅舅的家给的)"①的真实体验。后来,丁玲曾对这段生活作出了这样的总结,指出:"寂寞的童年,帮助我深刻领会二十世纪初封建社会里人们的悲惨命运以及人与人之间的世态炎凉。"②

父亲死后的第二年,丁玲随母亲从蒋家走出。直到1922年只身随王剑虹奔赴上海,在这十余年间,丁玲一直处在母亲的直接影响之下。为了养成她的坚毅品格,母亲从小就将她当作男儿来培养,朝着"要我能够自立"这个目标来管教。③ 在延安时,丁玲曾向李又然讲述过她的这段经历:"她小时候,她母亲不教她做针线等女孩儿的活,把她当男孩子教养。"④如果说洒脱而又短命的父亲留给丁玲的印象主要是"玩乐"、"困顿"和"死亡",带给她的命运主要是"无家"、"穷困"和"漂泊"的话,那么,"坚毅不屈,有些男性魄力"的母亲则给了她巨大的正面影响。母亲不但塑造了她男性般坚强的意志品质,而且在当时的条件下竭尽所能为她创造了自主发展的空间。丁玲"从她身上可以发现父亲的尊严,也可以发现母亲的慈爱"⑤。因此,对于母亲,丁玲始终怀有感戴、敬爱之心。1932年,她以自己的母亲为原型,创作了长篇小说《母亲》。小说深情描述了"母亲"曼贞(与丁玲母亲同名)寻求自立、追求真理的坎坷历程,热

---

① 丁玲:《致胡延妮》(1978年中秋节),《丁玲全集》第11卷,第248页。
② 丁玲:《我的生平与创作》,《丁玲全集》第8卷,第228~229页。
③ [美]尼姆·威尔斯:《续西行漫记》,第244页。
④ 李又然:《丁玲——回忆录之二》,《新文学史料》1982年第4期。
⑤ 沈从文:《记丁玲》,第53页。

切歌颂了其"不愿再依照原来那种方式做人"、而"要替自己开辟出一条路来"①的自主品格和叛逆精神。到了晚年,她还盛赞母亲"是一个坚强、热情、勤奋、努力、能吃苦而又豁达的妇女,是一个伟大的母亲"②。在谈及母亲对自己的影响时,她指出:"我虽然从小就没有父亲,家境贫寒,但我却有一个极为坚毅而又洒脱的母亲,我从小就习惯从痛苦中解脱自己,保持我特有的乐观。"③

母亲姓余,闺名曼贞,后改名为蒋胜眉,字慕唐,1878 年生于湖南常德的一个书香门第。其父是一个宿儒,后为拔贡,做过知府。其幼年与兄弟同在家塾中读书,后又随姊姊们习诗学画,具有一定的文化修养。1898 年,她与长两岁的蒋保黔成婚。这桩门当户对的婚姻虽然当初曾给她带来过锦衣玉食的生活,但是,丈夫的做派却也使她感到"寂寞惆怅、毫无希望"。1908 年 5 月,丈夫去世,给她"留下了无限困难和悲苦"。三个月后,她又生下一名遗腹男婴。面对人生的凄风苦雨和沉重的家庭负担,她没有沉沦,而是在近代民主思潮的影响下,以坚韧的毅力和"将一切难关都打破"的信念走上了自己解放自己的道路。

1909 年,弟弟来信告知,常德将开办女子速成师范学校,她"闻后雄心陡起,我何不报名,与环境奋斗?"经考试后入预科班,与小她十七岁的同级同学向警予结成忘年交,1911 年转本科学习。1912 年,该校停办,她遂"带一双儿女,受尽几许艰辛",考入新创办的湖南省立第一女子师范学校,再与向警予同学。1914 年春天,为经济所迫,辍学赴桃源教书,两年后转回常德为学校舍监。1918 年春天,幼子夭亡,她又一次经受了

① 丁玲:《母亲》,《丁玲全集》第 1 卷,第 167 页。
② 丁玲:《我母亲的生平》,《丁玲全集》第 6 卷,第 63 页。
③ 丁玲:《我所认识的瞿秋白同志》,《丁玲全集》第 6 卷,第 32 页。

沉重打击。在向警予等挚友的开导下,她再次振作起来,创办了工艺女校和工读互助团,当过俭德女子小学和工读互助团的校长。直到1927年马日事变发生,她才因故不得不停止其教育活动。

对于母亲的人生历程,丁玲曾做过这样的概括:"从一个旧式的、三从四德的地主阶级的寄生虫变成一个自食其力的知识分子,一个具有民主思想,向往革命,热情教学的教育工作者。"[①]在完成这一"蜕变"的过程中,母亲表现出了打破封建束缚的叛逆精神和蔑视困难、不断奋斗的勇气。虽然母亲的奋斗也因受到"环境和时代的限制"以致目标显得可能还不够高远——"她的思想也不过要使我将来有谋取职业的本领,不致于在家里受气,和一个人应该为社会上做一番事业"[②],但是,从封建大家庭中脱离出来、敢于在社会上求得自己的立身之地,母亲的这一"过去的精神"毕竟"是不可卑视的"。[③] 丁玲说过,"母亲一生的奋斗,对我也是最好的教育"。母亲的这种叛逆的精神和奋斗的勇气给童年丁玲在心理上以巨大的影响,塑造了她最初的人格模型。不但如此,母亲还以自己的奋斗历程,规划了童年丁玲的人生轨迹,为她创造了自主发展的广阔空间。

---

① 丁玲:《我母亲的生平》,《丁玲全集》第6卷,第63页。

② 丁玲:《我怎样飞向了自由的天地》,《丁玲全集》第5卷,第262页。

③ 丁玲:《致〈大陆新闻〉编者》(1932年6月11日),《丁玲全集》第12卷,第8页。

| 第二章　启蒙时代 |

　　当母亲余曼贞踏上社会、"与环境奋斗"时，丁玲也几乎如影子一般，紧随其后，在东奔西走中开始了自己的求学之路。1909 年，丁玲跟着母亲至常德女子师范学校，入幼稚班学习。1911 年冬，在该校读完初小一年级。1912 年，随母去长沙，在湖南省立第一女子师范学校读二年级。1914 年，转至桃源县立女子小学。1915 年，因母亲工作变动，她回到常德，最后在那里读完了小学，1918 年夏天，十五岁的丁玲小学毕业后，投考桃源省立第二女子师范学校预科，以第一名的优异成绩被录取。1919 年秋，"为求新知识"，转至省城长沙入周南女子中学。1921 年秋，又因愤慨校方解聘宣传"五四"新精神的好教师，转入长沙岳云男子中学。1922 年 2 月，丁玲与王剑虹同去上海，放弃了再学一学期即可获得的毕业文凭，遽然结束了没有句号的中学生活。

　　从 1911 年到 1922 年，在这十一年里，丁玲数易其校，接受了比较完整的基础教育。她也由一个蒙昧的稚童成长为一个初步掌握现代文明的知识女性。因此,这首先是丁玲知识上的启蒙时代。在她这一成长的路途中,母亲倾尽了全力。丁玲近八年的小学生活,几乎都是在母亲的直接翼护下度过的。从投考中学起,虽然丁玲开始了自己相对独立的生活,不再与母亲形影不离,但是,母亲的开明和支持始终是鼓励她不断前行的重要力量。正如晚年丁玲所说,母亲"对我的行动,一直是支持的,尽量接济我"①。母亲是一个自立的职业女性,但收入微薄、入不敷出。为了培养女儿,她自己节衣缩食,甚至变卖了家产。就在丁玲报考二师时,春天里刚刚失去儿子的母亲坐着小火轮,亲自送她到离常德约九十里的桃源县。母亲在那里住了一天,因为没钱,便将一个金戒指作为保证金交给管理员。她向管理员交代,若女儿考取,她有钱就寄来,如果没有,就请她代卖代交;若有多的,就留给女儿零用。后来那位管理员将变卖后余下来的三元钱交给丁玲时,丁玲拿着钱,"想着我们母女困苦的生活,眼眶都红了"②。在桃源一年后,丁玲向母亲提出一个要求,希望转学到长沙周南女子中学。那时的师范学校是政府供给,除了十元保证金外,食宿、书籍等均免费,而那所中学此类费用都要交。但是,薪水微薄的母亲对此仍然予以支持,并亲自送她去长沙就读。

母亲的开明和支持,自然不单表现在物质上。对于丁玲的成长来说,更为重要的是在精神层面。在丁玲成长的过程中,母亲扮演的是呵护者和同道者的角色。如果说在小学阶段,母亲更多是一个呵护者的话,那么,到中学时期,母亲则更多是一个精神上的同道者。正如丁玲所说:"我们不只是母女关系,我们是同志,是知己。"母亲的爱,不是自私的、对丁玲具有束缚性的爱,相反,它是一种有远见的、充分尊重其自主

---

① 丁玲:《致叶孝慎、姚明强》(1979年7月7日),《丁玲全集》第12卷,第119页。
② 丁玲:《致胡延妮》(1978年中秋节),《丁玲全集》第11卷,第246页。

抉择的爱。这就为丁玲创造出了自主发展的广阔空间。在转学周南女子中学问题上,渐渐长大的丁玲与母亲第一次发生了思想上的共鸣。丁玲之想转学,是因为那是一所湖南名校,在"五四"运动中非常出名,而且培养出许多杰出的校友。而母亲之所以顶住经济上的压力予以积极的支持,是因为"她觉得一个人要为社会做事首先得改革这个社会,如何改革这个社会是今天必求的学问。一般的师范中学的课程,不能解决这个问题。她说长沙周南女子中学要进步得多,那里面有新思想"①。后来,母亲放手让丁玲去上海闯荡,而置即将到手的文凭于不顾,也是出于对"新思想"的共同憧憬。

从1911年到1922年,中国旧民主主义革命达到高潮,并发生了向新民主主义的重大转折。其间发生了许多重大的历史事件,并波及处在内地的湖南。丁玲这一知识上的启蒙时期,恰与这一风云际会的大时代相重叠。她在湖南各地求学期间,不但"观"而且"行",由此,她初步实现了对自我的思想启蒙。因此,这又构成了丁玲思想上的启蒙时代。

对童年丁玲而言,这些重大历史事件中最初使之发生深刻记忆的是辛亥革命。她说过,"我最早感受到的欢乐和痛苦是辛亥革命。"在辛亥革命爆发之前,她曾以"听故事"的方式接受过暴力反抗的教育。她回忆说,"我从小生的时代不好,生在封建社会最腐朽的满清末年和帝国主义到中国横行霸道的时代。我从小听的故事、受的教育,全是反对官僚、反对洋人的。……我最喜欢听的故事是关于洪秀全、李自成。"②但是,这些故事毕竟无关其个人经验,真正给她留下有关暴力革命之直观印象的则是辛亥革命。

———————————

① 丁玲:《我怎样飞向了自由的天地》,《丁玲全集》第5卷,第263页。
② 丁玲:《崇敬与怀念》,《丁玲全集》第6卷,第288页。

1911年10月初,在常德女子师范学校幼稚班读一年级的丁玲亲耳听到了起义军与清朝驻军绿营在县里考棚发生激烈交战的枪声。一些革命者倒下了,丁玲的一个姨父的兄弟也牺牲在那里。"那些烈士的鲜血好像苦水一样浸透了我周围大人们的心。在这样的时候,我小小的心灵也受伤了,感到有一种说不出来的痛苦和难受。"①在辛亥革命爆发的那几天里,与母亲同学、本借宿在学校里的向警予等人都住到丁玲母女借居的舅舅家里,"一同经受那场风暴中的紧张、担心、忧郁、哀悼、兴奋和喜悦"②。胜利后,丁玲与大人们一起又分享了革命成功的欢乐:

> 十月十日的那个夜晚,我站在大人们的后面,看着满街欢乐的、狂飙似的火把的人流,繁星似的花灯,我随着游行队伍奔腾跳跃,大声喊叫,第一次压不住要炸开来的心跳。我那时才七岁,我能懂得什么呢? 我只不过被人们的感情所感染;国家要独立,民族要解放,人民要自由,这关系着举国命运的大事在这个十分幼稚的生命开始生活的时候,深深的打上了烙印。我就是背负着旧时代遗留下来的深重的伤痕和对新的革命生活的憧憬,一天天的向上生长。③

那时,丁玲年仅七岁,尚是一个不谙事理的稚童。以其认识水平,她当时显然还无法理解"独立"、"解放"、"自由"的内涵,因此,说"国家要独立,民族要解放,人民要自由,这关系着举国命运的大事在这个十分幼稚

① 丁玲:《解答三个问题》,《丁玲全集》第8卷,第52页。
② 丁玲:《向警予同志留给我的影响》,《丁玲全集》第6卷,第26页。
③ 丁玲:《〈丁玲短篇小说选〉后记》,《丁玲全集》第9卷,第108~109页。

的生命开始生活的时候,深深的打上了烙印",可能是丁玲以后来的理解诠释了辛亥革命对于当时自己的意义。其真正的意义,倒在于它首先向童年丁玲洞开了一个更广大的世界。一般而言,童年是凭着感性经验去看取生活、观察世界的。因此,童年的世界只是一个与其自我活动范围相关的非常狭窄的世界,其对象主要就是家庭和学校。辛亥革命这一重大历史事件的爆发,使童年丁玲知道在家庭、学校之外还有一个超越自我活动范围、更为辽远的陌生世界。

其次,这一事件以直观感性的方式使童年丁玲最早在潜意识里积淀起了对革命暴力以及革命狂欢的渴望。童年思维最倚重感性经验和具体形象,在童年记忆中印象最为深刻的,也往往是最快乐或最痛苦的意象和画面。晚年丁玲在打开记忆的闸门,对这一事件作出如上陈述时,所凸显的也正是与感性经验和具体形象相联系的两个意象和画面——"枪声"与"枪声"过后的"火把游行"。它们分别是"暴力"和"狂欢"的象征。二者的联系在于:"暴力"是"狂欢"的手段,"狂欢"是"暴力"的目的。尽管童年丁玲还没有可能明确把握二者之间这样的逻辑关联,但是,这两个前后相承的意象和画面却清晰地刻入其记忆深处。待丁玲成年后对二者的关联有了清晰的逻辑判断后,童年的这一记忆必然会呈现在其脑海中,并反过来强化其这一判断。三十年代初丁玲"革命意识"的发生,有其现实因素,童年时期的这一记忆也无疑为这些现实因素作用的发挥提供了历史的佐证。

当然,对丁玲产生更大影响的是"五四"新文化运动。1946 年 5 月,在为《时代青年》所作的一篇文章中,她认为:"五四"影响了她,对于她的前途有很大的关系;"我在'五四'浪潮极后边,它震动了我,把我带向前边","我之所以有今天,实在不能不说是'五四'的功劳"。① 到晚年,她还说,"中国人民反帝反封建、要科学、要民主、要自由、要解放的呼声和潮流,猛烈地激荡着我们,教育着我们"②。1915 年 9 月,陈独秀主编的《青年》杂志创刊(次年 9 月更名为《新青年》)。以此为标志,以"科学"和"民主"为旗帜的新文化运动轰轰烈烈地在全国展开。那年,丁玲十一岁,在常德女子小学读书。1919 年"五四"新文化运动到高潮期时,丁玲十五岁。那年,她先后在桃源、长沙读中学。1922 年"五四"新文化运动进入退潮期时,丁玲十八岁,在岳云男子中学求学(2 月下旬赴上海)。

从十一岁到十八岁,从童年、少年到青年,丁玲均处在"五四"新思潮的直接影响之下。这是丁玲价值观形成的重要时期,"五四"给了她以重要影响。其发生影响的途径主要有二:一是师长的教诲。向警予是丁玲母亲在常德女子师范学校和湖南省立第一女子师范学校的同学。1916年后,在母亲任常德女子小学学监时,向警予每到寒暑假回溆浦或去长沙,都要在常德停留几天,且大都住在母亲的学校里,常常与母亲彻夜长谈。这位 1918 年参加了毛泽东组织和领导的新民学会的新人物,"就像一只传粉的蝴蝶那样,把她在长沙听到的、看到的、经历过的种种新闻、新事、新道理,把个人的抱负、理想,都仔细地讲给我母亲听"。母亲把这些新思想吸收过来,"指导自己的行动,并且拿来教育我和她的学生们"。因此,向警予间接地对丁玲产生了影响。她在决定赴法国勤工俭学时,还鼓动过丁玲母女,虽然因路费无法筹措而终未成行,但是,丁玲"刚从小学毕业,准备投考师范的这颗年轻的心",也曾为此"热过一阵"。③

---

① 丁玲:《我怎样飞向了自由的天地》,《丁玲全集》第 5 卷,第 262、265 页。
② 丁玲:《解答三个问题》,《丁玲全集》第 8 卷,第 52 页。
③ 丁玲:《向警予同志留给我的影响》,《丁玲全集》第 6 卷,第 27 页。

　　在中学阶段对丁玲影响更为直接也更为巨大的是长沙周南女子中学的语文教师陈启明。1919 年秋，丁玲转至该中学，直接受业于陈启明门下，直到 1920 年他被校方解聘。他毕业于湖南第一师范，与毛泽东同过学，与向警予一样，也是新民学会的会员。在学生眼里，他是"一个神圣的人物"。他思想激进，"讲新思想，讲新文学"。丁玲曾"为他所讲的那些反封建，把现存的封建伦理道德翻个个的言论所鼓动"①。他订了许多由北京、上海等地出版的《新青年》《新潮》等宣传新文化、新思想的报章杂志，并精心遴选其中的许多篇章直接作为教材在课堂上进行阅读和讲解；他还常常将有关"外边和省城的一些重要的社会活动"的"报头文章和消息"划了红圈圈以后交给学生阅读。② 他以此对学生进行反封建的思想启蒙，"在思想上"替他的学生们"种下某些社会革命的种子"。在他的影响下，"我们同学大部分都不大注意别的功课，喜欢谈论问题，反对封建的一切制度成为那时主要的课题。我在这种空气之中，自然也就变得多所思虑了，而且也有勇气和一切的旧礼教去搏斗"③。

　　二是自我的参与。"五四"运动爆发的那年，丁玲正在桃源女师预科读书。此时，她结识了二年级学生王剑虹。王剑虹长丁玲三岁，1901 年出生于四川省酉阳县，其父王勃山为同盟会会员，曾追随孙中山参加辛亥革命。在父亲的影响下，王剑虹养成了坚毅、热烈、叛逆的性格。由于幼年失母，其父将她寄养在湖南常德的堂姑母家。相似的境遇、经历和性格，使丁玲和王剑虹结下了深厚的情谊。在王剑虹和三年级的杨代诚（王一知）等高年级同学的带领下，丁玲热情投身到轰轰烈烈的"五四"运

①　丁玲：《鲁迅先生于我》，《丁玲全集》第 6 卷，第 105 页。
②　丁玲：《致胡延妮》(1978 年中秋节)，《丁玲全集》第 11 卷，第 251 页。
③　丁玲：《我怎样飞向了自由的天地》，《丁玲全集》第 5 卷，第 264 页。

动中。尽管当时"彭校长看见我这个她最喜欢的学生也跟着她们跑,就对我摇头叹气"①,失望之态可掬,但是,丁玲后来仍然饱含感激之情地声称,杨代诚、王剑虹等"这一群同学在当时是我的指路明灯,她们唤起我对社会的不满,灌输给我许多问号,她们本身虽没有给我以满意的答复,却使我有追求真理的萌芽"②。

桃源女师是一所政府办的学校,原本相当封闭,没有组织过什么社会活动。在"五四"浪潮的冲击下,王剑虹、杨代诚等高年级同学迅即发起成立了学生会。在学生会的号召下,十五岁的丁玲也走上街头,游行、讲演、喊口号。虽然一开始丁玲"觉得很茫然",并不能充分理解这些活动的意义,但是,在她们的带动下,通过参加这些活动,"慢慢我有了一个思想:'不能当亡国奴。'"③学生会还办了贫民夜校,向附近贫苦妇女宣传反帝反封建,给她们上识字课。丁玲到夜校里教过珠算,因为她年龄最小,个儿比讲台高不了多少,她们便都叫她"崽崽先生"。在校内,她们还举行过讨论妇女问题、社会问题的辩论会。有一次,王剑虹在辩论会上鼓吹女子剪发,同教员们发生了很激烈的争论。教员讲话时,在下面听讲的丁玲不鼓掌。等到王剑虹讲话时,丁玲就热烈鼓掌,以此来表示她的态度。会后许多人都把辫子剪了,丁玲也不假思索地跟着做。

1920 年 1 月,在周南女子中学,丁玲受环境的影响思想更趋激进,积极参加了反对湖南省省长、军阀张敬尧的斗争。那个全校参加的活动,"是由学生会领导的。我们整队游行,包围省政府。后来知道,这次驱张运动也是由毛主席领导的"④。

————————

① 丁玲:《致胡延妮》(1978 年中秋节),《丁玲全集》第 11 卷,第 248 页。

② 丁玲:《我怎样飞向了自由的天地》,《丁玲全集》第 5 卷,第 263 页。

③ 丁玲:《我怎样飞向了自由的天地》,《丁玲全集》第 5 卷,第 262 页。

④ 丁玲:《致胡延妮》(1978 年 9 月 17 日),《丁玲全集》第 11 卷,第 255～256 页。

鲁迅曾经指出:"最初,文学革命者的要求是人性的解放。"[1]在郁达夫看来,"五四运动的最大的成功,第一要算'个人'的发见。从前的人,是为君而存在,为道而存在,为父母而存在的,现在的人才晓得为自我而存在了"[2]。丁玲正是在师长教诲下、在自我参与中,吸收了"五四"新文化运动的滋养,实现了"'个人'的发见"和"人性的解放",形成了以反对束缚、追求自由、实现自我价值为基本内容的现代个性思想。其思想的核心就是"叛逆"与"自主"。正如她自己后来所说,在那时,她和同时代的许多人一样,"只学到一个思想:'旧的应该打毁,要砍断一切锁链! 要冲破牢笼,为了光明,为了祖国,要做一个时代的、社会的、家庭的叛逆。'"[3]1922 年秋,刚入上海平民女子学校才半年的丁玲就与王剑虹一起退学。她"决定自己学习,自己遨游世界,不管它是天堂或是地狱";把钱用光后,她"可以去纱厂当女工、当家庭教师,或者当佣人、当卖花人,但一定要按照自己的理想去读书、去生活,自己安排自己在世界上所占的位置"[4]。丁玲对于自己这一个性思想的明确归纳,虽然是在离开湖南半年之后,但是,这一思想在湖南求学期间就已形成。

这种锐利的思想武器给年轻的丁玲以"叛逆"的勇气和力量。她不再像《过年》里的小菡那样只能无奈地去感受冷漠和压迫,而是在压迫面前,挺直了腰杆,扬起了头。为了维护自己的权利,她与压抑自我、束缚自我的"封建的一切制度"、"一切的旧礼教"展开了坚决的斗争。1919年暑假开始,她回到常德。舅父舅母见她剪了发,即刻怒火冲天。舅父

① 鲁迅:《〈草鞋脚〉(英译中国短篇小说集)小引》,《鲁迅全集》第 6 卷,第 20 页。
② 郁达夫:《〈中国新文学大系·散文二集〉导言》,《郁达夫全集》第 6 卷,花城出版社、三联书店香港分店 1983 年版,第 261 页。
③ 丁玲:《中国的春天——为苏联〈文学报〉而写》,《丁玲全集》第 7 卷,第 286 页。
④ 丁玲:《我所认识的瞿秋白同志》,《丁玲全集》第 6 卷,第 32～33 页。

哼了一声:"哼! 你真会玩,连个尾巴都玩掉了!"舅母也冷冷地说道:"身体发肤,受之父母,不可毁伤。"面对着封建家长的淫威,她毫不怯阵、毫不退缩。她一改过去的"温顺"之态,立即对舅父反唇相讥:"你的尾巴不是早已玩掉了吗? 你既然能剪发在前,我为什么不能剪发在后?"接着,她又顺手给舅母一击:"你的耳朵为何要穿一个眼,你的脚为什么要裹得像个粽子? 你那是束缚,我这是解放。"舅父舅母在丁玲凌厉的反击之下败下阵来。他们虽恼羞成怒,却也无可奈何,只得瞪大眼睛、哼哼不已。

1922年初,在即将奔赴上海之前,在婚姻问题上,丁玲与三舅发生了更为激烈的冲突。她回忆说:受"五四"反封建"空气"的浸染,"当我再回到家里的时候,首先我废除了那些虚伪的频繁的礼节,公开的指斥那些腐化的生活,跟着也得着我母亲的帮助把婚约解除了"①。外祖母在临终之前,把幼小的丁玲订给了表哥。而渐渐长大的丁玲则"万分不愿在他家做媳妇,苦于无法摆脱"。这件事就像一根刺在丁玲幼小的心灵中扎得很深,"即使在快乐的时候也会忽然感到"②。那年寒假开始,丁玲从长沙岳云中学回到常德后,曾经开明进步、此时却变得非常保守的三舅请了两方家族里的几个人召开家庭会议,竭力反对丁玲去上海,力主她毕业后在家完婚。丁玲不在被邀之列,她不请自到,同身为一家之长的舅舅展开辩论,宣布"我自己的身体属于我自己","否认婚约有效,因它未经我的同意"③。在母亲帮助下,虽然婚约终于得以解除,但却引起三舅的怨恨,认为她是"大逆不道"。他借故滋事,强烈发泄了不满。正月里,三舅家来了一些绅士,在后花园的屋子里打牌。刚刚解除婚约

① 丁玲:《我怎样飞向了自由的天地》,《丁玲全集》第5卷,第264页。

② 丁玲:《致胡延妮》(1978年中秋节),《丁玲全集》第11卷,第248页。

③ [美]尼姆·威尔斯:《续西行漫记》,第252页。

枷锁的丁玲,兴致很高地与王剑虹等几位准备同赴上海的女孩子,不顾后花园那里有客人,一路穿行而过,去观赏梅花。三舅责备母亲放任女儿,以致女儿男女不分、不懂规矩。此时,丁玲挺身而出,大胆揭露三舅"嘴里讲仁义道德,肚子里男盗女娼",把这个"谁都不敢惹"的统治者狠狠地得罪了,惹得他跳脚大骂。丁玲一气之下,卷起铺盖,离开三舅家,住到母亲的学校里。在那里,她"把他管社会公益事业,他的生活享受,他的男女关系,他和他一个丫头见不得人的事(那丫头上吊死了),和他姨妹子的事都写了,写成一篇文章",对三舅贪婪、虚伪、好色的劣绅行径进行了揭发。文章寄出之后,常德《民国日报》开始不登。丁玲又与王剑虹跑到报社去交涉,说:"你们这里不登,我就拿到上海去,就说你们不肯登。你们这个报纸在地方上不起一点作用,不敢维护人民的利益。"①在她们的巨大压力下,报纸终于刊出了这篇不具名的文章,引起了三舅更大的怨怒和恐慌。

丁玲与舅父的冲突,是"五四"时期常见的"父子冲突"模式的变体。其实质就是在"五四"新思想影响下实现自我觉醒、憧憬自由的青年与压抑青年个性、褫夺青年自由的专制家长的斗争。而长期以来寄人篱下、饱受冷眼和歧视的屈辱,更使丁玲增加了这种斗争的坚决性。她后来说,"那时候,我们都是很冲的"②。这种"冲"的精神姿态,正说明了她在与封建家长斗争中不留情面、不留余地的决绝和彻底。

丁玲"个人的'发见'",既给了她作为叛逆者与封建家长展开坚决斗争的勇气和力量,也使她产生了自己决定自己前途和命运的强烈诉求。在对自我求学之路的安排上,她表现出了很强烈的自主性。如果说她最

---

① 丁玲:《早年生活片段》,《丁玲全集》第10卷,第299页。
② 丁玲:《早年生活片段》,《丁玲全集》第10卷,第300页。

初投考桃源省立第二女子师范学校预科还主要出自母亲的安排的话，那么，后来的几次转学则纯然出于自己的抉择。1919年暑假，丁玲主动向母亲提出，要转学到比桃源二师"要进步得多"、"那里面有新思想"的周南女子中学。在开明母亲的支持下，她顺利成行。两年后，因校方复古，丁玲进了在毛泽东支持下由本校进步学生组织、由男子第一师范师生协办的暑期补习班，与杨开慧等同学。暑期补习班结束以后，她自主和部分学员一起转读岳云男子中学。而她最后又"感觉到在这个学校里也学不到什么"，于是，抱着"向一个更遥远的更光明的地方去追求"的"满腔幻想到上海去了"。①

丁玲在湖南各地求学前后共有十余年时间。她的这一启蒙时代既是知识上的、思想上的，也是文学上的。在文学启蒙教育中，母亲也是她的第一位老师。早在入学之前，母亲就常绘声绘色地讲述"水帘洞"、"托塔天王"等优美的童话、神话故事，将一个迷人的文学世界展现在幼小的丁玲面前。自七岁发蒙读书后，母亲更是教读了许多文学经典："我妈妈亲自教我读《古文观止》，什么《论语》、《孟子》在十来岁时就读过了。很小的时候，还从我妈妈的口授中背得下几十首唐诗，古典小说也不知看了多少部，比一般同学要懂得多。"②母亲的悉心传授，培养了丁玲最初的文学兴趣。在小学时，阅读文学作品，便成了丁玲课余时间最重要的精神享受：

> 有几年的时间，从十岁到十四岁，我只有寒暑假才同家人团聚一块，不是寄宿在学校，就是住在我舅舅的后花园里，一个

---

① 丁玲：《我怎样飞向了自由的天地》，《丁玲全集》第5卷，第265页。
② 丁玲：《致胡延妮》(1978年中秋节)，《丁玲全集》第11卷，第245~246页。

老妈和丫头伴着。日里和一群顽皮的同学以欺侮教员为游戏，一放学，便只剩一个人。不管在家里的慢慢黑下来的园子里也好，或是学校的小操场也好，总之在这些时候，我除了望一阵一阵飞过的归鸦和数着那最先发亮的星星以外，便总是找一本书，度过那寂静的下午和夜晚。这一个时期我几乎把我舅舅家里的那些草本旧小说看完；而且还看了商务印书馆的《说部丛书》，就是那些林译的外国小说也看了不少；《小说月报》（美人封面的）和包天笑编的《小说大观》也常常读到。[1]

这一时期，她广泛阅读了《红楼梦》、《水浒传》、《三国演义》、《西游记》、《西厢记》、《聊斋志异》、《封神榜》、《七侠五义》等中国古典名作以及现代通俗文学作品。中学阶段，在陈启明老师等人的影响下，她通过《新青年》、《新潮》等报章杂志阅读了许多新小说和新诗，读过胡适的诗文，俞平伯、康白情的诗歌，冰心的小说等。她在文化书社购得郭沫若的《女神》，也读得"爱不释手"。同时，她阅读了更多的西方文学作品，如"林译小说"中的《茶花女》、《三剑客》、《钟楼怪人》、《悲惨世界》等，另外还有都德的《最后一课》、《二渔夫》等。

中外古今文学作品的熏陶，不但为丁玲打下了较好的文学基础，而且使她产生了以写作表达自我的欲望和冲动。在桃源读书时，她的作文就"不愿抄书，都是写自己的话，想的东西多，联想丰富"；在形式上，她也表现出了打破四六文体和文言束缚的努力。在周南女子中学，陈启明老师则不但鼓励她多读，而且鼓励她多写。在第一学期里，她就写了三本作文、五本日记。同时，在周南，她还开始了最初的文学创作。她"写诗，

---

① 丁玲：《我的创作生活》，《丁玲全集》第 7 卷，第 14～15 页。

写散文,还写过一篇小说"。其中,有两首小诗曾发表在陈启明等编辑的《湘江日报》上。这当然是相当幼稚的练笔,但对丁玲一生的意义却是不能低估的。后来,当在社会上四处碰壁无路可走的时候,丁玲"会想起用一支笔来写出我的不平,和对于中国社会的反抗,揭露统治阶级的黑暗"①,则显然与她此期的这种尝试密不可分。

从 1911 年到 1922 年初,在十余年间,经历过知识上、思想上和文学上的三重启蒙,丁玲已经羽毛初丰。从此,她即将开始"自由飞翔的生活"②,将要走出湖南故土,朝着那"更遥远的更光明的地方"展翅飞去!

---

① 丁玲:《我怎样飞向了自由的天地》,《丁玲全集》第 5 卷,第 265 页。

② 丁玲:《致胡延妮》(1978 年中秋节),《丁玲全集》第 11 卷,第 254 页。

第三章　"自由飞翔"

　　自由是一种理念,是一种精神状态,同时也是一种行为方式。从1922年春入上海平民女子学校到1929年下半年创作长篇小说《韦护》之前,在大约七年半的时间里,丁玲始终秉承着"五四"自由理念,走上海、闯北京,在更加广阔的天地里展翅奋飞。不管是在求学还是求职上,都呈现出一种自由的精神状态,也最终铸就了一种自由的行为方式。

　　走出湖南后,丁玲的求学之路仍然与在湖南读书时一样曲折。这条曲折的求学之路与其说纯然为客观原因所致,倒不如说主要是出自其主观因素。1922年2月,在原桃源女子第二师范同学王剑虹的鼓动下,丁玲怀揣着自由之梦来到上海,入读平民女子学校。这所学校由陈独秀、李达等商议筹备,以中华女界联合会的名义成立,是中国共产党办的第一所学校。由李达任负责人,共产党人陈独秀、陈望道、沈雁冰、张太雷、刘少奇、施存统、柯庆施等都曾来校任教或作演讲。学校规模不大,只有二楼二底,学生也只有二三十人,分为高级班、初级班。丁玲在高级班。

学校"以半工半读为号召,目的是培养一批妇运工作者"①。出于这样的办学目的,学校经常组织学生参加各种社会活动。在那半年里,丁玲社会活动非常频繁:"那年马克思生日,开纪念会,我们去听,由李汉俊讲马克思主义。黄爱、庞人铨那些人死了,开纪念会,我们也去参加。工人闹罢工,我们到马路上去捐钱,跑到浦东纱厂去演讲,劝工人坚持罢工。"但是,学校内部的教学管理却很不规范。课程既不系统,也没有固定的教学大纲和教材。教员们大多是兼职尽义务的,授课时间往往也不能保证。他们"不能按钟点来校,什么时候有空就什么时候来,成了讲座。有时候老师夜里来了,学生们便从床上爬起来听课"。起初,丁玲对参加社会活动还感到"满有兴趣",但是,时间稍长,她就"觉得这样东跑西跑,东听一课西听一课,有些浪费时间,不如自己读些书"②。于是,因为失望,她在这里只学习了一个学期就和王剑虹一起选择了退学。

退学后,丁玲和王剑虹都没有进学校,本意是在"自己读些书"。这样,她就开始了长达一年多的自学时期。在上海自学一段时间后,她们又于10月间结伴到了南京。从那时起到次年8、9月间重回上海进上海大学,其间除四个月左右她在常德度过,其余时间均在南京。从她后来的回忆看,与其说这段时间构成了她的"自学"时代,倒不如说是她的"漫游"时代更确切些。用她的话来说,那一年,她过的是一种"东流西荡的生活"③。因为经济拮据,她过着极度俭朴的日子,但仍然"生活得很有兴趣,很有生气"。在南京,她和王剑虹开始借住在学生公寓,后来租房另住,日子过得自由而舒心:"两个人天天跑、玩,今天上鸡鸣寺,明天上

① 茅盾:《我走过的道路(上)》,人民文学出版社1981年版,第224页。
② 丁玲:《早年生活二三事》,《丁玲全集》第10卷,第303页。
③ 丁玲:《我所认识的瞿秋白同志》,《丁玲全集》第6卷,第34页。

莫愁湖,后天上玄武湖,再后天上明孝陵。"①这样以"漫游"为主要内容的"自学",从单一的学习效果看,自然不能说是最佳的,但是,她的收获也是巨大的。她不但与不少名人有了更多的交往,影响了自己此后的生活道路,而且在这"自学"过程中她更多、更直接地体味到了"自由"所带给她的自我实现的精神快乐。

在"漫游"一年多以后,丁玲听从瞿秋白的劝告,重新回到了学校。1923 年 8 月,瞿秋白到南京东南大学参加中国社会主义青年团第二次代表大会。会议期间,在丁玲就读的上海平民女子学校的老师、湖南桃源二师的同学杨代诚(王一知)的丈夫施存统的引领下,瞿秋白看望了丁玲和王剑虹。他鼓励她们入读上海大学中国文学系,并保证她们到那里后"可以自由听课,自由选择"。丁玲随后便与王剑虹由南京重返上海。

上海大学是中国共产党继平民女子学校后创办的第二所学校。其前身是私立东南师范学校,校址在闸北青云路青云里,1924 年春迁至西摩路。校长由国民党元老于右任挂名,实际从事管理工作的主要是共产党人,邓中夏任总务长主持校务,瞿秋白任教务长兼社会学系主任。它没有校门,不挂招牌,也没有大礼堂,是一所名副其实的"弄堂大学"。但它却"培养了许多优秀的革命人材,在中国的革命中有过卓越的贡献"②。在中国文学系,丁玲接受了较为系统的文学教育。其中,主任陈望道讲古典文学,邵力子讲《易经》,俞平伯讲宋词,田汉讲外国诗歌,沈雁冰讲希腊神话。她"喜欢沈雁冰先生(茅盾)讲的《奥德赛》、《伊里亚特》这些远古的、异族的极为离奇又极为美丽的故事",并"从这些故事里产生过许多幻想"。她后来饱含感情地说,茅盾在平民女子学校和上海

---

① 丁玲:《早年生活二三事》,《丁玲全集》第 10 卷,第 304 页。
② 茅盾:《我走过的道路(上)》,第 225 页。

大学两度为师,"在谆谆课读之中培养了我对文学的兴趣"①。课余时间,她还从瞿秋白处得到了很多文学上的教诲,从而大大开阔了文学视野。那时,瞿秋白在社会学系讲哲学,有一段时间,他几乎每天下课后都来到丁玲和王剑虹的住处,以文学为中心,横贯中西,纵论古今。他既讲希腊罗马、文艺复兴和普希金,也谈唐宋元明、文学研究会和创造社。在他面前,"我只是一个小学生,非常有趣地听着。这是我对于文学上的什么浪漫主义、自然主义、写实主义以及为人生、为艺术等等所上的第一课"②。

但是,丁玲在上海大学也只学习了一年,便转赴北京了。她此次退学,主要不是因为上海大学像平民女子学校那样不正规,也主要不是因为她对上海大学不满(相反,她倒觉得"我们文学系似乎比较正规,教员不大缺课,同学们也一本正经上课"),而是首先因为她为"思想好"、"学习空气浓厚"的北京所吸引。新文化运动的策源地北京给她以"新的梦想",使她对上海大学的求学生活产生了"厌倦"。在上海大学求学时,她的那些远在北京上大学的原中学时的同学纷纷给她来信,鼓动她去北京,"说北京思想好,补习学校的校长是湖南新民学会的人"③。昔日同学对她的希望,使她生成了"新的梦想",产生了"飞向北京"的强烈冲动。于是,1924年暑假将到的时候,她向瞿秋白和王剑虹提出要回湖南看望母亲,之后,"就直接去北京,到学习空气浓厚的北京学府去继续读书……上海大学也好,慕尔鸣路也好,都使我厌倦了。我要飞,我要飞向北京,离开这个狭小的圈子,离开两年多一天也没有离开过、以前不愿离

① 丁玲:《悼念茅盾同志》,《丁玲全集》第6卷,第123页。

② 丁玲:《我所认识的瞿秋白同志》,《丁玲全集》第6卷,第42页。

③ 丁玲:《早年生活二三事》,《丁玲全集》第10卷,第305页。

开的挚友王剑虹"[1]。

同学来信鼓动,是丁玲离开上海的直接诱因。而这一诱因之所以在当时能够立即发生决定性作用,也与她此时的心态有关。到上海大学后不久,王剑虹很快与瞿秋白坠入爱河。对于他们之间的恋情,丁玲开始是支持的。虽然她曾因同住一室的王剑虹向她保守恋爱秘密而生过气,觉得"两年来,我们之间从不秘密我们的思想,我们总是互相同情,互相鼓励的。她怎么能对我这样呢?"并因此以"无知的顽皮"制造过恶作剧,将来访的瞿秋白挡之门外,但是,当她理解王剑虹这一做法出于其极强的自尊心后,她立即冰释前嫌,抱着"帮助她、救援她"的愿望,主动当起了鸿雁传书的使者,把王剑虹表达爱情的诗作交给了瞿秋白,并祝福他们成为"一对最好的爱人"。1923年寒假里,瞿秋白与王剑虹在上海大学新址附近的慕尔鸣路的一幢弄堂房子里开始同居。此时,与他们住在同一个小楼里的丁玲的心态发生了微妙的变化。当两年多形影不离的密友王剑虹"完全只是秋白的爱人"、与之过着"甜蜜的生活"时,她感到了由友情失落所致的无边的寂寞。她之厌倦上海大学、厌倦慕尔鸣路,其实都是由此产生的。在"眼望着逝去的时日而深感惆怅"的同时,她"向往着广阔的世界","怀念起另外的旧友",产生了"一些新的计划"。在这样的情况下,"另外的旧友"(时在北京读书的周敦祜、王佩琼等人)来信鼓动她北上,自然也就成了她摆脱当下情感纠葛的重要契机。

1924年7月,刚回到常德不久,丁玲就接到王剑虹的来信,说她病了。半个月以后,她又接到王剑虹病危的电报。当她匆匆赶到上海时,王剑虹的棺木已停放在四川会馆。本来,还在思虑着如何说服母亲同意自己到北京去的丁玲,此时因好友遽逝,痛感"慕尔鸣路我是不能再待下

---

[1] 丁玲:《我所认识的瞿秋白同志》,《丁玲全集》第6卷,第42页。

去了!"①——"我的最好的、思想一致的挚友王剑虹在上海病逝了。她的际遇刺痛了我"②。于是,在凭吊过好友亡灵、泪洒四川会馆之后,她在悲痛中便决然登船,北上天津转赴北京,由此开始了近四年的北京蛰居生活。

起初,丁玲到北京的目的还是为了求学深造。刚到北京,她住在西城辟才胡同一个补习学校的宿舍里。除旧友周敦祜、王佩琼等人外,她新结识了北大三年级学生谭慕愚和同住在补习学校的曹孟君。为了考大学,她在那里开始补习数、理、化,并学习过绘画。1925 年 3 月,她报考一所美术学校,但未被录取。之后,她还到一个画家办的私人画室独自对着冰冷的石膏像继续学习素描。差不多与此同时,她从一个从法国勤工俭学回来的学生学习法文,准备去法国留学。那人允诺,只要她筹划到二百元旅费,到巴黎以后,能够帮助她找到职业。后来因为母亲和朋友的反对,她放弃了这个"远行的幻想"。1927 年 12 月,她又萌生了去日本留学的念头。经朋友王三辛介绍,她曾从冯雪峰学习过日文,"但教了一天,他不教了,我也不学了"③。

从求学的直接目的来看,丁玲近四年的北京生活是相当失败的。除了在寄居银闸公寓时偶尔到北大旁听一些课程外,她没有正式进过任何一所大学,她的求学方式始终是以自学为主。为了纾解这种失败感,也为生活所迫,她不愿"靠母亲微薄的薪水,在外面流浪一生",对"只能有在友情的怀抱中进大学这一条路"的人生规划产生了怀疑,于是,在自学的同时开始了求职的尝试。1925 年 3 月,在投考美术学校失败后,她看

① 丁玲:《我所认识的瞿秋白同志》,《丁玲全集》第 6 卷,第 45 页。

② 丁玲:《鲁迅先生于我》,《丁玲全集》第 6 卷,第 107 页。

③ 丁玲:《我与雪峰的交往》,《丁玲全集》第 6 卷,第 267 页。

到报纸上的一则广告,一个在香港等地经商的人想招聘一个秘书,工资虽低,但可以免费去上海、广州、香港的诱惑使她心动了。后来也因母亲和朋友的反对,她只得打消了这个念头。1926年春天,上海明星电影公司编导洪深携新片来北京作展演、宣传。丁玲在观看影片、聆听洪深的讲演后,又产生了去上海当电影演员的想法。她与洪深通信,在北海公园晤面,洪深表示愿意提供帮助。4、5月间,她南下上海,去该电影公司考察。因失望于电影界的商业化气氛和业内人士的轻浮,她没有与之签订合同。接着,她又因为想当戏剧演员,便顺道拜访了上海大学时的老师、此时为南国电影剧社负责人的田汉。田汉还为她拍摄了一张六寸的明星照片。但同样因为不满于戏剧界的一些不良习气,她最终还是于6月里回到了北京。

丁玲此期自主的求学、求职之路充满荆棘和坎坷。但是,在不经意间,她因曹孟君和左恭得以结识了胡也频(原名胡崇轩),这一人生遭逢非常偶然,却为正在东流西荡之中的丁玲确定了人生航向。丁玲到北京后不久,新结识的好友曹孟君和与丁玲同学美术的左恭热恋了。当时,左恭与胡也频同住一个公寓,丁玲常常陪曹孟君去那里,由此认识了胡也频。这位比丁玲长一岁的福州人,做过金铺学徒,当过海军学生。1924年,在天津大沽口海军预备学校停办后,他便来到北京,以卖文为生。从1924年12月至1925年5月,他又与项拙、荆有麟合编了《京报》副刊《民众文艺周刊》。他那时是"倾向于《京报》副刊、鲁迅先生的",又因为稿件的关系,他和沈从文成了"文章的知己"。[1] 这位多情善感、冲动狂热的诗人初遇丁玲,便一见钟情。关于第一次见到丁玲的情景,胡也频对荆有麟作过这样的描述:"昨天晚上,在老项(项拙)一个同乡房里

---

[1]　丁玲:《一个真实人的一生——记胡也频》,《丁玲全集》第9卷,第66页。

吃饭。有一个女的我马上爱上了。高兴得不得了。当时竟喝醉。"①与丁玲相识仅一个星期后，曾经几次去过鲁迅家的胡也频去求见鲁迅时竟用了"丁玲的弟弟"的名片，②可以看出他在转瞬之间迸发出的对丁玲非同寻常的热烈情感。

对于胡也频，丁玲也是有好感的。她不但接受了胡也频托公寓伙计送来的玫瑰花，而且还与他多有过从。据沈从文回忆，在沈从文与胡也频相识大约一周后，丁玲就在胡也频的引领下来到了沈从文的住处，胡也频当时对他解释说，丁玲是因为听人说到沈从文"长得好看"，才特意来看看的。就这样，丁玲结识了同是来自湘西又同在"北漂"、长自己两岁的文学青年沈从文。共同的湘西、共同的沅水和共同的"怀乡病"，使他们一见如故——"我们一提到所生长地方后，就各因另外一时的特殊印象，仿佛成为熟人了。"③后来，沈从文也在胡也频的带领下访问过丁玲，到过她在通丰公寓的简陋住处，看到了那"硬木板子的床"和"湿湿的发霉发臭的地"④。单从这些与沈从文有关的交往来看，丁玲对胡也频在情感上显然也是接受的。丁玲后来在追忆胡也频时也说：结识后不久，"由于我的出身、教育、生活经历，看得出我们的思想、性格、感情都不一样，但他的勇猛、热烈、执拗、乐观和穷困都惊异了我，虽说我还觉得他有些简单，有些蒙昧，有些稚嫩，但却是少有的'人'，有着最完美的品质的人"。她发现，他品质纯正，就像一块未被雕琢过的璞玉，比起那些光滑的烧料玻璃珠子，不知高到什么地方去了，因此，"我们一下就有了很

① 艾云：《鲁迅所关怀的丁玲——鲁迅全集研究拾遗》。转引自丁言昭《在男人的世界里——丁玲传》，上海文艺出版社 1998 年版，第 45 页。
② 丁玲：《鲁迅先生于我》，《丁玲全集》第 6 卷，第 111 页。
③ 沈从文：《记丁玲》，第 64 页。
④ 沈从文：《记胡也频》，《沈从文文集》第 9 卷，第 55、56 页。

深的友谊"。

但是,可能是因为"那时的确对恋爱毫无准备,也不愿用恋爱或结婚来羁绊"①自己,丁玲于1925年暑假突然离开北京,与胡也频不辞而别。丁玲"人既一离开,如今便到了使他发狂的时候了"。他在狂躁中撕碎了书报,致使满地是书的残叶同碎烂的报纸。这位具有南方人的热情、"无反省,不旁顾"、单纯勇敢的诗人,不听任何劝告,从朋友那里借来盘缠,立即登上了南下的列车,去追赶丁玲。几天后,在常德丁玲母亲学校的门口出现了这样令丁玲母女诧异的一幕:

> 有一天,听见大门咣咣的响,我与母亲同去开门。我们都不得不诧异地注视着站在门外的那个穿着月白长衫的少年。我母亲诧异这是从哪里来的访问者;我也诧异这个我在北京刚刚只见过两三次面的、萍水相逢、印象不深的人,为什么远道来访。但使我们更加诧异的是这个少年竟是孑然一身,除一套换洗裤褂外便什么也没有,而且连他坐来的人力车钱也是我们代付的。②

胡也频的热情、真诚,打动了丁玲。两人结伴回到北京后,便在西山碧云寺下的一个村子里租屋同居了。因为没有稳定的收入,只能靠母亲每月寄来的二十元维持,两人的生活相当艰苦。有时又因湖南那边汇票的原因,不能按时寄钱来,所以,"那两个人的生活,不久也就显得十分狼狈了"。对此,沈从文曾经有过这样的描写:他们"穷极了时从我处又想

---

① 丁玲:《致白浜裕美》(1985年3月1日),《丁玲全集》第12卷,第267~268页。
② 丁玲:《胡也频》,《丁玲全集》第6卷,第89页。

不到什么办法,总得进城去筹点小款,方能支持下去,作太太的便从床下把柳条箱拉出来,拣出些不适用的衣服,用一个花标作成的包袱包好",交给胡也频"进城从当铺换钱"。①

丁玲与胡也频结识、同居,是有共同的思想情感基础的。两人都有着不幸的早年经历,在现实中又都是寄居在北京的漂泊者。他们都怀揣着"五四"所赐的"自由"梦想,在各自的艰难困苦中,共同走入了"孤独的愤懑、挣扎和痛苦"②。虽然两人的结合并没有给丁玲带来物质上的富裕,但是其精神上的意义却不可低估。其意义主要就在于:它不但使她在特殊历史时期里找到了一个精神上的同道,从而使她在与胡也频的相互鼓励、相互支撑中更加坚定了自己的"自由"信仰,而且在耳濡目染之中也使她在诸多可能中最终坚定地选择了坚守个体自由的行为方式——这就是"文学"。所有这些,使处在茫然无措状态中的丁玲终于确定了自己的人生航向。

如上一章所述,在"五四"新文化运动的影响下,丁玲实现了"'个人'的发见"和人性的解放,形成了以反对束缚、追求自由、实现自我价值为基本内容和以"叛逆"、"自主"为核心的现代个性思想。用她自己的话说,就是:"我个人一直是认为要自由思想,自由行动。"③当 1922 年春天丁玲来到上海求学时,"五四"新文化运动已进入退潮期。那时,"《新青年》的团体散掉了,有的高升,有的退隐,有的前进",许多知识分子都感到了深沉的精神苦闷。即便是作为"中国文化革命的主将"的鲁迅,在此期也有"成了游勇,布不成阵"之感,其"战斗的意气"也"冷得不少"。④

---

① 沈从文:《记丁玲》,第 74 页。

② 丁玲:《一个真实人的一生——记胡也频》,《丁玲全集》第 9 卷,第 66 页。

③ 丁玲:《随感四则》,《丁玲全集》第 9 卷,第 436 页。

④ 鲁迅:《〈自选集〉自序》,《鲁迅全集》第 4 卷,第 456 页。

面对这种残酷的现实,丁玲虽然也有"梦醒了却无路可走"的苦闷,但是,她却没有铩羽而归,而是始终以"五四"个性思想为其思想元点,"固执地要在自由的天地中飞翔,从生活实践中寻找自己的道路",坚持"自己安排自己在世界上所占的位置"。① 她的这种个性思想是如此鲜明、如此强烈,导致了她对"组织"、"纪律"的排拒。或者说,正是在她对"组织"、"纪律"的排拒中,鲜明而强烈地彰显了她的个性思想。

因为特殊的经历,丁玲与中共早期党员和领导人有过较多的接触。她说过,她"老早就进了共产党办的由陈独秀、李达领导的平民女子学校,和后来的上海大学。在革命的队伍中是有着我的老师、同学和挚友"②。其中,交往较为密切的就有向警予、瞿秋白、冯雪峰等人。1923年暑假里,丁玲在上海见到向警予。可能是因为向警予听到"有人在她面前说我是什么无政府主义思想,说我孤傲。因此她对我进行了一次非常委婉的谈话"③。1924年到北京后,瞿秋白也与她有过多次来往。虽然她当时对自己接触到的"个别共产党员的浮夸言行"表示"看不惯",但总的来说,她通过与大多数党员的接触,还是感觉到了"共产党是好的"。尽管如此,她还是在较长时间里自觉地游离于党团组织之外。在平民女子学校和上海大学时,都有人征求过她的意见,想发展她入团、入党,但她都拒绝了。不但如此,甚至在瞿秋白等共产党人鼓励她和王剑虹进上海大学时,她还表现出很强的疑虑:"我们怀疑这可能又是第二个平民女子学校,是培养共产党员的讲习班,但又不能认真地办。"在得到"学校要宣传马克思主义,要培养年轻的党员,但并不勉强学生入党"和"到那里

---

① 丁玲:《我所认识的瞿秋白同志》,《丁玲全集》第6卷,第33页。
② 丁玲:《一个真实人的一生——记胡也频》,《丁玲全集》第9卷,第67页。
③ 丁玲:《向警予同志留给我的影响》,《丁玲全集》第6卷,第29页。

可以自由听课，自由选择”的保证后，丁玲才入了该校。

丁玲当时之所以没有加入党团组织，是因为她要守护自己的个性自由，而不愿受组织纪律的约束。她那时最“不想要”的，“就是党组织的铁的纪律”，她甚至将它比作是孙悟空头上的那个“紧箍咒”。她觉得，“要服从铁的纪律，命令我干一件事，就非干不可，要我去做机器里面的一颗螺丝钉，放到哪里就在哪里，我心里自问，这个太不自由，这个不行。”1935 年 6 月初，瞿秋白牺牲前两周在接受《福建日报》记者李克长访问时，对当年丁玲的思想状况也作过这样的回忆：“丁玲是时尚未脱小孩脾气，常说，‘我是喜欢自由的，要怎样就怎样，党的决议的束缚，我是不愿意受的’。我们亦未强制入党，此时仍为一浪漫的自由主义者。”①深谙丁玲个性的瞿秋白于 1923 年冬天与丁玲有过一次意味深长的谈话。丁玲问他，她将来究竟学什么好，干什么好，当时应该怎么做。瞿秋白凭着他对丁玲的理解和对社会的理解，毫不思考地昂首答道：“你么，按你喜欢的去学，去干，飞吧，飞得越高越好，越远越好，你是一个需要展翅高飞的鸟儿。”具有浓郁人文情怀的、“在政治生活中过了那么久，却还不能彻底地变更自己”的瞿秋白，将“自己向往的而又不容易实现的”希望寄托在丁玲身上。而他的话也“正中我的下怀，所以我就没有飞进党，我飞开了”，此后，她“就带着这种小资产阶级、个人主义的幻想去闯”。②

正是带着这种自由的“幻想”，丁玲闯到了北京，并很快与胡也频相识相爱了。此时，胡也频也刚流落到北京，开始“北漂”生活。从那时开始直到 1929 年 6 月在《红黑》杂志发表中篇小说《到 M 城去》、思想开始左转之前，其思想的主色调同样是反抗束缚、追慕自由的“五四”的个性

---

① 李克长：《瞿秋白访问记》，《国闻周报》第 12 卷第 26 期，1935 年 7 月 8 日。
② 丁玲：《我是人民的儿女》，《丁玲全集》第 8 卷，第 306 页。

主义。他曾这样表白:"孤独的、在重量的生活压迫之下,写我所要写的东西",要求文学创作表现自我,而"看不出势利、阶级、以及其他骇世骗人工具的理由"。[1] 他"最熟悉的是一个漂泊者的生活,饥饿寒冷,孤单寂寞,冷淡的人世,和求生的奋斗",因而,通过他的那些"悲愤、惆怅的诗篇",人们可以"理解他为人世困苦、冷酷和缺少天伦之乐、缺少友谊而感到刺痛,并从而铸成了一颗坚强的心"。[2] 在文坛有关"主义"之争相当热闹之时,他还抱着一种"不相干"的态度,仍然表示:"我们自己努力,走我们自己的路"[3],而不愿参乎其间以致压抑了自己的个性。在被杀害前一年,丁玲对他那一时期的创作还作过这样的总结:"他当时的作品里充满对生活的不满,对社会的不满,而对共产主义却没有一点缘分。"[4] 尽管胡也频与丁玲在性格上不同,他们在思想上却息息相通——二者都有相同的基础、共同的源头和一样的内涵。因此,她与胡也频,是精神上的同道。丁玲在与胡也频相识、结合之前业已形成的个性思想,到此期又因胡也频得到了巩固和强化。在轰轰烈烈的大革命时代,他们在自己营构的一片小天地里,相互唱和,相互砥砺,"曾经很孤独地生活了一个时期"。建国初年,丁玲对自己这一段时期的思想作过这样的反省:

> 我那时候的思想正是非常混乱的时候,有着极端的反叛情绪,盲目地倾向于社会革命,但因为小资产阶级的幻想,又疏远了革命的队伍,走入孤独的愤懑、挣扎和痛苦。所以我的狂狷和孤傲,给也频的影响是不好的。他沾染上了伤感与虚无。那

---

[1] 胡也频:《写在〈诗稿〉前面》,《诗稿》,现代书局1928年版。
[2] 丁玲:《胡也频》,《丁玲全集》第6卷,第90页。
[3] 沈从文:《记胡也频》,《沈从文文集》第9卷,第83页。
[4] 丁玲:《早年生活二三事》,《丁玲全集》第10卷,第309页。

一个时期他的诗，的确充满了这种可悲的感情。①

她接下去还写道：“这一时期如果应该受到责备的话，那是应该由我来负责的。”出于这样一种“负责”的态度，丁玲在这里更多强调了自己对胡也频的影响，这原是可以理解的。但是，胡也频此期诗作中所寓托的伸张个性的吁求和无地自由的悲情，也不可能不反过来对丁玲产生影响。1929年1月，在为《也频诗选》作序时，她明确表达了她对其诗歌的喜爱。她写道：“在频所有的工作里，我欢喜他的诗，是数倍超过于那些小说及……”；她爱他写给她的情诗，也爱他其他的诗作，甚至“还超过那些特为送给我的”。② 这直截地说明胡也频诗作（其中包括所表达的思想感情）对她的影响。她还表示，“我也不喜欢也频转变后的小说，我常说他是‘左’倾幼稚病”③。显然，这也从一个侧面说明胡也频对那一时期的丁玲真正产生影响力的，还是他“转变”之前的个性思想。

丁玲与胡也频的结合，既在相互影响中强化了丁玲业已形成的个性思想，也导致丁玲在诸多可能中最终选择了适合自己、并能实现个体自由的行为方式。在外漂泊多年之后，何以为生、“我能干什么”的问题，很急迫地摆在了丁玲面前。作为一个“浪漫的自由主义者”，如何在社会上确定自己的安身立命之所，在当时的情况下，本也可以有多种选择。事实上，丁玲也多次找寻过自己的职业。而在大革命失败以后，她决意从文，最终选择了“拿起笔”、当一个作家。这一选择，当然首先关乎其“自由”理念。她后来这样说道：

---

① 丁玲：《一个真实人的一生——记胡也频》，《丁玲全集》第9卷，第66~67页。

② 丁玲：《序〈也频诗选〉》，《丁玲全集》第9卷，第4、5页。

③ 丁玲：《一个真实人的一生——记胡也频》，《丁玲全集》第9卷，第68页。

在这样一个大动荡、大分化的年代,我不能不认真思考我这几年所走的路,我能干什么呢? 我没有参加组织,也找不到老师指导,我也不愿回老家,过那种没有新鲜空气的窒息的日月。我怎么办呢? 我没有别的本事,只有拿起一支笔来。拿笔也不一定行,但我可以自由。于是我拿起笔,反抗那个旧社会。①

"五四"新文化运动兴起以后,在青年知识分子中间出现了比较普遍的"重文"的倾向,"一批批有为青年,怀抱新的生活旨趣和笃信自己事业的信念,堂堂正正地走上了文学道路"②。这种"重文"现象的出现,源自于其现代个性意识的觉醒(即"人的发现")。这些从封建铁屋子中被唤醒的有为青年,秉承着"五四"的自由理念,必然要独立地发表对现实、人生的见解。而文学无疑成了他们可以"言说自由"("自由"作为言说的内容)和"自由言说"("自由"作为言说的方式)的最佳载体之一,因而,从文便成了他们所可选择的重要职业之一。对他们而言,选择了文学,也就意味着同时选择了自由。作为他们中间的重要一员,丁玲之选择文学创作为职业的初衷,就是:"我可以自由"。可以这样说,为了自由,她选择了文学;而选择了文学,她也可以从中获得自由。因而,对她来说,选择文学创作这一职业,不但意味着选择了一种生存方式,而且也意味着同时选择了一种实现个体自由的行为方式。

应该说丁玲选择文学创作作为实现个体自由的行为方式,其自身也是有相当的文学积累的。除了上一章所述的早期文学启蒙外,在这段时

① 丁玲:《我是人民的儿女》,《丁玲全集》第 8 卷,第 307 页。
② 刘纳:《论"五四"新文学》,浙江文艺出版社 1987 年版,第 101 页。

间里,她在上海大学听了许多文学课程,而且在业余时间阅读了古今中外的许多文学作品,并与当时一些著名作家主动建立过联系。单从她自己和当事人的回忆看,她阅读过其作品的外国作家就有俄国的普希金、托尔斯泰、屠格涅夫,法国的福楼拜、莫泊桑、小仲马、都德,波兰的显克微之,等等。同时,她还关注着国内文坛的动向,随时翻阅当时出版的《京报》副刊、《语丝》等文学报刊,拜读了能够搜寻到的鲁迅所有的作品。不但如此,她还主动联系过一些著名作家。1923 年春夏之交,在上海平民女子学校读书时,她和王剑虹等"带着非常景仰的心情",去民厚里拜访了郭沫若,同时见到了在座的张资平。虽然因为郭沫若言谈之间对她们的老师沈雁冰的不敬,使她们当时感到不满和"懊丧",但她们毕竟与"这样一个伟大的天之骄子"①有了直接的接触。1925 年 4 月,在"向哪里前进"的巨大人生困惑中,丁玲怀着"无边的勇气和希望"致信鲁迅。信中"把我的境遇和我的困惑都仔仔细细坦白详尽地陈述了一番"②,希望得到鲁迅的指导。鲁迅于 30 日收到此信,但因误以为是沈从文化名所写,没有作复。

丁玲此期通过这些活动,确实加强了自己的文学修养,进一步培养了自己的文学兴趣。这只是丁玲选择从文、成为作家的可能条件,并不是所有具有一定文学修养和文学兴趣的青年都最终选择以写作为生。当时,"什么正式大学也无从进去,只能在住处就读点书"③的青年在北京并不鲜见,他们中的许多人后来并没有能够成为作家。至于拜会郭沫若、致信鲁迅,固然有他们的文学影响在对丁玲起作用,但丁玲的出发点

① 丁玲:1978 年 9 月 25 日日记,《丁玲全集》第 11 卷,第 443、444 页。
② 丁玲:《鲁迅先生于我》,《丁玲全集》第 6 卷,第 110 页。
③ 沈从文:《记胡也频》,《沈从文文集》第 9 卷,第 56 页。

倒主要不在文学本身,至少不在请求他们指导自己的文学创作。她拜会郭沫若,因为他是《女神》的作者,因此,她的这一举动倒更像是在"追星"。而她致信鲁迅,也主要是把鲁迅当做自己的人生导师来看的——她所期盼的是鲁迅对她的"人生道路"的指引。

在多种外在因素中,真正有力促成丁玲在从文问题上将可能性转变为现实性、将从文的愿望最后落实于行动的,是胡也频以及与之结合后的那段生活。1925年秋,丁玲与胡也频结合后,在西山蛰居了半年。"小家庭虽常常那么穷,却是这个女作家最好的温室"。他们"两人已感到要在社会里做点事业⋯⋯创作小说近于两人可以携手同时走去的一条大路"。而在沈从文看来,"海军学生(指胡也频——引者)的热情""培养了她的创作的种子,海军学生的生活,又给了她后来创作的方便"。成名之后,丁玲也坦然承认:"这全是频的成就,没有海军学生也就没有这本书。"①那时,沈从文与他们住处相去不远。他们晚饭后聊天,"三人就说着大话,以为若果每一个人每月可以写出三万字文章,得到三十块钱,那这日子即或是冬天,没有炉子,心中一定也觉得很温暖了"②。这已然流露出了丁玲以"卖文"为生的意愿。

1926年初,经沈从文介绍,丁玲随胡也频迁至城内。自此至1928年2月离开北京赴上海,他们与沈从文毗邻而居,先后同住于北大附近的银闸公寓、孟家大院和汉园公寓。丁玲曾经说过,"北京这个古城是一个学习的城,文化的城"。而他们所住公寓,在文化的意义上,则位于这座城的中心,被一种浓重的文化氛围笼罩着。那里住过焦菊隐、于赓虞、王鲁彦、蹇先艾、朱湘、戴望舒、徐霞村等青年作家。他们进出都能遇到

① 沈从文:《记丁玲》,第78、90、86、95页。
② 沈从文:《记胡也频》,《沈从文文集》第9卷,第63页。

的住在那里的大学生们，都是歌德的崇拜者，拜伦、济慈的崇拜者，鲁迅的崇拜者；他们常常谈到的是莫泊桑、契诃夫、易卜生、莎士比亚、高尔基和托尔斯泰……而到饭馆用餐时，他们也"常能和冯至、陈翔鹤等沉钟社的人碰头"。① 根据沈从文1931年的回忆，当时与丁玲、胡也频时有过从的，有于赓虞、许超远、黎锦明、徐霞村、王森然，他们"全是在北方从事文学而已知名的男性"；女性作家中，丁玲则结识了凌叔华、庐隐。此外，她和胡也频还于1927年拜访过谢冰心。

丁玲与胡也频的这段生活，使丁玲感受到了浓重的文化气息和文学创造的氛围。在这种氛围的激发下，为谋生计，1926年春，丁玲、胡也频与沈从文三人曾筹划自办一个杂志，"仿《语丝》周刊大小，来一个固定的东西，每期印一千份"，目的是为他们自己的文章找"一个固定发表地方"。虽然这个动议是沈从文提出的，虽然"这个刊物只能在我们几个人想象里产生，同时也就在想象里夭折"了，但是，丁玲热心参与此事，可以看出其从文的愿望。不过，直到那时，丁玲尚未见诸行动。

在稍后一段时间里，胡也频日夜钻进了他的诗。为此，他"同一些旧友全疏远了"。"这长时间心情与人俨然隔绝的生活，给他在此后思想方面，显然有极大影响"。胡也频几年来给她的影响以及此期他为文学痴狂的情景，极大地鼓励、刺激甚至挤压了"只拿烦闷打发每一个日子"的丁玲，使她强烈地感觉到在"另一个同伴已向前走去了"时"自己徘徊也不是最好的办法"。在这种心理的驱动下，在经历过多年熏陶、多年积累后，心灵的智慧已经"成熟到透明如水"的丁玲，于1927年秋，似乎在突然之间一下子迸发出了强烈的创作冲动。这正如沈从文所说：

---

① 丁玲：《早年生活二三事》，《丁玲全集》第10卷，第306页。

在丁玲女士方面,则因了他(指胡也频——引者)的性格,
变更到生活,酝酿到后来写作的兴味。……热情伴着闲暇,消
磨到丁玲女士的每一个日子,使一九二八左右,中国便产生了
一个最为读者满意的女子作家。《在黑暗中》的动笔,以及第一
篇作品的问世,显然是出之于她这个同伴的鼓励与督促,写作
的兴味,实又培养到那个同伴性格所促成的生活里的。①

在胡也频的"鼓励与督促"下,丁玲"写作的兴味"终于迸发——她将自己
从文的愿望化成了行动。其从文的最初结果便是:"《梦珂》初稿,已常常
有一页两页摆在一个小小写字桌上"。此时,刚踏上从文之路的丁玲,还
"脸儿红红的",略带腼腆和羞涩。完成《梦珂》后,她在北京又于 1927 年
冬写出了《莎菲女士的日记》。两篇作品分别于 1927 年 12 月和 1928 年
2 月在《小说月报》上作为头条刊出,给当时的文坛以不小的震动。丁玲
此时在文学创作中找到了自信。她发现,除了文学,"不能再有更适宜于
她的事业了"。于是,她终于确定了自己的选择——以从文作为自己实
现个体自由的行为方式和生存方式。

1928 年 2 月,丁玲与胡也频"带着朦胧的希望到上海去了"。他们
先借住在法租界善钟路沈从文处,后在贝勒路短暂居住后,又搬至萨坡
赛路。从初抵上海到 1929 年下半年作小说《韦护》之前,在这一年半左
右的时间里,丁玲的行为方式和生存方式一如其旧:一方面,她仍然"个
人摸索着前进","把许多希望放在文章上"。② 在小说创作中,她顺延着
《梦珂》和《莎菲女士的日记》的思路,以特别出众的创作成绩,继续言说

① 沈从文:《记胡也频》,《沈从文文集》第 9 卷,第 68 页。
② 丁玲:《一个真实人的一生——记胡也频》,《丁玲全集》第 9 卷,第 68 页。

着"自由"的理念、放飞着"自由"的梦想,在读者中产生了很大的影响。在当时的女性作家中,冰心因病搁笔,冯沅君、凌叔华转而分头研究词曲、研习绘画,苏雪林、陈学昭虽有所作,"各把握了一部分女性读者,较之丁玲女士作品笼罩一切处,则显然无可颉颃、难于并提"[1]。作为女性作家,丁玲在创作上异军突起、一路高歌猛进,成了此期中国女性文学天空中一颗耀眼的晨星。另一方面,同样出于守护写作自由、出版自由的目的,她与胡也频、沈从文办起了文学传媒,将当年在北京时那个"在想象里夭折"的梦幻变成了现实。1929 年 1 月,她与胡也频、沈从文用胡也频从父亲手中借到的一笔经费,创办了"红黑"出版处,编辑《红黑》月刊,出版《红黑丛书》。同月,三人又应人间书店之邀,开始合编《人间》月刊。丁玲后来回忆说,"那时候上海的文艺刊物,有创造社办的《洪水》,有戴望舒等办的《现代》,有徐志摩等办的《新月》。我们商量,哪一摊都不去,我们自己办。"[2]虽然丁玲有关具体刊物的回忆不够准确,但是,随着文学中心南移上海,那一时期,上海的文艺刊物确实很多。丁玲此时热心参与编辑出版工作的动机,就是为了摆脱牵制、自立门户,就是为了在刊物林立、颇为热闹的上海文坛上另辟出一块属于"自己的园地"。在丁玲那里,有了这样的一块园地,就有了自己的出版自由;有了自己的出版自由,也就保证了自己的写作自由;有了写作自由,也就意味着可以更好地"言说自由"和"自由言说"了。正如凌宇所说,"《红黑》和《人间》是他们争取文学'独立'的产物。——在与文坛其他作家的关系上,他们渴求自主,避免卷入不必要的门户之争;在文学与商业的关系上,又希望不

---

① 沈从文:《记丁玲》,第 134~135 页。

② 丁玲:《早年生活二三事》,《丁玲全集》第 10 卷,第 308 页。按:丁玲此回忆有误。《洪水》1927 年 12 月即已停刊;《现代》1932 年 5 月方创刊,戴望舒只是撰稿人,未担任编辑工作。

俯就商业赢利的趣味。"①虽然丁玲参与编辑的这两个刊物办刊时间都很短,只分别出过七期和四期,但是,它们的出现也从一个方面表现出了从文后的丁玲在写作上"自由飞翔"的强烈意愿。

① 凌宇:《沈从文传》,北京十月文艺出版社 1988 年版,第 243~244 页。

| 第四章　早期创作 |

　　从 1927 年 12 月发表处女作《梦珂》开始，到 1929 年创作转型之作
《韦护》之前，在两年左右的时间里，丁玲共创作短篇小说十四篇，稍后辑
为《在黑暗中》、《自杀日记》和《一个女人》等三个集子——是为其小说创
作的早期。关于丁玲这一时期小说创作的思想内核，夏志清曾经指出：
"丁玲开始写作的时候是一个忠于自己的作家"，她"最感兴趣的是大胆
地以女性观点及自传的手法来探索生命的意义"。① 所谓"探索生命的
意义"，就是丁玲对"自由"的渴望与追寻——这是贯穿并统领其早期整
个小说创作的思想之魂。她将"五四"的自由思想灌注其中，使之成了贯
穿其中的基本思想线索和核心价值观念。"五四"自由之火，在丁玲早期
小说创作中迸发出了灿烂的精神之光。

　　在这里，对丁玲早期创作思想内核和意识倾向的考察，将以丁玲

---

① ［美］夏志清：《中国现代小说史》，复旦大学出版社 2005 年版，第 187 页。

1928 年底创作、1929 年 1 月发表的《庆云里中的一间小房里》为中心展开。这是丁玲早期小说中唯一一篇以意为之、因而明显存在着"概念化构建"痕迹的作品。其早期其他作品,均以其相对熟稔的生活为题材,以自己相对熟悉的人物为表现对象,甚至其中有多篇都或多或少闪现着作者自己的影子。正如有些学者所说:"如果把作家的生活经历和文学创作相互印证,可以看到,在题材的选取上,丁玲总是把最熟悉,感触最深的生活纳入作品中。虽不能说她这时的许多作品就是自传体的,但是,通过作品中的形象,却分明可以看到作家本人及其朋友们的影子。"①其实,关于这一特点,早在 30 年代初,评论家就敏感地捕捉到了,指出:"她所表现的人物,大都是住在亭子间,寄宿舍,学校,以及普通前后楼面的。"②也就是说,其中的人物、环境一般都是她相对比较熟悉的;对这些书写对象,丁玲都是有比较深厚的生活积累和情感积累的。她"以个人感情为出发点",其"写作中心,是不能把它从本身爱憎哀乐拉开,移植到广大群众方面去的"③。

具体来说,"她当演员未能如愿这件事成了她的第一个短篇《梦珂》的基础"④。而在莎菲形象的塑造中,作者则"和莎菲十分同感而且非常浓重地把自己的影子投入其中去的"⑤。从 1931 年所作《莎菲日记第二

---

① 宗谌、尚侠:《丁玲早期的生活和创作》,《东北师大学报》1980 年第 3 期。

② 方英:《丁玲论》,袁良骏编《丁玲研究资料》,天津人民出版社 1982 年版,第 238 页。

③ 沈从文:《记丁玲》,第 91 页。

④ [美]梅仪慈:《不断变化的文艺与生活的关系》,袁良骏编《丁玲研究资料》,第 564 页。

⑤ 冯雪峰:《从〈梦珂〉到〈夜〉》,《中国作家》第 1 卷第 2 期,1948 年 1 月。近年来,有学者还在"深入探讨并证明作家与莎菲之间的精神与经历的相似性",见张志忠《剪不断,理还乱——"莎菲"形象与作者丁玲之间的纠缠辨析》,《华南师范大学学报》2009 年第 5 期。

部》来看,丁玲通过对莎菲是后行状的写实性描写(如与"一个十九岁的男孩"的相识、同住以及"那失去了爱人的难堪的惨变"等),坦然认可了自己与《莎菲女士的日记》中女主人公的关联。而《过年》则"可说是丁玲童年时代的自传的一节",她母亲"曾写信给她女儿,读完这小说时,禁不住流下眼泪,当年自己挣扎着抚育儿女的光景,又重新浮到老景萧条的眼前了"①。至于带有较多想象色彩的《阿毛姑娘》,则以其与胡也频是年春天到杭州西湖小住为背景,并融入了作者幼年的乡村记忆……

总之,丁玲早期其他小说表现出了将自己"化身在作品里"的题材取向。但是,《庆云里中的一间小房里》却纯然是她后来表示要"加以反对"的"由幻想写出来的东西"②。她所建构的有关妓女阿英卖淫的故事,从题材来源上看纯然是虚构的。如果说这一故事也有其真实性,那么,它只能存在于创作主体的思想呈现层面。换句话说,这一故事("事实")因为"只是在思想上的概念化构建和(或)在想象中的比喻化构建",所以其真实性也"只存在于思想、语言或话语之中"③。从创作过程来看,相关生活积累的缺乏可能导致艺术上的诸多缺憾乃至生活真实性的缺失,但是,在探索作者的意识倾向时,这种以意为之的、"概念化构建"的作品却反而显得更加真实、更加可靠。它可以为我们提供一个洞察作者内心真实世界的窗口。

我们看到,在文学史上有不少以妓女为题材、表现所谓"青楼文化"的作品。其主导倾向或者将妓女塑造为被侮辱与被损害的形象,在进行社会控诉时所彰显的是创作主体的人道情怀;或者将妓女建构为腐化淫

---

① 蓬子:《编完之后(〈丁玲选集〉后记)》,袁良骏编《丁玲研究资料》,第263页。
② 丁玲:《我的自白》,《丁玲全集》第7卷,第2页。
③ [美]海登·怀特:《旧事重提:历史编撰是艺术还是科学?》,《书写历史》第一辑,上海三联书店2003年版,第24页。

乐的载体,其矛头所指是世风的日下和道德的堕落。这与现实世界对她们的认知、描述是一致的:她们分为"受害人形象的妓女及其反面——危险的妓女";"法律话语和改革派话语就在力求管理和援救她们的时候,构造出了这样两种形象"。① 而丁玲在这篇作品中对妓女形象之想象性描写,却与"受害人形象的妓女"、"危险的妓女"这两种在文学叙事和历史叙事中均占据主导地位的叙事模式全然无关。前苏联学者费德林曾把这篇作品视作是对"受害人形象的妓女"的建构,指出:"作者好像微微揭开了一点帷幕,进一步描写了妇女生活的另一个悲惨的方面——妓院中的妇女的命运";作者借此"无情地揭露了把妇女推上这条屈辱而可怕的道路的社会环境"。② 日本学者高畠穰则认为,"作品描写了最大的社会罪恶、绝对的多余者,并又是最受蹂躏的妓女"③,意谓:那个人物既是"危险的妓女",也是"受害人形象的妓女"。但是,这些说法都是缺乏文本依据的。作品中的阿英既不是一个"危险者",也不是一个"受害者",而是一个能够进行自我选择,并且能够在自我选择中实现自我满足的"自由"的人。研究者们曾经指出:"丁玲在这篇小说中构筑了一个妓女生活的'愉悦模式'",阿英是"一个快乐的妓女(甚至可以说是幸福的妓女)"。④ 他们所说阿英的"愉悦"、"快乐"、"幸福",说到底都是源自于她的"自由"状态和"自由"的实现。

　　丁玲创作这篇作品时年仅二十四岁,凭着自己初步形成的写"自身

---

① [美]贺萧:《危险的愉悦:20世纪上海的娼妓问题与现代性》,江苏人民出版社2003年版,第237页。

② [苏]费德林:《〈中国文学〉(节录)》,袁良骏编《丁玲研究资料》,第594～595页。

③ [日]高畠穰:《丁玲传(节译)》,孙瑞珍、王中忱编《丁玲研究在国外》,湖南人民出版社1985年版,第505页。

④ 分别见李蓉:《苦难与愉悦的双重叙事话语》,《文学评论》2006年第2期;董炳月:《男权与丁玲早期小说创作》,《中国现代文学研究丛刊》1993年第4期。

有关的材料"之题材取向和"表现所谓'Modern Girl'的姿态"①之主题倾向以及精湛的描写技术,她在文坛上已赢得了巨大声誉。在此之时,她为什么会如此冒险?为什么要撷取这样一个她很为陌生的妓女题材,且在描写上一反妓女叙事的主导模式?这是很值得深入探讨的问题。可以看出,从周作人的《宿娼之害》到丁玲的处女作《梦珂》再到丁玲这篇作品的创作,其中存在着内在的思想关联。1923 年 10 月 21 日,周作人在《晨报副镌》上发表《宿娼之害》一文,以启蒙者的精神姿态对中国传统婚姻方式展开了激烈的批判。他尖锐地指出:"'宿妻'与宿娼正是一样,所差者只在结婚是'养一个女子在家里,随时可以用',不要怕染毒,更为安稳便利罢了。传统的结婚即是长期卖淫,这句话即使有人盛气地反对,事实终是如此。"丁玲在创作《梦珂》时,将周作人的这一思想乃至话语直接化成了作品中表嫂的语言:"旧式婚姻中的女子,嫁人也等于卖淫,只不过是贱价而又整个的……"不但如此,丁玲在《梦珂》中还循此思路,借表嫂之口作出了进一步发挥:"有时,我竟如此幻想,愿意把自己的命运弄得更坏些,更不可收拾些,现在,一个妓女也比我好!也值得我去羡慕!"在表嫂"一个妓女也比我好"的感叹中,所透露出来的是表嫂(也是作者本人)对新式家庭束缚妇女自我、剥夺妇女自由的痛恨。置身于新式富有家庭的表嫂之所以要"羡慕"一个妓女,显然不在其物质、金钱的富足,而在其精神上的"自由"。换言之,她"羡慕的并非是妓女的生活方式,而是妓女在都市中生存的自由度"②。至于这篇作品的创作,更是丁玲以意为之、继续发挥的结果。她以"一个妓女也比我好"为立意的中心展开想象,甘冒其险地涉足一个陌生的题材领域,以惊世骇俗的笔触写

① 钱谦吾:《丁玲》,袁良骏编《丁玲研究资料》,第 226 页。
② 韩莓:《丁玲女性都市小说论》,《西南师范大学学报》2002 年第 4 期。

出了其"好"处和"值得羡慕"处——"自由",并因此导致了对妓女叙事中"受害人形象的妓女"、"危险的妓女"这两种主导叙事模式的颠覆。

为了营造出一个相对"自由"的氛围,一向只注重人物心灵世界挖掘的丁玲在这篇作品中一反常态地对阿英所处环境(主要是环绕在主人公周围的人物关系)给予了较多的关注和描写。大阿姊、阿姊也是妓女。一般来说,阿英和她们是同伴,但更多是对手。但是,在丁玲的笔下,她们三人之间却没有任何的尔虞我诈、相互倾轧,而是相互关心、情同姊妹。为了显示她们之间的"亲热",丁玲刻意写到了这样一个温馨的场面:下午一点,阿英还没起床,大阿姊打趣她,钻到她的被窝来;阿姊则"坐在床边,握着她两人的手,像有许多话要说。阿英腾出一块地方来,要她睡,她不愿,只无声地坐着,并看她两人,两人都有一张快活的脸"。在一般此类作品中,老鸨大多是贪婪残忍、丧失人性的"恶鸨"。但是,这个作品中的阿姆却远非如此,倒更像个慈爱的母亲。阿姆不打她,又不骂她,"有些地方特别的宽容她",甚至还"痛惜她"。在阿英起床时给她递衣服,起床后"耐心耐烦地替她梳头",夜里那个"毛手人"没有如约而来时,还劝她歇一晚。总之,在阿英眼里,"阿姆爱她只有超过一个母亲去爱女儿的"。丁玲在对这些人物关系的想象性描写中,所凸显的是人与人之间的"温情"。而这种"温情"正是主人公阿英享有"不受别人的干涉"的"自由"的前提,同时也是其处在"自由"状态的表征之一。

在对阿英所处环境作出想象性描写的同时,丁玲也发挥想象,对阿英的内心世界进行了比较深入的开掘,并以此正面展示了阿英"自由"的精神状态。所谓"自由",是现代思想中的一个核心概念。它"是一种复杂的或合成的思想",是"个人自主性、没有公众干预和自我发展的能力这三者合成的产物"①。所谓个人自主性,亦即"个人的选择自由"(或曰"自由意志"),是指一个人的行为必须是他自己的;也就是说,他的行为不是作为另一个人意志的工具或对象,或独立于他的意志的外在或内在力量的结果,而是他作为一个自由的行为者所作出的决策和选择的结果。其自主性就表现在这种自主的决定和选择之中。在这三者中,最重要的就是"个人自主性",它在"自由"这一概念中具有最为重要的源头意义。可以说,没有个人选择的自主性,就没有自由;人要"改变方向,进行创新,从而打开改善自己和人类命运的可能性",这种"一定程度的选择和意志自由"是必不可少的。② 而"没有公众干预"和"自我发展",则是对之反面的补充和结果上的考量:前者是否定意义上的自由,是"个人自主性"实现的前提和条件,指的是个人不受别人的干涉;后者则是从结果上对自我选择质量的考察。

作品对阿英自主选择的过程作了重点表现。在阿英,她所面临的最大的一个选择,也同是阿姊所困惑的一个问题:"是嫁人好呢,还是做生意好。"具体说来,是嫁给陈老三、"同他两人安安静静的在家乡过一生",还是继续那"夜夜并不虚过"的卖淫生涯?面对着这两个相对立的"重要的选择方案",丁玲形象地写出了阿英作为具有自由意志的人,"在想象中检查并且在心中排演这些不同的可能性和由他们自由取舍的选择方案,最后选择一种他们希望目睹其实现的可能性"③。她首先在想象中检查并且在心中排演了第一种可能性:在梦中,她觉得陈老三"比一切男人都好,都使她舒服",都使她"快乐";起床后,她也暗暗计算过近来藏积

① [英]史蒂文·卢克斯:《个人主义:分析与批判》,中国广播电视出版社1993年版,第138页。

② [英]阿伦·布洛克:《西方人文主义传统》,三联书店1997年版,第234页。

③ [美]科利斯·拉蒙特:《人道主义哲学》,华夏出版社1990年版,第153页。

起来的家私,加上陈老三再想点法,赎她出去当没有问题。也就是说,这种可能性完全是存在的,也完全是可以变成现实的。但是,很快,她自己却"把早晨做的梦全打碎了",自主地舍去了这种方案——"她现在是颠倒怕过她从前曾有过,又曾渴望过的一个安分的妇人的生活",原因就在于:一方面,如果"嫁人",结果会非常不堪——"一个种田的人,能养得起一个老婆吗?"而且即使他愿意拼了夜晚当白天,而那寂寞的耿耿的长天和黑夜,她一人如何过? 另一方面,如果"做生意",则不但幸福而且"有趣"——那种"夜夜并不虚过"的生活使她"更能觉得有趣的……她什么事都可以不做,除了去陪男人睡,但这事并不难,她很惯于这个了"。这样,在她那里,对第二种可能性的肯定性评价,事实上就变成了否定第一种可能性的理由,于是,她在"不受别人的干涉"的情况下,顺理成章地自主选择了继续"做生意"这第二种可能性。

　　讴歌自由并进而状写人物的自主选择,是丁玲早期小说精神上的共通之处。与这篇作品一样,在丁玲早期其他小说中,除那篇较为平庸的写实之作《潜来了客的月夜》(在作品开头,作者也坦然承认:"我很笨,只想老老实实把故事写出寄回湖南给妈看看就算了。")外,作者围绕着职业和情感问题一再表现并肯定了主人公们独立的自由意志。《梦珂》对主人公"无拘无束的流浪,便是我所需要的生命"的人生哲学是从爱情和职业两个方面予以呈现的。从学校的求学到姑母家里发生的"恋爱"再到圆月剧社的择业,梦珂人生轨迹的每一步几乎都伴随着痛苦和无奈,因而事实上难以做到"无拘无束",但是,即使是"直向地狱的深渊坠去",也是她尊重"我内在的冲动和需要",进行自我选择的结果。从这个意义上来说,她是不幸的,但同时也是幸运的。《小火轮上》也写到了职业问题。丁玲满含愤激地描写了主人公节大姐因恋爱被学校辞退,陷入了无路可走、无以自主的窘境,从反面表达了对自由意志的渴望与憧憬。

当然,丁玲对女主人公们个人自主性的表现,主要是围绕着情感问题展开的。这也合乎女性的思想情感实际,因为爱情对于女性自我的确认具有比男性更为重要的意义——"女人希望通过爱情得到那种不可替代的、独一无二的、对独立的个人价值的肯定和褒扬"①。莎菲在两个男人——苇弟和凌吉士的抉择中,处在一个最为强势的位置上。她奉行"我要使我快乐"、要"享有我生的一切"的个性主义准则,而且声称"我要那样东西,我还不愿去取得,我务必想方设计让他自己送来"。尽管她有灵与肉的矛盾和由灵与肉不能统一而造成的苦闷,也尽管现实并不能给她提供多少选择的空间,但是,在自主性的实现方面,她仍然是一个强者。最后,她不愿留在北京,而决计搭车南下,在无人认识的地方,浪费生命的余剩。调子固然绝望,但仍然是出自自己的"决计"。《他走后》中的丽婀、《一个女人和一个男人》中的薇底,她们与莎菲一样,也是自我中心主义者,也具有自己的自由意志。与莎菲不同的是,前者比较幸运,在老马、伍明、孟特、绍蓉等众多男性中选择到了一个她所爱的人——秀冬。而后者"为了适应她自己的需要","尊重自己的冲动",在婚后仍然选择与诗人鸥外鸥约会,她用来鼓励自己的信条(所谓"难道有了丈夫,有了爱人,就不能被准许独自去会另外一个男人吗?")显然具有反公众道德的色彩,而正是在这里,倒是更为强烈地表现出了她的自主性。《暑假中》和《岁暮》是两篇表现女性同性恋的作品。《暑假中》的几个青年女教师愤慨于男权社会对女性的压抑,奉行"独身主义"。虽然她们的选择有局限,但是,这也是她们一种有意义的自主选择,显示出了反男权中心的精神价值。《岁暮》中的佩芳有过两次选择。首先,她与《暑假中》的主

---

① [法]吉尔·里波韦兹基:《第三类女性——女性地位的不变性与可变性》,湖南文艺出版社 2000 年版,第 31 页。

人公们一样选择了同性恋；接着，在发现自己的同性朋友魂影又有了异性恋人——"心"后，对这段同性恋情是继续维系还是抑制、抛却？她在痛苦中以"发奋读书"、"扭过这生活"作为自己最终的选择。

　　此外，丁玲早期小说中还多次写到了主人公们在生与死之间的抉择。《阿毛姑娘》中的同名主人公"没觉得死有什么可怜，她只感到这个生太无味"，最后吞火柴自尽，以此完成了对自我命运的最后一次自主。《自杀日记》中的伊萨认为"我应当有我的意志"，也是在感到生活的"无味"后决计自杀，但是，最后在房东催要房租时，却又戏谑般地将日记交给房东去卖稿换钱。情节发生如此陡转，可能显得不尽合理，或者人物性格前后显得不尽统一，但是，伊萨不管是死是生，都出自她的自我决断。

　　综上所述，阿英以及丁玲早期其他小说中的许多人物在各自的境遇中都独立地作出了自己的、"不受干涉"的选择。这是她以及她们具有"自由"精神质素的重要表现。正如西方学者所说，"人的自由在于人的灵性。……在人与人的对越或来往中，人经验到他内心的独立和位格的自由。在某种场合的动作与反应都是出于他自己。"①没有选择，没有出于自己的"动作与反应"，就谈不上自由。但同时，我们还必须从结果上对这些忠实于自己主观意志的选择之质量作出考量和评价。一个真正体现"自由"价值的选择和决断，在一个人决定其生活道路时，应该能够实现"自我发展"，"能够实现他的'潜力'，即，根据他自己拥有的可能条件，塑造出自己的最佳状态"②。从这个层面来考量，我们不难看到，阿英对继续"做生意"的自主选择，确实给了她巨大的幸福感和自我满足

---

① ［德］孙志文：《现代人的焦虑和希望》，三联书店1994年版，第54页。
② ［英］史蒂文·卢克斯：《个人主义：分析与批判》，第137页。

感。换句话说，根据她自己的条件，这一选择使她塑造出了自己的最佳状态："她为什么定要嫁人呢？吃饭穿衣，她现在并不愁什么，一切都由阿姆负担了。说缺少一个丈夫，然而她夜夜并不虚过呀！"夜里，当"毛手人"没有如约而至时，为了"免得白过一晚"，也为了免得因间壁只隔一层薄板而"白听别人一整夜的戏"，她不听阿姆之劝，出门揽客。一到外面，她就显得"很紧张很热烈的兴奋"；站在马路上，她一边喝着又甜又热的稀饭，一边"用两颗活泼的眸子盯射过路的行人"。我们从她的如此心理、神态和动作中，确实可以看到她在自己选定的这一"工作"中是得到巨大愉悦的。美籍学者白露说过，这篇小说"通过小妓女阿英的口吻进一步发挥了这个观点：嫁人也等于卖淫。女人想得到的东西，她通过卖淫也能得到：人身自由、朋友、乐趣等等"①。确实如此。她的愉悦，源自她在这一"工作"中得到的各种基本需要的满足。马斯洛曾经指出："基本需要的满足会导致各种各样的后果：产生有益的、良好的、健康的、自我实现的效应。"②这些基本需要按由低到高的等级排列，分别为：生理需要、安全需要、爱的需要、尊重的需要、自我实现的需要。不难看出，阿英的这一选择基本满足了她从最低的生理需要直至最高的自我实现的需要。其幸福感、愉悦感的产生，大抵在乎此。

丁玲早期其他小说，没有一篇像《庆云里中的一间小房里》那样，是从正面完整地表现人物在自由选择中得到自我发展和自我满足之过程的，其中的人物虽然对自己存在的状况进行了选择，但最后无一例外都无法得到满足。《过年》这篇具有鲜明自叙传色彩的小说虽然也写了小

---

① ［美］白露：《〈三八节有感〉和丁玲的女权主义在她文学作品中的表现》，孙瑞珍、王中忱编《丁玲研究在国外》，第275页。

② ［美］马斯洛等：《人的潜能和价值》，华夏出版社1987年版，第197页。

主人公得到了短暂的满足,但最后是以感伤、失望而告终。以童年丁玲为原型的小菡早年丧父,放假后与年幼的弟弟寄人篱下,借住在舅舅家里。舅舅"很尊严,很大,高不可及",舅妈又永藏不住那使小菡害怕的冷淡的神情。小说从小年前一天写起。在寂寞孤单中,小菡最大的愿望(也是她情感上的选择)就是妈妈放假回来,与自己团聚。妈妈的出现,使她"快乐得使全身都发痛"——她的爱的需要在瞬间得到了满足,她的"最佳状态"出现了!"她只想永远如此就好",希望天天都过年,其目的只在与妈妈和弟弟在一起。但是,年后,妈妈和弟弟又得到学校去,自己也得上学。短暂的快乐复被无尽的悲凉所取代,别离前的夜里,她只能用手摸着妈妈的脚痛哭不已。

在其他小说中,如上所述,主人公们一般都有自己独立的自由意志,能够进行自我选择。作为以自我为中心的个性主义者,她们所需要的是幸福、快乐和自由。这决定了她们进行自我选择的基本方向。她们为此作过"勇敢的探索和自主的奋斗",但是,她们却一直不能实现自己的理想,并且"不得不怀疑自己是否有能力或资格获得理想,因而简直不知打开困境的出路或手段"[①]。也就是说,其自我选择的结果,并没有能够促成她们的"自我发展"和"自我满足",相反,却使她们陷入困境,并走上苦闷、颓败、灭亡的迷途。阿毛姑娘对"快乐和幸福"的幻想、对"一种为虚荣为图侠乐生出的无止境的欲望"的追求,结果却导致了自我的毁灭。其他人物虽然没有死去,但也堕入了生不如死的绝望、颓废境地。梦珂对自我人生道路的所有选择都是自主的,用她的话说,都是"因了我内在的冲动和需要",但最后她只能"委屈自己,等于卖身卖灵魂似的",去"忍

---

① [日]江上幸子:《现代中国的"新妇女"话语与作为"摩登女郎"代言人的丁玲》,《中国现代文学研究丛刊》2006 年第 2 期。

受非常无礼的侮辱"。高傲强势的莎菲"想要使自己快乐,使自己能够享受些什么",但结果却只能到一个陌生的地方去浪费自己生命的余剩。有人曾经说过:小说的结局是"一个自我中心主义者的悲剧:她玩弄别人;结果是玩弄了自己"①。滤去其中明显的批判性、歧视性色彩,这话也有一定的合理成分。它可以转述为:她试图在恋爱生活中把握自己的命运,但自己却被命运玩弄了。《暑假中》的青年女教师对"独身主义"和同性恋的选择,所导致的是无休止的猜忌、嫉妒和怄气。如承淑因为爱着嘉瑛而对与嘉瑛交往颇密的春芝起了疑心,后来,嘉瑛因怀疑承淑与志清接近,又起妒忌之心。至于《日》中的伊赛和《他走后》中的丽婀、《一个女人和一个男人》中的薇底,她们或"精神疲靡"地在静静的空想和昏昏的睡觉中打发着时光,或在无谓的情感游戏中寻找着刺激……外国学者在分析丁玲早期小说人物特征时曾经指出:她们"几乎都是时髦的青年,她们像丁玲一样具有独立思想的妇女,过着中国青年在五四时期所追求的那种个人自由——自由恋爱,自由选择配偶,探索着实现个人生活的权利。但她们又像丁玲一样,发现原来许诺的自由是虚幻的。她们没有得到最后的成功和自我满足,相反自由生活导致了烦恼,希望也变得渺茫了"②。这相当精确地概括了她们以自我选择开始、以自我失落告终的过程。

　　丁玲在早期其他小说中对人物最终陷入毁灭、绝望、颓废境地的描写,寓托了自己深沉的精神苦闷。在一个健全的社会中,个体的不损害社会整体利益的合理选择,本应激发出他的潜力,促进他的自我发展。

———————————

① 张天翼:《关于莎菲女士》,《人民日报》1957 年 10 月 15 日。
② [美]加里·约翰·布乔治:《丁玲的早期生活与文学创作》,孙瑞珍、王中忱编《丁玲研究在国外》,第 106 页。

但是，当时的那个社会却什么都不给予，用莎菲的话来说，就是"我知道在这个社会里面是不准许任我去取得我所要的来满足我的冲动，我的愿望，无论这于人并没有损害的事"。孤单的个体与强大的社会的对抗，最终自然只能以自己的失败告终。因此，莎菲们"对旧社会实在不喜欢"，她们的"全部不满足是对着这个社会而发的"。① 丁玲在说到自己"为什么写小说"时说，"我以为是因为寂寞，对社会不满，自己生活无出路，有许多话需要说出来，却找不到人听，很想做些事，又找不到机会，于是便提起了笔，要代替自己给这社会一个分析。因为我那时是一个很会发牢骚的人，所以《在黑暗中》，不觉的染上一层感伤。社会的一面是写出了，却看不到应有的出路。"② 其实，她的早期小说大都是反映个人所关心的问题，描写的是对生活问题的个人解答，而"有关政治、经济和社会变化的广阔题材，明显地被忽略了"③。因而，她要"给这社会一个分析"，实际上只是一种社会控诉。它们并没有像早期的"五四"写实小说和稍后的社会剖析派小说那样给社会以具体细密的描写和剖析，而是以其中人物最终无地自由的结局完成了"对社会不满"的情绪化的抽象控诉（在这一意义上，它们倒是更多地与"五四"浪漫小说相趋同）。正是在这样的控诉中，丁玲早期小说从反面表达出了对"自由"精魂的守护。

正因为在现实社会中"看不到应有的出路"、看不到可供"自由"翱翔的天空，丁玲在《庆云里中的一间小房里》以对快乐妓女阿英的"概念化构建"，以意为之地在想象中构筑了一个"自由"的乐园，写出了其"好"处和"值得羡慕"处，从而从正面阐扬了自由的理念。将一个其身份本该被

① 丁玲：《答〈开卷〉记者问》，《丁玲全集》第8卷，第9页。
② 丁玲：《我的创作生活》，《丁玲全集》第7卷，第15～16页。
③ ［美］加里·约翰·布乔治：《丁玲的早期生活与文学创作》，孙瑞珍、王中忱编《丁玲研究在国外》，第118页。

公众道德否定的妓女建构为"自由"的化身,虽然在丁玲那里可能是出于无奈,但是,这无论如何都是大胆之举,都显得是那样的离经叛道、桀骜不驯。在这篇小说创作的同期及以后,有人也曾经分析过妓女之为妓的个体"喜好"因素。在这篇小说发表的同年,周作人作《娼女礼赞》一文。他首先引用美国批评家门肯的话说,"卖淫是这些女人所可做的最有意思的职业之一,普通娼妇大抵喜欢她的工作,决不肯去和女店员或女堂官调换位置。先生女士们觉得她的堕落了,其实这种生活要比工场好,来访的客也多比她的本身阶级为高。"接着,他指出:"我们读西班牙伊巴涅支(Ibanez)的小说《侈华》,觉得这不是乱说的话"①,以此表示了对这一观点的基本认可。后来,女作家苏青更以愤激的姿态指出,在男权社会中女性备受压抑,因此,即使"上流女人"也有为妓的欲望和冲动:"我知道上流女人是痛苦的,因为男人只对她们尊敬,尊敬有什么用?要是卖淫而能够自由取舍对象的话,这在上流女人的心目中,也许倒认为是一种最能够胜任而且愉快的职业。"②

诚然,作为一个复杂的社会群体,其中每一个成员选择为妓的原因和主体感受应该有其差异性。但是,这显然不应成为"礼赞"妓女的原因。美国学者马尔库塞是这样来概括公众道德对去"肉欲化"的诉求的:"为反对把肉体纯粹作为快乐的对象、手段和工具,文明道德的全部力量都被动员起来。因此,这样的肉欲化受到了禁忌,它只能继续成为妓女、堕落者和性反常者的一种声名狼藉的特权。"③而妓女作为"肉欲化"的

---

① 周作人:《娼女礼赞》,《周作人散文》(第一集),中国广播电视出版社 1992 年版,第 329 页。

② 苏青:《苏青文集》(下册),上海书店出版社 1994 年版,第 4 页。

③ [美]赫伯特·马尔库塞:《爱欲与文明》,上海译文出版社 1987 年版,第 146～147 页。

主要符号之一，在公众视野中，她们所拥有的也只能是"一种声名狼藉的特权"。

因此，丁玲在这篇作品中将妓女阿英建构为"自由"理念的载体，其冒险处恰恰就在对公众道德的冒渎（至少是忽视）。其实，在早期其他作品里，丁玲借人物之口对妓女作出的评价，倒是符合公众道德准则的；其只言片语的描述，沿用的也是"受害人形象的妓女"、"危险的妓女"这两种传统叙事模式。在人物自喻性的描写中，妓女均是作为丧失了自我人格、尊严和自由意志的"受害人形象"出现的；与这类传统叙事相比，她们对之虽然表现出一定的同情，但贬抑色彩显得更重。梦珂在圆月剧社看到男女之间的调笑，"只有她，只有她惊诧，怀疑，像自己也变成妓女似的在这儿任那些毫不尊重的眼光去观览了"；她不明白"为什么她竟这样的去委屈自己，等于卖身卖灵魂似的"。当看清凌吉士的卑劣灵魂后，莎菲也意识到自己以往所为"岂不是把我献给他任他来玩弄来比拟到卖笑的姊妹中去？"在《自杀日记》中，伊萨在日记中写道："我并不是一个娼妓，我无庸去敷衍许多人。我应当有我的意志。"显然，在这个反向的比喻中，她（同时也是作者）是把妓女看作是丧失了自我意志的人。而在实体性描写中，他们则是肉欲横流、矫情滥情的"危险的妓女"。妓院是挥霍金钱以得"一时肉感的享受"的场所，"韩家潭"成了一个堕落的、危险的指称（《莎菲女士的日记》）；而妓女则"除了肉欲勾搭的戏谑以外，还会为自己捏造一段很有传奇的身世使男人拜倒在自己的裙下"（《一个女人和一个男人》中鸥外鸥之语）。不难看出，其中所寓的贬抑意味就更其浓厚了。

但是，在晚于上述三篇的《庆云里中的一间小房里》，丁玲为什么突然一改自己有关妓女的叙事模式，并因此造成对公众道德的冒渎（至少是忽视）呢？有人曾经指出："这篇小说提供的对妓女内心体验的想象方式,是与主流话语相反的……它并不是要用一种话语叙事类型来揽括所有妓女的真实生活,它所提供的这样一种与主流话语相冲突的想象方式,实际上可以看作是对主流的妓女话语模式的拆解。"①那么,需要追问的是,丁玲为什么会采用这种"想象方式"对妓女内心体验作出这样的想象,又为什么要对主流的妓女话语模式作出拆解呢? 从主体的创作动机上来看,应该源于丁玲从正面完整地传达出"自由"理念的创作冲动。在早期小说中,丁玲一般是以梦珂、莎菲这样的知识女性为对象,通过对她们的自我选择和最终结局以及二者之间悖谬状态的真实描写,传达出自己对自由的渴望和无地自由的苦闷。但是,她也深深知道,如果依从现实主义的原则,而又要借这些知识女性从正面完整地传达出自己对自由的理解,在当时的社会条件下,是没有任何可能的,那只会走向现实主义的反面。她的创作冲动是如此强烈,而现实世界又如此无奈,于是,她便以意为之,将自己有关"自由"的思想进行了"概念化构建"(或曰"比喻化构建"),把它外化为一个有关妓女阿英的故事。事实上,阿英的故事只是一个喻体、一个符号,它的意义只在传达丁玲"自由"思想这一本体。从这个意义上来说,小说是有很鲜明的浪漫主义色彩的。虽然丁玲自认包括本篇在内的早期小说创作"是跟着西方现实主义的道路走的"②,但是,遵循现实主义真实性的要求,我们可以说,对照有关近代以来妓女生活的史料,丁玲对阿英的许多描写都是理想化的,因而是缺乏真实性的,最起码是不全面的。如果说它有其真实性,那主要不是对表现生活而言,而是对传达作者的思想而言。有论者指出:丁玲以"富于生活情趣"的描写,"标明了丁玲对妓女生活的基本——至少不是简单否定……在

① 李蓉:《苦难与愉悦的双重叙事话语》,《文学评论》2006 年第 2 期。
② 丁玲:《为英文版〈丁玲短篇小说选〉写的前言》,《丁玲全集》第 9 卷,第 215 页。

丁玲看来,卖淫似乎是一种生存形式——甚至是一种类似于婚姻形式的生存形式"。① 但是,她的本意并非要肯定妓女以及她们所代表的生活方式,而是要借此来阐扬"自由"的理念,张扬"自由"的精神。

① 董炳月:《男权与丁玲早期小说创作》,《中国现代文学研究丛刊》1993 年第 4 期。

| 第五章　走向"革命" |

　　从 1929 年下半年,丁玲的思想和文学道路开始发生转折。较早透露出这一信息的,是当年 7 月在《红黑》月刊终刊号上发表的那篇有关《到 M 城去》的评论。"M 城"即莫斯科。对这部被胡也频自己视为"能够作为我将来作品底转变的一个预兆"[①]的中篇小说,丁玲给予了较高评价。她以相当赞赏的口吻描述了女主人公素裳用坚强的意志"毅然走向 M 城去"的人生轨迹,对以"M 城"作为"焦点"所寓示的"小说思想"也作出了肯定。[②] 这是她自发表文章以来,第一次表达了对"革命"("莫斯科"作为其符号)认可并肯定的态度。

　　稍后,丁玲更进一步地将"革命"和"革命者"径直写入了作品。最初的成果便是 1929 年冬天完成、次年在《小说月报》连载的《韦护》。这部

---

① 　胡也频:《到莫斯科去·序》,光华书局 1930 年版。
② 　丁玲:《介绍〈到 M 城去〉》,《丁玲全集》第 9 卷,第 7 页。

中篇小说的诞生,是丁玲思想和文学道路开始发生转折的重要标志。它以瞿秋白和王剑虹为原型,以他们的爱情生活为素材,描写了一个"革命加恋爱"的故事。作品以"五卅"运动前的社会现实为背景,描写了革命者韦护与知识女性丽嘉的恋爱与冲突。韦护曾为爱人丽嘉而忽略革命工作,后在同志的"帮助"与粗暴的干预下,他意识到自己的错误,觉得再也不能"永远睡在爱情的怀中",便离开深爱着他的丽嘉,南下广州,全身心地投入到革命事业中去了。虽然这部"陷入恋爱与革命冲突的光赤式的陷阱里去"①的作品,在当时文坛"革命加恋爱"小说盛极一时的背景下,并没有表现出多少独特的价值,但是,对于丁玲而言,它却有重要意义。它在其早期小说"渴望与追寻'自由'"的单一声部中,开始加入了"革命"的旋律。她自己也是这么说的:"我觉得《韦护》在我的写作上是比过去进了一步,当然,还没有跳出恋爱啊、革命啊的范围,但它已是通向革命的东西了。"②

　　1930 年 6 月、10 月,丁玲还先后写成两篇《一九三〇年春上海》。"之一"写的是一个追求革命的妻如何摒弃不革命的夫的故事。主人公美琳因为崇拜作家子彬,一年前与之同居。但是,美琳却发现子彬以"温柔"的方式实行着"专制"。于是,她主动与革命者若泉约会。最后,在若泉的引导下,她走出家庭,走上街头,参与到现实的政治斗争中。"之二"写的则是革命的夫如何与不革命的妻分道扬镳的故事。革命者望微因投身革命工作,遭致玛丽的埋怨:"望微太将工作看重了,而爱情却不值什么。"最后,她离开了望微。当望微被捕时,她正与新的情侣携手而行。这两篇作品在写"在新的条件新的环境下知识分子的转变和苦闷"时,仍

---

① 　丁玲:《我的创作生活》,《丁玲全集》第 7 卷,第 16 页。
② 　丁玲:《答〈开卷〉记者问》,《丁玲全集》第 8 卷,第 4 页。

然在"恋爱"中加入了"革命",并最终都以"革命"战胜了"恋爱",延续的仍然是《韦护》的主题思路。

向来崇尚"自由飞翔"的丁玲,此时却在创作中同时表现起了"革命"。这一变化的发生,固然是由于"三十年代普遍政治文化心理之下形成的阅读需求"①的牵引,但最根本的却是由于其此期思想"态度和价值观念"的变化。诚如一位外国学者所指出的那样,"没有谁会否认个人有选择某些行为方式的自由。但是,事实也证明,这种选择的自由是有条件的,受到外部具体环境和固有的态度和价值观念的制约。"②从外部大的环境来看,在"红色的三十年代"之国际背景中,"中国的普罗革命文学运动正在勃发",又因其符合读者广泛的阅读需求,在此时已经汇为文坛主潮。对丁玲而言,这必然"要求着比《莎菲女士的日记》更深刻更有社会意义的创作",使之"不能长久站在这空气之外"。③ 丁玲自己也说:"稍后随着中国革命形势的发展,我的小说很自然地随着中国人民和时代的要求而发生变化。"④她希望自己的创作能够满足更多读者的阅读需要,而"不是只属于一些刚刚踏到青春期而知愁的大学生"⑤。

从外部具体环境来看,这一时期胡也频的急遽左转,对丁玲也产生了重要影响。丁玲回忆说:原本"没有学习过革命理论",更"没有参加革命行动"的胡也频,"在二八年、二九年读了大量的鲁迅和雪峰翻译的苏俄文艺理论书籍,进而读了一些社会科学、政治经济学、哲学等书。他对

---

① 朱晓进:《政治文化与中国二十世纪三十年代文学》,人民出版社 2006 年版,第 210 页。

② [英]杰弗里·巴拉克拉夫:《当代史学主要趋势》,上海译文出版社 1987 年版,第 83 页。

③ 茅盾:《女作家丁玲》,《文艺月报》1933 年 7 月第 2 号。

④ 丁玲:《为英文版〈丁玲短篇小说选〉写的前言》,《丁玲全集》第 9 卷,第 215 页。

⑤ 丁玲:《〈一个人的诞生〉序》,《丁玲全集》第 9 卷,第 10 页。

革命逐渐有了理解,逐渐左倾"。① 1930 年 2 月,为了偿还红黑出版处的债务,胡也频去济南山东省立高级中学任教。次月,丁玲亦去济南。她发现他"完全变了一个人"。在那里,"他成天宣传马克思主义,宣传唯物史观,宣传鲁迅与雪峰翻译的那些文艺理论,宣传普罗文学"②,以致遭到通缉。在飞速前进中,胡也频于该年 11 月加入了中国共产党。在思想急剧左倾的同时,他的文艺观也发生了根本性的转变。他对自己过去"完全忽视这阶级斗争底社会的现实"的文艺倾向作出了清算,认定"我们的新文学"要"着实地抓住这斗争底时代的现实"③。在 1929 年 7 月发表《到 M 城去》后,他又于 1930 年 10 月出版了被当时论者评为"近来新兴文艺上少有的另开生面"④的宣传革命的长篇《光明在我们的前面》。胡也频的"前进",带动了丁玲:"我是赞成他的",虽然她自己速度不快,"是在爬",但是,"我也在前进"。⑤

　　当然,大的文学"空气"也好,胡也频的转变也好,对丁玲而言,它们还只是一些外部因素。要接受这些因素的影响,还必须以主体内在的思想"态度和价值观念"的变化作为基础。丁玲的这一变化是在征服创作危机的强烈内发要求的驱使下发生的。冯雪峰曾经指出:《莎菲女士的日记》的作者和主人公"十分同感而且非常浓重地把自己的影子投入其中去","在这上面建立自己的艺术的基础",她在艺术上取得了成功,但也使这个作品成了一个不能再前进的顶点,从而"碰着一个危机了"。他分析说:"这危机可以有三种出路,一是照旧发展下去,依然和社会的前

①　丁玲:《胡也频》,《丁玲全集》第 6 卷,第 96 页。
②　丁玲:《一个真实人的一生——记胡也频》,《丁玲全集》第 9 卷,第 69 页。
③　胡也频:《到莫斯科去·序》,光华书局 1930 年版。
④　张秀中:《读〈光明在我们的前面〉》,北大《新地月刊》1932 年 7 月第 6 期。
⑤　丁玲:《一个真实人的一生——记胡也频》,《丁玲全集》第 9 卷,第 70 页。

进革命的力量隔离着,写些在恋爱圈子内的充满着伤感、空虚、绝望的种种所谓灰色的游戏的作品;但这些作品将越写越无力,再写无法写出第二篇和《莎菲女士的日记》同样有力的东西来,那也是一定的,在她以前或同时就有类似的例子了。二是,不能再写了,就是说搁笔了。三是,和青年的革命力量去接近,并从而追求真正的时代前进的热情和力量(人民大众的革命力量)。这第三种是真的出路,并且也和已往的恋爱热情的追求联接得起来的,因为恋爱热情的追求是被'五四'所解放的青年们的时代要求,它本身就有革命的意义,而从这要求跨到革命上去是十分自然,更十分正当的事。所以,这应当是一个转机。"①

冯雪峰对丁玲创作危机及其出路的分析,是深刻的。确实,以《莎菲女士的日记》为代表的丁玲早期创作,以其自我生活及其体验为基础所建立起来的艺术模型是"向内"的,其挖掘和表现的空间也是非常有限的。这样,在特定的题材空间中,其创作起点即成顶点的现象,对她的创作来说,便成了一种重大的危机。这种危机的出现,作为一种压力和动力,迫使她不得不调整创作策略,改变创作方向,去改塑其原有的艺术模型,并以此去征服危机。正如丁玲自己后来多次所说的那样:"我旧有的一点点生活,我对小资产阶级知识分子女性的愁苦,已经写腻了。我需要开拓创作的新天地"②;"写了《在黑暗中》那几篇后,再写的东西就超不过那几篇了,还是在这个圈子里打转。自己感觉到了这一点,就一定要想办法,把这套东西放下来,另外再想一套东西"。③ 这种"另外再想一套东西"的诉求,她当时还借《一九三〇年春上海(之一)》中的人

---

① 冯雪峰:《〈丁玲文集〉后记》,《雪峰文集》第 2 卷,人民文学出版社 1983 年版,第 207~208 页。

② 丁玲:《魍魉世界——南京囚居回忆》,《丁玲全集》第 10 卷,第 4 页。

③ 丁玲:《答〈开卷〉记者问》,《丁玲全集》第 8 卷,第 4 页。

物——青年作家若泉之口,作过这样的表达:"对于我们的一些同行,我希望都能注意一点,变一点方向,虽说眼前难有希望产生成功的作品,不过或许有一点意义,在将来的文学历史上。"正是在这种征服创作危机的强烈内发要求的驱使下,她的思想"态度和价值观念"发生了变化。是这一变化导致了她对大的文学"空气"的体认和对胡也频影响的接受,也导致了她对先前所接触过的有关"革命"之思想资源的利用和对鲁迅等人所传播的革命理论的吸收。① 正是在这些内外因素的共同作用下,丁玲开始"追求真正的时代前进的热情和力量",并借鉴当时流行的"革命小说"模式,写出了同时表现"革命"的《韦护》《一九三〇年春上海》(之一、之二)等"过渡期的作品"②。

但是,丁玲在征服创作危机这一强烈内发要求的驱使下发生的思想变化,对她此后的创作道路还不具有决定性意义。尽管她此时在创作中表达了对革命的向往,但还仅仅停留在意识和情感层面,而没有参加革命组织并投身到实际的革命运动中去。在许多正直的知识分子纷纷左倾,在道义和情感上对革命抱以理解、同情和向往的时代,丁玲作出如此举动,是不难理解的。但是,在思想深处,丁玲对"组织"仍然缺乏热情。她"总以为自己自由地写作,比跑到一个集体里面去,更好一些。我们并没有想着要参加什么,要回到上海。我们只是换了一个地方,仍然寂寞地在写文章"③。这段话是丁玲后来描述自己于1928年初从北京到上海时的思想状态,事实上这一思想状态一直持续到她创作这些作品期间。

---

① 丁玲此期关注过"革命文学"的论争,阅读过鲁迅在"酣战的空隙里"介绍和传播的马克思的无产阶级革命理论,并"感到受益很多"。见《鲁迅先生于我》,《丁玲全集》第6卷,第112~113页。

② 杨义:《中国现代小说史》第2卷,人民文学出版社1998年版,第255页。

③ 丁玲:《我与雪峰的交往》,《丁玲全集》第6卷,第268页。

左联成立之前的 1930 年 2、3 月间,姚蓬子曾经受托去征求丁玲的意见。她思考了一会儿说:"我不参加罢。"从济南回到上海后,左联党团书记潘汉年来访,向他们介绍宣传左联。经潘汉年介绍,丁玲在这时和胡也频一道参加了左联。但是,她在此后较长一段时间内都没有参加左联组织的任何活动。如该年夏天的暑期讲习班、9 月间鲁迅五十寿辰庆祝等活动,胡也频参加了,而她则均未参加。她待在家里,"仍然是写文章"①。关于这一经过,丁玲回忆说:"我那时正怀孕,带着肚子满街跑,我不愿意,所以我没有参加左联的具体活动。"②当时她参加左联的方式既显随意,后又以怀孕为由不愿意参加左联活动,因此,其参加"组织"的实际意义并不彰显。所有这些,都使丁玲在上海大学时的同学、于 1928 年至 1931 年间与之接触较多的施蛰存产生了这样的印象:那时,"丁玲还显得是一个'莎菲女士'的姿态,没有表现出她的政治倾向"③。

1931 年 2 月,胡也频惨遭杀害。这一惨案使丁玲真正懂得了什么是"专制",什么是"残暴"。1 月 17 日,胡也频在东方旅社参加共产党的秘密会议时被捕,先被关押在老闸捕房,19 日被转押至龙华监狱。得此消息后,丁玲在沈从文帮助下大力营救,为此还去南京找过国民党中央政治会议委员邵力子。但是这一切皆无用。2 月 7 日夜,胡也频与柔石、殷夫等同时被杀害,是为"左联五烈士"。

在胡也频被捕期间和牺牲之初,丁玲一度显得那样孤独、那样无援。虽然在公开场合,她也曾强作镇定,极力否定"丁玲终日以泪洗面,扶孤返湘"的孤苦,说"这是错误的,是一种模糊的印象"④,但是,在个人独处

① 丁玲:《关于左联的片段回忆》,《丁玲全集》第 10 卷,第 238 页。
② 庄钟庆、孙立川整理:《丁玲同志答问录》,《新文学史料》1991 年第 3 期。
③ 施蛰存:《丁玲的"傲气"》,《新民晚报》1986 年 7 月 27 日。
④ 丁玲:《我的自白》,《丁玲全集》第 7 卷,第 1 页。

时,那种彻骨的孤独和强烈的惊恐却不能不在她的心底油然而生。这是她在胡也频被捕当天的情态:

> 天黑了,屋外开始刮起风来了。房子里的电灯亮了,可是却沉寂得像死了人似的。我不能待下去,又怕跑出去。我的神经紧张极了……①

胡也频牺牲的消息传来,使她经历了一番天坍地陷般的沉重打击。"她哭泣着,在一种无限悲伤中,仿佛精神和肉体都同时瓦解了。"②在死寂的气氛中,她是那样孤独、茫然:

> ……在环龙路附近的一家三层楼上的正房里,只剩我一个人,孤独地冥想着流逝了的过去,茫然地望着无边的未来。天是灰沉沉的,四周是棺木一般的墙壁,世界怎末这么寂静,只有自己叹息的回声振颤着我的脆弱的灵魂。我不知道饥饿,常常几天不吃不喝……③

3月,丁玲在沈从文陪同下同回湖南,将不到半岁的孩子托付给母亲抚养。4月返沪后,沈从文兄妹北上,当时在"偌大的上海",她唯一亲近的熟人只有李达夫妇:

---

① 丁玲:《一个真实人的一生——记胡也频》,《丁玲全集》第9卷,第73页。
② 姚蓬子:《我们的朋友丁玲》,蓬子编《丁玲选集》,天马书店1933年版。引自丁言昭编选《别了,莎菲》,第102页。
③ 丁玲:《回忆潘汉年同志》,《丁玲全集》第6卷,第207页。

　　除了他们家我能够常去坐坐，打发一点时间以外，再没有什么别的人家我可以去了；但去了以后，又不能完全讲心里话，便越发感到孤独。在这种无援的情况下，我一个人孤零零地在环龙路租了三层楼上的一间小房子，寂寞地过着一天又一天。

　　我这时是二十七岁。虽然在上海、在北京都住过，上过学，可那时都是同朋友们在一起，或者同爱人在一起。如今独立生活在大上海，一个人在万花筒般的大上海度日月，这是第一次，我真感到举步艰维，整日心神不安，忧心忡忡。①

在孤独无援的心境和"举步艰维"的处境中，她不能不萌发出强烈的忧生之嗟——"杀害他的国民党刽子手们能够放下屠刀放过我吗？"她既不甘屈服，又感到了在专制淫威中个体的渺小和无力，于是，便开始真正寄希望于"大家"（"集体"），希望将"死人的意志"化为"大家"的努力——"有人说：死去了一个朋友，仿佛丁玲应该努力；也有人对我有善意的勉励。但死人的意志，只在一个人身上吗？难道不在大家身上吗？"②专制主义的残暴和恐怖，将一向信奉"自由"的丁玲推向了"组织"、推向了"革命"。正如茅盾所说，"丁玲女士个人对这××恐怖的回答是积极左倾，踏上了那五个作家的血路向前。"③美国学者舒衡哲也曾指出，"对'五四'知识分子来说，'白色恐怖'造成的最大恶果是他们的理想破灭了"，这反而促进了其"共同体意识"的"复苏"，"左联五烈士"的死亡"使'白色

---

①　丁玲：《魍魉世界——南京囚居回忆》，《丁玲全集》第 10 卷，第 3～4 页。
②　丁玲：《死人的意志难道不在大家身上吗？》，《丁玲全集》第 7 卷，第 6～7 页。
③　茅盾：《女作家丁玲》，《文艺月报》1933 年 7 月第 2 号。

恐怖'的幸存者加强了共同体的感觉"。① 对丁玲而言,作为一个"幸存者",为了"保护那些在国民党的政策下牺牲的人",也为了自保,她必须在行动上左转,加入到"组织"这个"共同体"中去,去继承那些牺牲者的遗志、去完成那些他们未竟的事业。在胡也频遭遇不幸的消息传来后,她轻轻地拍着熟睡中的孩子,轻轻地说:"小东西,你爸爸真完了,他的事情还不完。好好的睡,好好的吃喝,赶快长大了,接手做爸爸还不做完的事情",去"同这种人类的愚蠢与残酷作战"。② 这是她对孩子的期待,其实同时也是她自己的愿望。

丁玲的这一"左转"的思想轨迹,在该时期创作的三篇小说中,也有着非常真实、非常鲜活的显示。在胡也频牺牲后两个月所作的《从夜晚到天亮》中,丁玲夫子自道般地描写了"她"的思想和情感演变的过程:"平"(胡也频的"频"之谐音)的失去,使"她不能再看见她的所爱,一切,逝去了,那无间的恬美的生活";这使她痛苦迷惘得"一切对我都无感受"、"想着一切而伤心"。但是,正是在这痛苦绝望中,她却又迸发出反抗的冲动——"我不应像别人想象的那样",而表示要"把握着,正确的,坚忍地向前走去",要去"扰乱一切,破坏一切"。在作品特定的语境中,她"坚忍地向前走去"的举动就是弃置自己"无谓的幻想"和一己的私情(对"平"的伤悼和对幼子"小平"的牵念),而续写"农家女幺妹和那三小姐"的故事。对照丁玲的创作实际,她所写的这个故事显然就是鼓吹阶级斗争的《田家冲》。

《莎菲日记第二部》是丁玲1931年夏天写的一篇未完稿。她后来追

① [美]舒衡哲:《中国启蒙运动——知识分子与"五四"遗产》,新星出版社2007年版,第233、234页。
② 沈从文:《记丁玲》,第237~238、235页。

述道：该篇"原是只作为废稿的。我被捕后，有人在我旧稿中找了出来，发表了。这篇未完作，没有什么意思"①。但这篇只有两则日记的小说，对于我们了解丁玲的思想转变的心理轨迹却是很有"意思"的。在这篇未完稿中，丁玲以第一人称日记体的形式，通过"补述一点我的历史"，追忆了与《光明在我们面前》的作者（即胡也频）相遇相爱的过程，描述了"那失去了爱人的难堪的惨变"，同时还写出了自己在痛苦中的振作："我"不愿意"为一个死去的人成天把时间在追念里消耗过"，而表示"要一切过去的事都无痕地过去，我只向着前方，一点也不回头"；于是，"多么痛快，多么轻捷的我便跳在现在的地步了"。对于丁玲而言，革命"显示了一种肉身承道的信念，也喷薄出一种'雄浑壮丽'（sublime）的诗意"；通过对革命的参与，她"产生了一种和群众主体生死与共的信念，更产生了一种天启式的感动和狂喜"。② 她所状写的自己"多么痛快，多么轻捷"的精神姿态，正是这种"感动和狂喜"的表征。

《某夜》描写的是胡也频等烈士壮烈牺牲的场景。丁玲站在"革命"的立场上，通过对烈士们临刑前情景与其心理、行动的想象性描写，既控诉了反动政权的专制暴虐，又歌颂了革命者大无畏的牺牲精神，表达了革命终将胜利的乐观主义信念。与《从夜晚到天亮》和《莎菲日记第二部》相比，尤其值得注意的是，虽然《某夜》中那个"热情的诗人"是以胡也频为原型的，但丁玲在对他的刻画中所取用的角度，却不再有前者中所曾用过的个人化视角，因而也不再有前者中对夫妇之情和人伦关系的回溯与点缀——"热情的诗人"实际上成了一个共名式的人物。可以说，在这篇名义上"为纪念一个朋友而作"的作品中，"革命"的理性彻底取代了

---

① 丁玲：《致叶孝慎、姚明强》（1979 年 7 月 7 日），《丁玲全集》第 12 卷，第 118 页。
② 王德威：《抒情传统与中国现代性》，三联书店 2010 年版，第 134 页。

个体的情感，个人化的书写已经完全让位于政治的需要。因此，从《从夜晚到天亮》《莎菲日记第二部》到《某夜》，我们不但可以看到丁玲"革命意识"的确立过程，而且可以看到丁玲"革命意识"的深化和纯洁化的过程。丁玲在失去爱人的痛苦中走向了"革命"，并在"革命"的旗帜下找到了自己的精神归宿，从而完成了自己思想上的左转。

丁玲"正确的，坚忍地向前走去"的决心，很快落实到实际行动中去了。此时，丁玲"觉得单写小说是不够的。我要脚踏实地干真的革命工作。我把社会看做是一架机器，革命是这机器的动力。像这机器的一个轮齿那样工作，是必要的"①。从这种自觉意识出发，她开始像一个齿轮那样"接手"做丈夫"还不做完的事情"了。为了便于自己做事，3月里，丁玲在沈从文的陪同下，将不满半岁的幼子蒋祖林送回湖南老家，交给母亲抚养。4月里的一个晚上，她向来看望她的冯雪峰和潘汉年提出"到江西苏区去"的请求。其意有二：一是继承烈士遗志，"到原来胡也频打算去的地方去"；二是要深入工农，写出跟以往不同的文章。他们向上请示后，中共中央宣传部部长张闻天"拿了一本《东方》杂志"，"在电车站"与她见了面，②答应考虑她的要求。虽然最后她未能如愿去苏区，但是，她也在党的领导下参加了左联的许多活动，在文化战线上充分发挥了自己的战斗作用。

很快，丁玲转变了以往只是闭门写作的行为方式。在左联的要求和安排下，她不断地与会、演讲与接受采访，开始频繁地出现于公众面前。单是在1931年5月的一个月里，她参加此类活动就有多次：她到北四川

---

① ［美］尼姆·威尔斯：《续西行漫记》，第263页。
② 《丁玲在中央文学研究所讲"关于左联"》，见邢小群《丁玲与文学研究所的兴衰》，山东画报出版社2003年版，第211页。

路一个小学校里,第一次参加了左联的会议,第一次见到了鲁迅。她还到中国公学和光华大学分别作了题为《死人的意志难道不在大家身上吗?》和《我的自白》的演讲。虽然"那时候,我真不会讲。站在台上的时候,直发抖啊",但是,左联还是把当时"还不算太红"的丁玲"推上来了",而丁玲也自觉地服从了组织的安排。她在5月末给沈从文的信中写道:"我这些日子东奔西走,忙于演讲,来听讲的照例总那么多人,话说完时还得被年青大学生围着,询问这样那样。"①后来,这样的演讲,她还到其他大学作过多场。她回忆说:"我在左联还参加过一种活动,就是到大学校去讲演。中国大学、中国公学、大夏大学、光华大学、暨南大学,都有学生组织的文学小组。彭柏山、我、韩侍桁都去讲过。"②每次丁玲演讲时,听讲的人总是济济一堂,有时窗子上都坐满了人,她因此被社会上许多人所认识。也就在这个月,在冯雪峰的安排下,她接受了"对左联五烈士的死难,表示了无限同情与愤慨"③的外国女记者史沫特莱的采访,并因此认识了史沫特莱的翻译共产党员冯达,半年后与之同居。

后来,作为左联成员的丁玲更走向广场、走向基层,直接参加了许多反帝、反国民党当局的政治活动和文艺活动。她回忆说:"三十年代初期,我们战斗的士气是很高的,大家都不愿坐在家里写文章,到处跑、接触工人、上街游行、写标语、贴墙报、散传单、参加飞行集会。我们小组一接到这样的任务,很快就动起来了,我经常为这些同志站岗放哨。"④1931年12月,她参加了上海民众反日救国会成立大会和会后的游行示威;12月19日,与夏丏尊、周建人等三十余人发起成立上海文化界反帝

① 转引自沈从文:《记丁玲》,第268页。
② 丁玲:《关于左联的片段回忆》,《丁玲全集》第10卷,第241页。
③ 丁玲:《她更是一个文学作家——怀念史沫特莱同志》,《丁玲全集》第6卷,第76页。
④ 丁玲:《入党前后的片段回忆》,《丁玲全集》第10卷,第249页。

抗日联盟；1932年1月17日，她在参加救国会组织的游行后，旋又作为左联代表参与发起成立中国青年作者协会；"一·二八"事变爆发后，她冒着流弹参加了由反帝大同盟组织的闸北前线慰劳伤兵活动；2月3日，与鲁迅、茅盾等共四十三人联名发表《上海文化界告世界书》，抗议日本进攻上海……在左联发起文艺大众化运动时，她换上布旗袍、平底鞋，到工人的文学小组去，了解工人生活，和工人交朋友；为了到群众中去了解大众的文学，她还和周文一起专门去大世界做过调查研究。此间，她还担任了一个左联小组的组长，组员有艾芜、金奎光、杜君慧等。她经常召集小组会议，"都是谈政治问题"，"很少谈文艺"；此外，她还指导艾芜到杨树浦办工人补习学校、在工人中培养文艺通信员等。①

在左联时期的文艺活动中，更能见出丁玲个人作用的，是主编左联机关刊物《北斗》。1931年5、6月间，冯雪峰通知丁玲，经中央宣传部研究，决定要她留沪编辑《北斗》。因此前左联刊物不断被国民党查禁，冯雪峰代表左联，要求丁玲"尽量地要把《北斗》办得像是个中立的刊物"②。该刊于是年9月创刊，出至第2卷第4期被查封，前后共出版八期。与此前出现的《拓荒者》、《萌芽月刊》、《巴尔底山》、《文化斗争》、《世界文化》、《前哨》等左联其他机关刊物相比，《北斗》是办得较久的一种。这与丁玲忠实执行左联此时所规定的这种办刊方针紧密相关。她在那则具有发刊词性质的创刊号编后记中，很低调地说明了该刊的"纯文学"的定位，称创办该刊的"动机还是觉得现在可以读的杂志太少了"，所以，"我立志要弄出一个不会使读者过分上当的东西来"；她的任务也只是

---

① 艾芜：《三十年代的一幅剪影——我参加左联前前后后的情形》，中国社会科学院文学研究所《左联回忆录》编辑组编《左联回忆录》，中国社会科学出版社1982年版，第231、232页。

② 丁玲：《我与雪峰的交往》，《丁玲全集》第6卷，第270页。

"各方奔走，每天写信"，请那些"写文章写得好的人"写一点好稿子寄来，编排出版。① 确实，她也组织刊发过像谢冰心、叶圣陶、徐志摩、沈从文、戴望舒、凌叔华、陈衡哲、林徽因、杜衡等明显没有左派色彩作家的"纯文学"作品，给该刊点缀了一些"比较灰色"的色调。

但是，毫无疑问，该刊的主色调是"红色"的，而且这种色调从第 3 期开始，越来越被凸显出来。其中坚力量是以鲁迅、瞿秋白、茅盾、冯雪峰、周起应、阿英、沈端先等为代表的左翼作家。鲁迅不但以"冬华"、"长庚"等笔名先后在该刊发表过《以脚报国》、《宣传与做戏》等十多篇杂文和译文，而且将自己收藏的珂勒惠支夫人的木刻《牺牲》交给丁玲发表在创刊号上。这"是一个母亲悲哀地献出她的儿子去的，算是只有我一个人心里知道的柔石的记念"②。时在上海养病的瞿秋白，以"笑峰"、"司马今"和"易嘉"等笔名在该刊发表过《笑峰乱弹》、《水陆道场》、《财神还是反财神》等大量杂文和《"五四"和新的文化革命》等理论文字。

1931 年 11 月，左联通过决议，将"文学的大众化"视为"第一个重大的问题"，规定："在创作，批评，和目前其他诸问题，乃至组织问题，今后必须执行彻底的正确的大众化"，以"创造出真正的中国无产阶级革命文学"。③ 在此背景下，一方面，"左翼评论家开始炮轰《北斗》的多样化文章"，另一方面，钱杏邨等人则"对《北斗》重新设置议题"。④ 于是，丁玲从第 3 期起调整了编辑思路，开始更多地刊发表现普罗大众的作品。这

---

① 丁玲：《〈北斗〉创刊号编后记》，《丁玲全集》第 9 卷，第 12、13 页。

② 鲁迅：《为了忘却的记念》，《鲁迅全集》第 4 卷，第 487 页。

③ 《中国无产阶级革命文学的新任务——一九三一年十一月中国左翼作家联盟执行委员会的决议》，《文学导报》第 1 卷第 8 期，1931 年 11 月。

④ 陈天助：《探问左翼文艺刊物的短期行为——以丁玲主编的〈北斗〉为例》，《新气象 新开拓》选编小组编《新气象 新开拓——第十次丁玲国际学术研讨会文集》，同济大学出版社 2009 年版，第 153、154 页。

使《北斗》"慢慢地红起来了,国民党也注意了"①,至 1932 年 7 月终被查禁。

《北斗》出版时间不到一年,却在现代期刊史留下了重要的一笔。左翼作家茅盾将它与此前的《拓荒者》相比,肯定它对"自由主义"作家所采取的"诱导"的态度,称赞它"在青年中间很有些相当的影响"②。非左翼作家沈从文也称它是"历来左翼文学刊物中最好的一种"。丁玲为此付出了辛勤的劳作。她"对于这刊物的支持,谨慎的集稿编排,努力处与耐烦处,留给一般人一个最好的印象"③。

在"正确的,坚忍地向前走去"的过程中,在对政治斗争和文化斗争的积极参与中,丁玲的思想进一步左倾。她说:"'一·二八'之后,我有了参加中国共产党的要求。那时我觉得,光是写几篇文章是不行的。只有参加党,才能了解社会各方面的情况;有了党的领导,才能更好地和敌人斗争。"④1932 年 3 月,由阳翰笙介绍,她加入中国共产党。入党宣誓仪式由文委负责人潘梓年主持,当年曾劝她"飞得越高越好,越远越好"的瞿秋白代表上级党组织参加。丁玲在仪式上宣誓:"再也不做党的同路人了。我愿意做一颗螺丝钉,把我放在哪里,我就在哪里,叫我干什么,我就干什么。我的生命,我的心,不是属于我自己的,而是属于党的。"⑤以此为标志,丁玲在思想上急剧地完成了左转,投身到了革命和集体的行列。渴望"自由"、尊崇个性的她如今在组织上皈依了"革命",

①　丁玲:《关于左联的片段回忆》,《丁玲全集》第 10 卷,第 240 页。

②　茅盾:《中国左翼文艺定期刊编目》,葛正慧等辑注《鲁迅、茅盾选编〈草鞋脚〉的文献》,《中国现代文艺资料丛刊》第 5 辑,1980 年 12 月。

③　沈从文:《记丁玲》,第 283 页。

④　丁玲:《入党前后的片段回忆》,《丁玲全集》第 10 卷,第 250 页。

⑤　丁玲:《我是人民的儿女》,《丁玲全集》第 8 卷,第 309 页。

飞进了"集体"的怀抱。几个月以后,丁玲又接替钱杏邨担任左联党团书记,直至次年5月被捕。

综上,从1929年下半年至1933年5月,丁玲的思想在这近四年的时间里发生了显著变化。它最初发端于征服创作危机的内在需要,中经胡也频牺牲的刺激,最后以在组织上投入"革命"行列为标志完成了左转。其思想上"积极左倾"、走向"革命"的变化,同时影响了她此期创作,并迅即在其创作中表现了出来。

| 第六章　转折期创作 |

丁玲此期创作,根据其意识倾向,可以分成两类。[①] 其中,对丁玲来说显得最为自觉最为重要的、在当时左翼文坛上影响也最大的一类作品是宣扬"革命"的"政治化"作品,其中,有的作品(如《水》)甚至成了左翼文学的经典。1934年初,应美国人伊罗生之约,鲁迅与茅盾共同编选了中国现代短篇小说选《草鞋脚》。在鲁迅、茅盾拟定的篇目中,共有二十三位作家的二十六篇作品。丁玲入选的作品除早期的《沙非女士的日记》外,还有一篇就是作于这一时期的《水》。那年9月,当得知"丁君确健在"[②]、政府在养她时,鲁迅、茅盾对这一选目仍未作变更。由此,既可看出鲁迅、茅盾对丁玲的信任,也可看出《水》的影响之大。1936年,美

---

① 丁玲此期创作,情况相当复杂。本章根据其作品所表现出来的意识倾向,对之作了分类论述。其中,有少数作品同时兼有两种意识倾向的,则分别置入不同类别中同时加以分析。
② 鲁迅:《致王志之》,《鲁迅全集》第12卷,第513页。

国记者埃德加·斯诺编译的《活的中国》由伦敦乔治·哈拉普公司出版。该选集共选中国现代十五名作家的二十四篇作品。丁玲的两篇作品《水》和《消息》入选,除鲁迅外,她和茅盾、田军(萧军)是入选作品最多的作家。因创作了这些作品,丁玲本人成了左翼文学的代表,在左翼文坛上获得了很高的美誉度。1933 年 5 月 22 日(即丁玲被捕八天后)和1936 年初,鲁迅分别接受了朝鲜记者申彦俊和美国记者埃德加·斯诺的采访,他称"丁玲女士才是唯一的无产阶级作家"①,是"最好的短篇小说作家"之一②。而在斯诺夫人看来,1932 年左翼"转入新写实运动","茅盾和丁玲女士是这一新写实运动突然崛起的领导人"。③

丁玲三十年代所作这类作品在当时的左翼文坛之所以能够产生巨大影响,主要是因为它们贯彻了左联的基本主张,遵循了左翼文学思潮的一般要求,并呈现了左翼文学的主要特点。左联本是一个作家的组织,但是,在茅盾看来,与其"说它是文学团体,不如说更像个政党"④。作为一个"政党化"的组织,它一切活动的出发点和立足点都在"政治"。左联成立时就宣告:"我们文学运动的目的在求新兴阶级的解放"、"我们的艺术不能不呈献给'胜利不然就死'的血腥的斗争"⑤;近半年后,左联执行委员会进一步明确了"无产阶级文学运动应该为苏维埃政权作拼死活的斗争",并将"凝结坚强的斗争意志"、"汇合一切革命的感情来充实

---

① 李政文:《鲁迅约见朝鲜友人的一封信》,《新文学史料》1983 年第 3 期。
② [美]斯诺整理:《鲁迅同斯诺谈话整理稿》,《新文学史料》1987 年第 3 期。
③ [美]尼姆·威尔士:《〈活的中国〉附录一——现代中国文学运动》,《新文学史料》1978 年第 1 期。
④ 茅盾:《我走过的道路(中)》,人民文学出版社 1984 年版,第 56 页。
⑤ 《中国左翼作家联盟的成立(报导)》,《拓荒者》第 1 卷第 3 期,1930 年 3 月。

革命的发展"视为文学的当然任务。① 总之,在左联看来,文学的价值不在文学本身,而在文学对于实际革命的作用。这就不可避免地将文学政治化、工具化了。丁玲的这类作品忠实贯彻了左联这种政治化的文学主张。它们以"集体"、"政治"和"为革命"为思想的立足点,表现出了以"革命意识"为灵魂、以传达意识形态说教为圭臬、以追求革命功利性为终极目标的基本特征——这也是左翼文学的一般要求和主要特点之所在。1932 年,在总结自己的创作经验时,丁玲对文学的功利性(即它的社会价值和宣传鼓动作用)作了特别的强调。她指出:左翼文学"只要真的能够组织起广大的群众,那末,价值就大,并不一定像胡秋原之流,在文学的社会价值以外,还要求着所谓文学的本身价值"②。为了保证"革命功利性"这一终极目标的实现,丁玲将"革命意识"这一思想基因融入了这些作品,并使之在题材、主题、人物等方面得到了外化。

与以往的作品相比,丁玲此期此类创作最显著的变化当在人物的设定方面。在早期创作阶段,丁玲"最擅长于表现所谓'Modern Girl'的姿态",这是"一种具有非常浓重的'世纪末'的病态的气分的所谓'近代女子'的姿态"③。到这一时期,在此类创作中,虽然在初期还出现了像丽嘉、美琳这样的"新的女性"形象,但她们追求进步、向往革命,而不再像莎菲她们那样沉浸在苦闷之中,"陷于灰心,丧志,颓败,灭亡……"之境。之后,即使是丽嘉、美琳这样的知识女性也被逐出了表现的视域。其此类小说中的主人公几乎都是清一色的"大众"。他们中有农民(《田家冲》、《水》、《奔》)、工人(《法网》、《消息》、《夜会》)、女佣(《杨妈的日记》)、

---

① 《无产阶级文学运动新的情势及我们的任务(一九三〇年,八月四日左联执行委员会通过)》,《文化斗争》第 1 卷第 2 期,1930 年 8 月。

② 丁玲:《我的创作经验》,《丁玲全集》第 7 卷,第 13 页。

③ 钱谦吾:《丁玲》,袁良骏编《丁玲研究资料》,第 226 页。

下层官兵(《无题》)、普通市民(《多事之秋》)等。

　　丁玲对此类小说人物的设定,是相当自觉的。她明确提出要"用大众做主人",要求作家"不要太欢喜写一个动摇中的小资产阶级的知识分子。这些又追求又幻灭的无用的人,我们可以跨过前去,而不必关心他们,因为这是值不得在他们身上卖力的的";而为了能够写"大众",则应该"放弃眼前的,苟安的,委琐的优越环境,穿起粗布衣,到广大的工人、农人、士兵的队伍里去",去熟悉他们的"实际生活"。① 她积极提倡要"写大众的生活,写大众的需要,更接近大众,为大众所喜欢",其意就在使文学"更能负担起文学的任务,推进这个社会"。② 也就是说,丁玲提倡写大众、"用大众做主人",其目的显然是在挖掘和彰显蕴藏于大众之中的革命热情和革命力量,从而进一步宣传与鼓动大众起来进行"经济的政治的斗争",以实现文学的"社会价值"和革命功利。

　　丁玲此类小说"用大众做主人",作为一种形式,反映出了"替大众说话"③的思想内容。其思想转折之初所作的《韦护》和两篇《一九三〇年春上海》,尽管所使用的"革命加恋爱"的表现模式,在当时左翼文坛上并无多少新意可言,但是,它们却都显示出作者突破以往题材范围、"表现这时代以及前进的斗争者"④的努力。关于《韦护》和《一九三〇年春上海(之一)》,当时的论者就指出,"这在作者的创作阶段上,是一个不小的进步。不但是在形式上作者从一向的身边琐事的描写,走进到革命的浪漫谛克的题材,而且又是在后者的女主人公对于生活的执着的态度

① 丁玲:《对于创作上的几条具体意见》,《丁玲全集》第7卷,第9、10页。
② 丁玲:《〈北斗〉二卷三、四期合刊代邮》,《丁玲全集》第9卷,第20页。
③ 丁玲:《对于创作上的几条具体意见》,《丁玲全集》第7卷,第10页。
④ 茅盾:《女作家丁玲》,《文艺月报》1933年7月第2号。

上"①。需要进一步指出的是,这两篇作品主题上的"进步",不但表现在对女主人公新的生活态度本身的揭示上,甚至也还不仅仅在对革命者形象的正面刻画上,而且更深刻地表现在对女主人公产生新的生活态度之原因的揭示上。丽嘉最后决心投身于实际的革命运动,而美琳则"不但同情于革命,而且是比丽嘉更进一步的走向革命,参加工作,艰苦的为着广大的群众的利益而斗争"②。所有这些变化的发生,均源自革命者韦护和若泉的影响。作者由此把主题进一步引向对"革命"伟力的讴歌。

与丽嘉、美琳不同,《一九三〇年春上海(之二)》中的玛丽以"个人"为中心,耽于个人享乐,其思想仍然停留在"莎菲"阶段。她最终离开具有献身精神的革命者望微,虽然是她自主选择的,但何尝不是出于无奈? 在显意识层面,作者以此要说明的是:"新的女性"若不从个人的小天地里突围,去追随时代革命的步伐,则终将被革命所抛弃。这样的意识倾向与《韦护》和《一九三〇年春上海(之一)》所蕴涵的显然是一致的。

1931 年及以后,丁玲此类创作在题材和主题上更加革命化,也更加纯粹化了。用她自己的话说,就是:"我把我的作风,从个人自负似的写法和集中于个人,改变为描写社会背景。"③那一时期,左联非常重视文学叙事的对象、范围与价值取向,曾从五个方面明确规定了"现代中国无产阶级革命文学所必须取用的题材"(包括"反帝国主义的题材"、"土地革命,苏维埃治下的民众生活"、"广大群众的数重的被压迫和被剥削的痛苦情形,广大的饥饿,巨大的灾祸"、"农村经济的动摇和变化"等),并以六项"中国无产阶级革命文学最重要的当前任务"规定了文学创作的

---

① 王淑明:《丁玲女士的创作过程》,《现代》第 5 卷第 2 号,1934 年 6 月。
② 方英:《丁玲论》,《文艺新闻》第 22 期,1931 年 8 月。
③ [美]尼姆·威尔斯:《续西行漫记》,第 262 页。

主题取向（包括"加紧反帝国主义的工作"、"帮助工农劳苦大众日常经济的政治的斗争之文字上的宣传与鼓动"等）①。丁玲忠实践行了左联所规定的这些题材和主题原则。广大城乡的苦难和苦难中劳苦大众的觉醒与斗争（即她所说的"社会背景"），成了其此类创作表现的焦点。

在"一定要超过自己的题材的范围"、"有意识地要到群众中去描写群众"②方面，丁玲创作最初取得突破的是农村题材，其代表性作品是中篇小说《水》。《田家冲》描写了农村中残酷的阶级斗争和革命者三小姐在农民中的宣传组织作用，已然突破了以往的题材领域。但是，她觉得还不够，于是，终于在1931年夏写成了堪称左翼革命小说经典的《水》。作品"发表的当时，较有影响。并不是说它写得很好，主要是题材不同于过去了"③。它以当年发生的十六省大水灾为题材，描写了农民先与水灾、后与官府作殊死搏斗的情景。那群被洪水吞噬了家园、流离失所的难民在苦难中觉醒，以对"无限的光明"的渴望，最后义无反顾地走上了反抗斗争的道路：

> 于是天将朦朦亮的时候，这队人，这队饥饿的奴隶，男人走在前面，女人也跟着跑，咆哮着，比水还凶猛的，朝镇上扑过去。

小说以此作结，从艺术表达的角度来看，虽"可说是一个潦草的完结"④，但是，却显示了"作者对于阶级斗争的正确的坚决的理解"。作品因题材

---

① 《中国无产阶级革命文学的新任务———一九三一年十一月中国左翼作家联盟执行委员会的决议》，《文学导报》第1卷第8期，1931年11月。
② 丁玲：《答〈开卷〉记者问》，《丁玲全集》第8卷，第4页。
③ 丁玲：《谈自己的创作》，《丁玲全集》第8卷，第80页。
④ 丁玲：《我的创作生活》，《丁玲全集》第7卷，第17页。

的"重大"和主题的"正确",得到了左翼文坛的一致肯定,被赞为"我们所应当有的新的小说的一点萌芽"①。在姚蓬子看来,《水》的出现,对丁玲个人而言,标志着"作者已经丢开个人的身边琐事的描写,着眼于当前的伟大的事变;从死静的心理的解剖,进展到群众的连锁的活动;从知识分子的浪漫的兴奋,转换成了阶级意识的强烈的深刻的体会"②。茅盾则将它放在整个左翼革命文学发展的过程中,对它的文学史价值给予了高度评价,指出:"不论在丁玲个人,或文坛全体,这都表示了过去的'革命与恋爱'的公式已经被清算!"③继《水》之后的另一部农村题材短篇小说《奔》,通过对一群农民因农村破产奔向城市谋求出路,后因城市失业严重又决计奔回农村与地主展开斗争的描写,展现了城乡无处不在的阶级对立和农民在工人的启发下阶级意识的觉醒。

在表现农村题材的同时,丁玲此期还涉笔都市生活。但她所表现的已不再是蛰居都市的现代知识女性的希冀和愤懑,而主要是都市下层人民的苦难和觉醒。《一天》以年轻大学生陆祥为视点人物,通过他到沪西区走访工人时的所见所闻和所感,状写了工人生活的痛苦和不幸,并藉此表现了作者自己对他们的同情。如:"一些苛刻的待遇,一些惨死的情形,可怜的牺牲,一些斗争的胜利与失败,一些欺骗蒙混的暴露",以及高强度的劳动,微薄的收入,污染的环境……所有这些都给这个年轻的大学生以震动,以至于那些"不断地呻吟和惨叫"的"龌龊的,惨苦的,许多声音","都集拢来,揉成一片,形成一种痛苦,在他的心上,大块地压了下

---

① 冯雪峰:《关于新的小说的诞生——评丁玲的〈水〉》,《北斗》第2卷第1期,1932年1月。

② 姚蓬子:《我们的朋友丁玲》,蓬子编《丁玲选集》,天马书店1933年版。引自丁言昭编选《别了,莎菲》,第104页。

③ 茅盾:《女作家丁玲》,《文艺月报》第2号,1933年7月。

来"。显然,这个年轻的大学生的"震动"、"痛苦",同时也是属于作者的。《法网》通过对两个工人家庭复杂纠葛的描写,不但反映了工人的失业和痛苦生活,而且还表现了工人的觉醒和团结意识的增强。作品写到了工人顾美泉和于阿小的先后失业,写到了顾美泉在残杀于阿小无辜的妻子后的忏悔和于阿小对顾美泉的谅解。在这个意义上,可以说:"小说矛头是批判整个经济和社会制度的结构,……并热烈地呼吁工人们内部提高团结友爱的思想意识。"①在《消息》、《夜会》等其他都市题材作品中,丁玲更省略了过程,径直写出了工人觉悟的表现:他们自行组织集会,宣传抗日救国;甚至连老婆子们也自发联络,为抗日军缝制旗帜。《诗人亚洛夫》以一个流亡白俄为视点人物,在揭露白俄破坏公共汽车公司工人罢工斗争的卑劣行径时,也正面展现了工人反抗剥削的斗争精神。《杨妈的日记》在主题上可以说是一篇以都市为背景的《田家冲》,写的是到都市里当娘姨的杨妈在女主人孙先生的教导下阶级觉悟不断提高的过程,并间接写到了农村的破败和革命者的活动。

此外,丁玲还关注"反帝国主义的题材",先后写了《无题》、《多事之秋》等多篇作品。《无题》写的是"一·二八"上海战事中的一个片断;《多事之秋》原计划是一部十余万字的长篇,但只写成两万字左右,写的是"九一八"事变后上海市民的抗议活动。它们分别描写了十九路军一群下层官兵和上海市民的爱国热情,对日本帝国主义的侵略行径进行了控诉,并揭露了反动政府的不抵抗政策。

总之,在上述作品中,丁玲从题材的选择、主题的提炼和人物的设置等方面都表现出了对革命功利的追求。这说明"革命意识"这一思想基

---

① [美]加里·约翰·布乔治:《丁玲的早期生活与文学创作》,孙瑞珍、王中忱编《丁玲研究在国外》,第134～135页。

因已经融入了她的血脉，并在她的创作中充分发挥了作用。虽然她的这些作品，与茅盾的小说"及其他左翼作家以及一些青年习作者的作品"一起，被冯雪峰视作"形成了一种新的势力，几乎支配着整个文学界"的"真正有创造性的作品"，①但是，应该看到，在这些作品中，由于丁玲对革命功利的追求十分急切，而在相当大的程度上忽视了生活的积累和"文学的本身价值"，所以，造成了许多作品艺术上的粗疏。倒是当时受到不少批评的《田家冲》一篇，因为有作者对农村的熟悉和热爱作为生活和情感的基础（1984 年 1 月，丁玲在会见法国朋友时也说："《田家冲》中的人物都是我童年很熟悉的。"②），同时也因为作品对革命者三小姐的活动只作侧面描写而未作正面展开，所以在相当大的程度上避免了概念化现象的发生，是一篇将生活、情感和革命意识结合得比较成功的作品。③

除此之外，其余每篇小说几乎都有不可忽视的（乃至是致命的）缺陷。《韦护》和两篇《一九三〇年春上海》对革命者的刻画都不够切实，显得相当模糊。关于《水》，三十年代曾对之竭力推崇的冯雪峰在四十年代后期对之作出了相当公允的评价，指出："这作品是有些公式化的"，它"以概念的向往代替了对人民大众的苦难与斗争生活的真实的肉搏及带血带肉的塑像"。④ 后来，丁玲自己也承认，"我写农民与自然灾害作斗

---

① 冯夏熊整理：《冯雪峰谈左联》，《新文学史料》1980 年第 1 期。

② ［法］苏珊娜·贝尔纳：《会见丁玲》，孙瑞珍、王中忱编《丁玲研究在国外》，第 459 页。

③ 丁玲在 1933 年 4 月作的《我的创作生活》中对《田家冲》作出了这样的自我批判："失败是我没有把三小姐从地主的女儿转变为前进的女儿的步骤写出，虽说这是可能的，却让人有罗曼谛克的感觉。再者，我把农村写的太美丽了。我很爱写农村，因为我爱农村，而我爱的农村，还是过去的比较安定的农村。加之我那种对农村的感情，只是一种中农意识。"见《丁玲全集》第 7 卷，第 16 页。这一自责相当苛刻，迎合了当时左翼的主流批评，但并不符合作品实际。

④ 冯雪峰：《〈丁玲文集〉后记》，《雪峰文集》第 2 卷，第 209 页。

争还比较顺手,但写到农民与封建统治者作斗争,就比较抽象,只能是自己想象的东西了"①。《杨妈的日记》的主要缺陷在于真实性的缺失。它在形式上仿照《莎菲女士的日记》,用的是日记体。但一个来自破败乡间的二十五岁的农妇毕竟不是知识女性莎菲,她何以能写日记,而且所写还那样文气(诸如"悄悄地哭"、"现在想起来还很凄惨"等)? 连起码的真实性都丧失殆尽了,这不能不说是作者有意为之的结果。至于直接"以中国无产阶级为对象"的《夜会》、《消息》和《法网》等篇,丁玲 1937 年在延安接受美国记者尼姆·威尔斯采访时,就坦言:"其中我一篇也不满意——没有一篇是真正好的。"②

值得注意的是,丁玲此类创作中还出现了因"硬写"所致的"残稿"现象。《无题》所写为"一·二八"战争中的下层官兵生活。在这一题材领域,丁玲因为缺乏起码的生活积累,在冒险写了三四千字以后自然就难以为继了。《多事之秋》虽写出了两万多字,但在结构上因没有线索的统领而显得极其凌乱,又因对市民生活的生疏,致使作品缺乏对人物的细密描写,并使许多口号直接充斥其间。丁玲在分析自己中途搁笔的原因时说:"有许多人物事实都在苦恼我,使我不安,可是我写不出来,我抓不到可以任我运用的一枝笔,我讨厌我的'作风'……,我以为它限制了我的思想,我构思了好多篇,现在还留下许多头,每篇三五千字不等,但总是不满意,就搁笔了。"③她这里所说的苦恼着她的"人物事实",显然不是从生活中积累来的,而是从"思想"上、理念上、功利上来的。"思想"上的功利性需要,迫使她拿起笔来"硬写"。但是,生活积累的不足,必然又

① 丁玲:《谈自己的创作》,《丁玲全集》第 8 卷,第 81 页。
② [美]尼姆·威尔斯:《续西行漫记》,第 265 页。
③ 丁玲:《我的创作生活》,《丁玲全集》第 7 卷,第 16 页。

使她"抓不到可以任我运用的一枝笔",来把她的"思想"生活化地传达出来(即她所说的"限制"),因而即使勉力为之也只能中途搁笔。

　　总之,因生活积累的缺乏而导致的真实性的缺失和公式化、概念化、标语口号化现象,几成丁玲此期所作此类小说的通病。她于1932年冬在批评青年作者创作的弊病时指出:"最大的就是材料不充实,多用口号而成为空架的作品。"①其实,她的上述作品大多就是这种"空架的作品"。当时的读者在给她的信中,在肯定她"是很努力地向新的方面进行着"的同时,也坦然直言道:"我觉得你最近的作品,仿佛大半是先立下了一个题目,然后计划着去做似的,所以它的内容总是比较空虚,偏于想象,反而不如你以前的文章充实。"②这些缺陷的存在,是完成思想转型的丁玲不能对表现对象进行充分的生活化和艺术化的结果。这也恰恰从一个方面说明了此期丁玲在建立和表露"革命意识"这一刚刚融进自我血脉的思想基因时的急切。

　　丁玲这一时期的此类作品具有双重意义:从共时的角度看,它们因为忠实贯彻了左联的文学主张、凸显了左翼文学的主要特征,所以,成了"新的小说"的代表,在左翼文坛产生了重大影响;就是它们的不足,也在性质上反映了左翼文学的通病。而从历时的角度看,它们则开了丁玲政治化写作的先河,对其此后创作的影响至为深远。从此以后直至晚年作《杜晚香》等作品,她的创作一直深深地打上了"政治"的烙印,"政治"成了其不断言说的一个重要话题。正如美籍学者梅仪慈所说:"不论是在她选择信奉共产主义事业的三十年代初期,还是在后来以严格的自觉意识接受党的文学政策的年代,政治在丁玲的作品中始终是一个突出的、

---

① 丁玲:《我的创作经验》,《丁玲全集》第7卷,第12页。
② 耶林:《写给丁玲的四封信》,《新文学史料》1980年第1期。

与众不同的要素。"①

在丁玲此期创作中,还有一类作品是仍然持守"个性思想"的"个性化"作品。这类作品的思想立足点在"个体"、"自由"和"为人生"。关于丁玲创作转折的性质,冯雪峰1932年初就撰文指出:从《梦珂》到《田家冲》、《水》,"丁玲所走过来的这条进步的路,就是,从离社会,向'向社会',从个人主义的虚无,向工农大众的革命的路"②。这里,冯雪峰在概括丁玲创作的转折时使用了"从……向(到)……"模式。这意味着,写《韦护》和《水》的"今日之丁玲",与梦珂、莎菲时代的"昨日之丁玲"已经全然不同,因而这种转折是一种否定性、整体性的转折(他称之为"新生")。冯雪峰的这一经典论述,影响了后来很多中外学者,几成定论。

丁玲的思想和创作在左联时期确实发生过巨大的变化,可以"转折"论之。但这一转折,只是一种结构性的变化,而不是一种整体性的否定。一方面,这一时期,在丁玲原有的以"个性主义"为基本价值标准的思想—创作结构中,确实增加了"革命意识"这一具有主导性、支配性的新因素,从而导致了这一结构的改变。但是,另一方面,这一新的因素并没有全部挤占掉"个性思想"这一在丁玲原有思想—创作结构中具有原发意义的因素。因此,在左联时期,丁玲在思想和创作上的转折,不是简单的一个取代另一个——"转折"中的丁玲仍然有所持守。从冯雪峰起就以"从……向(到)……"模式所概括的丁玲的"转折",均是一种历时的"二项分立";事实上,此期丁玲的"转折",应该是从"个性思想"的"一项单立"到"革命意识"与"个性思想"共时的"二项并立"。在此期创作中,

---

① [美]梅仪慈:《一个幸存的作家》,孙瑞珍、王中忱编《丁玲研究在国外》,第515页。

② 冯雪峰:《关于新的小说的诞生——评丁玲的〈水〉》,《北斗》第2卷第1期,1932年1月。

丁玲思想中作为"二项并立"之一项的"个性思想"主要从以下三个方面得到了表现：

一、在"革命加爱情"的模式中凸现个人权利。丁玲创作的转折始于《韦护》。有人说："她的作品，就意识形态来说，《韦护》之前是属于她自己的，自《韦护》起，是为了左翼文坛而写作。"①就总的倾向而言，此说不谬，但尚需细加甄别，不能一概而论。事实上，就在其转折初期所作的《韦护》和两篇《一九三〇年春上海》中，仍然有"属于她自己"的"个性思想"和"个性话语"在。她自己也认为："这几本书的作风是够写实的，但内容可是浪漫的"，在风格上类似《莎菲女士的日记》。② 在这几篇作品中，丁玲在那种滥俗的"革命加恋爱"、"革命战胜恋爱"的模式中，仍然曲折地表现了对"爱情"的留恋、对个人权利的维护。

首先，《韦护》和《一九三〇年春上海（之二）》渲染了爱情的美好与高贵。在显意识层面，丁玲要表现的是"革命"的神圣与崇高——热烈缠绵的爱情最后都无一例外地被"革命"战胜，这一结果显示出来的正是"革命"至高无上的地位和无比巨大的力量。这一意识、思路，正显示出了此期"革命"叙事的一般规则与主要特点。但是，在这两个文本中仍然有裂隙在。原因在于它们所写的热烈缠绵的爱情，在作品中并不仅仅作为反衬、作为"革命"所要克服的对象而存在。在这两个作品中，对相思之苦和爱之欢乐的描写不但占据了大部分篇幅，而且常常写得那样美好、绚烂，不带揶揄色彩。因而在很大的程度上，这样的爱情在作品中不但有了自己独立的价值，而且具有了正面的意义。《韦护》是这样描写韦护和丽嘉最初同居时的情景的：

―――――――――

① ［台湾］周锦：《中国新文学史》，袁良骏编《丁玲研究资料》，第 517 页。
② ［美］尼姆·威尔斯：《续西行漫记》，第 264 页。

　　　　他们两人变成一对小鸟儿似的,他们忘记了一切,连时光
也忘记了。他们日以继夜,夜以继日,栖在小房子里,但他们并
不会感到这房子之小的,这是包含海洋和峻山以及日月星辰的
一个充满了福乐的大宇宙。……丽嘉常为一些爱情的动作,羞
得伏在他身上不敢抬一下头,但却因为爱情将她营养得更娇媚
更惹人。

　　这里,美好的灵肉一致的爱情使主人公沉醉其中;作者则通过对情景的
设定、意象的运用和人物感觉的捕捉,表现了对这一美好感情的肯定和
赞美。在《一九三〇年春上海(之二)》中,丁玲也以同样虔敬和富有色彩
的笔触描写了女性身体的美好和爱情的甜蜜圣洁:玛丽醒来,"真娇慵得
很,头发散在枕头上……两条雪藕也似的的长臂压在绿被面上。……那
在酣睡后所泛出的一层恬静的微红,将她的眉,眼,鼻,唇的轮角更显得
分明了,那些阴影的地方也就更显著,他又为这美的形体着迷了"。作者
以几乎崇拜的笔调不加节制地描写女性(玛丽)"美的形体"和男性(望
微)对女性形体的"着迷",流露出作者自己对爱欲的赞美和迷恋。

　　这两部作品充满了许多如此细腻、生动的对爱情的正面描写(同时
也因为对革命描写的空洞),致使它们给读者的实际阅读感受成了"虚写
革命,实写爱情":"与其说是写革命与爱情的冲突,不如说是写革命为
虚,写爱情幸福缠绵、相思苦恼为实"①。《韦护》发表不久,左翼批评家
钱谦吾就指出它的"缺陷":"那就是这一部长篇依旧是一部恋爱小说,与

---

① 　常彬:《虚写革命,实写爱情》,《中国现代文学研究丛刊》2006 年第 1 期。

革命并没有怎样深切的关联"①；后来，美国学者梅仪慈也认为，1930 年前后，"在这个'恋爱与革命'的过渡阶段中的小说里，本应为人们所信仰的革命的本质是空泛而飘渺的，而应当摒弃的爱的欢乐却仍旧热烈、细腻而又令人陶醉"②。说到底，作品之所以给人们这种感觉，是因为作品对爱情正面的渲染所致。

在对爱情的这些正面渲染中，丁玲所关注的是人的爱（情欲）的权利。她不但通过细腻的叙述和生动的描写对爱欲进行了肯定，而且还让作品中人物为自己享受爱情、沉迷爱欲作出直接的、强有力的辩解："现在呢，我有了丽嘉，我为我们爱情的享受而生活……于是我便被不了解和诧异了。然而这一丝一毫都是毋足轻重的，因为这不能有害于我们的爱情。嘉，不是的吗？只要我们永远相爱！"这意味着，不但爱情的享受成了生活的目的，而且爱情还成了一种力量，能够使人在抗拒世俗时充满自信。韦护的这一话语不啻是"五四"式的爱的宣言，它的核心就在于对人的权利的维护。

其次，丁玲在两篇《一九三〇年春上海》中肯定了个人选择的权利。虽然"之一"中"追求革命"的美琳和"之二"中"不革命"的玛丽，政治面貌如此相异，个人选择的道路也截然相反，然而，丁玲对她们的自我选择本身都给予了自觉或不自觉的认同。美琳离开子彬，走向社会，走向革命。这是一个革命如何战胜爱情、追求革命的妻如何摒弃不革命的夫的故事，符合左翼文学的潮流和准则。但值得注意的是，这部作品的重点显然不在表现革命理念对个人（美琳）的胜利，而在表现个人（美琳）对革命

---

① 钱谦吾:《丁玲》，袁良骏编《丁玲研究资料》，第 237 页。

② ［美］梅仪慈:《不断变化的文艺与生活的关系》，袁良骏编《丁玲研究资料》，第 575 页。

的自主选择。而她之选择"革命",也并不是"无我"的;恰恰相反,她是想借此"在社会上占一个地位"。可见,不管是她的选择本身还是她选择的目的,都有很强的"个人"色彩。对美琳的这种自我选择,丁玲不管在显意识层面或潜意识层面显然都是认同的。

如果说丁玲对美琳的自我选择的认同是自觉的话,那么,她对"之二"中玛丽的自我选择的认同则是不自觉的。在显性层面上,望微是一个革命的夫,他代表着进步和革命,玛丽则是个不革命的妻,她代表着落后和不革命。玛丽因望微对"爱情的不忠实"和他的"工作",而选择主动离开望微("若果望微不是玛丽的,则玛丽宁肯一人吃苦!"),去追寻自己的幸福;事实上,是"不革命"的妻摒弃了"革命"的夫。按照左翼文学的时代要求,丁玲不可能在显意识层面上对落后的玛丽之不革命的选择给予自觉的认同。但是,换一个角度来看,玛丽的选择,却意味着对个体独立的坚守,意味着对个人幸福的追求,意味着对男性的不屈从,意味着对自我选择权的维护;说到底,玛丽所坚守的正是"五四"的自主精神。饶有意味的是,对于这样一个不革命的甚至落后的女性,丁玲并没有依照左翼文学的价值观进行应有的批判,并没有刻意给她设置一个惨淡的结局,相反,她仍然让离开望微的玛丽活得那样快乐、充实和幸福。丁玲在作品结尾处意味深长地写道:望微因演讲而被捕时,"忽然看见大百货商店门口出现了一个娇艳的女性。唉,那是玛丽!她还是那样耀目,那样娉婷,恍如皇后。她还显得那么欢乐,然而却不轻浮的容仪"。一个为革命被捕显得悲壮,另一个为自己活着、追求"极端享乐"却也显得并"不轻浮"!这样的描写,流露出来的是丁玲一种潜在的个性立场,对玛丽选择的一种不自觉的认同:即玛丽对个体自由、幸福的选择和追求未始不足惜,未始没有价值!因此,在这篇作品中,个人权利在潜意识层面上仍然得到了凸现。从某种意义上来说,玛丽的这种性格,"也可以被当作丁玲自身的不愿受压迫、自由奔放的性格的表现"①。

二、在"革命"叙事的框架中嵌入启蒙话语。《一天》《法网》这两部作品,如前所述,显然都具有"革命"叙事的框架:它们所写涉及工人的痛苦生活和革命者的活动,但是,在主题和灵魂上,它们却程度不同地背离了"革命"叙事的要求,而复归了"五四"改造国民性的启蒙传统。《一天》主体部分,以陆祥为视点、以他的走访为线索,展开了对工人群体及其家属的描写,其中所隐含的叙事模式,正是"五四"启蒙文学中常见的先觉者与不觉醒者的关系模式。

作品写道,陆祥原先约定的对象都不愿接受采访。他后来去找蔡包子,却又遭到蔡母的粗暴拦阻。她的理由是:"我守了十年寡,只这一个儿子,他要跟你们跑了,我怎么得了? 那不是些好事情,我懂得。"这一理由显示出来的是她的自私和愚昧。他去工人宿舍找小胡子时,又被一汉子(其身份应该是"工人")讹为小偷。当那汉子"已经知道他是冤枉了,可是他不放他",原因在于他要"借这机会使大家乐一乐"。为了给自己和那些围观的"众人"取乐,那汉子毫无理由地逼他"叩一个头"。在不能脱身的情况下,他只得"含着屈辱的心",深深地向他们鞠下躬去,而"众人"们也就在"哄笑"中获得了满足。通过这一"戏弄"情节,作者揭露了汉子的无聊、残忍心理以及"众人"的"看客"心理。

在作品所写的上述情节中,陆祥扮演的是一个"先觉者"的角色,而在他走访时与之发生上述关系的诸人则都是"不觉醒者"——他们是精神上、心理上负有国民性痼疾的一伙。"先觉者"不为愚昧民众理解,并遭致他们嘲弄,这是"五四"启蒙文学经常出现的主题。与"五四"启蒙文

① ［日］前山加奈子语,见胡天《丁玲文学创作国际研讨会会议论文摘编》,《中国现代文学研究丛刊》1993年第3期。

学一样,丁玲在审美评价上表现出了鲜明的爱憎。作品写道:"一些愚顽的脸,轮流在他眼前映过,没有一丝可爱的意念在他心中,他起着一种反感,他挣着,想离开这里";"他气得只想笑,他看着这些可怜的无知的一群"……当丁玲以陆祥为视点,对陆祥的心理作这样的描写,对"愚顽的"、"可怜的无知的一群"作这样的叙述时,她无疑把同情与敬重献给了陆祥,而对那"无知的一群"所施予的情感则显然是怜悯与愤激。

这篇作品在表现鲜明的情感评价时,还进而表现了丁玲对启蒙者/被启蒙者或知识者/大众关系的理性思考。在作品中,陆祥和他的指导者作家石平组成了启蒙者("知识者")的阵营,而蔡母、汉子、"无知的一群"等则构成了被启蒙者("大众")的群体。"我们是站在文化上的,我们给他们文学教养,我们要训练我们自己,要深入到他们里面……"——这是陆祥在遇到挫折时在"心上响起"的石平所说的一段话。在石平这段话的启发下,陆祥也意识到自己"应同情这些人,同情这种无知","应耐烦的来教导他们"。这两处所写到的"我们"与"他们"的关系,应该就是他们心目中(同时也是此时丁玲心目中)的启蒙者("知识者")与被启蒙者("大众")的关系:"我们"是"站在文化上的",而"他们"则是"非文化的"(愚昧的);"我们"要深入到"他们"里面,不是要转变"我们"自己,而是要"给他们文学教养"("教导他们")、对他们进行启蒙。陆祥最后决定"用文艺的体裁写出在这时期的一段困难的工作,而尤其应该表现出的,是一种在困难之中所应有的,不退缩、不幻灭的精神",则显然关乎启蒙者的意志力问题。这也是"五四"觉醒的个人、"强大"的个人面对庸众的一种精神态度。

此外,值得注意的是,在被启蒙者能否被唤醒、群众能否被动员的问题上,这篇作品的表现与"五四"启蒙文学相当一致,而远离了"革命"叙事的要求。即与丁玲自己所作的稍早发表的《田家冲》和稍后发表的

《水》相比,《一天》也显得相当特异。《田家冲》作为一篇"首次反映革命知识分子和群众之间的关系"的作品,在结尾处么妹一家(尤其是老农赵得胜)的觉醒,表现了农民参加革命的可能性和必然性;在《水》里,丁玲写出了农民革命觉悟的提高和革命行动的展开是个缓慢的、困难的和曲折的过程,但同时也是一个必然的过程("全体的农民"最后终于"革命化起来"[①])。但在《一天》里,作者则表现出对动员群众的忧虑和困惑,而没有展示出"他们"可以被唤醒、被动员的任何可能性。如果说有的话,那也只存在于"我们"的"忍耐,坚强,努力"之中;而且即便"我们"努力了,也并不意味着就一定成功。这一忧虑和困惑,给作品抹上了悲凉的底色。这与"五四"启蒙文学对改变国民性的忧虑和悲观,显然是一脉相承的。总之,《一天》中所蕴含的丁玲的情感评价、理性思考和悲凉底色,说明它在灵魂上、精神上复归了"五四"启蒙文学的传统。

与《一天》一样,《法网》也套有一个"革命"叙事的框架。如前所述,它写到了工人的失业和贫困,也表现了工人的觉醒和团结意识的增强。但是,这篇作品在这个"革命"叙事的框架中同样嵌入了启蒙话语。它以大部分的篇幅和曲折的情节,着重剖析了下层人物(包括工人)在一系列纠葛中所表现出来的狭隘愚昧心理,因而在特殊的社会语境中继续高举着改造国民性的旗帜。作品中的顾美泉之妻阿翠为"积几个钱"给母亲寄去,给兵洗衣,却被说成抢了隔壁王婆婆的生意,遭到她的谩骂,导致流产。流产后,旁人幸灾乐祸,说"这是报应"。丈夫顾美泉为照顾她,在家陪她一天,请于阿小到账房请假。但于阿小没有请假,致使顾美泉被开除。顾失业后,疯狂报复,残杀了于阿小无辜的妻子小玉子。于阿小报警,因顾美泉已逃,阿翠被捉,最后死在牢里。在这一系列情节中,作

---

① 茅盾:《女作家丁玲》,《文艺月报》第 2 号,1933 年 7 月。

者深刻地揭露、批判了自私、狭隘、少同情、好杀戮的国民劣根性,触目惊心地展现了由此造成的极其严重的后果。由于作品只有一个"革命"叙事的框架,而在具体描写上均置重于对国民心理积习的揭示,所以,其"思想"倾向在三十年代就受到了左翼批评家的质疑。杨邨人指出:"这一篇作品论技巧是成功的,论思想那就越出轨道了"①;所谓"越轨",显然是指其"越出了'革命'叙事的轨道",而复归于"五四"启蒙文学传统。

总之,在《一天》《法网》这两篇作品中,丁玲虽"用大众做主人",却同时"替自己说话",在"革命"叙事的框架中嵌入了自己的启蒙话语。这说明,在左联时期的创作中丁玲对"五四"启蒙文学仍然有所继承,对"五四"启蒙文学的批判传统仍然有所持守;这意味着,丁玲并没有放弃自己作为知识者的历史责任。因此,笼统地说她在这一时期抛弃"知识者自我"、"放弃自身的历史价值"、"丧失对积淀在三十年代的中国大众(由农民和城市下层人民构成的群体)中的封建意识形态及狭隘愚昧的心理积习的批判力"②,那是既缺乏依据又缺乏说服力的。

三、在"非革命"题材里张扬个性。三十年代,左联对写"革命"题材有非常明确的规定。在1931年11月左联执行委员会通过的决议《中国无产阶级革命文学的新任务》中,对题材"原则"作出了明确"提示",要求"必须将那些'身边琐事'的,小资产智识份子式的'革命的兴奋和幻火'……之类等等定型的观念的虚伪的题材抛去"。但丁玲在左联时期却写出了数篇与"中国现实社会生活"无涉的作品。这些作品的题材均为丁玲自己所熟悉,并为其自我情感所浸润,而从性质上看显然都是"非革命"的。借助于这些"非革命"的题材,丁玲的个性思想得到了正面的

---

① 杨邨人:《丁玲的〈夜会〉》,袁良骏编《丁玲研究资料》,第257页。
② 孟悦、戴锦华:《浮出历史地表》,中国人民大学出版社2004年版,第126页。

表现;题材与主题的同质,使丁玲的个性思想得到了张扬。

长篇小说《母亲》是丁玲此期借"非革命"题材张扬个性思想的典范之作。丁玲创作该小说的动机,缘自 1931 年 3、4 月间的回乡之行。从她的自述来看,创作动机似乎倒是由"现实社会生活"所触发。现实中的"剧变"引发了作者的沧桑之慨("有曾几何时,而有如许剧变的感想"),并进而使之萌生了追本溯源的冲动。丁玲的最初动机也许是着重于"现实的革命斗争",对往昔的追忆也许只是为了对"现实"作出合乎历史必然的说明,以表现"包含了一个社会制度在历史过程中的转变"①,若此,"母亲"在很大程度上只能作为一个线索人物存在。丁玲对该作内容、跨度的这种构思,已然包含了这一倾向。可以说,丁玲的本意是以"母亲"为贯穿全书的线索,来全面描写二十世纪初以来三十年间的广阔的社会画面,后期显然将置重于阶级斗争的描写。

但是,由于被捕,丁玲原定写三十万字的计划被打破了。从完成部分来看,作品所写的时代跨度为从晚清到辛亥时代。丁玲以自己的母亲为原型,忠实于历史的规定性,在约八万字的篇幅中,着重展示了"母亲"曼贞那一代放开小脚的女性寻求自立、追求真理的坎坷历程,并以封建大家庭的一个侧面透露出了整个时代变迁的信息。在这里,"母亲"显然不是一个线索人物,而是主角:她是辛亥时代出走的娜拉。在近代启蒙思潮的影响下,在思想进步的弟弟云卿的熏陶下,她意识到自己的尊严、价值,实现了自我的觉醒,而"不愿再依照原来那种方式做人了,她要替自己开辟出一条路来,她要不管一切的讥笑和反对,她不愿再受人管辖,而要自己处理自己的生活了"②。于是,年轻丧偶的她不顾婆家的家规,

---

① 丁玲:《致〈大陆新闻〉编者》,《丁玲全集》第 12 卷,第 8 页。
② 丁玲:《母亲》,《丁玲全集》第 1 卷,第 167 页。

变卖家产,走出家门,报考新式学堂。在女学堂里,她忍受巨大的痛苦去放脚,同时在功课上也"显示了她的决心"。作品通过对"母亲""苦斗的陈迹"的叙述,表现了"母亲""在这人生的旅途中向前去,就得不怕一切"的坚定的个性意志——"一种力,大的忍耐的力"。①

由此可见,《母亲》是一曲个性主义精神的赞歌。"母亲"这个人物虽属于辛亥时代,但丁玲在作品中所贯注的却是浓重的"五四"个性解放精神:"要问《母亲》主要的是写什么,那就是'以曼贞为代表的我们前一代女性,怎样挣扎着从封建思想和封建势力的重围中闯出来,怎样憧憬着光明的未来'。"②丁玲自己在创作时所看重的、所崇仰(即她所说的"不可卑视")的也正是"母亲"的这一种精神:"虽然是受了封建的社会制度的千磨万难,却终究是跑过来了";她强调"母亲"的"那过去的精神","是不可卑视的"。③

总之,《母亲》虽写于左联时期、"革命时代",但特定的"非革命"的题材和"非革命"的人物,所导致的自然是一个"非革命"的主题。美国学者加里·约翰·布乔治指出:"作品《母亲》,是一部描写她的母亲在腐朽的清朝末年为争取受文化教育和独立生活而斗争的长篇小说。这部著作在实质上是进步的,也与丁玲继续为男女平等而斗争的时代相切合。当然作品并没有体现出共产主义革命运动的思想。"④日本学者尾坂德司也认为:"《母亲》使人感到是一部一位母亲的奋斗史,而没有怎样写革

---

① 丁玲:《母亲》,《丁玲全集》第1卷,第150页。
② 钱谦吾:《丁玲的〈母亲〉》,袁良骏编《丁玲研究资料》,第261页。
③ 丁玲:《致〈大陆新闻〉编者》,《丁玲全集》第12卷,第8页。
④ [美]加里·约翰·布乔治:《丁玲的早期生活与文学创作》,孙瑞珍、王中忱编《丁玲研究在国外》,第139页。

命。"①《母亲》这样的"非革命"的主题取向,与丁玲转折前的创作保持了一致。在早期创作中,丁玲"关心的仍然是个人的性格,她的小说焦点是个人的出路和人与人之间的关系,而不是政治的,经济的或社会的问题"②。《母亲》所探索的显然是辛亥时代的女性的出路(即"要替自己打出一条路来")问题,而没有从政治、经济等角度来探索社会革命问题。

如果说丁玲在长篇小说《母亲》中,通过对"非革命"、"非现实"题材的写实,注入并讴歌了个性思想的话,那么,在散文《不算情书》和诗歌《给我爱的》中,丁玲则是在个人情感领域,直接而强烈地显示了其个性主义精神。这一个人情感题材,在那个年代显然是"非革命"的,甚至对"革命"伦理会有所损毁,无疑应属前述左联所要求"抛去"的"身边琐事的"和"小资产智识份子式的""虚伪的题材"。然而,丁玲却继续涉足这一题材领域,并在这一题材领域以自己的大胆和赤诚,发出了"令人惊讶的发自灵魂的呼喊",极其强烈地表达了"对唯一'让我的心燃烧'的男子的倾慕之情",③表现了自我对个体价值(如自由、情感、欲望、"爱"……)的积极坚守和热切追求。

《不算情书》是丁玲在胡也频牺牲后,于1931年8月至1932年1月间写给冯雪峰的一组信件。1927年12月,已经发表了《梦珂》的丁玲,萌生了去日本留学的想法。经人介绍,丁玲请共产党员、青年诗人冯雪峰来教自己学习日文。很快,丁玲对冯雪峰产生了热烈的恋情。用丁玲

---

① [日]尾坂德司:《丁玲三、四十年代的文学活动》,孙瑞珍、王中忱编《丁玲研究在国外》,第224~225页。

② [美]加里·约翰·布乔治:《丁玲的早期生活与文学创作》,孙瑞珍、王中忱编《丁玲研究在国外》,第108页。

③ [美]梅仪慈评《不算情书》语,见梅仪慈《不断变化的文艺与生活的关系》,袁良骏编《丁玲研究资料》,第574页。

的话说，就是："随即我就有了一个'伟大的罗曼史'"；在她看来，"在我一生之中，这是我第一次爱上的人"。稍后，虽然丁玲比较理智地处理了与胡也频、冯雪峰的关系，但是，她仍然对冯雪峰表白："虽然我们不能共同生活，我们的心是分不开的"。参加左联后，丁玲声称"那个罗曼史在我是结束了"①，但是，在这组信件中，她仍然一如既往地对"你"（指冯雪峰）正面表达了她的"情感"至上的价值观。她写道："我常常想你，我常常感到不够，在和也频的许多接吻中，我常常想着要有一个是你的就好了……"在诸如此类的赤裸、越轨的自白中，丁玲表现出了对社会道德和"革命"伦理的大胆的漠视——在这种"漠视"里，所显示出来的正是"情感"至上的价值取向。

　　与这种价值观相联系，丁玲对"欲望"还进行了正面书写。她坦言，在过往的历史上，"我真正地只追过一个男人，只有这个男人燃烧过我的心，使我起过一些狂炽的欲念"，这个男人就是"你"；虽然"我已经是比较有理性有克制的人，然而我对你还是有欲望"。丁玲对"情感"、"欲望"的肯定，是基于其对个性价值的确信。《不算情书》之所以"没有一点肉麻和卑污的感觉"②，是因为它所鼓吹的"情感"、"欲望"等，联系着人的精神和本质以及"自由与解放的问题"。这正如日本学者中岛碧所说，"她在《不算情书》里也毫不顾忌地写出了'我'心中浮现的'性'的念头，……'我'对于'你'的思念总不能与激烈的官能欲求分离开来。现实社会的道德观肯定要排除'我'的这种思念，但从人的本质来看，不一定'我'的思念就是不对的。"③

---

① ［美］尼姆·威尔斯：《续西行漫记》，第 260、261 页。

② 司马长风：《中国新文学史》，袁良骏编《丁玲研究资料》，第 518 页。

③ ［日］中岛碧：《丁玲论》，袁良骏编《丁玲研究资料》，第 531 页。

　　与《不算情书》相比，作于同期的诗歌《给我爱的》掺入了"信仰"问题（"只有一种信仰，固定着我们大家的心"），使"你"（应是《不算情书》中的同一个"你"）、"我"志同而道合。这一理智上的"同志"关系，不但没有抑制两人之间的情感，相反，倒是因为有这一关系作基础，"我"对"你"的"爱"显得更加自信，"你"、"我"之间无须介意、无须倾吐，更显得心心相印：对"我的眼睛或是我的心"，"你是那么不介意的"；而"我""有什么眼睛，有什么心，/纵有机会，我也没有什么要向你倾吐了"——"因为这在我们，的确是不值个什么的了"。

　　《不算情书》、《给我爱的》这两篇作品，是 1931 年夏丁玲在写作《田家冲》、《水》等左翼文学经典文本的同时写下的。丁玲将《给我爱的》发表在由自己主编的《北斗》创刊号上，表现了对有"信仰"基础的男女之"爱"的自信。《不算情书》则是在丁玲被捕后由朋友在丁玲存稿中择出发表的，那时距丁玲初写此作已有两年。丁玲在被捕前没有主动发表这篇作品，可能是因为不愿意向世人披露自己的这段感情，也可能是因为她感觉到了自己的这种价值取向与"革命"伦理的冲突。但是，不管真正的原因何在，只要丁玲能够写出这样的作品、能够发出这种"发自灵魂的呼喊"，就足以说明她在男女私情问题上对个体价值的坚信和坚守。

　　综上，左联时期丁玲的思想、创作在发生结构性转折的同时，对以"自由"为核心的"个性思想"仍然有所持守；当"革命意识"成为其最自觉的显意识时，以"自由"为核心的"个性思想"这一在丁玲原有思想—创作结构中具有原发意义的思想因素仍然顽强地存在着。这就造成了其思想—创作结构中"革命意识"与"个性思想"的"二项并立"。这种"二项并立"现象的出现造成了这一时期丁玲思想与创作的全部的复杂性，并且对她以后数十年的创作产生了深远的影响。

　　左联时期，"五四"的"个性主义"作为一种没落的阶级意识遭到了质疑和批判。瞿秋白在 1932 年 5 月所作的一篇文章中,就将"五四"的"个人主义"判给了资产阶级,称为"资产阶级的个人主义",是无产阶级必须批判、"反对"的"腐化的意识"。① 丁玲在显意识层面对"个人主义"所持的态度与瞿秋白相当一致,她在《一九三〇年春上海(之一)》中也曾借若泉之口对"个人主义"及其文学作出了否定。② 但是,"个性主义"作为一种在其早期创作中曾经"一项单立"的思想基因,毕竟不是能够在瞬间就彻底铲除的。丁玲在 1931 年所作的具有很大写实成分的《莎菲日记第二部》中写道:自己"没有一点感伤和留恋"地告别过去,"多么痛快,多么轻捷的我便跳到现在的地步了";同时又承认,"也许我还遗留得有过去的成份,是我自己看不清,而常常要在不觉之中,反映出那种意识来的"。在丁玲这样一个决心整个向左转的作家那里,"个性主义"这一"过去的成份"居然还顽强地"遗留"了下来,这一方面固然说明了思想转变的长期性和复杂性,另一方面则显示出了"五四"个性主义思想传统在特殊历史语境中所具有的顽强生命力。

---

① 瞿秋白:《"五四"和新的文化革命》,《瞿秋白文集》第 3 卷,人民文学出版社 1998 年版,第 23 页。

② 作家若泉在剖析个性主义文学弊病时说:"我们只做了一桩害人的事,我们将这些青年拖到我们的旧路上来了。一些感伤主义,个人主义,没有出路的牢骚和悲哀! ……这于他们有什么益? 这于社会有什么益?"见《丁玲全集》第 3 卷,第 269~270 页。

| 第七章 "意外"与《意外集》|

　　1933 年 5 月 14 日,一场巨大的灾难降临,丁玲在上海公共租界虹口昆山花园路 7 号住处被国民党特务绑架了。"事情"似乎"出乎意外"①,但又在情理之中。在思想上、行动上(包括创作上)"积极左倾"的丁玲早就引起了国民党特务的关注和忌恨。1984 年 6 月 24 日,全国政协委员沈醉在给丁玲的信中说,丁玲在上海进行革命活动时,由他任组长的"军统上海特区法租界组"就对她进行了监视、跟踪,并每周都要向他汇报一次情况。② 在此之前,国民党特务曾两次到《大陆新闻》和湖风书局去抓她,一次她不在,另一次又得煮饭工人保护,她得以幸免。③ 但这一次丁玲却难逃被捕之厄运了。

---

①　丁玲:《〈意外集〉自序》,《丁玲全集》第 9 卷,第 24 页。

②　见王增如、李向东编著:《丁玲年谱长编》(上卷),第 88 页。

③　见丁玲:《关于左联的片段回忆》,《丁玲全集》第 10 卷,第 242 页。

那天上午,丁玲要去正风文学院参加一个文学小组的活动,时任中共江苏省委《真话报》负责人的冯达要去看该报的两个通讯员。他们出门前约定,十二点以前一定回家,到时如有一人未回,则另一人立即离家,并设法通知组织和有关同志。十一点半时,丁玲回到家里,未见冯达。她感觉不对,便去清理东西,准备离开。这时,《真话报》总编辑潘梓年正好来访,丁玲向他告知相关情况后又觉得不便再催。就在这时,楼梯上响起杂乱的脚步声。国民党中统特务马绍武带人闯了进来。又过了一会儿,冯达也进了门。他先是非常诧异,接着又现出呆若木鸡的神态。稍后,丁玲和潘梓年被特务们强行推上汽车带走。在丁、潘被捕几个小时后,中共江苏省委宣传部部长、作家应修人前来造访,在与守候在那里的特务的搏斗中坠楼牺牲。

逮捕丁、潘是在租界秘密进行的。事后,国民党当局既不敢声张,新闻界也无法及时得知确切消息。三天以后,英文报纸《大美晚报》发表《丁玲女士失踪》一文,"详细叙述了国民党特务在公共租界秘密绑架丁、潘和丁九因拒捕在屋顶阳台上失足坠楼而死的经过"①。随后,国内多家报纸也纷纷刊载了丁玲失踪的消息。上海党组织和左联随即展开积极的营救。5月23日,蔡元培、杨杏佛、胡愈之等三十八人联名向当局发出营救丁、潘电文。6月,文化界成立丁玲、潘梓年营救会,刊发了《文化界营救丁潘宣言》;《中国左翼作家联盟为丁潘被捕反对国民党白色恐怖宣言》也公开发表。在此期间,中国民权保障同盟主席宋庆龄致电南京政府行政院长汪精卫,要求援救丁、潘;在国外,巴比塞、罗曼·罗兰等著名作家也发出了抗议和援救的呼声。

国内外进步人士的大力援救,虽然给国民党当局造成了一定的压

---

① 楼适夷:《记湖畔诗人应修人》,《东海》1979年第2期。

力,但是,正如鲁迅所说:"丁事的抗议,是不中用的,当局那里会分心于抗议。"①因此,丁玲最终仍然没有被营救出来。5 月 15 日,她与冯达被押解至南京。从那时开始至 1936 年 9 月,其间除 1933 年下半年被解往莫干山关押近三个月外,他们都是在南京度过的。起先,被关在由特务看守的王公馆和特务曹功锦家,从 1934 年 4 月起,先后在明瓦廊、螺丝转弯、中山大街、城北等地居住,最后于 1936 年春迁至中山门外苜蓿园44 号。在这三年多的幽囚岁月里,丁玲与当局展开了斗争。她拒绝了叛徒顾顺章和汪盛荻的劝降、中统特务头子徐恩曾的诱降以及国民党中央宣传部长张道藩写作剧本的邀约。为了"想尽办法争取保持清白,活着出去",她写了一张大意为"因误会被捕,生活蒙受优待,出去后居家养母"的条子。②(她当时没有想到,就是这张条子后来在政治生活中给她带来了太多的磨难。)

  1934 年 10 月,女儿蒋祖慧出生。从那时起,丁玲形式上离开了国民党软禁的机关,行动较前一时期自由,"国民党也没有派人再来这里骚扰我"③。在有了可以上街行走的"自由"后,她一直没有放弃寻找组织的努力。1935 年 5 月,她曾经在南京"三会张天翼"。张天翼告诉了她左联一些同人的去处,但因对其近况缺乏了解,出于审慎,他表现得很冷淡,没有与之深谈。一年后,丁玲悄然赴北平,向原桃源二师同学杨代诚(王一知)表达了去陕北的愿望;又在李达夫人王会悟帮助下,得见中国大学曹靖华教授,向他表达了找党组织的迫切心情,并恳请其致函鲁迅代为求助。1936 年 6、7 月间,受冯雪峰委派,张天翼来到苜蓿园,给丁

---

① 鲁迅:《致王志之》(1933 年 6 月 26 日),《鲁迅全集》第 12 卷,第 190 页。
② 丁玲:《魍魉世界——南京囚居回忆》,《丁玲全集》第 10 卷,第 39 页。
③ 丁玲:《魍魉世界——南京囚居回忆》,《丁玲全集》第 10 卷,第 64 页。

玲带来了冯雪峰的一张纸条:"知你急于归来,现派张天翼来接,你可与他商量。"三天后,丁玲来到了阔别三年的上海。与冯雪峰见面时,她提出了去陕北的要求。数日后,冯雪峰向她转告潘汉年的指示,因陕北交通断了,让她先回南京,设法争取公开来上海做救亡工作。在上海勾留两周后,丁玲只得返回南京。9月中旬,丁玲离开南京再次去上海。行前,她把剩下的十几块钱留给与自己一起生活了将近五年的冯达。丁玲走后,冯达回到广东,另组了家庭。1938年,丁玲率西战团在西安工作时,还收到冯达从广州寄到西安八路军办事处转给她的一封信,但丁玲没有作复。

到上海后,在冯雪峰等人的精心安排下,丁玲的陕北之旅终于成行。9月30日,她在聂绀弩的护送下,乔装登上了上海赴西安的列车。她终于彻底摆脱了国民党特务的魔爪,"无所牵挂地奔向苏区"了[①]。她在1939年所作的一篇文章里,称"这次出走是生平第一愉快的事,人变得非常和气,精神又好",一路上与聂绀弩"什么话都谈"。[②] 其复得自由的喜悦之情,于此可见一斑。

在三年多的幽囚岁月里,正值创作盛年的丁玲因环境恶劣、心境灰暗而搁笔多时,以至于鲁迅对她作为作家的创作前途都感到相当忧虑、失望。斯诺在《鲁迅同斯诺谈话整理稿》中写道:"丁玲是左翼作家,可是自她被捕、与冯达(原是左翼作家,后来成了叛徒)结婚以后,鲁迅认为她完了。"[③]直至1936年春天以后,丁玲才在朋友的"友好的督促"下,"在这极不安和极焦躁中勉强写了一些"[④],计小说四篇、报告文学一篇,稍后

---

① 丁玲:《魍魉世界——南京囚居回忆》,《丁玲全集》第10卷,第100页。

② 丁玲:《我怎样来陕北的》,《丁玲全集》第5卷,第125~126页。

③ [美]斯诺整理:《鲁迅同斯诺谈话整理稿》,《新文学史料》1987年第3期。

④ 丁玲:《〈意外集〉自序》,《丁玲全集》第9卷,第24、25页。

辑为《意外集》，作为《良友文学丛书》之一种，于 1936 年 11 月由上海良
友图书印刷公司初版。这是丁玲在此间创作、出版的唯一的集子（该集
还附录了被囚禁前所作《莎菲日记第二部》《不算情书》和《杨妈的日
记》，上一章已经论及，在此不论）。

　　对这部在特殊境况中写出的集子，丁玲多次表示过不满。在 1936
年 10 月赴陕北途中经过西安时所作"自序"中，她写道："这不是一个好
的收获，却无疑的只是一点意外的渣滓"；四十多年后在给友人的信中，
她又说，它"完全是为了稿费勉强凑成的。……我对于那几篇文章没有
什么感情"。① 丁玲对《意外集》的如此评价，显然凝聚着她对这段"意
外"经历的挥之不去的创痛记忆。而创作时心境的焦躁烦闷，事实上也
使她难有余裕对作品进行精致打磨，因而它们也远不能称为佳作巨构。
但是，这并不等于说《意外集》果然就是"渣滓"，因而毫无价值可言。陈
明在《〈意外集〉自序校后注》中曾经指出："限于当时的处境，《意外集》中
的各篇可能都不是佳作。但在那特殊情况下，作者在这些作品中流露的
思想、感情都是值得深挖，并和她前后的作品相联系、比较，这也是研究
丁玲作品、创作道路的一个方面。"在丁玲创作道路从左联前期向陕北前
期演变过程中，《意外集》确实有其特殊意义。深入分析作者在这些作品
中流露的思想、感情，可以发现，它在较大程度上对其左联前期以《水》为
代表的创作路子作出了调整，同时开启了陕北前期个性化创作的先河。

　　一般以为，《意外集》延续的是其左联前期以小说《水》《奔》等为代
表的创作路子。作者晚年在回忆中止创作多年后重新握笔的缘由时说
道：看到"一二·九"运动的消息后，"我努力振作起来，拿起搁置了两年
多几乎生了锈的笔，我沿着自己的创作路子，用心用意，写了《松子》，接

――――――――――

① 丁玲：《致赵家璧》（1980 年 1 月 27 日），《丁玲全集》第 12 卷，第 137 页。

着是《一月二十三日》、《团聚》等"①;又说:《松子》、《团聚》等篇"对当时的凋零破落的旧中国还是有所揭发的,还是沿着小说《奔》的道路前进的"②。而研究者也应和了丁玲的"沿着自己的创作路子"这一说法,认为:"《意外集》里的作品,暴露旧中国的社会黑暗,描写工农大众的苦难生活和反抗情绪,在思想和艺术上,同《水》以后的作品是相一致的,是作家在'意外'的环境中,沿着《水》的方向前行的足迹。"③

事实上,《意外集》的创作对其左联前期以《水》为代表的创作路子作出了很大的调整,并不是"沿着《水》的方向前行"的"一脉相承的后续之作"。从《意外集》所写题材来看,倒是与以《水》、《奔》等为代表的左联前期创作相类同,所涉及的大体是时世的动荡、经济的破产和下层民众的苦难等等,但是,由于个人化思考的灌注,其思想基调与之大相径庭。它以"人"为视点,对"人类生存的具体存在现象"(尤其是艰难时世中的"小人物"的生存困境和悲惨命运)给予了极大的关注,表现出相当鲜明的人道倾向。这一思想基调使《意外集》在整个左翼文学的话语场中呈现出相当明显的个人化写作的色彩。

如前所述,丁玲以《水》、《奔》为代表的左联前期的"政治化"作品,均是有鲜明的"目的意识"和革命功利性的。它们虽然也写苦难,但这种苦难书写却不是终极性的,而是指向阶级斗争的宣传的,是为鼓吹革命服务的。也就是说,作者的主要兴趣和关注的重点并不在工农作为"人"的生存状态上,而在传达意识形态说教上。这就使苦难书写成了传达意识形态说教的工具,从而失去了其自足的意义。夏志清也曾指出:"《水》所

---

① 丁玲:《魍魉世界——南京囚居回忆》,《丁玲全集》第 10 卷,第 75 页。

② 丁玲:《致赵家璧》(1980 年 1 月 27 日),《丁玲全集》第 12 卷,第 138 页。

③ 王中忱、尚侠:《丁玲生活和文学的道路》,吉林人民出版社 1982 年版,第 108 页。

暴露的情形并没有什么不对的地方。中国的农民经常遭受天灾而得不到有钱人及政府的救济。这个故事的主题具有重大的人性意义,如果处理恰当,不管作者的观点如何,这个故事应该能成为一个动人的悲剧",但是,由于作者的重点落在意识形态的宣传上,致使她"对人类生存的具体存在现象,不能发生很大的兴趣"。① 丁玲这类"政治化"小说创作倾向的形成,受到三十年代初期兴起的"新写实主义"创作方法的影响。在1929和1930年间提出的"新写实主义",强调意识的集团化和感情的社会化,要求普罗作家一定首先获得明确的阶级观点,用普罗"前卫"的眼光去观察、描写世界,反映阶级斗争的主题,要"有目的意识,即有教训的目的";而如果"单描写无产者对有产者的怨恨和反对"、"专描写无产者生活的悲惨、痛苦"、"专门暴露社会的丑恶"等不能算是新写实派。② 在转向发生的初期,她的《韦护》、《一九三〇年春上海》等篇通过在"革命加爱情"的模式中凸现个人权利,在"转折"中仍然表现出对"个性思想"的持守,因而"目的意识"仍然不算显豁。而经过《田家冲》的过渡,到了《水》,她的"目的意识"得到了极大的强化。她"从社会批判的角度描写了1931年实际发生的特大水灾给乡村造成的苦难",表现"难民觉醒,具备了新的自我意识",因而是"她朝'新现实主义'的转向"。③

　　与《水》、《奔》等作品相比,《意外集》则发生了新的逆转:在创作方法上,它从强调革命功利性的"新现实主义"回归描写"小人物"悲惨、痛苦的"五四"现实主义传统;在思想基调上,则从"目的意识"回归"五四"文学的"人道倾向"。小说《松子》是丁玲沉寂数年后的开篇之作,以对同名

---

① [美]夏志清:《中国现代小说史》,第193～194页。

② 马良春、张大明:《中国现代文学思潮史》,北京十月文艺出版社1995年版,第667页。

③ [德]顾彬:《二十世纪中国文学史》,华东师范大学出版社2008年版,第133页。

主人公惨淡际遇的书写,相当强烈地表现了作者的人道情怀。作品中的松子出生于农村,父母本以租种田主的土地为生;后来,因为"一年涨水,一年天旱,田主到远方去了",他便随着他的父母来到都城近郊成了"流丐"。在对松子生活经历的书写中,作者凸现了生活强加给他的重压和生活施与他的不公。在农村老家,父母去地里劳作时,他小小年纪就"成了这家之主":既要在家做饭、照顾弟妹,又要捡柴拾粪、替人家看牛。而流入都市以后,他在生活的威压下只得去拾荒、乞讨甚至偷盗。因他一时疏忽,致使弟弟被载重汽车碾死,他被父亲狠狠打了一顿,"两天都爬不起来"。生活施与他的不公,不但表现为这种由生活的重压所导致的亲情的泯灭,更突出地表现在他的"饥饿"上。丁玲以松子"偷瓜"作为贯穿全篇的线索,已然透露出了对他这一处在生理层面上的生存困境的认知;而作品所描写的"饥饿"—"偷瓜"—"复归饥饿"的情节过程则充分展示了小人物的末路和困窘。暮色降临时,松子"时时将舌头伸出,猫样的舔着嘴,饿狼似的两颗眼睛,骨碌骨碌地望到太阳下去的那一方"。篇首对松子准备去近村关帝庙的瓜地偷瓜时这一如"猫"似"狼"般情状的描绘,正显示出其最低生理需要不能满足的困境。为了寻找食物以缓解这一困境,松子甩下妹妹溜到了瓜田边,却发现会"使用那一对老拳"的老道人正看着瓜地。他很害怕,想放弃这里到别处去,但是,"那瓜,圆的,有着红肉,一掐就溢着甜汁的瓜却把他钉着"。强烈的饥饿感和对食物的渴望使他战胜了被揍的恐惧。在老道人踱进庙里去以后,他蹲到瓜地上,伏在一个大的母瓜上。那时,"一阵清香迷满了他的嗅觉",于是,他"嘴唇上挂着很长的口水,眼睛里放着火样的光","他的手在打抖,全身也在抖"。在食物面前,松子在生理上产生了即将战胜饥饿的巨大的满足感。但是,那打铁的黑小子的出现,既使他受到身体上的侮弄,又使他战胜饥饿的愿望终成泡影。更为不堪的是,当他回到住处附近时,他发现被他甩下的妹妹竟被狼吃掉了。松子战胜饥饿的愿望既未得到满足，反而加剧了亲情的消泯。父母的哭骂，使他有"家"不能回，惘惘然成了丧家之犬。作品最后写道："他悄然转过身，没入黑暗里了，那无止境的黑暗里去了"。这是写实，同时也是象征：它寓示着松子因生理上和精神上的双重困境而陷入了万劫不复的黑暗。天地不仁，以万物为刍狗。这就是生活施与他的最大的不公。总之，在《松子》中，丁玲通过对生活强加给人物的重压和生活施与他的不公之对比性描写中，强烈地表现出了悲天悯人的人道情怀。

如果说丁玲的人道倾向在《松子》中是通过聚焦于一个"点"（即"松子"这一个体的惨淡际遇）表现出来的话，那么，在嗣后所作的报告文学《八月生活》和小说《一月二十三日》中，则通过对某些"面"（即某些群体的生活困境）的勾画得到了展示。前者以第一人称和报告文学文体，叙写了印刷所里八个学徒从夏至冬八个月的艰辛生活：他们住在古祠潮湿的大厅里，只能"睡在牛皮纸上边"，而与老鼠、壁虎、蜈蚣、蜘蛛为伍；他们食不果腹，却要整天干着化胶、运锌版、搬纸张等重体力活。他们之令人同情，还不仅仅在于其住宿环境恶劣、工作超强度、薪水甚薄及遭师傅们叱骂等，更在于即便是如此的生活也到了难以维持的地步。八个月后，印刷所倒闭关门，他们失业了。作品最后写道："这八个月结束了，这我们曾诅咒过的八个月！但假如我们都还没有找到另外的地方，而流浪在街头的时候，这八个月又该是如何可羡慕的呢！"在他们看来，这八个月自然是该诅咒的，但同时又是"可羡慕的"。原因就在于：如果说当初他们是当牛做马的话，那么，现在他们则是欲当牛马而不得了。丁玲通过对他们这一独特心理的分析，写出了经济衰退时代小人物的可悲命运，并为之发出了一声沉重的叹息。

后者在内容上承接前者，具体地写出了人们失业后的生活困境。作者自陈:该作"算是一个摄影镜头,东照照,西照照,中心点呢,没有"①。确如作者所言,全篇因缺乏一条贯穿始终的中心线索,致使作品在结构上显得相当松散。但是,它仍然有一定的结构性。其结构性的取得,除了凭借显层次上的"一月二十三日"这一日子的绾结外,主要来自于深层次上的作者人道情怀的统摄。雨雪交加、没有阳光的冬日,"几十个小芦席棚错错落落的全躲在雪里,低地的遮遮掩掩露出一部分褴褛的脸相";而住在这城郊荒岗茅棚里的难民们也都被寒冷、饥饿、失业和疾病困扰着。作者以散文化的笔触描绘了棚户社会一幅幅惨不忍睹的生活图景:汤家的汤老二失业数月,只能靠女人们洗洗浆浆和替人倒马桶勉强糊口,如今又发着高烧病卧在床;靠卖唱为生的宋大娘因小妞子被公馆放出的大狗咬伤而不能出去卖唱,只得在家里凄凉地唱起"十二月里来风雪永无边";多少人家,男人因失业在家,"每天不得不苦痛地打发妻小上路求乞讨食",而"含着希望"等着她们带一点夹着菜汤的剩饭回家。其中,境遇最为凄惨的大约要算邱家了:媳妇产前有过光明的梦幻,但在婴儿落地之后却变为无望了。因为后天失于调摄,没有营养,也没有温暖,婴儿终于凄然死去。祖父和父亲给他钉上棺盖时,祖母和母亲在一边"发狂地叫着喊着"。"一月二十三日"本是个赈济的日子。据说,郭老爷要派人送衣服,王老爷也答应送钱来。起初,这些生活在不幸中的人们还在期待着,但最终一切都成了泡影,所有期待都转为绝望——"只剩下肆虐的风雪,霸占住这里的夜"。丁玲以写实笔法通过对棚户阶层失业后的阴郁生活图景的勾画以及对棚户阶层绝望心理的描绘,深沉地表达了自己的同情和悲悯之情。

　　总之,不管是在对"个体"的聚焦中,还是在对"群体"的统摄中,丁玲

---

① 丁玲:《〈意外集〉自序》,《丁玲全集》第9卷,第25页。

所关切的都是"人"的具体的生存境况。日本学者野泽俊敬在分析丁玲此期创作的思想倾向时曾经指出：《松子》、《一月二十三日》等篇"是以日本侵略下的中国农村经济破产为背景的"，但因为丁玲"长期以来只限于了解眼前的现实生活"，所以，在这些作品中，"还不能说与这种社会背景相关联的东西都有机地表现出来了。作者只是即景写出眼前事物的现象，还难于把握席卷这种现象的社会的物力主义"。的确，丁玲在这些作品中并没有深入地把握、分析隐藏在这些生活现象背后的深层的社会原因，但是，这并不等于说丁玲真的对此"难于把握"、真的缺乏这种社会分析的能力——左联前期创作的《水》《奔》等作品就是明证。这说明，她不是不能为，而是不欲为。这恰恰标示了此期丁玲艺术关注点的转移：她所关注的重点不再是以理性化的分析去鼓吹阶级斗争、传达意识形态的说教，而是"人"的生存困境本身。也就是说，书写"人"的苦难、表现自己的"人道情怀"，成了其此期创作的终极目的。从这一角度看，野泽俊敬所说的丁玲"抛弃了左联时代外加的阶级斗争的观点，代之以细致的刻画，以表现悲惨的现实"[①]，倒是相当准确地指出了丁玲创作的这一特点。

在所谓"抛弃左联时代外加的阶级斗争的观点"方面，最有代表性的大概要算短篇小说《陈伯祥》与《团聚》了——它们或者弃置了对人物阶级属性的关注和交代，或者冲破了阶级的屏障而对人物表现出了同情和关怀。如果说上述诸篇在书写"人"的苦难时虽没有立意从阶级论的视镜出发，但其中的人物仍然可以有一个大致的阶层分别（如流民、学徒工、棚户阶层等）的话，那么，在《陈伯祥》中，同名主人公的阶级属性则进一步被模糊了。这导致了在人物身份认知上歧义的发生。如有人以为，

---

① ［日］野泽俊敬：《〈意外集〉的世界》，孙瑞珍、王中忱编《丁玲研究在国外》，第252、246页。

"丁玲塑造了一个国民党特务的形象。……他粗鲁愚蠢,灵魂麻木,是国民党的忠实鹰犬"①;有人却认为,他是一个失业工人,"《陈伯祥》是关于教失业工人学文化的故事"②;而有的学者则干脆只概括了其性格特征,而没有对其具体身份作出说明,指出:"《陈伯祥》里写到的主人公,那样出奇地粗鲁、坦白,毫不懂得羞耻,完全是半封建半殖民地中国社会的特有的产物。"③这些歧义的发生,自然与作者注重以生活横断面的截取去白描勾勒人物复杂性格的方法有关。而作者之所以使用这种方法,说到底还是因为她所关注的是某个具体的"人"而不是其一般的阶级属性。

从其提供的基本信息来看,《团聚》中的主人公陆老爷应该是一个小官僚地主。他曾经为官,家里还有长工、佣人。如果丁玲纯以左联前期"阶级论"的视镜来打量,这样的一个人物完全应该是一个被声讨、被否定的对象;即使他没落了,那也是他自作自受、罪有应得。但是,在这篇作品中,作者却从具体的历史规定性出发,将他作为一个具体的"人"置于"九一八"至"一·二八"前后的动荡时世中,满怀同情地写出了他的坎坷与辛酸:战事发生之前,他原在一个公司里做事;战事发生之后,公司关门大吉,他只能失业回乡,"靠一点祖田拖延着日子"。他晚年的落寞凄凉,不仅在于他的失业和疾病("从去年初秋时候得了一场大病,一直到现在还不能复原"),更在其曾经寄予厚望的子女们的落魄困窘。作品以"团聚"为题,是极富反讽意味的。子女来归的"团聚",原本应该充满团圆的喜庆色彩,岂料却因此又汇聚了陆家的大不幸和陆老爷的大绝

---

① 邹午蓉:《丁玲创作论》,江苏教育出版社 1994 年版,第 101 页。

② [美]加里·约翰·布乔治:《丁玲的早期生活与文学创作》,孙瑞珍、王中忱编《丁玲研究在国外》,第 140 页。

③ 严家炎:《开拓者的艰难跋涉——论丁玲小说的历史贡献》,《文学评论》1987 年第 4 期。

望:有八个多月身孕的大姑娘凤姑回家,是要想法筹措一笔大款把拘留在戒烟所里的丈夫"弄出来";大儿子偕二儿子和小少爷归来时,二儿子旧病复发、精神失常,而两个小少爷则"都像有病";尚在外地的三儿子来信也"决定回去",可说是"团聚"在即,却也是因为失掉了教职。从艺术表现上来看,这自然是不免有些幼稚的。用鲁迅批评新潮社作家创作的话说,就是显得"过于巧合,在一刹时中,在一个人上,会聚集了一切难堪的不幸"①。但是,正是这样有些幼稚的艺术表现,倒是相当突出地展示了作者在打破阶级的屏障后关注"人"的生存困境并寄同情于处在困境中的"人"的人道情怀。

综上,丁玲的《意外集》以"人"为视点,真实描写了"小人物"的生存困境和悲惨命运,强烈地表现出了悲天悯人的人道情怀。这表明,丁玲此期创作在内容上疏离了崇尚"目的意识"和革命功利主义的左翼革命文学思潮,而回归"五四"文学的人道主义精神;在创作方法上,则背离了"新现实主义"的要求,而回归了"五四"文学关注、描写"小人物"具体生存境况和不幸命运的现实主义传统。关于"五四"文学精神,鲁迅在三十年代曾经作过这样经典性的总结:那一时期,"文学革命者的要求是人性的解放"②,因此,"五四"作家关注更多的是"人"、"人"的命运和"人"的生存状态。他们"从人道主义立场思考人生命运",虽然"很少给人以希望",也"难以给人指出改变命运的途径",但是,他们在"反映下层人民的疾苦"时发出的哀鸣之声和所流露的"人道主义的悲悯情感"仍然表现出了"独到的思想深度"。③ 通过上述分析,不难看出,丁玲此期创作在对

---

① 鲁迅:《〈中国新文学大系〉小说二集序》,《鲁迅全集》第6卷,第239页。
② 鲁迅:《〈草鞋脚〉小引》,《鲁迅全集》第6卷,第20页。
③ 朱晓进:《五四文学传统与三十年代文学转型》,《中国社会科学》2009年第6期。

"《水》的方向"的调整中,所继承和弘扬的正是这种"五四"文学精神。夏志清曾经以《水》为例,批评以丁玲为代表的左派作家"由于对马克思主义过于简化的公式的信仰,使他们的头脑陷于抽象的概念,而对人类生存的具体存在现象,不能发生很大的兴趣"。而《意外集》的出现,则表明丁玲已从"抽象的概念"中超拔出来,"对人类生存的具体存在现象"给予了悉心关注,其作品在对一个个生存悲剧的描写中表现出了应有的"人性意义"。

《意外集》对"《水》的方向"的调整,是在具体境遇下作出的一种个性化的抉择。这种个性化抉择的实现,有其现实的和心理的双重机缘。特定的身份(作为被软禁者)和特定的环境(所在为国民党统治中心),自然使之无法继续其宣扬"革命意识"的使命。从这个意义上来说,它的调整可能是出于无奈。但是,这一"使命意识"的无从发挥,倒也使她有可能在被迫疏离左翼革命文学思潮的情况下回归个人立场,传达出与之并不完全合拍的个人意识。不过,这只是可能,并非出于必然。要使这种可能成为实然,还必须依靠其主体性的发现。左联前期政治化写作的惯性在她是如此之大,使之在幽禁的最初几年间处在一种进退失据的状态,其表现和结果便是搁笔多年、一无所作。对此,她在"自序"中说得分明:"我得了一个机会,离开了一切,独居在幽静的居所,时间过去又过去,长长的三年,虽说有绝对的空闲,有更多的材料,但我没有写。我只是思索,简直思索得太多了,变得很烦躁。"本来,有"空闲"又有"材料",对一个创作经验相当丰富的作家来说,简直就是难再的创作机缘。但是,她却没有写,原因就在于她尚没有思考成熟,尚没有确立自我的主体性和自我观照生活的角度。终于,在经过漫长的思索后,她实现了对文学创作的个性化的抉择,在"可写"和"能写"之间找到结合点——她在积累"更多"的社会化"材料"里,疏离了左翼革命文学思潮的共性化的要求,而在"五四"文学传统的影响下,通过彰显自我的人道情怀,在这些材料中灌注了自己对生活的个人化的思考。丁玲这一主体性的发现,其过程是漫长的;而一经确立之后,其创作便进入了不可自控的自由状态。她自陈,其最初发表的小说《松子》,是自己在"忍不住"的状况中给萧乾主编的《大公报》副刊《文艺》而写的,"而且还在预备写下去"。① 事实也正是如此。嗣后,她创作发表的其他几篇作品所沿袭的也均是《松子》的路数。

丁玲对"《水》的方向"的调整,是在现实逼迫下作出的抉择。从这一维度上看,这种选择可能是被动的、无奈的。但是,还应该看到,它也是其自我心理能量释放的需要所致。在这个意义上,这又是她的一种主动选择。在被囚的日子里,她"隔绝着一切",心情处在极度的孤独、压抑之中。自己的不幸、痛苦以及由此产生的创伤性心理体验,使她产生了强烈的心理失衡,积聚起了巨大的心理能量。当这种积郁在心里的能量释放出来时,她必然会从自己的不幸、痛苦出发去关注同样生活在不幸、痛苦中的人们,通过对与自我体验同质的题材的撷取,通过对苦难的书写,使自己的这种创伤性心理体验外化出来。这样,我们就不难理解为什么《意外集》诸篇在精神色调上会显得如此沉郁、如此压抑。外国学者早就注意到,《松子》中的主人公"以他幼小的灵魂来忍受那突如其来的排挤感与孤独感","既没有幻想,也没有幻灭,只有压抑状态下动物般的求生愿望";这种"默默无言的暗淡的精神世界,是丁玲天生的自由的、反抗的灵魂受到压抑的结果",是她"在南京时期,被强制在一种休克状态下那种自我的朴素反映"。② 其实,这种能够真实反映自我心境的沉郁、暗淡的精神色调同样也表现在其他各篇里:如《一月二十三日》中所展示的生

---

① 丁玲:《致叶圣陶》,《丁玲全集》第 12 卷,第 16 页。

② [日]野泽俊敬:《〈意外集〉的世界》,孙瑞珍、王中忱编《丁玲研究在国外》,第 250 页。

活在无边风雪中棚户阶层之绝望、《团聚》结尾处所描写的童言(小贞姑:"我们家又要过年了吧! 真热闹呵!")之反讽、《八月生活》里学徒工对八个月艰辛生活非常态之"羡慕"等。在对描写对象的如此表现中,丁玲不加节制地宣泄了自己内心的阴郁与孤独。这种不加节制的情感宣泄,与冯雪峰所指出的其早期作品对"离社会的,绝望的,个人主义的无政府的倾向"的"任情的反映"是一脉贯通的——二者都表现出了对自我情感、自我体验的忠实。

总之,在现实因素和心理因素的双重作用下,丁玲在创作《意外集》时以"人"为视点,忠实于自我体验,以对"人"的具体的生存境况的关注和自我人道情怀的张扬,对左联前期以《水》为代表的那种"政治化"的创作路子作出了调整。她以"个体"、"思想"(狭义的)和"为人生"为思想立足点,接续了自己从莎菲时期到左联前期那类以"自由"为核心的"个性化"写作的传统,并在将这一思想"向外转"的过程中,实现了由左翼文学的革命功利主义向"五四"人道主义精神的回归和由"新现实主义"向"五四"现实主义传统的回归。在当时左翼文学的话语场中,丁玲以《意外集》发出了自己的异响,表现出了比较鲜明的个人化色彩。自1936年11月抵达陕北至1942年5月延安文艺座谈会召开之前,在为期五年多的陕北前期里,丁玲在小说《夜》、《我在霞村的时候》、《在医院中时》(1942年重庆《文艺阵地》转载时更名为《在医院中》)和散文《"三八"节有感》、《风雨中忆萧红》等作品中,以人性视角、个性立场和批判精神对自我"内心的战斗历史"作出了真实的书写,表现出对自我的忠实和对以个体为本位的"五四"思想立场的忠实(详见第九章)。丁玲陕北前期的个人化写作赓续了《意外集》观照生活的创作思路,或者说,《意外集》开启了陕北前期丁玲个性化创作的先河。这是《意外集》在丁玲文学道路中的重要意义之所在。

| 第八章 "到前线去" |

——陕北前期之一

1936 年 9 月 30 日,在聂绀弩的护送下,丁玲乘火车离开上海,于 10 月初抵达西安,住进一家小旅馆,等候陕北苏区同志前来接应。第二天傍晚,丁玲参加左联的介绍人——潘汉年此时作为苏区派来的代表即来看她。他希望她利用自己的特殊身份和有利条件,到法国去为红军募捐。但丁玲表示:"我却只有一个心愿,我要到我最亲的人那里去,我要母亲,我要投到母亲的怀抱,那就是党中央",因此,"别的什么地方我都不去,我就只要到陕北去,到保安去"。潘汉年很理解她的心境,但也似乎略带惋惜地答应了她。[①] 在党组织的精心安排下,丁玲带着这种急迫的"回家"愿望,于 11 月 1 日从西安启程,历时十余天,终于辗转到达党中央当时的所在地——保安。

从那时起至 1945 年 10 月离开陕北,丁玲在陕北共度过了九年不平

---

① 丁玲:《回忆潘汉年同志》,《丁玲全集》第 6 卷,第 210 页。

凡的岁月。其中,以 1942 年 5 月延安文艺座谈会的召开为界,其陕北时期又可以分为"陕北前期"和"陕北后期"两个阶段。之所以需要作出这样的划分,是因为在这两个阶段里丁玲的思想道路与创作道路都呈现出了不同的风貌和特点。陕北前期,丁玲的生活是"二重"的,她既生活在"政治"里,也生活在"自己"的"内心"里①;这种"二重的生活"使其左联时期所形成的"革命意识"与"个性思想""二项并立"的思想—创作结构仍然延续着。而到陕北后期,"政治"改造了丁玲,她决意"扫除漫不经心,不负责任的自由主义",以"改造自己成为一个真正的无产阶级的战士"②;单一的"革命意识"宣扬和纯政治化写作,终于导致了这一思想—创作结构的彻底倾覆。

本章以丁玲 1936 年 12 月(也就是她到陕北一个月后)所作一篇散文的题目——"到前线去"作为标题,所寓指的是陕北前期丁玲的"政治生活"(其中,前线生活是主要内容之一)。作为第一个从国统区来到陕北的著名左翼作家,丁玲一到保安,就得到了规格很高的政治礼遇。她被安排住进了外交部所在的"保安惟一的那栋房子"里,"外交部部长"(指中央对外联络局局长李克农)为了表示欢迎,请她"吃了三天好饭"。周恩来也请她"到他家里吃了顿饭"。③ 几天后,中共中央宣传部在一个大窑洞里举行了欢迎晚会,毛泽东、周恩来等中央领导亲自参加,气氛热

---

① 丁玲作于 1942 年 4 月的《风雨中忆萧红》一文在分析瞿秋白的思想时,提出了"二重的生活"这样一个重要的概念。文中写道:"昨天我又苦苦地想起秋白,在政治生活中过了那么久,却还不能彻底地变更自己,他那种二重的生活使他在临死时还不能免于有所申诉。"见《丁玲全集》第 5 卷,第 135 页。

② 丁玲:《文艺界对王实味应有的态度及反省》,《丁玲全集》第 7 卷,第 73 页。

③ [美]聂华苓:《林中·炉边·黄昏后——和丁玲一起的时光》,《文汇》1983 年第 9 期。

烈而亲切。这成了丁玲"有生以来,也是一生中最幸福、最光荣的时刻"①。稍后,毛泽东填《临江仙》词一阕,并用军队电报拍发给正在南下三原途中的丁玲。词曰:"壁上红旗飘落照,西风漫卷孤城。保安人物一时新。洞中开宴会,招待出牢人。   纤笔一枝谁与似? 三千毛瑟精兵。阵图开向陇山东。昨天文小姐,今日武将军。"词作描写了欢迎晚会的情景,并对丁玲在战争环境中战斗作用的发挥寄予了很高的期许。

初到陕北的一段时间里,丁玲与毛泽东多有过从。曾经在上海参加过左联、在保安时与丁玲毗邻而居的朱正明,假托美国人"L. Insun"(L. 荫森)之名,于1938年5月在广州新闻研究社出版了《丁玲在西北》一书,其中,这样记述了当时两人交往的情况:毛泽东来到丁玲的住处,不断地吸着香烟,与丁玲"上天下地的乱扯"。他说,他以前读过她的几篇作品,很欣赏她的文笔;她的那篇《不算情书》写得很好。② 当时负责给丁玲打水打饭的"红小鬼"李耀宇,近年也有过这样的回忆:1937年春节,毛泽东亲自上门给丁玲拜年,鼓励她多写文章。③

丁玲确也没有辜负领袖的情谊和期望。在陕北前期,特别是在1939年11月到陕甘宁边区文化协会工作之前,她以"文人"、"战士"的双重身份,活跃在"文"、"武"两条战线上,为苏区文艺运动的开展和文艺社会功能的实现,发挥了自己的积极作用。曾经参加过左联并担任过左联党团书记的经历,使丁玲对文艺组织、文艺团体的巨大作用有着很清晰的认知和深刻的体会。为了推动苏区的文艺运动,她在那场欢迎晚会

---

① 丁玲:《序〈到前线去〉》,《丁玲全集》第9卷,第101页。
② 转引自齐鹏飞、张卜京:《中国现代知识分子命运变化的轨迹(一)毛泽东与丁玲》,《贵州文史丛刊》第4期,1990年1月。
③ 李耀宇口述、李东平整理:《毛泽东给丁玲拜年》,《老年教育(长者家园)》2011年第3期。

之后,旋即向有关部门建议成立文艺俱乐部,得到了有关部门和中央领导的大力支持。

　　1936 年 11 月 15 日,她召集座谈会,与伍修权、徐特立、成仿吾、李伯钊等三十四人共同发起成立"文艺工作者协会",目的是"在抗日民族统一战线目标下,共同推动新的文艺工作,结成统一战线中新的战斗力量",使"新的文学成为一支号筒,成为战斗的力量"①。22 日,成立大会在保安举行。"八时刚过,人已挤满,洛甫、博古、徐特立、林伯渠、吴亮平等都来了,九时左右,毛泽东同志也到会,给与会者极大鼓舞。"②会议通过毛泽东的提议,将"文艺工作者协会"更名为"中国文艺协会"(简称"文协")。这是苏区最早的有组织、有领导的文艺团体。毛泽东在致辞中对"文协"的成立给予很高评价,指出:"中国苏维埃成立已很久,已做了许多伟大惊人的事业,但在文艺创作方面,我们干的很少。今天这个中国文艺协会的成立,这是近十年来苏维埃运动的创举,过去我们是有很多同志爱好文艺,但我们没有组织起来……就是说过去我们都是干武的。现在我们不但要武的,我们也要文的了,我们要文武双全。"③第二天,在第一次干事会上,丁玲被推选为主任,并决定在《红色中华》上出版《红中副刊》(1937 年 1 月更名为《新中华副刊》),以此作为"文协"的阵地。丁玲不但在这个副刊上发表了多篇作品,而且还亲自担任了编辑工作,为"文协"工作的开展作出了自己的贡献。

　　丁玲发起成立这个协会的初衷,是要以组织的方式来充分发挥文艺的战斗作用。对此,她稍后在给《红中副刊》写的一篇编后记中说得很明

---

① 《文艺工作者协会缘起》,《红色中华》1936 年 11 月 22 日。

② 单演义:《陕北解放区前期的文艺运动纪要》,《中国现代文学研究丛刊》1980 年第 4 期。

③ 《毛主席讲演略词》,《红色中华·红中副刊》第 1 期,1936 年 11 月 30 日。

白:"战斗的时候,要枪炮,要子弹,要各种各样的东西,要这些战斗的工具,用这些工具去摧毁敌人;但我们还不应忘记使用另一样武器,那帮助着冲锋侧击和包抄的一枝笔。"①她之所以看重这"一枝笔"(它所隐喻的自然不全是文学,但显然包括了文学),是因为它能够成为"摧毁敌人"的"另一样武器";从实现"摧毁敌人"的目的而言,它虽然不能与"枪炮"、"子弹"等"战斗的工具"相提并论(只能起到"帮助着"的作用),但是,它也是不可或缺的(因而"我们还不应忘记")。可见,她对文学的看重,并非缘自文学的无功利的审美属性,而是其功利性,是因为它能发挥其战斗性。同样出于这样"战斗"的目的,1937 年初到达党中央的新驻地延安后,她参加了大型革命回忆录《长征记》的编选工作,以期通过对这一段革命历史的回顾,来鼓舞革命斗志。她和徐梦秋、成仿吾一起,从两万五千里长征征文活动的大量来稿中遴选出一百篇。他们"失去了睡眠,日夜整理着","从长征出发前编起,一直到胜利抵达陕北",反映了"铁的洪流冲破了几十万敌人的围追堵截"的全过程。②

这一时期,丁玲既置身于文艺战线的"前线",又活跃于对敌斗争的前线。刚到保安,毛泽东问丁玲想做什么,她说想当红军。毛泽东说:"好呀! 还赶得上,可能还有最后一仗。"于是,在"文协"成立后的第二天,她便跟着杨尚昆领导的前方总政治部北上,"到前线去"了。从保安至定边绍沟沿,行程约五百里,丁玲他们在路上"走了八天"。③ 西安事变以后,她又随红军主力南下,于 1937 年 1 月 10 日抵达三原。在此期间,她结识了彭德怀、任弼时、贺龙、左权、王震等一批红军高级将领。那

---

① 丁玲:《刊尾随笔》,《丁玲全集》第 9 卷,第 26 页。
② 丁玲:《文艺在苏区》,《丁玲全集》第 7 卷,第 20 页。
③ 丁玲:《到前线去》,《丁玲全集》第 5 卷,第 38 页。

时,史沫特莱也在三原,任弼时要丁玲陪她同去延安。"虽然离开前方我不愿意,但陪她,能同她一道走却是我乐于从命的"①。于是,丁玲为时一个多月的第一次前线生活就结束了。2月,丁玲到延安后,中央书记处书记张闻天建议她找一所住处安心著述,但丁玲又向毛泽东提出"当红军"的要求。毛泽东亲自致信后方总政治部主任罗荣桓,任命丁玲为中央警卫团政治部副主任。丁玲在那里工作了一个月,分管后勤和文化娱乐等方面的工作,因"什么也没有做,什么也不会做,也做不好"②,于4月间获准辞职。

丁玲两度从军,时间既短,成效也不彰显。第一次从军,与其说是"从军",倒不如说是文人的前线采访;第二次从军,也更像是文人的"挂职锻炼"。因此,她自己说,她"真正当兵是在一九三七年秋天到三八年秋天的一年多时间里"。在此期间,她出任八路军西北战地服务团(简称"西战团")团长。该团是中央军委委托中宣部组建的,团员三十人左右,以抗日军政大学二期学员为主。它"是一个半军事化的、以宣传为主要任务的团体",其主要任务之一是"以戏剧、音乐、讲演、标语、漫画、口号各种方式向抗日战士及群众做大规模之宣传,使能彻底明了民族革命战争之意义与目标"③。它于1937年8月12日在延安成立后,中央领导毛泽东、李富春、凯丰等人亲自授课,为之作"政治上的准备",同时,该团创作排练文艺节目等,以此作"工作的准备"。

1937年9月22日,经过一个多月的准备后,丁玲率领西战团从延安出发,于10月1日东渡黄河,徒步开赴山西抗日前线。10月上旬,西战

① 丁玲:《她更是一个文学作家——怀念史沫特莱同志》,《丁玲全集》第6卷,第81页。
② 丁玲:《序〈到前线去〉》,《丁玲全集》第9卷,第103页。
③ 丁玲:《第一次大会》,《丁玲全集》第5卷,第49页。

团在蒲县县城内的娘娘庙的戏台上进行抗日宣传。那天,丁玲"剪发头上戴一顶灰军帽,穿一身灰军装,腰里扎一条宽皮带,腿上打着绑腿,脚上穿着草鞋","披着一件从战场上缴获来的日本黄呢军大衣"。她的这一"英姿飒爽,威武精悍"的战士形象,给当时年仅十五岁的西戎留下了深刻印象,而她"那有声有色充满感情"的抗日讲演,在西戎"幼小的心灵里,播下了革命的种子,思想上受到了启蒙"。① 稍后,在近五个月的时间里,西战团辗转于临汾、太原、榆次、太谷、和顺、沁源、洪洞、运城等地,行程数千里,演出百余场,宣传抗日救国,慰问爱国将士。八路军首长朱德、彭德怀和友军卫立煌将军等均观看过他们的演出。1938 年 3 月,因山西战事吃紧,西战团撤离至西安。从那时开始到 7 月,西战团在西安还举行了三次公演。

在领导西战团活动期间,丁玲同时战斗在文艺"前线"和抗日前线。1937 年 8 月 15 日,在延安各界欢送西战团的晚会上,毛泽东在致词中指出:"你们要用你们的笔,用你们的口与日本打仗,军队用枪与日本打。我们要从文的方面,武的方面夹攻日本帝国主义。"② 在私下场合,毛泽东对丁玲也说过:"这个工作重要,对你也很好,到前方去可以接近部队,接近群众,宣传党的政策,扩大党的影响。"③ 确实,对丁玲来说,"这个工作"是能够把她的"文人"、"战士"双重身份统一得最好、也最能够发挥其作用的——她既以"武"的身份从事着"文"的工作,又可以以"文"的方式助力于"武"的目的。

因为自左联以来形成的"革命意识"的作用,也因为西战团的特殊性

---

① 西戎:《忆良师丁玲》,《山西文学》1986 年第 5 期。
② 《作家丁玲史沫特列等组织西北战地服务团出发前线》,《新中华报》1937 年 8 月 19 日。
③ 陈明:《西北战地服务团第一年纪实》,《新文学史料》1982 年第 2 期。

质,此期,她表现出了极其鲜明的政治取向和将文艺工具化的倾向。在临汾参加西战团的诗人田间,近半个世纪后还记得:"我最初和她的会晤,她给我留下的印象,首先是一个战士。她所思考的问题:文艺如何为群众,为群众所接受所理解,决不仅仅是作品中有群众的形象或影响。"①田间的这一印象是符合丁玲思想实际的。例如,在说到文艺与政治的关系时,丁玲用了这样一个比喻:"我们的戏剧歌咏等等,只是一个工具,是船上的桨、篷、缆索而已。这些工具固然重要,但更重要的是指南针、是舵。而政治却是战地服务的指南针、是舵。"②在这个比喻中,工具("戏剧歌咏等等")本身固然也重要,但能为之提供更大价值的却"是指南针、是舵"("政治")。也就是说,"政治"是灵魂,是它赋予工具以意义和价值,因而在工具的使用和战斗的组织上具有无法替代的无上地位。对"政治""是指南针、是舵"作用的认知,导致了她对文学的纯政治化理解,使之在相当大的程度上弃置了文学的审美性和非功利性。在1940年5月所作的一篇杂文中,她以政治化的二分法思维断定"艺术不可能守中立":"不是替大多数受压迫者说话,反抗一切黑暗的、丑恶的、不合理的东西,与历史上进步的势力相结合;便是替少数压迫者说话,屈服奴役于现生活而与反动的势力相结合。"③这就将文学的政治分野和"政治作用"推向了极端。

丁玲此期对文学本质、功能作出这样的理解,是她服膺左派文坛主流观念、在"集体"和"个人"的矛盾中弃置自我个性的结果。德国学者顾彬曾经指出:1937年抗战爆发后,为了对"被隔绝于文化之外的人"进行

① 田间:《田间自述(三)》,《新文学史料》1984年第4期。
② 丁玲:《政治上的准备》,《丁玲全集》第5卷,第52页。
③ 丁玲:《作家与大众》,《丁玲全集》第7卷,第43页。

教化,唤醒他们起来抗战,"知识分子为了政治缘故毫不吝惜牺牲他们的个性"①。丁玲显然是这些"知识分子"中很有代表性的一员。在她看来,在特殊的战争环境中,在赢取战争胜利的进程中,"个人"的力量较之于"集体"的力量不但显得渺小,而且往往还成了解构"集体"力量的可能性因素。当时,西战团成员的思想是相当驳杂的。有一个团员当时曾作过这样的描述:"因为自己在过去和命运顽强地斗争过,并战胜过一切,才过于崇拜自己的心情,使这些人虽然自觉着用崩山的力量克服过,……却仍像富士山下的熔岩一样,不时的喷涌出来";"英雄主义,个人主义,无政府主义的倾向,人道主义者的心情,厌世者的残渣,罗曼蒂克的余烬。……这些在作着祟"。②

　　有鉴于此,丁玲积极提倡"个人"服从"集体"、"自由"服从"纪律",并以此去纯洁队伍,去克服这些思想上的缺点。在《西北战地服务团成立之前》一文所附的日记中,她写道:"领导是集体的,不是个人的,所以不是一个两个英雄能做成什么大事的",个人"要在群众的监视之下纠正那致命的缺点";她也相信,在自己"不是一个自由的人"之状态下开始的生活"将更快乐"。③ 在西战团第一次大会讨论通过的《本团规约》中头两条即为"一切行动听指挥"、"对上级应有礼节"。④ 在她看来,为了"革命",牺牲个人自由是必要的。她在 1938 年夏作的一篇文章里对此说得分明:"为了人类幸福的前途,是须要大多数人牺牲了个人自由,耐心的,诚恳的不被流俗所喝采,也不以困难委屈而气馁的去工作,这些人也许

① ［德］顾彬:《二十世纪中国文学史》,第 180、181 页。
② 史轮:《丁玲同志》,袁良骏编《丁玲研究资料》,第 46 页。
③ 丁玲:《西北战地服务团成立之前》,《丁玲全集》第 5 卷,第 48 页。
④ 丁玲:《第一次大会》,《丁玲全集》第 5 卷,第 50 页。

不会出名,但他的伟大却将因世界的进化而永存在人心中。"①

应该看到,丁玲对"集体"、"纪律"的鼓吹还不仅仅是一种理念上的倡导,它本身还成了规范人们行为的标准。1937年冬天,丁玲写了一篇散文《一次欢送会》,生动地描写了"集体"对一个"个人自由主义者"王淇的批评帮助及王淇的转变过程,具体地展示了"集体"、"纪律"对个体的约束力。据丁玲分析,王淇思想中的"主要的成分是虚无,是极端的个人自由主义"。在她看来,这在"我们如此紧张、团结的集体之中",是不能容许的,因此必须"鼓励他,纠正他"。当王淇经历过多次批评后转变,说出"以前种种譬如昨日死,以后种种譬如今日生",表示"要记住你们给我同志式的爱护"时,我们看到的正是这种"集体"对"个人"的征服。② 稍后,她在《忆天山》一文中又提出了要"在集体中受磨炼,克服自己",并慨叹这"真是不容易的事呵!"③在丁玲所有这些认识和举动中,我们都可以看出其扬"集体"抑"个人"、崇"纪律"弃"自由"的价值取向。她在以"集体"、"纪律"纠正他人的同时,自己也被进一步"规范"了,自己的个性(这是为一个作家所必需的)也被进一步抑制了。

综上,陕北前期,丁玲在"集体"和"个人"的矛盾中对自我个性的如此抑制和弃置,导致了对以"文学工具论"为核心的文坛主流观念的追随,而其固有的政治信仰又促使其将"文学工具论"直接演化为"文学服从于政治"。这种政治化、工具化的文学观念,不但为她从事苏区文艺运动和战时宣传提供了理论支点,而且为她旨在传达"阶级政治"与"民族政治"内容、进行政治宣传和政治说教的政治化写作提供了创作范式。

---

① 丁玲:《反与正》,《丁玲全集》第7卷,第38页。
② 丁玲:《一次欢送会》,《丁玲全集》第5卷,第80~84页。
③ 丁玲:《忆天山》,《丁玲全集》第5卷,第87页。

　　从 1936 年 11 月丁玲初抵陕北到 1937 年 7 月,正是从第二次国内革命战争到抗日战争的重大转折关头。在她抵达陕北前的 1935 年,中共发表《为抗日救国告同胞书》(即"八一宣言"),并于 12 月召开了具有重大历史意义的瓦窑堡会议,制定了抗日民族统一战线的政策。而在丁玲抵达陕北后的次月,西安事变爆发并得到和平解决,内战基本停止。总的来说,那时还处在土地革命战争时期,但是,抗日民族统一战线已在积极的酝酿之中。应和着这一时代政治脉搏,丁玲此期"政治化写作"表现了双重政治性主题:一方面,她继承左翼文学之余绪,继续书写了土地革命、武装暴动的壮潮,并描绘了弄潮于这一壮潮中的革命者的风采;另一方面,则开始以形象的方式来宣传党的统一战线政策。

　　散文《广暴纪念在定边》为她刚到陕北时所作,以速写的方式描写了定边纪念广州起义九周年集会、游行和演剧的热烈场面,凸现了"纪念广州暴动,开展民族解放的革命斗争"的主旨。如果说这篇散文对既往武装暴动的讴歌所借助的是对现时纪念场面的描写的话,那么,应博古之约于抗战爆发前夕所作的小说《东村事件》则重回现场,通过对那段历史的想象性描写重现了充满血与火的农村暴动。从丁玲自身创作道路来看,这篇作品则是对三十年代初反映农村暴动题材的《田家冲》《水》的承接。它以农民陈得禄　家与地主赵老爷的矛盾冲突为线索,揭露了地主阶级的罪恶,状写了在革命者王金的组织领导下农民觉醒与反抗的过程。作品中的陈得禄一家与地主赵老爷有血海深仇:因为欠租,父亲被赵老爷送进大牢;为了救出父亲,自己的童养媳七七被作为"押头"进赵家当女工,又遭到赵老爷糟蹋。后来,在王金的领导下,愤怒的农民们起来打死了这个恶贯满盈的地主;此前忧郁软弱的陈得禄受这一气氛的感染也变得坚强起来——虽然失去了打赵老爷的机会,但在他被打死的坪上,"后来终于将那发烧的拳头伸了出去,大大地呵了一口气"。总之,不管是在故事情节的安排上,还是在人物关系模式(农民、地主、革命者)的设置上,作品与此前的左翼小说一样,都有很强的政治色彩。诚如外国学者所说,这"是一篇思想性正确的作品。它反映了农村中农民和地主之间的矛盾,描写了穷人反对他们的富有的压迫者日益增长的愤怒情绪"①。但是,思想和政治上的正确,并不意味着其小说在艺术上的成功。后来,丁玲也对它作出过这样的反省,指出:它"是写大革命后农村暴动的,有它的意义,可是我个人认为太凭想象了。由于我自己有了些农村革命的生活经历,我懂得其中描写的生活是很差的"②。由于对其中所写生活的生疏,丁玲就不能不"凭想象"去描写;而之所以要"凭想象"去描写,也正说明它的创作是从概念出发的。在人物塑像上,她也无力把握人物丰富复杂的精神世界,故常常代之以直接的概括、说明——她常常用判断式的非小说语言(如"他的外表有属于农民的朴质,和军事家的沉着,他有一种温文儒雅,却又混和在一种精明强悍之中")来写王金;而在写赵老爷时,则干脆对他的"恶行"进行了平面的罗列。因此,在这篇小说中,《水》中所有的"以概念的向往代替了对人民大众的苦难与斗争生活的真实的肉搏及带血带肉的塑像"的问题仍然存在着。

《东村事件》所写"是一九二八年的事,现在也只能拿来当历史看了"③。在追溯历史的同时,丁玲还关注着作为历史之延续的现实世界。虽然她声称自己"一向不喜欢写印象记和通讯",但是,受政治热情的驱使,她还是以多篇速写给即将结束的内战留下了时代的片影。从初抵陕北到 1937 年春,在随部队"北上"、"南下"的过程中,她写下了二十多篇

① [美]加里·约翰·布乔治:《丁玲的早期生活与文学创作》,孙瑞珍、王中忱编《丁玲研究在国外》,第 143 页。
② 丁玲:《〈我在霞村的时候〉校后记》,《丁玲全集》第 9 卷,第 54 页。
③ 丁玲:《〈一颗未出膛的枪弹〉跋》,《丁玲全集》第 9 卷,第 33 页。

速写,其中多数篇什都散失了。现存的《到前线去》和《南下军中之一页日记》,为1936年12月在随红军主力南下支援友军作战时所作,记述了南下的行踪和红军指战员的紧张生活。《警卫团生活一斑》则写于1937年3月她回延安始任中央警卫团政治处副主任之时,以"新生的优秀党员"、"紧张具体的汇报"等五个无内在关联的片段摄下了部队生活的掠影。因为它们都作于特定的战争环境中,也因为作者的立意本也在以自己的视线所及描摹出对时代的"印象",所以,事实上,它们就成了缺乏聚焦点的、印象式的浮光掠影之作。与此有所不同的是《彭德怀速写》(1936年12月)和《记左权同志话山城堡之战》(1937年1月)。这两篇作品各有其聚焦点,所以,人物的特征和事件的经过得到了比较具体的刻画和交代,在一定程度上也展示了彭德怀和左权这两位革命壮潮中的弄潮者的风采。但是,这两篇速写仍然存在着较明显的不足。且不说后者没有描绘出比较丰满的人物形象,只是借左权之口记述了山城堡之战的过程(即她所说的"我这篇小文,其实是他的口述,我的笔录"),甚至在笔录时也"因我记得不好而失去了他谈话时的谐趣"[1],就是前者在刻画彭德怀的形象时,也只是更多地关注其外表及与他人的外部联系,而没有深入其内心世界,从而使这样的刻画成了流于表面的真正的"速写"。

由上可见,无论是在书写武装暴动这一历史题材的小说里,还是在描绘现实世界光影的速写中,丁玲始终保持着对政治的巨大热情——她以对土地革命、红军和党的讴歌,传达了左翼意识形态的要求。然而,这种政治热情的喷发,又使丁玲不得不付出双重代价:一方面,丁玲在这一共名式的讴歌中,消隐了自己的个性意志——我们从中无法看到丁玲本人对生活、对人生的独特理解、领悟;另一方面,她又未能把政治理念含

---

[1] 丁玲:《〈记左权同志话山城堡之战〉重新发表附记》,《丁玲全集》第9卷,第118页。

融为自己的艺术思维,未能把政治热情予以生活化、艺术化的表现,从而无法避免艺术表现上概念化、平面化现象的发生。当然,正是从这双重代价的付出中,我们倒是更能感受到丁玲的政治热情。

抗战爆发前夕,丁玲政治化写作的另一主题是对党的统一战线政策的宣传。1937年4月,应博古之约,为中共中央机关刊物《解放》周刊作小说《一颗未出膛的枪弹》,所写"是内战将要停止时的一段故事"①。这是丁玲自己相当看重的一篇小说。1938年9月,她到陕北后出版的第一个小说散文集即以此为书名,后又收入了《我在霞村的时候》、《丁玲选集》、《延安集》、《到前线去》等多个集子。不但如此,她后来又对它进行了改写,于1956年出版了单行本《一个小红军的故事》。这篇作品对陕北的风土人情有着较生活化的描写,但在性质上却是主题先行的,具有很强的政治说教色彩。它意在通过对那个掉队的小红军战士独特经历的描写,在写出人民对红军的拥戴、爱护的同时,侧重显示党的统一战线政策的巨大力量。为了显示党的这一政策的无比威力和深入人心,丁玲构思了一个大约十三岁的孩子征服一连的成人官兵这样的戏剧性情节。因掉队而藏匿在老太婆家的小红军战士被追剿"赤匪"的东北军发现后,本面临难免一死的命运。但他的一番演讲("我们对东北军是好的,我们争取你们和我们一道打日本,有一天你们会明白过来的"),却立即"得了许多尊敬"。连长要给他一颗枪弹,他却要求"用刀杀我",留着一颗枪弹"去打日本"。这使连长大受感动,明白了应该向日本人报仇而不该"老在这里杀中国人"的道理;其他士兵也良心发现,他们"都涌到了一块来",热泪滚滚,把他高高举起。显然,通过这样的描写,"小说揭示了这样的一个主题:在反对日本帝国主义的共同斗争中,全中国人需要团结

① 丁玲:《〈一颗未出膛的枪弹〉跋》,《丁玲全集》第9卷,第33页。

起来"①,而且也能够团结起来一致对外。从这个意义上说,作品确实"把《八一宣言》具体化了"②。或者说,它就是对这一先行政治化主题的图解。作者以自己的政治热情赋予作品浓重的政治宣传色彩,反过来,作品浓重的政治宣传色彩也说明了作者具有如何高涨的政治热情。

从 1937 年 7 月抗战爆发至 1942 年 5 月延安文艺座谈会召开,在这五年不到的时间里,丁玲的文学创作应和着新的时代政治的旋律,表现出与此前不同的政治化主题。抗战之初,其文学创作的主要内容是宣传民族救亡。她于 1938 年秋编辑并于次年 3 月出版了"零碎小品"的合集《一年》,其中所收纪实性的特写(如《河西途中》、《临汾》、《冀村之夜》等)记录了西战团在前线进行抗日宣传的行迹和片影,因而完全可以"当作生活实录来读"③。这些特写,作为服务团工作的记录,确实表现出了与服务团工作性质相一致的"跟随当时政策的实用性"④的特点。《一年》中还收入了多篇杂文,它们也大都是有关抗日问题的时感:《说欢迎》就世界学联代表团来华发表议论,希望"多多从工作上来表示我们的欢迎",让他们"把日本的暴行和中国抗战的情形,尤其是在抗战中青年的活动情况带回去,以便争取更大的援助";《说到"印象"》针对抗战初期大后方"印象记之类"长篇短著"太多太滥"的现象,提出:"希望这些文人多多接近下层,最好参加一点实际工作",使那些"空空洞洞的印象"变成"具体生动的文章",从而切实地发挥它们的作用;《勇气》则从刚成年的

---

① [美]加里·约翰·布乔治:《丁玲的早期生活与文学创作》,孙瑞珍、王中忱编《丁玲研究在国外》,第 141 页。
② [日]尾坂德司:《〈丁玲作品集〉日文版后记》,孙瑞珍、王中忱编《丁玲研究在国外》,第 47 页。
③ 丁玲:《序〈一年〉》,《丁玲全集》第 9 卷,第 36 页。
④ [日]中岛碧:《丁玲论》,袁良骏编《丁玲研究资料》,第 543 页。

赵尚武与一个"颇有些力气"的朋友交手的场面写起,以此引入"中国与日本交手"问题,意在说明"勇气和挣扎的精神是最要紧的"。

在这近一年之中,丁玲还创作了两个话剧作品《重逢》(1937 年 8 月)和《河内一郎》(1938 年 6 月)。它们都是为了西战团开展救亡宣传的需要而写就的,凸现的都是民族救亡的主题。《重逢》一方面借被捕的张大山等抗日志士之口控诉了日本侵略者在占领过程中"杀人放火,奸淫掳掠"的罪行,另一方面,讴歌了抗日志士崇高的爱国情怀和大无畏的牺牲精神。张大山等"为了国家民族的存亡,勇敢地承受一切",最后壮烈献身。而早一天被关进去的白兰也早就做好了牺牲的准备。打入敌人内部的马达明因误会被恋人白兰所刺,在猝然倒地之前还不忘使命,让白兰带出情报。与《重逢》相比,三幕剧《河内一郎》的表现视角有所变化:其主人公不再是抗日志士,而变为日本士兵——河内一郎。但其主旨仍然在于"政治宣传"。故事的第一幕发生在抗日战争爆发的前夕,在外服兵役三年期满的主人公刚回到老家东京乡下准备休假。此时,适逢卢沟桥战事爆发,一纸"召集在乡军人令"使河内一家的团聚旋成别离。作品以此揭露了侵华战争给日本人民带来的灾难,并表现了日本人民的厌战心理。作品第二幕的地点移至中国晋北一个被日军侵占的村庄。它通过河内一郎、清水等日军士兵的追叙和他们对排长等人野兽行径的侧叙,揭露了日军的深重罪行。该幕结束时,河内一郎被深夜发动袭击的游击队俘获,剧本旋推至第三幕,以河内一郎的忏悔和众人的欢呼("中日士兵团结起来!打倒日本帝国主义"),曲终奏雅,凸现了该剧的反战主题。

与话剧《重逢》一样,1939 年春在延安马列学院所作的小说《新的信念》,也"是以对日本的侵略和暴虐行为的憎恨为基础"①的。它以对"令人毛骨悚然"②的事实的描写,揭露了日本侵略者的巨大罪孽:作为母亲和祖母的陈老太婆遭到了日本侵略者惨无人道的凌辱,她的孙女和孙子也都惨死在鬼子的铁蹄下。二者不同之处在于:《重逢》所写为抗日志士的斗争,《新的信念》则写出了一般民众的觉醒过程——"在巨大的罪恶面前,劳动大众那种慈爱的温情的美德转化为狞厉的力的美德"③:目睹家庭的巨大不幸,儿子陈佐汉发誓"要用日本鬼子的血,洗干净我们的土地",替母亲、替这个村子、替山西、替中国报仇;陈老太婆在奇迹般地起死回生以后,"一点不顾惜自己的颜面,不顾惜自己的痛苦,也不顾人家心伤",去宣说自己受辱的情形,俨然成了一尊复仇女神;成百上千的民众在聆听了她的演讲后,都发出了"我们要活"、"我们要干到底"的巨浪般的怒吼。

　　上述这些作品,虽然文体不同、表现的视角和侧重点也各有所异,但其中都贯穿了"宣传民族救亡"同一个主题。且不说那些话剧即为"宣传"所作,那些特写即为"宣传"踪迹之记录,就是那些小说也带有很强的"宣传"色彩;它们所要"宣传"的主要内容则是在民族政治层面上的抗日救亡,所凸现的是"抗日"这一"今天中国政治的第一个根本问题"。④ 正如德国学者顾彬所指出的,"丁玲'在前线'的任务包括在宣传队服务。……宣传活动常包括即兴话剧、速写和赋诗,内容主要是民族救亡。抗

---

① [日]尾坂德司:《丁玲三、四十年代的文学活动》,孙瑞珍、王中忱编《丁玲研究在国外》,第 226、227~228 页。
② [法]马蒂娜·瓦莱特-埃姆丽:《从革命浪漫主义到无产阶级文学》,孙瑞珍、王中忱编《丁玲研究在国外》,第 330 页。
③ 孟悦、戴锦华:《浮出历史地表》,第 127 页。
④ 毛泽东:《在延安文艺座谈会上的讲话》,《毛泽东选集》(一卷本),人民出版社 1964 年版,第 868 页。

日暂时还是先于共产主义主题。"①

在凸现"民族政治"主题的同时及稍后,丁玲创作还表现了有关"阶级政治"的内容(即顾彬所说的"共产主义主题")。这主要包括以下两个方面:一是歌颂延安和八路军,抨击国统区的黑暗。在卢沟桥战事爆发当月,一向很少作诗的丁玲写下了诗歌《七月的延安》②。它以澎湃的诗情和丰富的意象,热烈地歌颂了中共中央领导机关自1937年1月迁驻以来延安发生的巨大变化("这是什么地方?/这是乐园。/我们才到这里半年,/说不上伟大建设,/但街衢清洁,植满槐桑;/……百事乐业,/耕者有田"),写出了生活在这里的延安儿女(战士、工人、学生等)如何努力汲取思想营养("灯下的人无声,/沉入了书里,/沉入了马列的教诲")和为了"挽救危亡,/收复失地,/争取民族的荣光"而随时准备奔赴前线、英勇杀敌的勃勃英姿。诗歌以"要把全中国化成像一个延安"结束,进一步彰显了"延安"在"阶级政治"层面上所具有的政治意义。

有关"阶级政治"的内容同样表现在丁玲的小说创作中。较早作成的《压碎的心》以孩子平平为聚焦点,通过描写他逃难至外祖母家的经历,表现了他对日本侵略者的恐惧和对临时驻扎在外祖母家的"穿灰衣的"抗日军队(八路军)的依恋。在部队开拔前,妈妈在平平的大哥"上了队伍"以后又送他的另一个哥哥参军;部队开拔时,平平也"发疯似的"要当兵去,要跟陈旅长他们走,却被妈妈抱住。虽然他后来"了解了妈妈",但"他的眼被泪水糊着"了。1939年9月所作的《县长家庭》,描写了一个在统一战线背景下发生在县长家庭的故事,其故事聚焦点仍然是一个

① [德]顾彬:《二十世纪中国文学史》,第194页。
② 诗篇篇末注明写作时间为"一九三七年七月一日于延安",时间疑不确。诗中有"卢沟桥炮火又响,/把侵略者强盗杀光",故写作时间(至少是修改时间)当在抗战爆发之后。

孩子。县长夫人决定去一一五师当看护,将八岁的女孩阿铃托付给"我"
所在的西北战地服务团,但她在团里只"快乐的"度过了三天"不是八岁
的孩子所该有的一种理智生活"。县长回城后因爱女心切,深夜来访,将
阿铃领回家去。阿铃极不情愿地离去之前问"我":"你不会说我是一个
不爱国的孩子么?"这两篇作品均以孩子为主人公,他们在短暂的时间里
都得到了八路军的关爱,最后又都因为这种关爱被留在了母亲和父亲身
边。它们既从一个特定的角度写出了蕴藏于民众之间的普遍高涨的抗
日热情,又在写出民众对八路军的信任、热爱的同时,着力表现了"军纪
严明的中共军队却有出乎人意料的人情味"①——这自然把主题进一步
引向了对八路军的歌颂。

在歌颂延安和八路军的同时,丁玲还抨击了国统区的黑暗现实。在
她看来,当时"是中国已经在最高领袖之下进行了神圣的民族革命战争
的时候,中国已经颁布了在不违反三民主义最高原则之下人民有言论结
社集会出版的自由",所以,"凡有一切对政府对当局有意见的时候",都
应该提出"诚恳的建议"、"委婉详尽的去说明"。② 在找出这样的理论依
据后,她在杂文《真》中理直气壮地揭露中国还有"这样的地方",那里"没
有民主保障,当局还在取缔民众抗日团体,限制、禁止开会,检查书报、压
制抗日言论,实行党化教育,强迫集体入党";"苛捐杂税,犹在征收";"人
民颠沛流离困苦到不可想象的地步",而"绝少数的人们,灯红酒绿,歌舞
升平地享受着"。显然,丁玲所指陈的"这样的地方"就是国统区。将丁
玲对国统区的抨击与对延安和八路军的歌颂作一对照,我们不难发现,

---

① [日]尾坂德司:《丁玲三、四十年代的文学活动》,孙瑞珍、王中忱编《丁玲研究在国
外》,第232页。
② 丁玲:《讽刺》,《丁玲全集》第7卷,第39页。

丁玲高举的"真"的旗帜仍然具有很鲜明的"阶级政治"(乃至"政党政治")的色彩。对于延安的环境,丁玲在私下谈话中也曾感叹过"无可奈何":"在这个无可奈何的环境里,人是一定苍老的"[①];并意识到,"作家在这里,也好像失去了彩色和作用"[②]。但是,在这些公开的文字里,她又将"延安"作了理想化的处理,认为中国的希望即在于"延安化"("化成像一个延安")。在此,我们可以清楚地看出其"阶级政治"的色彩。

二是针砭知识分子的弊病,凸现思想改造的意义。1940年春,在延安文艺座谈会召开前两年,丁玲写出了短篇小说《入伍》。该作于同年5月初刊于《中国文化》1卷3期,初收1944年远方书店版的短篇小说集《我在霞村的时候》。建国以后,她的多个选本(如1950年三联书店版的短篇小说集《我在霞村的时候》、1951年开明书店版的短篇小说集《丁玲选集》和1954年人民文学出版社版的小说特写集《延安集》等)一再收入,可见丁玲本人对该作的重视。关于这篇小说的创作缘起和主旨,丁玲1984年10月在华中师范学院演讲时说:"瞿秋白同志在三十年代就说,知识分子参加无产阶级革命要脱胎换骨。……我到延安以后,看到很多革命者,亲眼见到的,不是过去想象的。我看到一些人,便写了一篇小说《入伍》,是写知识分子到我们部队参加革命的。但那篇小说是讽刺这种知识分子的。这种知识分子不可爱,部队里面农民出身的红小鬼才是好的,我们应该向那个红小鬼学习。"[③]

为了凸现这种改造知识分子的主题诉求,作者以强烈的情感倾向塑造了一个否定性的知识分子形象——徐清。在安排徐清等三个被称为

① 见萧军:1940年9月30日日记,《萧军日记(1940)》,《新文学史料》2007年第3期。
② 见萧军:1940年9月28日日记,《萧军日记(1940)》,《新文学史料》2007年第3期。
③ 丁玲:《读生活这本大书》,《丁玲全集》第8卷,第464页。

"新闻记"的文人登场亮相的时候,作者就以农民出身的红小鬼杨明才为视点展现了他们作为"另外一种人"的不修边幅、放言空谈而又志大才疏、不着边际的群体性特征。"他们不扣风纪扣,将里面红衣服的领子、蓝衣服的领子露在外边,而且在脖子上围着一条花的绒布,军帽挂在后脑勺上,几绺弯曲的头发,像女人那样覆在额上。他们随便走在哪里都是那么大摇大摆,好像到处都是他们的熟人,而这些人又都是些傻子似的"——这显然是从外形上展示了这些"新闻记"的另类性。与外形上的这一特征相一致,他们在心理上也表现出了其异质性。因为意识到"我们在此时此地,简直是不可为,今天是文人无用,文人受轻视的时候",徐清主动要求到团部去。其目的除了应景式地完成"新闻记"的工作("想去看看打游击仗,拍几张照")外,更主要的则是为了有"更大的前途",而自己又"真可以在这里混的话,他很想留下来"。在一次正常的前线之旅中,徐清却怀揣着这样一个自私龌龊的心理动机。途中,徐清和担任护送工作的杨明才等与鬼子不期而遇。杨明才以自己的机智勇敢,在千难万险中将徐清带了出去;徐清则在这一过程中出乖露丑,进一步表现出了叶圣陶笔下的潘先生式的城市小资产阶级的"没有社会意识,卑谦的利己主义,precaution,琐屑,临虚惊而失色,暂苟安而又喜"[①]的心理。

综上,作者所塑造的徐清无论是从外形还是到内在心理都是有其另类性、异质性的。显然,这种另类性、异质性来自于"他们"与"我们"的对照,或者更具体一点说,是来自于"知识分子"与"农民"的对照(丁玲交代杨明才的出身是"农民",对照上述丁玲晚年的说明,绝非闲笔)。客观地说来,将作为不同社会群体的"知识分子"与"农民"相对比,他们是既各有其优势,也各有其不足的。究竟孰优孰劣,或者准确一点说,他们哪一

① 茅盾:《王鲁彦论》,《小说月报》第19卷第1期,1928年1月。

方面优哪一方面劣,还要看比较者自己所取的文化立场和比较角度。小说在现实生活层面一味贬抑徐清("讽刺这种知识分子")、褒扬红小鬼杨明才("部队里面农民出身的红小鬼才是好的,我们应该向那个红小鬼学习"),这恰恰说明作这一对照的主体是站在农民的立场上的。正因乎此,日本学者尾坂德司认为,《入伍》是一篇"从人民的立场看文化人的作品"。1942年在延安文艺座谈会上,毛泽东要求"知识分子出身的文艺工作者""把自己的思想感情来一个变化,来一番改造","和工农兵的思想感情打成一片"。事实上,丁玲在两年前就以小说的形式在《入伍》中提出了"知识分子改造"这一命题。因此,从这个意义上说,"一九四二年毛泽东指出的中国文艺的方向,一九四〇年丁玲已经实践了"①——丁玲写作与主流政治话语在更深层次上发生了共振。

从以上的分析可以看到,在长达五年多的陕北前期里,与时代政治风云的变幻相应和,丁玲写作始终热衷于政治化内容的传达,在主题上形成了"阶级政治"与"民族政治"的双重变奏。丁玲的这种"政治化写作",以传达意识形态说教为圭臬,对时代政治内容作了共名式的表达,在性质上,与其左联时期宣扬"革命"的"政治化"作品完全一致。其间,我们自然无法发现她对人和人生的哲理思索,即使在她所涉及的特定政治范畴内,我们也丝毫见不到属于她自己的独立见解。从事这类写作的丁玲事实上成了意识形态和政治话语的传声筒,其个性意志彻底消隐了。

---

① [日]尾坂德司:《丁玲三、四十年代的文学活动》,孙瑞珍、王中忱编《丁玲研究在国外》,第235页。

| 第九章 在"文协山头上" |

——陕北前期之二

陕北前期,丁玲一方面以"到前线去"的政治化思维号召知识分子要为"革命"、"集体"而牺牲个人自由,并将文艺工具化,以政治化的写作进行政治宣传和政治说教,另一方面却又以启蒙者的姿态积极张扬知识分子的独立思想和自由精神,并以个性化的写作在特定的时空中接续了"五四"启蒙主义的传统。

1938 年 7 月,丁玲率西战团从西安回到延安后,于 11 月进马列学院学习。1939 年 11 月,到陕甘宁边区文化协会工作,任副主任。主任为艾思奇,住在中宣部,隔数天来一次;另一位副主任柯仲平,经常率民众剧团下乡演出。因此,"文协"的日常工作由丁玲负责。此前,1939 年 5 月,在延安成立了"中华全国文艺界抗敌协会延安分会"(简称"文抗"),丁玲为理事。1940 年 2 月,丁玲当选为"文抗"五名常务理事之一。"文协"和"文抗"二者关系密切。"文协的绝大多数作家成立了'文抗'分会"①。在1939年至1941年间,"文抗""日常生活与边区文协在一起,没有另外设一个摊子"②。1941年7月,"文抗"始"改为独立工作团体,接受陕甘宁边区文化协会原有杨家岭会址、财产及一部分有关文艺工作"③;8月,"文抗"召开了全体会员大会,地点也由位于杨家岭北侧的杨家沟"文协"会址,迁至隔延河相望的蓝家坪。因为"文协"和"文抗"有着千丝万缕的联系,许多当事人在当时和以后也常常混用了这两个名称。如雷加就说:"延安有个'文协',为什么又叫'文抗',就说不清了。"④

从1939年11月至延安文艺座谈会召开之前,丁玲是"陕甘宁边区'文协'、'文抗'延安分会、《解放日报》文艺社等延安文化组织机构和文学社团的核心人物之一"⑤。她是"文协"的领导,也是"文抗"的常务理事。从1939年11月起,她一直与"文协"、"文抗"的驻会作家工作、生活在一起。1941年5月至1942年3月,丁玲到《解放日报》任职,负责编辑文艺栏。其间,丁玲因关节炎发作,为了便于治疗,于1942年1月底离开《解放日报》所在地清凉山,也搬到了蓝家坪,去"文抗"借住。2月15日,丁玲与西战团时的战友、比她小十三岁的陈明结婚,也是在蓝家坪"文抗"。因此,丁玲在这两年半的时间里,除了中间离开近九个月外,一直住在"文协山头上"(也可以说是住在"文抗山头上")。此后,她直到1943年4月方才离开,去中央党校一部学习。据刘白羽回忆,延安文艺

① 王德芬:《我和萧军风雨50年》,中国工人出版社2004年版,第99页。
② 韦荧:《蓝家坪文抗——延安作家之家》,程远主编《延安作家》,陕西人民教育出版社1992年版,第500页。
③ 《中华全国文艺界抗敌协会延安分会启事》,《解放日报》1941年7月2日。
④ 雷加:《四十年代初延安文艺活动[一]》,《新文学史料》1981年第2期。
⑤ 吴敏:《宝塔山下交响乐——20世纪40年代前后延安的文化组织与文学社团》,武汉出版社2011年版,第3页。

座谈会后,"我知道我们(指"文抗"作家——引者)都要散了","所有的人陆续集中学习","'文抗'第一个走的是丁玲"。①

　　本章以"在'文协山头上'"作为标题,所寓指的是陕北前期丁玲与其作为战士的"政治生活"相对的"文人生活"(其中,"文协"、"文抗"生活是主要内容之一)。虽然调到《解放日报》工作后,丁玲不再担任"文协"的副主任,在"文抗"成为独立团体后,她也只是一个"挂名理事",但她仍然是"文协"("文抗")的重要精神支柱之一。在《解放日报》工作期间,她经常参加"文协"、"文抗"的活动;其主持的《解放日报》文艺栏在相当大的程度上也发扬了"文协"("文抗")的精神。这样,在1942年5月之前的两三年间,以她为核心,在延安形成了与"鲁艺派"相对的一个重要的文艺派别——"文抗派"。

　　"文抗派"是一个在特定时空中继承"五四"传统的启蒙派。其主张"暴露黑暗"的实质,是要张扬知识分子的独立精神,鼓吹文学干预现实的功能。1978年,在回忆延安文艺座谈会前的延安文学运动时,周扬说:"当时延安有两派,一派是以'鲁艺'为代表,包括何其芳,当然是以我为首。一派是以'文抗'为代表,以丁玲为首。这两派本来在上海就有点闹宗派主义。大体上是这样:我们'鲁艺'这一派的人主张歌颂光明……而'文抗'这一派主张要暴露黑暗。"②当年的"文抗"会员刘白羽也肯定了丁玲在"文抗派"中的核心地位。他回忆说,"丁玲一直是一个自始至终从来没有大作家作派的人。因此,她成为'文抗'这个小单元里和谐的核心、快乐的核心";"工作一天以后,丁玲的窑洞便自然成为我们聚会之

---

①　刘白羽:《延安文艺座谈会的前前后后》,《人民文学》2002年第5期。
②　见赵浩生:《周扬笑谈历史功过》,《新文学史料》1979年第2期。

所"。①

当时，从国统区来到延安的作家和文化人大体有两个主要去向：一是"文协"（"文抗"），二是"鲁艺"。萧军和舒群一同到的延安，一同住进了边区政府招待所。据萧军夫人王德芬回忆，"过了几天延安鲁迅艺术文学院院长周扬派人把舒群接走了。我和萧军却被'文协'主任丁玲接到'文协'去了。后来才知道：萧军是鲁迅的学生，理应去'鲁艺'文学系任教为宜，经丁玲和周扬联系，周扬坚决不愿让萧军到'鲁艺'去。"②从总体上来看，当时这样的分流取向，显然牵涉到三十年代"两个口号"的论争以及当事人与鲁迅本人的关系。③ 当然，这样的分流客观上也促成了"文抗派"这一启蒙派队伍的集结和形成。

"文协"（或曰"文抗"）的中坚分子是一批从国统区来的作家，主要有：萧军、舒群、艾青、罗烽、白朗、欧阳山、草明、于黑丁、刘白羽、方纪等。丁玲奉调"文协"时，中组部副部长李富春曾向她交代："文协现在人数不多，党员很少，有几个人的历史还不清楚，组织问题一时不能解决，情绪不太好，你去后多做思想工作。"④由此可见党组织对那些来自国统区的"文协"同人思想状况的一般把握。丁玲履职后，凭着自己真诚坦白的性格，在那里"交了许多朋友，其中多数是投奔革命的知识分子。她住的窑洞里经常高朋满座"⑤。

但是，她似乎没有按照中组部的要求"多做思想工作"，相反，倒是依

---

① 刘白羽：《心灵的历程》，中国青年出版社1994年版，第388页。
② 王德芬：《我和萧军风雨50年》，第131页。
③ 自然，这样的分流是相对的。如舒群当时虽然一度去了"鲁艺"，但在思想上他仍然属"文抗"派。
④ 见丁玲：《延安文艺座谈会的前前后后》，《丁玲全集》第10卷，第267页。
⑤ 胡国华整理：《陈企霞谈丁玲——真诚坦白的心灵》，《瞭望周刊》1986年第11期。

托"文协"这一组织,在"文协山头上"与萧军等同人们相互启发,相互唱和,相互呼应。丁玲是把这些人视为知己的。她说:"我的知己还是作家,还是我们文协山头上的一些人,没有事几个人坐在一块聊天。聊天的范围现在想起来实际是很小的,就是谈知识分子的苦闷吧!对现实的不满吧!要不就讽刺这个,讽刺那个。我抒发我的感情,你抒发你的感情,从这里边得到乐趣。"①显然,以萧军为代表的这批作家是继承了"五四"精神传统的一群——他们有他们的苦闷,他们有他们对现实的不满,他们需要释愤抒情,需要独立地发表自己的见解。本有着"自由"思想基因、渴望"自由飞翔"的丁玲,此时,引他们为"知己",在相互启迪中得到了乐趣。"文抗"生活的这种"乐趣",给"文抗派"其他作家也留下了很深的印象。方纪说:"'文抗'的生活很有意思,是我一生中难忘的、常常激起我感情冲动的一段生活。"②总之,共同的志趣和共同的"乐趣",使丁玲和他们集结成为"文抗派",共同开启了延安启蒙文学的潮流。

这一时期,丁玲致力于"文抗派"言说阵地的开辟,通过编辑《文艺月报》《谷雨》等刊物和《解放日报》文艺栏,高扬"暴露黑暗"的文学精神,刊载"暴露黑暗"的批判文字,并以此为主要载体,引导了"文抗派"活动的开展。《文艺月报》是延安文艺月会的会刊。1940年10月19日,丁玲在杨家岭文协主持了延安文艺月会的成立会,与会人员近二十人,讨论了文艺月会的性质、任务和《文艺月报》的编辑方针。11月17日,在萧军主持的第二次座谈会上,丁玲积极倡导文艺月会的"批评"风格。她说:"听大家意见要有大度,几句恭维话有什么用呢? 原来就是要让别人指出自己的缺点来。而批评人要直爽,要贡献意见别人,是爱护人的。

---

① 丁玲:《谈写作》,《丁玲全集》第 8 卷,第 262 页。
② 方纪:《新的起点——回顾延安文艺座谈会前后》,《新文学史料》1982 年第 2 期。

作家见面不谈作品的现象一定要打破。"①这一观点得到了与会者的呼应。稍后,丁玲把自己的这一观点铺衍成文,更加明确地指出:"我以为《文艺月报》要以一个崭新的面目出现,把握斗争的原则性,展开深刻的、泼辣的自我批评,毫不宽容地指斥应该克服、而还没有克服,或者借辞延迟克服的现象……无论如何,不要使《文艺月报》成为一个没有明确的主张、温吞水的、拖拖沓沓的可有可无的、没有生气的东西就好。"②

在丁玲的大力倡导下,"批评"成了《文艺月报》最鲜明的风格。《文艺月报》前3期由丁玲和萧军、舒群编辑。1941年2月至3月,丁玲去川口农村体验生活,"离开《文艺月报》的编辑工作",该刊由萧军、舒群编辑。《文艺月报》以"批评"为号召,对当时延安作家(主要是"鲁艺派"作家)的文艺观点和某些作品展开了积极的批评,有的甚至还由此形成了论争。诚如雷加所说,这些论争,是"从三十年代起延续下来的各种论争的继续,这是不可避免的,也是有迹可寻的,并且是前后呼应的"③。如该刊第3期发表了陈企霞的《旧故事的新感想》,批评了何其芳的"诗的主题就是新民主主义"说;第7期发表了萧军的《第八次文艺月会座谈拾零》,批评了何其芳诗歌《革命,向旧世界进军》和周立波小说《牛》;第14期又发表了肖梦的《旁观者言——关于〈欢乐的诗斗争的诗〉》,对冯牧的文艺观点展开了批评。当然,影响最大的是"文抗派"同人对周扬一文提出的"商榷"。周扬当时因为不赞成"文抗派""要暴露黑暗"的观点,于7月17日至19日在《解放日报》发表长文《文学与生活漫谈》,指出:"太阳中也有黑点,新的生活不是没有缺陷……但它到底是在前进,飞快地前

① 《简记文艺月会·第二次座谈会》,《文艺月报》第1期,1941年1月。
② 丁玲:《大度、宽容与〈文艺月报〉》,《丁玲全集》第7卷,第49、50页。
③ 雷加:《四十年代初延安文艺活动[三]》,《新文学史料》1981年第4期。

进",意在请他们不要在根据地找缺点。于是,《文艺月报》第 8 期便刊发了由萧军、艾青、舒群、罗烽、白朗等五名"文抗派"作家集体讨论、由萧军执笔写成的《〈文学与生活漫谈〉读后漫谈集录并商榷于周扬同志》一文,对周扬此文提出了尖锐的批评。据说,丁玲参加了与这五人的讨论,只是该文发表时没有丁玲的签名。① 此文一出,"文抗派"与"鲁艺派"即形成了明显的对峙状态。

《谷雨》是"文抗"的机关刊物,1941 年 11 月 15 日创刊,由艾青、丁玲、舒群、萧军轮流编辑,1942 年 8 月 15 日出至第 6 期终刊。与《文艺月报》相比,《谷雨》同人刊物的性质更为显豁,它与同月 1 日创刊的由鲁艺主办的《草叶》一开始就处于对垒状态。严文井说:"两个刊物的名称都很和平,可是两边作家的心里面却不很和平。不知道为什么,又说不出彼此间有什么仇恨,可是对方总觉得不顺眼,两个刊物像两个堡垒,虽然没有经常激烈地开炮,但彼此却都戒备着,两边的人互不往来。"②《谷雨》刊发的基本上都是同人的作品。如创刊号发表了丁玲小说名作《在医院中时》,第 5 期则同时发表了丁玲散文《风雨中忆萧红》和萧军的杂文《杂文还废不得说》。另外,同为"文抗"会员的王实味也于 1942 年 3 月在该刊第 4 期上发表了杂文名作《政治家·艺术家》。据黎辛回忆,鲁艺学生偶尔在《谷雨》上发表文章,周扬知道"就发火了,责问为什么鲁艺学生的文章要到文抗的《谷雨》上去发表"③。当时,出身鲁艺而关系已转到"部队艺术学校"的陆地在《谷雨》1942 年第 4 期上发表了一篇小说《落伍者》。令他始料未及的是麻烦与责难竟接踵而来:"鲁艺的人以为

① 程光炜:《艾青传》,北京十月文艺出版社 1999 年版,第 345 页。
② 严文井:《延安文艺座谈会前后》,《新疆日报》1957 年 5 月 23 日。
③ 黎辛语,见马驰、张喜华:《宗派主义必须整顿——延安文艺座谈会 68 周年之际访黎辛》,《学习与探索》2010 年第 3 期。

我另投山门,成了异己分子",他的这一举动被看作"简直是对鲁艺的背叛,向文抗投降"。①

　　除《文艺月报》和《谷雨》外,《解放日报》文艺栏在丁玲编辑期间事实上也成了"文抗派"作家的一个重要的言说阵地。据曾在该副刊编辑部工作过的黎辛回忆,"文艺栏对当时中华全国文艺界抗敌协会延安分会、鲁迅艺术学院和陕甘宁边区文协这三个大单位的文艺家,以及其他文艺机关团体的文艺家的联系,不管其人数多或少,态度都一致友好"②,对他们的来稿都一视同仁,平等对待。1941年5月至1942年3月,在丁玲主编期间,文艺栏刊发的"文抗"同人杂文主要有:丁玲的《我们需要杂文》、罗烽的《漫谈批评》和《还是杂文的时代》、艾青的《坪上散步》、默涵的《讽刺要击中要害》等。另外,同是"文抗"会员的王实味也在3月13日和23日分两期发表了杂文《野百合花》,其中,前者的发表是在丁玲主编期间,后者的发表虽是在舒群编辑期间,但据黎辛回忆,也是丁玲签发的,是"她签署'可用'留下的'存粮'"③。相较而言,在"文抗"同人中,萧军是在《文艺》副刊上发文较多的一个,计有:《两本书底"前记"》、《〈鲁迅研究丛刊〉前记》、《纪念鲁迅:要用真正的业绩!》、《也算试笔》等。当然,在此期间,它也刊登过周扬、何其芳、周立波、荒煤、严文井等"鲁艺派"的作品,因此,虽然不能说作为党报的文艺栏具有同人性质,但它显然也是"文抗"同人的一个重要的言说阵地。

　　在以这些报刊为主要阵地、组织"文抗派"活动的过程中,影响最大

---

① 分别见陆地:《七十回首话当年》、《延安"部艺"生活点滴》,《新文学史料》1989年第4期、1995年第2期。

② 黎辛:《丁玲和延安〈解放日报〉文艺栏》,《新文学史料》1994年第4期。

③ 黎辛:《〈野百合花〉·延安整风·〈再批判〉——捎带说点〈王实味冤案平反纪实〉读后感》,《新文学史料》1995年第4期。

的是丁玲对杂文的倡导。在延安,最早的杂文阵地是大砭沟(文化沟)里的《轻骑队》,那上边刊出了许多杂文,所论的问题比较广泛。但因为它是墙报,传播范围和影响受到了很大的限制。稍后,占党报《解放日报》八分之一篇幅的文艺栏成了刊发杂文的一个主要阵地,时任该副刊主编的丁玲对此作出了努力。关于刊发杂文的动机,据她1942年3月解释说,当初的"文艺栏,及改版后初期的《文艺》都使人感到不活泼、文章较长的缺点",为了"减少些'持重'的态度,而稍具泼辣之风",以"极力求其合乎读者的需要",该副刊"在去年十月中就号召大家写杂文,征求对社会、对文艺本身加以批判的短作","直到现在,编辑的方法都是这样的"。① 自称"吃鲁迅的奶长大的"②丁玲,那时不但改变编辑方针、提倡"泼辣之风",而且还于1941年10月在自己主编的文艺栏上发表了《我们需要杂文》一文,积极提倡杂文。她强调"文章不是为着荣誉,只是为着真理",号召作家学习鲁迅"从医治人类的心灵下手",像鲁迅那样"坚定的永远的面向真理;为真理而敢说,不怕一切。我们这时代还需要杂文,我们不要放弃这一武器。举起它,杂文是不会死的"。③

从学习鲁迅医治人类灵魂的精神到倡导杂文文体,这是一个自然的逻辑过程,也是贯穿于此后发表的罗烽的《还是杂文时代》(《解放日报》文艺栏1942年3月12日)和王实味的《政治家·艺术家》的基本思路。或者说,丁玲他们对杂文文体的提倡,其目的即在弘扬鲁迅改造人的灵魂的思想,因而,它的意义远远超出了文体本身的范畴。在特殊的历史语境里,"'杂文'不仅意味着一种写作方式,而且意味着那一代知识者对

① 丁玲:《〈解放日报〉文艺副刊一〇一期编者的话》,《丁玲全集》第9卷,第37、38页。
② 丁玲:《我便是吃鲁迅的奶长大的》,《丁玲全集》第8卷,第204页。
③ 丁玲:《我们需要杂文》,《丁玲全集》第7卷,第58、59页。

他们所理解的'五四精神'的坚持和传承,意味着对那个时代、民族、大众的一种道德承诺,意味着对艺术创作的自由独立精神的执守,意味着对'五四'时代所界定的文学家的社会角色的认同,总之,意味着一种生存方式"①。罗烽之所以"常常忆起鲁迅先生",是因为"划破黑暗,指示一路去的短剑已经埋在地下了,锈了,现在能启用这种武器的,实在不多。然而如今还是杂文的时代"。王实味则不但以杂文《野百合花》"讲'爱',讲'温暖'",对延安存在的等级制度提出了尖锐的批评,更以理论性的杂感文字《政治家·艺术家》公然号召艺术家们"更好地肩负起改造灵魂的伟大任务罢,首先针对着我们自己和我们底阵营进行工作",而他据以立论的竟然也是"看到自己战侣底灵魂中,同样有着不少的肮脏和黑暗"而战斗了一生的鲁迅先生。

很快,丁玲的这一思想与表露这一思想的《我们需要杂文》、《"三八"节有感》等引起了政治家的高度关注,并在随后召开的延安文艺座谈会上受到了严厉批评。从某种意义上说,延安文艺座谈会的召开也是由这些文章引发的。一介书生的王实味事前看得也还算透彻,艺术家从小处落墨,对人更求全,而政治家作为社会制度的实际改造者,则需从大处着眼,因而对事更看重。毛泽东作为政治家,向来重视"文化军队"在改造社会制度方面的作用,重视"文艺工作和一般革命工作的关系",因而,他不能容许"文艺界中还严重存在着作风不正的东西"。他从大处着眼,在《在延安文艺座谈会上的讲话》中明确要求"文艺很好地成为整个革命机器的一个组成部分,作为团结人民、教育人民、打击敌人、消灭敌人的有力的武器"。他把文学视为"革命"的工具和武器,清除了文学的"自由"性质,从思想上完成了对个性主义的清算。丁玲和她的同道们对独立思

---

① 黄子平:《"灰阑"中的叙述》,上海文艺出版社 2001 年版,第 165 页。

想和自由精神的张扬由此跌入了低谷,但是,从政治家对这一问题的关注和清算中,我们仍然可以看出他们个性主义思想的威力和影响。

不满现实、批判现实,本是现代文人的积习。而丁玲的这一积习在此期得以释放,从外因上看,则得益于延安此期相对民主、宽松的文化政策和文化环境。有学者曾指出:"座谈会前,对文化人和他们的写作,回护远远多于指责,甚至近于隐忍。"①事实也正是如此。1940年初,在陕甘宁边区文化协会第一次代表大会上,张闻天代表中央作"文化政策报告",指出:"应保证统一战线内的文化工作者有发表、辩论、创作与生活的充分民主与自由",必须"提倡自由研究、自由思想、自由论辩的生动、民主、活泼的作风",并鼓励文化人"大胆地创作、写作、著述、介绍、翻译,来打破各种限制"。② 同年10月,中共中央宣传部、中央文化工作委员会也发出指示,要求"党的领导机关,除一般地给予他们写作上的任务与方向外,力求避免对于他们写作上人为的限制与干涉。我们应该在实际上保证他们写作的充分自由",并"用一切方法在精神上、物质上保障文化人写作的必要条件"。③ 直到1941年6月,党报社论仍然在宣传:在延安,"在抗日的共同原则下,思想的创作的自由获得了充分保障",甚至说:对于边区的缺点,"也正需要从艺术方面得到反映和指摘"。④ 所有这些,都为丁玲等在延安的文化人以"五四"立场独立地发表自己的思想、展开对现实的批判,提供了政策上的保障。

_____

① 李洁非、杨劼:《解读延安——文学、知识分子和文化》,当代中国出版社2010年版,第42页。
② 洛甫(张闻天):《抗战以来中华民族的新文化运动与今后任务》,《中国文化》1940年第2期。
③ 《中央宣传部、中央文化工作委员会关于各抗日根据地文化人与文化团体的指示》,《共产党人》1940年第12期。
④ 《欢迎科学艺术人才》,《解放日报》1941年6月10日。

从内因上看,丁玲展开现实批判,则首先缘于其本人责任意识的萌生。1936 年,丁玲从国民党的软禁中逃脱、历尽艰辛到陕北时,是有一种回家的感觉的。丁玲到陕北保安第一次见到亲人,他们在她眼里不但是"这样漂亮",而且,"老年也好,中年也好,总之,他们全是充满着快乐的青春之力的青年"①——1939 年丁玲追忆刚到陕北时的这种观感,其实是包含了对陕北缘于政治因素的认同和理想主义的期待的。此前两年,她也曾向来延安采访的美国记者尼姆·威尔斯表达过自己对延安生活的赞赏与满足:"我喜欢此地简单的生活,我正在长康健长肥起来。"②但是,"丁玲信仰共产主义,又保留思想深处的个人王国",这样,她"刚进入解放区时有一种解放感,后来便处于各类矛盾之中无法解脱"。③ 延安,在她不再是简单的理想寄托之地,同时也成为其现实的生活环境。作为生活其间的一份子,她渐渐地发现了这个环境的不如意处和延安还存在着的阴暗面。但这并不代表她否定延安,因为她知道延安这样"进步的地方,又非从天而降,它与中国的旧社会是相连结着的"④。事实上,她号召去揭露、批评延安的阴暗面,既是本着一个知识分子的良知,也是有着"爱延安"的政治动机的。不管是作为一个知识分子,还是作为一个共产党员,这在她都是一种责任。

其次,是缘于丁玲对新文学批判性资源的汲取。为了履行自己的这样一种职责,她自觉地汲取了新文学的批判性思想资源和文学资源。"五四"启蒙文学从性质上说就是一种个性主义的批判的文学,其锋芒既

---

① 丁玲:《我怎样来陕北的》,《丁玲全集》第 5 卷,第 130 页。

② [美]尼姆·威尔斯:《续西行漫记》,第 269 页。

③ 吴福辉:《透过解说与检讨的表层——丁玲〈关于《在医院中》〉的阅读札记》,《汉语言文学研究》2011 年第 2 期。

④ 丁玲:《我们需要杂文》,《丁玲全集》第 7 卷,第 59 页。

指向传统文化,更指向现实世界。如前所述,丁玲是"五四"的传人,登上文坛前就吮吸过"五四"启蒙文学的乳汁,其以《莎菲女士的日记》为代表的初期创作"满带着'五四'以来时代的烙印"①,所宣泄的也是由个性解放幻灭而导致的深沉的精神苦闷——这本身就包含了抗议和挑战现实社会的意味。此时,为了现实批判的需要,丁玲又"想起了鲁迅",又驾轻就熟地举起了"五四"启蒙文学的旗帜,因此,在她鼓吹作家独立思想和自由精神的背后,可以看到始终晃动着的"五四"启蒙文学的影子。

丁玲此期的"文人习气"和启蒙精神,还非常突出地表现在其个性化写作中。它继承"五四"个性传统,以人性视角、个性立场和批判精神,在新的历史文化语境中真实书写了自我"内心的战斗历史"(《风雨中忆萧红》中语)。在选择和切入表现对象时,此类创作所持的是"非政治化"(或曰"去政治化")的人性视角。她曾批评某些创作者因为希望自己的作品有教育意义、政治价值,而"只斤斤追求其合乎理论的范围",并指出正是这种对政治价值的片面追求导致了文学创作中"差不多"、"八股"、"公式"现象的出现。她还以孩子的作文卷子为例,批评它们虽然"意思好"、"够政治化了",但因此却导致了漂亮的"滥调"和"思想的贫乏"。她正面指出,"文艺不是赶时髦的东西,这里没有教条,没有定律,没有神秘,没有清规戒律,放胆地去想,放胆地去写,让那些什么'教育意义'、'合乎什么主义'的绳索飞开去"。② 她吁求作家学习鲁迅"从医治人类的心灵下手"③,要求改造那种"只能拘泥于个体的褊狭之中"的"人的灵魂",从而"使所有的人都能有崇高的享受,和为这享受而做出伟大牺

① 茅盾:《女作家丁玲》,《文艺月报》第1卷第2期,1933年7月。
② 丁玲:《什么样的问题在文艺小组中》,《丁玲全集》第7卷,第46、48页。
③ 丁玲:《我们需要杂文》,《丁玲全集》第7卷,第58页。

性"。① 在丁玲对文艺"去政治化"的这些论述中,透露出了她对文艺与政治关系的认知和文学表现人性的思考:文艺与政治其实不是一回事,文艺是独立的,是可以不受政治的"清规戒律"的束缚的;它有自己的天地,有自己的任务,有自己的表现对象;它所关注的是人、人性和人的心灵,它的目的是致人性于全,它的价值"以其是否将人类的生活向光明推进而决定"②。

丁玲参加实际革命以后对"革命"现状的洞察和对"革命"与"人的解放"关系的深入思考,使她意识到了体制层面上的"革命"其实不能解决个体生命所有方面的问题;相反,如果以"集体"的名义遮掩、压制个体的欲求,则极易导致新的专制。正是从这种文学的"人"的立场和人性视角出发,丁玲此类创作对人的生存状态给予了高度关切,从而以形象的方式提出了更具有普泛价值的问题,即:"'革命'和'人的解放'的应有的状态及其意义是什么?"③我们可以看到,不管是在虚拟性的小说中还是在写实性的散文中,作为题材进入其创作过程的均是与政治无甚关涉的有关"人"的一般状况问题。这些作品以"人"为中心,通过对人物心灵世界矛盾的探索和对人物与环境矛盾的展示,表现出了对"人"的状态和命运的关切。作于 1941 年 2、3 月间的小说《夜》,是一篇剖析人物心灵世界矛盾的代表作。它围绕"土地"与"女人"这两个意象,通过对主人公何华明意识的剖示,从"食"、"色"这两个人性最基本、最重要的方面,真实展示了个体的生存状态。作品对这一状态的描写,主要通过以下两组矛盾展开:其一是乡指导员的政治角色与农民的职业角色之间的矛盾,这一

① 丁玲:《风雨中忆萧红》,《丁玲全集》第 5 卷,第 137 页。
② 丁玲:《作家与大众》,《丁玲全集》第 7 卷,第 43 页。
③ [日]中岛碧:《丁玲论》,袁良骏编《丁玲研究资料》,第 544 页。

矛盾的凝结点就是"土地"。作为乡指导员,他因公要不断地开会,这导致了土地的荒芜,使之不能满足其最低层次上的生存需要——"食"。民以食为天,而食又以"土地"为天。作为一个农民,"土地"简直成了他生命的一部分:"那土地,那泥土的气息,那强烈的阳光,那伴他的牛在呼唤着他,同他的生命都不能分离开来的。"从作品的描写来看,他对其政治角色的扮演并不称职也不成功,他更亲近、更留恋的倒是他作为农民的职业角色。也就是说,他所干的其实是他不能干的、也是他潜意识里不愿干的,他想干的和他能干的其实是他现在不能去干的——这正是何华明生存困境的重要表征。其二是其生命本能的需求与这一需求不能实现之间的矛盾(或曰"新的爱情关系和旧的缺乏爱情的夫妻关系的矛盾"[①]),显然,这一矛盾的凝结点就是"女人"。如果说第一组矛盾涉及的是满其生存需要的"土地"("食")的话,那么,这一组矛盾则有关人的情欲要求("色")。三十岁左右的何华明血气方刚,而长他十二岁的黄瘦的老婆已到中年。性爱的基础之一已经消逝,情欲的要求已经得不到满足。从人性视点和人物性格逻辑出发,丁玲怀着同情之理解,描写了何华明在其他两个女人那里寻求情欲补偿的过程。当然,伴随着两次情欲冲动的,仍然是两次凭依着政治伦理和身份约束对情欲的压抑。对他来说,老婆他已不爱;不是同志的("地主的女儿"清子),他不能爱;是同志的(妇联会委员侯桂英),他同样也不能爱。这样,他就只能继续深陷在生存("色")的困境中而不能自拔。由此可见,《夜》通过对主人公心灵世界矛盾的剖示,沉潜到人性中的"食"、"色"这两个元点,对人的一般状况作出了观照和探索。

丁玲对人的生存状态的关切,更多是通过对人物与环境之间矛盾的

---

① 袁良骏:《论丁玲的小说》,《中国社会科学》1985 年第 4 期。

展示表现出来的。1940 年所作小说《我在霞村的时候》、《在医院中时》均弥散着一股浓重的阴郁压抑之气（即丁玲自己所言的那种"使人不愉快的气氛"），其中的两位主人公与环境都处在尖锐的对立之中。贞贞的不幸固然来自于被日本鬼子掳去的经历，但主要却是因为霞村人的"喊喊嚓嚓"。这正如作品中所写："她现在所受的烦扰，决不只是肉体上的"。他们以流言和冷漠为罗网，"嫌厌她，卑视她"，致使她成了"一个被困的野兽"。陆萍没有贞贞那样的传奇经历，她的境遇要平淡得多，但她同样是社会环境里的一个被困者。延安文艺座谈会后，有人对作品提出了这样的批评："作者为了表现她的人物，她是过分地使这个医院黑暗起来。在这里，它显现它是一个恶劣的足以使人灰心堕落的环境，它是一个绞杀进步改革志愿的保守的环境，它是一个把人的'生命来冒险'的环境。"①撇开其中的那些价值评判不论，评论者所指陈的人物与环境（医院）之间的矛盾、对立，在作品中确实是得到了很突出的表现的。

与虚拟性小说一样，丁玲的写实性散文对这一矛盾也作了描写，甚至显得更加直截、更加集中。1942 年 3 月为纪念妇女节而作的杂文《"三八"节有感》就是这样一篇对这一矛盾作直接观念性表达的作品。它所关注的是延安女性的境遇和命运：她们虽然比中国其他地方的妇女幸福，但是仍然没有"取得平等"的地位；她们仍然不能免却的"那种幸运"就在于性别上的歧视——"不管在什么场合都最能作为有兴趣的问题被谈起"，"而且各种各样的女同志都可以得到她应得的非议"。丁玲以夹叙夹议方式用力揭示的显然是女性群体与整个环境（男权社会）的矛盾。而她作为女性的身份认知（"自己是女人，我会比别人更懂得女人

---

① 燎荧：《"人……在艰苦中生长"——评丁玲同志的〈在医院中时〉》，《解放日报》1942年 6 月 10 日。

的缺点,但我却更懂得女人的痛苦"),使之在那些琐碎的"结婚"、"离婚"的话题中,以女性的敏感和细腻强烈地感受到了女性在那个环境中所遭受的"无声的压迫"。她借助这些话题,写出了女性的"血泪史","述说了女性在严酷的生命和现实中的无奈",同时,也"满怀不平地为女性所受到的格外的苛责辩护"①。而当时两名女性正面临离婚的厄运,又给她以强烈的现实刺激,于是,她将由此"引起的为妇女同志鸣不平的情绪,一泄无余地发出来了"②,从而使这种辩护具有了相当明显的愤激色彩。这篇情绪愤激的杂文在整风运动中曾在政治层面上遭到批评,被指"攻击了领导,诬蔑了边区"。其实,从以上分析中可以看出,它确实"说的只是一个妇女问题"③。丁玲的关注点并不在政治(她说过,"这同一切的理论都无关,同一切主义思想也无关,同一切开会演说也无关"),而在作为人类之另一半的一个特殊群体——女性——在男权社会环境中的生存境遇,因而可以视作其"人性视角"在性别上的顺延和铺展。它的愤激不是指向政治的,而是指向女性遭受歧视之现实的。因此,其情绪之愤激,倒是从一个方面映衬出其人文关怀之强烈。

《"三八"节有感》发表后,得到很多人的拥护,但也招来了许多物议。除公开的严厉批评外,"背地里闲言碎语,叽叽喳喳",也"可能是很多的"④。如果说《"二八"节有感》揭示的是女性群体的生存境遇的话,那么,一个多月以后所作的散文《风雨中忆萧红》则融入了对《"三八"节有感》发表后横遭物议的情感体验,书写了作为个体的自我存在困境。在她笔下,春天万物复苏、充满生机的美景不见了,触目所见、充塞耳际的

---

① 李书磊:《1942:走向民间》,山东教育出版社1998年版,第231页。
② 丁玲:《延安文艺座谈会的前前后后》,《丁玲全集》第10卷,第278页。
③ 丁玲:《答〈开卷〉记者问》,《丁玲全集》第8卷,第9页。
④ 丁玲:《毛主席给我们的一封信》,《丁玲全集》第10卷,第286页。

却是"阴沉和絮聒",随处所感的也都是"阴霾的气压"。这是丁玲的眼前之景,更是丁玲的心头之景。"阴沉"、"阴霾"等语词的一再使用,其意不仅在于提领景色之特点,更在传达她对此景的感悟以及对自我所处社会环境的认知。从这一意义上说,丁玲对"水的絮聒"、"脏布似的云块"及"阴霾的气压"的描写,是对自然环境的写实,是对社会文化环境的象征,也是对自我存在困境的描绘。这种个体存在困境,在性质上主要是一种精神上的困境;这一困境的形成,显然是缘于自我与环境的对立。社会环境给她施以巨大的精神压力,她必须直面的是世界上"最可怕"的、比"艰难险阻"、"洪水猛兽"、"荒凉寂寞"更使人"难于忍耐"的"阴沉和絮聒",她因此不能不"背负着宇宙的时代所给予的创伤",以至于她的"头成天膨胀着要爆炸,它装得太多,需要呕吐"。她在1942年下半年所作的一篇检讨中,也承认了这一描写的蕴指:它与小说《在医院中时》一样都贯穿了"使人不愉快的气氛","而在这样一种空气中,却还加上因循苟且,喊喊嚓嚓,像这样的一种烦人的境界",它比后者"写得更巧妙和更沉重"。①

丁玲陕北前期的创作,处在革命和战争的环境中。一般来说,在阶级矛盾和民族矛盾激烈的年代,"文学工具论"会大行其道,从而在创作中引发出相当普遍的文学功利化、政治化的倾向。而丁玲此期创作中对人性视角的使用和对人的生存状态的关切,说明她在接受功利化、政治化文学思潮影响、进行政治化写作的同时,仍然有坚守自我个性立场的一面。这种在当时文学语境中带有某种反潮流性质的个性立场,所继承的是"五四"个性主义传统,所关涉的是对知识分子独立思想和自由精神的理解和守护。

---

① 丁玲:《关于〈在医院中〉(草稿)》,《中国现代文学研究丛刊》2007年第6期。

　　在个性与政治的张力场中,丁玲也曾感到过迷惘与困惑:一方面,经过多年改造,在显意识层面,她接受了政治的他律;而另一方面,在潜意识层面,她又抵制不了个性、自由的诱惑,因而对之恋恋不舍,并时时反顾。她晚年回忆说,四十年代初在延安,她遇到了当年自己加入左联的介绍人潘汉年。那时,她"只是愉快地,或者有时有一点愁闷地,实际可以说懵懵懂懂地,安心地做螺丝钉那样地做些杂事",而他则"沉思地恳切地说了一句:'好好写文章吧。'"①在这里,"做杂事"与"写文章"显然不仅仅是两种不同的工作方式,还代表着两种不同的思想方式。简言之,前者是做螺丝钉,后者则象征着个性、独立与自由。丁玲之所以对他的这番话会倍感滋润、熨帖,以至于她的心里"好像贴了一块湿润的温暖的手帕",是因为她对个性、自由等有着割舍不了的依恋和眷顾。

　　正是出于这种依恋和眷顾,她写下了浸染着个性精神的作品,从而使"她的自我"顽强地"在笔下世界中露面"②了。《我在霞村的时候》中的贞贞本是一个没有经历过现代启蒙的农村姑娘,但在作者主体精神的投射和改塑下,她表现出了具有现代意义的强悍个性。她之"受伤太重",不仅是因为日本鬼子蹂躏过她,也是因为同村的那些"像杂货店老板那一类的人"在"嫌厌她,卑视她"。这双重的劫难,使她成了"一个被困的野兽"。但是,"受伤太重",倒使她养成了"现在的强硬",使她变成了"一个复仇的女神"。在这万劫不复的逆境里,她"硬着头皮挺着腰肢过下去",表示"不要任何人可怜她,她也不可怜任何人",从而显示了顽强的个性意志。最后,她愿意去延安治病并准备留在那里学习,其中所贯彻的也是以自我选择来决定自己命运的个性精神。作者将自己的个

---

① 丁玲:《回忆潘汉年同志》,《丁玲全集》第 6 卷,第 211 页。
② 王雪瑛:《论丁玲的小说创作》,《上海文论》1988 年第 5 期。

性思想投注到自己所钟爱的人物身上,使这个"在落后的穷乡僻壤中的小女子的灵魂,却展开出了她的丰富和有光芒的伟大"①。在叙述者"我"的眼里,遭遇坎坷的贞贞却还葆有一颗赤诚无瑕之心:她的眼睛"被灯光和火光照得很明亮,就像两扇在夏天的野外屋宇里洞开的窗子,是那么坦白,没有尘垢";对这样一个"有热情的,有血肉的,有快乐、有忧愁、又有明朗性格的人","我"毫不隐晦地表达了自己的"喜欢"之情。通过叙述者"我"的如此描述与评价,作者流露出了对人物的欣赏。这种欣赏从一个角度表现出了对个性精神的赞美。

《在医院中时》里的陆萍与贞贞一样,都具有其个性精神,因为出身、教养和所处情势等方面的不同,陆萍在与环境的对抗中更表现出进攻性——如果说贞贞在与环境作斗争时采用的主要方式是冷嘲的话,那么,陆萍的主要方式则是热讽。作为这座新建医院的一个新来者,陆萍凭着单纯的理想("她总是爱飞,总不满于现状")、"足够的热情,和很少的世故",不断地"陈述着,辩论着,倾吐着她成天所见到的一些不合理的事",并"理性地批判了那一切"。她急于改造这个环境,但是环境却在给她施与更大的压迫,她成了医院里"小小的怪人","被大多数人用异样的眼睛看着"。在流言纷起、帽子袭来之时,她仍然"寻仇似的四处找着缝隙来进攻,她指责着一切。她每天苦苦寻思,如何能攻倒别人,她永远相信,真理是在自己这一边"。最后,她要求再去学习,"真真的用迎接春天的心情离开这里",并不是因为自己怯阵而退,而是为了保存自己的理想,使自己能够"不消融"于环境。作者怀着极大的同情描写了作为个性主义者的陆萍与环境的斗争,讴歌了其不屈的个性精神,从而使这篇作品成了个性主义的赞歌。丁玲自己在延安文艺座谈会以后所作的检查

---

① 冯雪峰:《〈丁玲文集〉后记》,《雪峰文集》第2卷,第212页。

中也承认,"我写这篇小说的确还是从个人主义出发"①。而在批判者看来,这篇小说自然也成了"丁玲的极端个人主义的反动世界观的缩影"②。

在创作流露自我个性精神作品的同时,丁玲还写出了直截表明自己个性立场的言志散文《风雨中忆萧红》。她在揭示个体存在困境的同时,明确宣示了自己在困境中坚守个性的思想立场。在"阴霾的气压"的挤压下,虽然她感到"难于忍耐",甚至为此还在与"宇宙的时代"的对峙中"背负"起了累累"创伤",但她却决不悲观,相反,她仍然显得"很愉快"。原因就在于:"五四"个性主义传统为知识分子坚持独立思想和自由精神,提供了不证自明的逻辑前提——这无疑为她敢于坚守个性、敢于与"风雨"(社会文化环境)对峙提供了自信与勇气。于是,我们可以看到,丁玲在阴晦风雨中返回内心,对自己内在的精神生活及其价值作出了深度阐释,以诗一般的语言吟诵出了对自我价值和个体独立性的赞歌:"我感到我身体内有东西在冲撞",其中"包括了真理和智慧";正是"它支持了我的疲倦,它使我会看到将来,它使我跨过现在,它会使我更冷静……它是我生命中的力量"。也就是说,自己生命中的力量不是来自于外部,而是来自于自己的内心;是这种来自内心的力量为自己的生命提供了价值和支撑,使之敢于直面充满"阴沉和絮聒"的现实文化环境。为了寻找自己思想上的同道、给自己以精神上的支撑,她想起了冯雪峰、瞿秋白和萧红。他们三人,其经历、性格乃至政治面貌是如此不同,丁玲却将他们整合到一起,一并忆之,其间贯穿着一条思想线索——他们均以自己的方式表现出了对自我个性的坚守。可以这样说,是丁玲伸张个性的内心诉求引出了对他们的回忆,而丁玲对他们的回忆则进而表露了她对坚守

① 丁玲:《关于〈在医院中〉(草稿)》,《中国现代文学研究丛刊》2007年第6期。
② 周扬:《文艺战线上的一场大辩论》,《文艺报》1958年第5期。

个性的渴望。根据丁玲的观察和回忆,如果说冯雪峰对个性的维护主要表现在"不会趋炎附势"上,萧红主要表现在"从没有一句话是失去了自己的"、"不依赖于别的力量"和"有气节"上,那么,在瞿秋白那里,则主要表现在他曾经有过的"二重的生活"的矛盾上:"在政治生活中过了那么久,却还不能彻底地变更自己,他那种二重的生活使他在临死时还不能免于有所申诉。"所谓"二重的生活",一重当然指外在的"政治生活",另一重指的该是与政治生活有冲突的知识分子内在的精神生活("内心的战斗历史")、那种"不能彻底变更"的以个体为本位的"五四"思想立场。丁玲自然意识到这"二重的生活"在当时的社会文化语境中是无法等值的,因为前者是"整体",后者则"很渺小"。从"政治生活"的角度来看,丁玲自然会"责怪他申诉的'多余'",但从一个"非政治"的角度(即"思想"的角度)来看,这种"申诉"不也很令人"感动"吗? 丁玲之所以会在体味其内心的战斗历史时深受感动,主要原因就在于她自己也有着同样的精神倾向。文章最后通过"风雨中寄语",卒章显志,宣示了自己继承故人意志、坚守自我个性的悲壮情怀:

> 我的工作已经够消磨我的一生,何况再加上你们的屈死,和你们未完的事业,但我一定可以支持下去的。我要借这风雨,寄语你们,死去的,未死的朋友们,我将压榨我生命所有的余剩,为着你们的安慰和光荣。那怕就仅仅为着你们也好,因为你们是受苦难的劳动者,你们的理想就是真理。

这里的"你们"就是上文忆及的三个故人,而"你们的安慰和光荣"与"理想",从文中所忆及的重点来看,显然都与"个性"、"自由"、"独立"等个性主义精神内涵相关联。"故人"的故去与受难,使之不能不感叹"同伴"的缺失和"力量"的减损——这固然使她"更感到我的重荷",但是,为了这些"朋友们"的(也是自己的)"事业"、"理想"和"真理",她在风雨中寄语明志,决然表示:不但要独力支撑("我一定可以支持下去"),而且要以自己的整个生命殉之("压榨我生命所有的余剩")。这一悲壮寄语,显示的是丁玲对个性主义精神的确信和坚守这一"理想"的坚强意志。

　　丁玲此期对个性立场的守护、对知识分子独立思想和自由精神的弘扬,还非常突出地表现在对知识分子与大众关系的认知上。处在革命和战争年代,从单一的政治功利性出发,大众作为革命和救亡主力的社会地位被凸显,而被启蒙的思想地位则被极大地淡化和弱化了。正是在这一背景下,丁玲在多篇杂文中对大众的社会角色("救亡主力")与思想地位作出了富有卓见的区别,认为前者并不能机械地决定后者;如果要充分发挥群众在抗战中的作用,就必须首先由知识分子对他们进行启蒙。抗战之初,她就尖锐地指出了群众思想上存在的弱点(如他们"本都有其固守的风俗人情习惯,有他们的迷信,忌讳"、"他们的错误的陋习"),要求知识分子在"群众化"的过程中不要忘掉"化群众"的任务,因而,"只求能适合群众,而绝不取媚群众"。① 丁玲对知识分子的独立价值和启蒙作用的强调一直延续到四十年代初期。那时,丁玲仍然关注着抗日战争中"人"的改造问题,要求作家去了解"昨日的、落后的、愚昧的个人怎样在抗日战争中被教育着,成为坚强的、干练的、前进队伍中的一员";要求作家"必须时时记住自己的任务",使自己的作品能够发挥"提高大众的感情、思想、意志"的作用。② 在《我们需要杂文》中,她号召作家学习鲁迅"从医治人类的心灵下手",举起杂文这一武器,铲除"中国的几千年

① 丁玲:《适合群众与取媚群众》,《丁玲全集》第7卷,第22、23页。
② 丁玲:《作家与大众》,《丁玲全集》第7卷,第44、45页。

来的根深蒂固的封建恶习"。虽然其中没有明言这种"封建恶习"的主要
载体为谁,但是对照上文所引,显然应该是有"错误的陋习"的"群众"。
总之,丁玲要求知识分子牢记自己的责任,设法纠正群众错误的陋习,提
高群众的思想。显然,这一思想态度继承了"五四"精神传统,表现出了
对知识分子独立价值的守护。

　　丁玲陕北前期创作中所表现出来的人性视角和个性立场,决定了它
们必然具有批判现实的精神。当她以个性立场关注人的生存状态时,她
发现人的生存困境几乎无一例外地都源自于环境的压迫。为了"将人类
的生活向光明推进",她就必然会将批判的矛头指向阻碍人性实现的现
实环境。丁玲此类创作对现实的批判,是在"写真实"旗帜下展开的。
1940年4月,她写了篇题为《真》的杂文,积极倡导"写真实",要求按照
现实的本来样子来反映现实。她批评当时"弄艺术的人"脱离现实的倾
向,指出:"不是真的东西,不是人人心中所有的东西,是不会博得人人喜
爱的。粉饰和欺骗只能令人反感";"艺术本质之提高,不在形式,却正是
看它是否正确反映了现实而决定的"。这样,"写真实"本身就包含了或
者说就是对现实的一种思想态度,就是反对"粉饰和欺骗"。她倡导正确
地如实地反映现实,在当时是有极其锐利的思想锋芒的。当时,环境是
如此令人"无可奈何",现实中存在的需要克服的东西是如此之多,因此,
写出这样的"真实",实际上就是对现实的批判。正是从这一思想逻辑出
发,她反对不讲原则的"伪君子"式的"大度和宽容",反对"只是为了大
度"而"姑息养奸",而要求文学作品和文学报刊"把握斗争的原则性,展
开深刻的、泼辣的自我批评,毫不宽容地指斥应该克服、而还没有克服,
或者借辞延迟克服的现象"。① 后来她发表《我们需要杂文》,其宗旨也

---

① 丁玲:《大度、宽容与〈文艺月报〉》,《丁玲全集》第7卷,第49、50页。

在于通过倡导杂文创作来弘扬鲁迅杂文的批判精神,用她自己的话说,就是:"对社会、对文艺本身加以批判"①。

在"写真实"的旗帜下,丁玲着力批判的是在现实中残留的封建等级观念。她以杂文这一医治"时代的病症"的"最锋利的刀刺"②,刺向了不平等的社会现实,也刺向了人们的等级意识,因此,对封建等级观念的批判事实上构成了其杂文创作的一个重要母题。它们往往从具体琐碎的社会现象谈起,并由表及里、以小见大地引向对中国传统文化痼疾的批判,因而,它们与鲁迅杂文一样,具有了鲜明的社会—文化批评的特征。在这些杂文中,影响最大的是《"三八"节有感》。延安的女性仍然不能免除的被作为谈资和非议对象的"那种幸运",自然说明了被称为"革命圣地"的延安仍然存在着性别等级和性别压迫的现象。这是封建等级观念在性别问题上的表现。此外,其他各篇也都有各自切入这一母题的独特角度。《干部衣服》(1941年春作)谈的是延安的一些"小的具体的情况":如有人靠"干部服"包装自己,显示自己的身份、地位;有人把骑马视为"不只是代步的问题,重要的是可以改变别人对自己的观感";有人把进马列学院看作是"有头衔"的象征。文章在随意而谈中对延安落后陈旧的等级观念提出了尖锐的批评。同年10月的《〈新木马记〉演出前有感》本为同名剧本的演出而写,但又作了引申,批评了那种"设法使别人也不上前,或者把别人拉下来,好让自己在前边"的"不光明的情感"和心理——说到底,这种心理仍然是封建等级观念作祟的结果。

丁玲的这些杂文具有深层的文化诉求,其矛头所向是中国传统文化的痼疾。但它们又不是纯粹的文化批评,文化批评是其"里",社会批评

---

① 丁玲:《〈解放日报〉文艺副刊一〇一期编者的话》,《丁玲全集》第9卷,第38页。
② 丁玲:《我们需要杂文》,《丁玲全集》第7卷,第59页。

是其"表",因而形成了一种文化批评与社会批评相互混融的形态。尽管它们的文化诉求是终极性的,但用以揭示这一文化痼疾的社会现象却发生在延安。这就使她的"子弹"打得更切近现实。丁玲没有因为这些现象发生在延安,而熟视无睹、粉饰太平。她以一个作家的艺术良知和敢于承担的精神,欲在"有了初步的民主"的"进步的地方"继续尽自己的"督促,监视"之责。显然,这种思想是与"这里只应反映民主的生活,伟大的建设"的观念完全相悖的,而与王实味在《政治家·艺术家》中所说的"大胆地但适当地揭破一切肮脏和黑暗,清洗它们"的理念一脉相通。

小说《我在霞村的时候》对等级意识的批判也是很尖锐的。它是丁玲根据听到的一个女人的故事于1940年下半年写出的。萧军在1940年8月19日的日记中也以"一个从侮辱中逃出的女人"为题,记述了这个故事的梗概:"一个在河北被日本掳去的中年女人,她是个党员,日本兵奸污她,把她掳到太原,她与八路军取得联络,做了很多的有利工作,后来不能待了,逃出来,党把她接到延安来养病——淋病。"[①]在该日的日记中,萧军还补记了前天晚间与丁玲在一起的事情,可以推测,他们所听到的当是同一个故事。丁玲从批判的角度对这个故事作了改造,对这个故事的传奇性作了淡化处理,而着重于对由那些"人们"构成的环境以及其等级意识的批判。丁玲后来回忆说,她一听到有关作为贞贞原型的那个女同志的故事,"我心里就很同情她。一场战争啊,里面很多人牺牲了,她也受了许多她不应该受的磨难,在命运中是牺牲者,但是人们不知道她,不了解她,甚至还看不起她……于是,我想了好久,觉得非写出来不可"[②]。显然,这一故事触发丁玲创作动机的主要是那个"牺牲者"的

① 萧军:1940年8月19日日记,《萧军日记(1940)》,《新文学史料》2007年第3期。
② 丁玲:《谈自己的创作》,《丁玲全集》第8卷,第88页。

个体命运,在丁玲看来其命运的悲剧性固然来自激烈的民族矛盾,但同时也来自于"人们"的偏见——这是更令人痛心的。于是,在作品中,丁玲痛心地写出了"她被侮辱、被损害的经历反倒成为她在自己的亲人和乡亲中被歧视的缘由"①,在寄同情于年轻的贞贞的同时,着重通过描写人们对贞贞的歧视,对解放区仍然存在的浓厚的封建等级意识作出了深刻的批判。作品中的那些"人们"之所以看不起她、歧视她,是因为在他们看来,她已经不是他们的"同类的人"。尤其值得注意的是,"让贞贞最难堪的不是男人,而是同村的多数妇女"②。她们"因为有了她才发生对自己的崇敬,才看出自己的圣洁来,因为自己没有被敌人强奸而骄傲了"。她们以贞贞为比照和反衬,取得了道德上的优越感;这种优越感使她们在意念上提升了等级,变成明显高于她的一类人。她们对她的"卑视",正是从这种心理优势出发的。

其次,丁玲还批判了人们冷漠、愚昧的精神特性。中国是一个小生产的大国,长期的自然经济状态使人们不但在空间上处于分散状态,而且在情感上也缺乏同情、理解和爱。这使得人们往往在私人生活场域表现出冷漠来。虽然陕北时期政治经济条件已经发生了很大的变化,但是,作为一种历史惯性的延续,"冷漠"仍然是生活其间的许多人的精神特性。陆萍去报到时,医院院长居然"像看一张买草料的收据那样懒洋洋的神气读了她的介绍信",表现出来的是"一种对女同志并不需要尊敬和客气的态度"。《在医院中时》的这一细节提示了陆萍在医院中的可能命运。"革命既然是为着广大的人类,为什么连最亲近的同志却这样缺

---

① 李书磊:《1942:走向民间》,第 229 页。

② 王德威:《做了女人真倒楣?——丁玲的"霞村"经验》,《想象中国的方法:历史·小说·叙事》,三联书店 1998 年版,第 175 页。

少爱"——陆萍提出的这一问题,其实也是属于作者自己的。正是在对这一问题的思索中,丁玲在思想上逼近了在弘文学院学习期间的鲁迅——那时,鲁迅与好友讨论的一个大问题就是"中国国民性中最缺乏的是什么"①。在丁玲笔下,他们的这种冷漠性格(即"缺少爱")首先表现在其看客心理上。不幸的贞贞回村以后,除了她原先的恋人夏大宝之外,村人几乎没有对她表示同情的。不但如此,他们还充当起了鲁迅笔下一再写到的看客:"天气很冷,他们好奇的心却很热,他们在严寒底下耸着肩,躬着腰,拢着手,他们吹着气,在院子中你看我,我看你,好像在探索着很有趣的事似的。"别人的灾难在他们成了一种"有趣",这确实触目惊心地显示出了人们之间冷淡、冷酷以至残酷的心理内容。其次,这种冷漠性格还表现在他们的"喊喊嚓嚓"上。对背地里的飞短流长、"喊喊嚓嚓"及其冷漠的心理内涵,丁玲有着痛切的体验。如前所述,她的《风雨中忆萧红》一文的创作动机也正是由这一体验所触发的;而小说《在医院中时》,则把这种体验通过具体的艺术描写传达了出来。小说写道:"医院里大家都很忙,成天嚷着技术上的学习,常常开会,可是为什么大家又很闲呢,互相传播着谁又和谁在谈恋爱了,谁是党员,谁不是,为什么不是呢,有问题,那就有了嫌疑!……"在这样的整体氛围中,具有鲜明个性精神、不愿与环境同流合污的主人公的命运也就可想而知了。作者满怀同情一再写到"喊喊嚓嚓"给她带来的伤害:"她竟常常被别人在背后指点,甚至躺在床上的病人,也听到一些风声,暗地用研究的眼光来望她";那场手术后,"陆萍像害了病似的几天没有出来,医院里的流言却四处飞。这些话并不相同。有的说她和郑鹏在恋爱,她那夜就发疯了,现在还在害相思病。有的说组织不准他们恋爱,因为郑鹏是非党员,

---

① 许寿裳:《亡友鲁迅印象记》,人民文学出版社 1977 年版,第 19 页。

历史不明"。指导员居然也相信了那些谣言而正式责问她。陆萍自然被
这种侮辱激怒了,她想"寻仇似的四处找着缝隙来进攻",但却找不到进
攻的对象。因此,这些"喊喊嚓嚓"者(也就是谣言的制造者和传播者)事
实上充当了无主名杀人团的成员,其冷漠中的卑怯和卑怯中的冷漠自然
是不言而喻的了。

在私人生活场域,丁玲笔下的许多人物显示出缺乏爱心的冷漠;而
在公共事务方面,他们则像阿 Q 一样以"惯例"为信条,阻挠改革,因而
显得相当地愚昧、保守。有学者曾指出:作为一个"四十年代医院里新来
的青年人",陆萍与周围环境之间的矛盾,就其实质来说,"乃是和高度的
革命责任感相联系着的现代科学文化要求,与小生产者的蒙昧无知、偏
狭保守、自私苟安等思想习气所形成的尖锐对立"。① 陆萍凭着自己所
掌握的现代科学知识和"在很小的时候,就已经养成"的道德心,对因循
苟且的医院环境表现出了敏锐的感知,提出了一系列改革的意见。对于
这些意见,虽然"大家承认是好的,也决不是完全行不通,不过太新奇了,
对于已成为惯例的生活就太显得不平凡",于是,他们便以"没有人力和
物力"为理由将它们否定了。她曾写信恳求院长在手术室装煤炉,但是,
院长"为节省几十块钱",只生了几盆炭火,拿病人和医护人员的生命来
冒险,几乎酿成大祸。丁玲以这一情节对愚昧、保守的精神特性之巨大
危害作了触目惊心的展示和批判。

丁玲在"写真实"旗帜下展开的现实批判,从思想革命的角度继承了
"五四"启蒙传统,在新的历史条件下接续了"五四"文学改造国民性的母
题,其矛头直接指向了封建等级意识和冷漠、愚昧的精神特性这些"根深

---

① 严家炎:《现代文学史上的一桩旧案——重评丁玲小说〈在医院中〉》,《钟山》1981 年
第 1 期。

蒂固的封建恶习"，从而表现出了作者的独立思想、自由精神和干预现实的巨大勇气。不难看出，在这一批判中，丁玲始终洋溢着一种战斗的热情。这种"战斗"，在她看来，应该是一种至高的"享受"。1941年9月，她在杂文《战斗是享受》中，借助于对一群弄潮儿在寒冷的激流大涛中"彼此叫唤着"捞取木材场面的描写，抒发了自己的"战斗是享受"的人生体验："只有在不断的战斗中，才会感到生活的意义，生命的存在，才会感到青春在生命内燃烧，才会感到光明和愉快呵！"从她这样的生命体验中可以推见，丁玲的上述创作在对这些"根深蒂固的封建恶习"作"战斗"时，她是充满了自我实现的快感和欢愉的。这说明，在她心灵深处，这种现实批判已经上升到了自我实现的审美层次。

总之，在陕北前期的个性化写作中，丁玲以人性视角、个性立场和批判精神对自我"内心的战斗历史"作出了真实的书写。虽然这一书写在题材上并不总是直接指向内心，并不总是以心灵世界为表现对象，但是，它在精神上却是始终忠实于自我，始终忠实于以个体为本位的"五四"思想立场的。换句话说，它通过对特定文化环境中的人的境遇和命运的书写，赓续了"五四"个性传统，对自我"内心的战斗历史"（即作为知识分子的内在精神生活）作出了真实的呈现。丁玲陕北前期的个性化写作，具有双重文学史价值：一方面，它与"政治化写作"的并列，维系了其创作最初转型以来所形成的"二项并立"的基本格局——这使丁玲此期创作在新的历史时空中仍然保持了必要的张力，而明显区别于其陕北后期单一的"政治化写作"；另一方面，丁玲以此与其他来自国统区的作家一起，共同开启了延安文学的启蒙潮流，共同谱写了延安文学的启蒙篇章——作为一种有较大影响的文学思潮，这事实上成了抗日民主根据地和解放区启蒙文学的绝响。

| 第十章　陕北后期 |

1942年5月,延安文艺座谈会召开。这是中国现代文学的转折点,也是丁玲陕北时期思想和文学道路的转折点。在1950年5月所作的《〈陕北风光〉校后感》一文中,丁玲说:"陕北在我的一生中却占有很大的意义","在陕北我曾经经历过很多自我战斗的痛苦,我在这里开始认识自己,正视自己,纠正自己,改造自己"。她反省自己"过去走的那条路可能达到两个目标,一个是革命,是社会主义,还有另一个,是个人主义。这个个人主义穿的是革命衣裳,装饰着颇不庸俗的英雄思想,时隐时现。但到陕北以后,就不能走两条路了。只能走一条路,而且只有一个目标。即使是英雄主义,也只是集体的英雄主义,是打倒了个人英雄主义以后的英雄主义"。[①] 在这里,丁玲对自己从原来的"走两条路"到"只能走一条路"这一思想转换内容和轨迹的总结,是合乎实际的,只

---

① 丁玲:《〈陕北风光〉校后感》,《丁玲全集》第9卷,第50、51页。

是,她这一思想转换的发生,不是在刚"到陕北以后",准确地说,应该是在延安文艺座谈会召开以后。延安文艺座谈会构成了她思想转换的重要节点。

1942年2月,毛泽东在延安先后作《整顿党的作风》和《反对党八股》的报告,"反对主观主义以整顿学风,反对宗派主义以整顿党风,反对党八股以整顿文风"的整风运动开始了。8日下午,丁玲到中央党校旧礼堂亲耳聆听了毛泽东在延安干部会议上所作的《反对党八股》的报告。在号召"对以前的错误一定要揭发,不留情面"①以整顿三风的大背景下,丁玲"思想太解放,信笔所之",于3月8日清晨作成"触犯"之文——《"三八"节有感》,②并于次日发表在《解放日报》上。具有吊诡色彩的是,就在同一天的《解放日报》上,却又发表了由胡乔木撰写、毛泽东修改的社论《教条与裤子》,指出:"谁要是诚心诚意地想反对教条主义,那么他第一着就得有脱裤子的决心和勇气",明白无误地把剑刺指向了"反对教条主义"者自身。丁玲因"缺少考虑",一不小心碰上了这一锋利的剑刺。于是,主要因这篇杂文,她受到了中央高层的密切关注。在4月召开的两次中央政治局会议上,丁玲作为值得关注的"某类人"或"某种现象的代表"被提及。在2日的会议上,康生说到,"现在反三风,不好的形式有三种","王实味、丁玲的形式"为其中之一;在17日的会议上,陈云提出:"对'文协'的丁玲、萧军等,采用个别谈话最好"。③虽然中央领导在丁玲其人其文的定性上、在处理丁玲问题的方法上,意见可能还不尽一致,但是,丁玲本身成了一个"问题",应该是他们相对一致的看法。这

---

① 毛泽东:《整顿党的作风》,《毛泽东选集》(一卷本),第829页。
② 丁玲:《延安文艺座谈会的前前后后》,《丁玲全集》第10卷,第279页。
③ 陈晋:《文人毛泽东》,上海人民出版社1997年版,第225、226页。

是丁玲所不知道的。

丁玲所能感受到的是,此前,3月31日她参加毛泽东亲自主持的《解放日报》改版座谈会,会议气氛之严肃、峻急,已经与过去全然不同。"在这个会上,贺龙、王震同志都批评了《"三八"节有感》,批评得很尖锐。贺龙说,丁玲,你是我的老乡呵,你怎么写出这样的文章?跳舞有什么妨碍?值得这样挖苦?话说得比较重。"①在最后总结中,毛泽东说:"冷嘲暗箭,则是一种销蚀剂,是对团结不利的"②,并对《解放日报》发表的丁玲、王实味采用此法做成的文章,作了不点名的批评。③她所能看到的是,此间,4月4日,她二十多天前还在其间担任编辑的、此时已经改版的《解放日报》发表了一篇署名"克勉"的来信——《"轻骑队"及其他》,对中央青委的墙报"轻骑队"及丁玲、王实味的杂文提出了批评;4月5日,《解放日报》发表社论《整顿三风必须正确进行》,严厉指责某些人是"从不正确的立场来说话",其"错误的观念,错误的办法,不但对于整顿三风毫无补益,而且是有害的";4月13日,"轻骑队"编委会在《解放日报》上作出了初步的检讨。此外,她所能听到的,便是那有关自己的、无主名的"喊喊嚓嚓"……总之,从那些高级领导的指责中、从党报的批评中以及各种传言的流播中,丁玲不能不感受到巨大的政治压力。

---

① 胡乔木:《胡乔木回忆毛泽东》,人民出版社1994年版,第55～56页。

② 毛泽东:《在〈解放日报〉改版座谈会上的讲话》,《毛泽东新闻工作文选》,新华出版社1983年版,第90页。

③ 丁玲在《延安文艺座谈会的前前后后》一文中也有类似回忆:4月初,她参加了毛泽东主持的一次高级干部学习会。会上共有八人发言,除一人外,均对《"三八"节有感》和《野百合花》提出了批评。第二个发言的是贺龙。他忿忿地说:"我们在前方打仗,后方却有人在骂我们的总司令……"毛泽东总结时说:"《"三八"节有感》虽然有批评,但还有建议。丁玲同王实味也不同,丁玲是同志,王实味是托派。"见《丁玲全集》第10卷,第279、280页。

5月1日，"文抗"开始整风学习，丁玲被中宣部指定为"文抗"整风学习委员会主任，委员有刘白羽、郑文等人。5月2日，她参加了延安文艺座谈会，聆听了毛泽东《在延安文艺座谈会上的讲话》的"引言"部分。5月23日，她又聆听了毛泽东《在延安文艺座谈会上的讲话》的"结论"部分。毛泽东在"结论"中对"有些同志缺乏基本的政治常识"而发生的"各种糊涂观念"，提出了尖锐批评。其中他所批评的许多"糊涂观念"，如"人性论"、"文艺的基本出发点是爱，是人类之爱"、"从来文艺的任务就在于暴露"、"还是杂文时代，还要鲁迅笔法"等，显然均来自丁玲自己和以丁玲为首的"文抗派"。这使丁玲后来作出了这样的推断："召开这次会议，也可以说是由一篇文章就算是由《"三八"节有感》而引发的吧。"①会议合影时，"有人听见毛主席找丁玲，问'丁玲在哪里呢？照相坐近一点么，不要明年再写《"三八"节有感》'。"②所有这些，都表明了毛泽东对丁玲及其创作的态度。这不能不使丁玲感受到更大的政治压力。

在巨大的政治压力下，丁玲陕北前期"二重的生活"很快单一化了，变成了单一的"政治"的生活；原来能走"革命"和"个人主义"的"两条路"，也变成只能走"革命"的"一条路"了。这样，单一的"革命意识"宣扬和纯政治化写作，就使从左联时期形成、在陕北前期仍然延续着的"革命意识"与"个性思想""二项并立"的思想—创作结构彻底倾覆了。丁玲党性的增强和思想转换的实现，是以清除自己头脑中的"个人主义"等一切非无产阶级思想、彻底放弃个人的"自由"作为标志的。原因就在于"自由"是与"革命"相对立的，要增强党性、强化革命意识，自然就意味着必

① 丁玲：《延安文艺座谈会的前前后后》，《丁玲全集》第10卷，第281页。
② 见黎辛：《〈野百合花〉·延安整风·〈再批判〉——捎带说点〈王实味冤案平反纪实〉读后感》，《新文学史料》1995年第4期。

须克服一己之自由。用当时到延安参观的一个局外人的话来说,所谓"增强党性","即是减弱个性,要求党员抛弃更多更多的个人自由"①。而作为一个局内人,艾思奇当时在谈及对《讲话》意义的认识时,也凸现了"革命"与"自由"二者之间的对立,表现出了扬此抑彼的鲜明态度。他把这二者之间的关系具体化为"队伍"("集体")与"个人"、"纪律"与"自由"的关系,指出:《讲话》使"我们"明白"是被组织在战斗的队伍里",因而"我们"需要"纪律";这种纪律"是幻想和自由的'紧箍咒'",为之而"受伤"的只是"个人主义的灵魂"。②

丁玲的思想转换,正是在这一背景下发生的,也同样是以改造"个人主义的灵魂"为前提的。她自己后来回忆说,"那年整风开始不久,我们天天学习文件,批判个人英雄主义"③。在文艺座谈会上的发言(次月整理成《关于立场问题我见》一文发表)中,她就表明了彻底改造自己、缴纳"自己的甲胄"的决心:"改造,首先是缴纳一切武装的问题。既然是一个投降者,从那一个阶级投降到这一个阶级来,就必须信任、看重新的阶级,而把自己的甲胄缴纳",以"把这一种人格改造成那一种人格";"与其欣赏那些,赞美那些个人的伟大,还不如歌颂那些群众的平凡的事业。这才是真真的伟大"。④ 她自觉地全身心投入延安整风运动,"在运动中她写了两本学习心得,一本封面的题目是《脱胎换骨》,另一本是《革面洗心》"⑤。单从心得的题目,就可以看出运动对她的触动之深和她自我改

———————

① 赵超构:《延安一月》,上海书店1992年版,第86页。
② 艾思奇:《谈延安文艺工作的立场、态度和任务》,《谷雨》第1卷第5期,1942年6月。
③ 丁玲:《序〈丁玲戏剧集〉——我与戏剧》,《丁玲全集》第9卷,第158页。
④ 丁玲:《关于立场问题我见》,《丁玲全集》第7卷,第68、69页。
⑤ 陈明:《丁玲在延安——她不是主张暴露黑暗派的代表人物》,《新文学史料》2003年第2期。

造意志之坚决。

丁玲在政治上、思想上开展自我批判的同时,对自己以往的启蒙型创作也进行了检讨。这种自我检讨也是在外在巨大压力下进行的。1942年6月10日,《解放日报》发表了署名"燎荧"的《"人……在艰苦中生长"——评丁玲同志的〈在医院中时〉》一文。该文最后总结说:"这篇小说的主要缺点是在于主题的不明确上,是在于对主人公的周围环境的静止描写上,是在于对于主人公的性格的无批判上,而这结果,是在思想上不自觉的宣传了个人主义,在实际上使同志间隔膜。"对丁玲来说,这篇文章是一个巨大的逼迫。第二天,在中央研究院批判王实味的大会上,丁玲就自己的杂文《"三八"节有感》作了公开检讨,认为自己"只站在一部分人身上说话而没有站在全党的立场说话","对党是毫无益处且有障碍的",因而,"这不是好文章"。①

对丁玲来说,6月11日对《"三八"节有感》的公开检讨还仅仅是个开端。稍后,她还产生了系统检讨过往此类创作的想法。她在检讨《在医院中时》的文字前面加了"自白之一",并在文中提到了她最喜爱的人物——《我在霞村的时候》里的"贞贞"以及《"三八"节有感》,表示"当另写专文"来论之,都说明了这一点。从目前所能见到的《关于〈在医院中时〉》的草稿来看,丁玲也主要从"人物"、"环境"、"立场"和"思想方法"等方面进行检讨,对代表主流批评的燎荧的文章作出了呼应。她承认:"我写这篇小说的确还是从个人主义出发,因为我在动笔之后我似乎已把最初的企图完全忘记了,只注意在一点,即主人公典型的完成。而这个典型又脱离原来的理想,只是就我的趣味而完成的。为着要完成这一个人物,不惜歪曲现实";陆萍的"情绪是个人的";"这篇小说里的环境的确被

---

① 丁玲:《文艺界对王实味应有的态度及反省》,《丁玲全集》第7卷,第74、75页。

我写得并不可爱,无朝气".① 总之,从提出问题的角度到主要观点,丁玲这篇当时未曾刊出的检讨与燎荧的批评几乎完全一致。从文学批评的角度来看,这些文字毫无新意。但是,正是从这种鹦鹉学舌般的文字中,倒是可以看出丁玲在思想上、政治上对主流批评(同时也是主流政治)的依从和追随。

两年后的 1944 年 6 月,中外记者西北参观团访问延安。在"文协"的一个晚餐会上,组织上精心安排丁玲、王实味与他们见面。参观团成员、重庆《新民报》主笔赵超构和《国民公报》记者应邀前往。到那里的时候,赵超构他们看见"有一个瘦长的男人和丁玲一同出迎,介绍过来,才知道这就是王实味"。早在 1943 年 4 月,王实味就被康生下令逮捕,被羁押在中央社会部看守所。其平时的一般"工作"就是反省、写交待材料,但也偶尔会被带出来,在来延安的外地记者面前亮亮相,让他发表一番自我否定、自我叱责的言辞。这次也不例外。对着这些记者,他"说到他过去的'错误',他的表情严肃到可怕"② 组织上的这一刻意安排,对丁玲是一种严峻的政治考验。此情此景,自然也不能不使丁玲产生巨大的心理震动。就在这种心理背景下,她在单独接受赵超构的采访时所表现出来的这种自我否定的思路与此时的王实味几乎完全相同。她说:"那些作品(指过去所写的作品——引者),我自己都不愿意再看了",其主要原因还在于:"观点不正确"。她还从"观点"的层面,对三十年代初期所作的《母亲》作出否定,表示要"用新的观点重写一本长篇小说"。③

在进行严酷的自我清算的同时,为了自救,她还反戈一击,对原先引

① 丁玲:《关于〈在医院中时〉(草稿)》,《中国现代文学研究丛刊》2007 年第 6 期。
② 赵超构:《延安一月》,第 147 页。
③ 赵超构:《延安一月》,第 138 页。

为思想上的同道者的"文抗"同人王实味、萧军等人展开了坚决的斗争。随着整风运动的开展特别是延安文艺座谈会的召开,王实味几成众矢之的。在这样的大环境下,从转变后的立场出发,丁玲对王实味进行了无情的揭露、批判。在 6 月 11 日中央研究院召开的"党的民主与纪律"的座谈会最后一天的会议上,丁玲第一个发言,从政治的高度检讨了王实味的错误,高屋建瓴地指出:"王实味的思想问题,从这个座谈会的结果来看,已经不是一个思想方法的问题,立场或态度的失当,而且是一个动机的问题,是反党的思想和反党的行为,已经是政治的问题";并提出"全要打击他,而且要打落水狗"。① 胡乔木晚年回忆里对丁玲的这个发言给予了很高评价。他说:"6 月 11 日,丁玲在中央研究院批判王实味的大会上,对她主编《解放日报》文艺专栏时允许发表《野百合花》,以及她自己的《三八节有感》在'立场和思想方法上的问题'作了检讨,并以生动的语言讲述了自己在整顿三风中的收获。她说:'回溯着过去的所有的烦闷,所有的努力,所有的顾忌和过错,就像唐三藏站在到达天界的河边看自己的躯壳顺水流去的感觉,一种翻然而悟,憬然而渐的感觉。'——这段话表明了一位有成就、身上又有着小资产阶级弱点的作家,在毛主席的启迪下所发生的思想认识上的超越。这也正是丁玲后来在文艺创作上取得卓越成绩的新起点。"②

在这个座谈会中,丁玲的发言主要反省了自己发表王实味作品的错误,而"对王实味的思想作一深刻的研究和求得一致的态度",则"文抗已经准备召开一个座谈会,化几天功夫"。这是丁玲在这个发言中所作的预告。15 日至 18 日,丁玲与周扬、塞克一起作为主席团成员,果然主持

① 丁玲:《文艺界对王实味应有的态度及反省》,《丁玲全集》第 7 卷,第 71、72 页。
② 胡乔木:《胡乔木回忆毛泽东》,第 267 页。

了"文抗"作家俱乐部召开的座谈会,继续批判王实味的错误,并通过《关于托派王实味事件的决议》,开除了王实味"文抗"会员的会籍。

丁玲与萧军的直接交锋,也是由王实味问题牵扯出来的。这场被萧军称为"独战群儒"的"闹战",还远播到大后方,产生过较大影响。胡风在 1943 年给萧军的一封回信中写道:"来信中曾提到独战群儒之事,后方报纸,亦间有捕风捉影之消息。"①事情的经过是这样的:10 月 18 日,延安召开鲁迅逝世六周年纪念会,参加者有一千多人。关于大会主席,有两说:一是丁玲。1949 年 3 月,丁玲在东北再次批判萧军时说过:"一九四二年鲁迅逝世纪念日,我们在延安曾经开了个会,纪念鲁迅先生,同时批评萧军思想,会开了九个钟头,我那天当主席。"②二是吴玉章③。无论丁玲是不是主席,她在那个会上的角色都是他人无以替代的。

会上,萧军根据会议主题作了题为《纪念鲁迅——检查自己》的发言后,即宣读了那份"备忘录"的摘要,就所谓"破坏批判王实味大会","向他们要人证物证事经过说明",于是,"引起了一场闹战"。会上,"柯仲平、周扬、李伯钊、艾青、陈学昭、丁玲……以及其他一些无名小将,在千余人的鼓噪呐喊声中,向我杀来了"④。他们"各用得意的兵器"轮番上阵,与萧军展开舌战。在这"以一对一千的差数"的"会战"中,萧军以自己特有的自信和无奈的幽默最后说:"百分之九十九的错处全在我,只有

---

① 胡风:1943 年×月×日致萧军,见《萧军胡风通信选》,《新文学史料》2004 年第 2 期。
② 丁玲:《批判萧军错误思想——东北文艺界座谈会发言摘要》,《丁玲全集》第 7 卷,第 103 页。
③ 见张毓茂:《我所知道的萧军先生》,《新文学史料》1989 年第 2 期。陈明在《一点实情》(《新文学史料》1994 年第 4 期)中说,吴玉章并未与会。此说不确。萧军当日日记中记有:"只有吴玉章讲话还很客观,我赞成了他"。
④ 萧军:1942 年 10 月 20 日致胡风,见《萧军胡风通信选》,《新文学史料》2004 年第 2 期。

一分留给你们去考虑。"话音未落,迅即遭到了丁玲的反驳,要他"把百分之一是什么指出来",并说共产党离开他固然是损失,但最大的损失还是他。萧军盛怒:"好! 革命离开谁一个或几个人也不会不胜利的……但我不和共产党作友人也决不会灭亡,要我指出那百分之一的错处么? 那就是'你们的方法'……"说罢,他"抖袖子离开了会场,丁玲还要解释,但群众竟嘘了她"。①

关于这场"闹战",萧军是早有预感的——"这'闹战'我事前早就料到的,也是我们的'战友'早就布置好了的,不过大家事前全是照而不宣"②。会上所发生的一切,证明了萧军预感的正确。丁玲——这个萧军原先的同路者,在经受过整风运动和《讲话》的洗礼之后,迅速归趋于单一的"政治生活",实现了个体向群体的皈依、个性向政治的转移。"共产党员作家"这一复杂的角色组合,在她那里,由此变得单纯、极易把握。萧军在延安文艺座谈会第三次会议的发言中所曾理想的"作家应以作品,党员应以身份两况要个别看"③,在丁玲已然成为过去。在她看来,如同"文艺应该服从于政治"一样,"作家"这一职业身份自然也应该服从于"共产党员"这一政治身份。于是,文艺的独立性质、作家的个性思想,在她自然就成了有违于"政治生活"的异质的东西,被弃之不顾了。同

① 萧军:1942年10月18日日记,《人与人间——萧军回忆录》,中国文联出版社2006年版,第389页。坊间对此事亦有相似的描述,丁玲说:"我们一点也没错,你是百分之百的错! 告诉你,萧军,我们共产党的朋友遍天下,丢掉你一个萧军,不过九牛一毛……"萧军怒吼,拂袖而去。见张毓茂《我所知道的萧军先生》,《新文学史料》1989年第2期。陈明《一点实情》中也说,丁玲在反驳萧军时有过"共产党是千军万马,背后还有全国的老百姓,你萧军只是孤家寡人"等语。
② 萧军:1942年10月20日致胡风,见《萧军胡风通信选》,《新文学史料》2004年第2期。
③ 萧军:1942年5月25日日记,《人与人间——萧军回忆录》,第377页。

样,也为了"政治生活",她必然会以"政治"为标准,与新的同道聚合,结成新的"战友",而对萧军这个原先的"同路者"进行尖锐的批判,其尖锐程度甚至超过了其他"战友"——反戈一击从来都是锐利的,她也需要以此表现自己转变的坚定与彻底。那天"闹战"结束后,丁玲与胡乔木、柯仲平、陈明同行。柯仲平说:"我觉得今天丁玲的发言是不是有点'左'……"胡乔木随即打断他说:"丁玲的话一点也不'左',倒是你的话有点右。"①从柯仲平的疑惑和胡乔木的肯定中,我们似乎可以解读出这一意味。后来,在延安"文抗",在丁玲主持下,又集会讨论萧军思想,主题为批评个人英雄主义。

总之,从1942年5月开始,在强大的政治压力下,丁玲一方面对自己的思想、创作进行了严酷的清算,另一方面对原先的"文抗派"成员也展开了无情的斗争。她以这种"翻然而悟、憬然而渐"的姿态,表现出了作为一名"共产党员作家"所只能有的"无产阶级立场,党的立场,中央的立场",表现出了对"文艺应该服从于政治"②命题的服膺。一个曾经步入"迷途"的作家以自己的如此表现,似乎很快也重新获得了信任:7月9日,丁玲的报告文学《十八个》刊载于《解放日报》,这是丁玲在座谈会以后应朱德总司令之约写作的第一个作品;8月21日,"文抗"举行学风总结大会,丁玲作为"文抗"整风学习分会的主任作了总结;10月18日,主持鲁迅逝世六周年纪念会;11月8日,又在《解放日报》上发表《十月革命节纪念》;1943年2月6日,出席延安文化界举办的劳动英雄座谈会并发言;3月10日,参加中央文委和中组部联合召开的文艺工作者会议,并开始准备下乡……

---

① 陈明:《一点实情》,《新文学史料》1994年第4期。

② 丁玲:《关于立场问题我见》,《丁玲全集》第7卷,第65页。

　　但是，丁玲没有想到的是整风运动并未结束，一场"抢救失足者运动"随即展开了。1943 年 4 月 3 日，中共中央发布《关于继续开展整风运动的决定》，进一步提出要对全党干部进行一次认真的组织审查，要"肃清党内暗藏的反革命分子"，为此，决定再延长一年时间继续开展整风运动。7 月，审干运动渐趋高潮。13 日，毛泽东在中央政治局会议上要求："加紧进行清查特务奸细的普遍突击运动与反特务的宣传教育工作"。15 日，中央总学习委员会副主任、中共中央社会部部长康生作了《抢救失足者》的动员报告，掀起了所谓的"抢救运动"，"大搞'逼、供、信'的过火斗争，在十余天中造成了大批冤假错案。这是在整风运动中不应该发生的错误"①。4 月里，丁玲离开"文抗"，到设在小砭沟的中央党校一部（该部聚集的主要是原准备参加中共七大的代表和中共高级干部），参加整风学习和审干运动。因南京被捕那段经历在这一运动中作为重大嫌疑重被提出，丁玲在那里度过了"在整个延安期间最难熬"②的一段时间。

　　本来，在 1940 年 10 月 4 日，陈云和李富春代表中组部已经作出了《审查丁玲同志被捕被禁经过的结论》。虽然"结论"里也指出她"没有利用可能（虽然也有顾虑）及早离开南京（应该估计到住在南京对外影响是不好的），这种处置是不适当的"，但肯定"丁玲同志仍然是一个对党对革命忠实的共产党员"。中组部的这个结论是在丁玲自己的要求下作的。早在 1938 年丁玲初到马列学院时，康生就说过，丁玲在南京的那段历史有问题，她没有资格到党校来。1940 年丁玲才知道此事。于是，她便给

---

① 胡绳：《中国共产党的七十年》，中共党史出版社 1991 年版，第 203 页。
② 李向东：《最难挨的一年——关于丁玲 1943 年的几则日记》，《新文学史料》2007 年第 4 期。

中组部部长陈云写信,要求组织给她作个结论。后来,组织上便委托任弼时来做这项工作,并找丁玲谈过话。"我们像聊天一样,谈得很仔细。"①当时,大概是因为怕节外生枝、引起麻烦,丁玲没有向任弼时谈起在南京写过那张条子的事情。

　　在这次来势凶猛的审干运动中,丁玲于 8 月底写了一个材料,对自己在南京时因"相信了一个奸细的话"而"写了一个条子"的事情作了补充交代。此举是她为强大压力所迫的结果,也可能是出于早日解脱自己的愿望。在审干运动中,中央领导多次宣讲"宽大"与"镇压"相结合的政策。4 月里,任弼时就宣布,"中共中央决定,要给予这些一时被迫误入歧途的青年一种有保障的出路,就是号召他们决心出来忠诚坦白、改过自新",使他们"真正有可能继续他们所要做的革命事业";"在宽大的政策的反面,就是无情的镇压","一旦被发觉而被检举出来的时候,那就会受到加倍的应有的处罚"。② 7 月 15 日康生所作的《抢救失足者》的报告和 8 月 5 日中央总学习委员会发出的《关于进行认识国民党的本质和对待国民党的正确政策的教育问题的通知》等,都反复强调了这一政策。

　　是不是主动交代那个条子的问题,丁玲展开过激烈的思想斗争。为此,她"夜不能寐","焦躁"而"消极",头"剧烈的痛"。③ 最后,为了争取"主动",她于 8 月 27 日补充交代了"条子"问题。可能还是为了争取"主动",她稍后甚至还承认自己是"特务":"我已经向党承认我是复兴的特务了,我向党说事实是的,我就该认清,我就该承认……我说了我的反党

---

①　丁玲:《忆弼时同志》,《丁玲全集》第 6 卷,第 330 页。

②　任弼时:《特务的活动和中央对特务的方针》,《军队政治工作历史资料》第 8 册,战士出版社 1982 年版,第 237、238 页。

③　丁玲:1943 年 7 月 25 日、8 月 12 日日记,见丁玲《在中央党校一部的日记(1943年)》,《新文学史料》2007 年第 4 期。

的罪行,历数了,把我的什么都说成是有意反党的阴谋,我把我认识的人都供了,把我同这些人都说成了特务工作的联系。"①在丁玲的交代中,"条子"一事,尚属真实;但"特务"之说,却纯是空穴来风了。从这则日记的叙述语气来看,也是如此。为什么丁玲凭空要给自己戴上"特务"帽子? 同一则日记中的一段文字对此有所说明。她写道:"我作极力努力靠近党,用无级(即无产阶级——引者)的立场思想方法来检查我的历史。"她试图以对自己的层层加码来显示自己的"忠诚坦白",以此来"靠近党",达到继续自己"所要做的革命事业"之目的。丁玲因"主动坦白"没有遭到"无情的镇压",但似乎也没有得到足够的"宽大"。陈明回忆说,"丁玲在审干后期,属于有问题暂时未弄清的人,不能和其他党校同学一起参加学习党的路线,她对此深以为憾。"②而她"有问题暂时未弄清",则显然属于有疑点。为此,她背上了巨大的精神包袱。据当时与她毗邻而居、建国后曾经担任过青海省委书记的杨植霖后来说,"丁玲当时精神负担很重"③。

此后,虽然毛泽东曾以对《田保霖》的赞誉为她"开路",1945 年 7 月,她作为主任委员重新主持延安"文抗"工作,并被推为"文抗"系统参加解放区人民代表会议筹备会五名代表之一,在 7 月 13 日的筹备会上又被选为二十五个常委中的一个,④但是,这一"历史问题"却仍然沉重

---

① 丁玲:1943 年 9 月 14 日日记,见丁玲《在中央党校一部的日记(1943 年)》,《新文学史料》2007 年第 4 期。
② 陈明:《丁玲在延安——她不是主张暴露黑暗派的代表人物》,《新文学史料》2003 年第 2 期。
③ 陈明:《我与丁玲五十年——陈明回忆录》,中国大百科全书出版社 2010 年版,第 76 页。
④ 《延安文艺界盛会,丁玲等五人被选参加筹备解放区人民代表大会》,《新华日报》1945 年 8 月 5 日。

地萦绕在她的心头,成为一片挥之不去的阴影。1945 年 8 月,亦即其离开陕北前两个月,由在审干运动中担任过丁玲所在学习小组组长的钟平等三人签字,作出了《复查小组对丁玲历史问题初步结论》,虽然排除了她受"国民党派遣的嫌疑",但是仍然认为她的那张条子具有"悔过书"性质,"表现了政治上消极,失了气节,同国民党表示了屈服"。因为这一结论未跟她本人见面,所以她并不知晓。临行之际,她去看望任弼时,向他提出过还没有给她"甄别"的问题。① 可见,此事在她心头该有多重! 从那以后,这张小纸条,就成了"套在丁玲头上的可紧可松的'紧箍圈'","如果丁玲'守规矩',愿做'驯服工具',它可以不发生作用;如果调皮捣蛋,立即就可以拿这张纸条说事"②。为了消除这一历史疑点的影响、使之"不发生作用",她必须在现实中以自己"靠近党"的实际行动来证明自己。这应该是此后很长一段时间里审干运动对她思想和心态的主要影响之所在。

1944 年 4 月,丁玲离开中央党校,回到陕甘宁边区文协从事专职写作。自此至离开延安,丁玲"和许多作家一起,为实践毛泽东指出的新的文艺路线而斗争"。她"多次去农村,参加农村的工作;也去工厂,帮助工人开展文化工作;不断地反映他们的工作与生活";她写了一些短篇,这里面的人物已经不像过去那样,不是虚构的人物,而是同她日夜相处、甘苦与共的亲切的同志了。③ 她虔诚地按照毛泽东的要求改造自己,到柳林区麻塔村和安塞难民纺织厂等地深入生活,参加边区合作社主任会议、边区文教卫生模范工作者代表大会和边区劳动英雄和模范工作者大

① 丁玲:《忆弼时同志》,《丁玲全集》第 10 卷,第 330 页。
② 高华:《从丁玲的命运看革命文艺生态中的文化、权力与政治》,《炎黄春秋》2008 年第 4 期。
③ 丁玲:《在旅大小平岛苏军疗养院的一次讲话》,《丁玲全集》第 7 卷,第 353 页。

会等各种会议,采访与会代表。此期,小说创作停止了,她所作的都是以采访得来的材料为依凭记述英模事迹的报告文学。丁玲创作的内容(乃至文体)的选择,代表了当时延安文坛的一般倾向。有人当时就指出,"舍弃了小说而提倡报告文学,虽然不是延安文坛的公开主张,却也是事实所必需的",原因就在于它符合"功利主义的文艺政策"。① 事实也正是如此。从丁玲《田保霖》发表后的反响,可看出高层对文艺创作倾向的引导。

胡乔木回忆说:"丁玲、欧阳山在参加边区合作会议后,分别写了《田保霖》和《活在新社会里》。因为作品描写了新人新事(两文的主人公田保霖和刘建章都是合作社的模范),表明了作者在投入了新的斗争生活后取得的进步,所以毛泽东极感快慰,专门派人送信给丁玲和欧阳山。……毛主席不止一次表扬丁玲,说她下乡、到群众中去,写出了好的文章和小说。"②丁玲的报告文学《田保霖》和欧阳山的《活在新社会里》于1944 年 6 月 30 日同时发表在《解放日报》上。对于这篇文章,丁玲自己"一点也不觉得好,一点也不满足,可是却得到了最大的鼓励"③。毛泽东在 7 月 1 日凌晨读完后,以掩饰不住的欣喜给丁玲和欧阳山奋笔修书一封。信中写道:"快要天亮了,你们的文章引得我在洗澡后睡觉前一口气读完,我替中国人民庆祝,替你们两位的新写作之风庆祝",并约请他们去他处一叙。后来,毛泽东在干部会议上、在合作社会议上都提到了丁玲的这篇文章,表扬说:"丁玲现在到工农兵中去了,《田保霖》写得很好;作家到群众中去就能写好文章。"④显然,毛泽东是从利国利民的功

① 赵超构:《延安一月》,第 130、129 页。

② 胡乔木:《胡乔木回忆毛泽东》,第 267 页。

③ 丁玲:《〈陕北风光〉校后感》,《丁玲全集》第 9 卷,第 52 页。

④ 丁玲:《毛主席给我们的一封信》,《丁玲全集》第 10 卷,第 285 页。

利主义角度对丁玲和欧阳山的这两篇描写工农兵的歌颂性作品予以高度肯定的。这确实起到了"开路"引导的作用。正如晚年的丁玲所说："不是我的文章写得好,我也不是从这时候写工农兵的,毛主席说的话是替我开路的。"

其实,毛泽东替丁玲"开路",还不仅仅在文学创作的一般倾向方面,更在政治上。"那时审干以后的知识分子、文化人在延安的日子有点不太好过",而丁玲在经历过审干运动"噩梦似的时日"后,又重新得到领袖的认可和赞誉,其意义正如她自己所说,"实际是在替这些知识分子恢复名誉!让他重新走步"①。事实上,在延安文艺座谈会以后,丁玲就已经根据《讲话》的要求开始"重新走步";现在,她作为一个已经没有任何职务的专业作家,则必须更加坚定不移地以自己的创作来"靠近党"、来"服从于政治",并以此继续自己"所要做的革命事业"。

陕北后期,丁玲的文学创作彻底步入了单一的政治化轨道。这使其在左联时期形成并延续到陕北前期的"革命意识"与"个性思想""二项并立"的思想—创作结构发生了彻底的倾覆。沿着《讲话》所要求的"把自己的思想感情来一个变化,来一番改造"的精神思路,丁玲将文学创造的主体性等同于意识形态意义上的"个人主义",将创作过程中主体性的张扬视为思想上"个人主义"的表现,因而在思想上清算"个人主义"的同时,自觉压抑并弃置了自我主体性的发挥。1944 年 6 月 26 日,在延安文化界座谈会上,来自重庆的记者赵超构采访了丁玲。赵超构直言:"我感觉到这里只有共产党的文艺,并没有你们个人的作品。"对此,丁玲在解释时明确说道:"为了大家服务,应当放弃个人的主观主义的写作。"②正

---

① 丁玲:《谈写作》,《丁玲全集》第 8 卷,第 261 页。
② 赵超构:《延安一月》,第 99 页。

是这种对自我主体性的弃置，导致其对"文学服从政治、等同于宣传工具的写作方式"的"迁就"①。这使其陕北后期写作呈现出与前期创作迥乎不同的总体风貌。

从发生学的角度看，材料是文学创造的第一要素，是研究作家创作过程的起始之点。延安文艺座谈会以后，丁玲在写作材料的摄取上一度处于悬空状态。在她看来，有关作家自己生活的可供写作的材料确是不少，但自己既有的"生活状态，心理变化，和群众的感情"等材料，因为与"个人主义"的思想范畴相联系，所以，断然不能再写。这类材料既不可写，对工农兵材料又因不甚熟悉而无从写起。为了使这类材料的写作成为"有米之炊"，也为了避免因材料选择不当而"露出小资产阶级的原形"，于是在材料积累方面，她不得不弃置从童年时代开始接收并储存于其长期记忆中的大量信息，而采取了有意获取的方法：其一便是"道听途说"式的口头获取。秧歌剧《万队长》是在延安新秧歌剧运动的高潮中写成的，反映的是晋察冀边区敌后武工队斗争生活。这一在她全然陌生的材料，是她从由冀中平原回到延安的王凤斋那里听来的。这部作品由中央党校秧歌队排练后演出过两场，但后来佚失了。丁玲还根据王凤斋所讲故事于1943年冬天写成了另一篇纪实散文《二十把板斧——这事情发生在冀中河间县》，它所记述的是河间县县大队二十五个勇士在队长老蔡率领下以二十把板斧拔掉敌人一个据点，并消灭敌伪五十余人的故事。关于这两个作品材料的来源，她回忆说："延安文艺座谈会以后，一九四三年冬天，中央党校发动部分学员写秧歌剧。我听了许多故事，从冀中平原回到延安的王凤斋同志讲了一个又一个，生动极了，我就试

---

① 黄科安：《延安文学研究——建构新的意识形态与话语体系》，文化艺术出版社2009年版，第111页。

写了一个《万队长》。……《二十把板斧》也是这时写的。"①

在材料积累方面，由于"道听途说"式的口头获取受多种机缘的制约，为了进一步拓展获取工农兵材料的空间，丁玲较多采用了书本获取和实践获取的方法。《十八个》为纪念抗战五周年而作。它是丁玲在延安文艺座谈会以后于7月3日写出的第一个作品，记述了一一五师教三旅的十八个勇士在捣毁敌人弹药库后掩护大队撤退的故事。这是一篇"寻章摘句"式的书面获取之作。为纪念抗战五周年，应朱德总司令之约，丁玲与其他几位在延安的作家一起到桃林总司令部去看了两天电报。于是，她依据电报材料写成了这篇作品，它事实上就是对电报材料细节化的铺衍、扩展。两年后，为纪念抗战七周年，她又奉《解放日报》社长博古之命撰写报告文学《一二九师与晋冀鲁豫边区》。虽然丁玲于1937—1938年率西战团进行抗日宣传时曾到过山西抗战前线，但是，她对一二九师的战斗生活了解不多，对是后创建的晋冀鲁豫边区更是知之甚少。她自己也承认，"我对于这个材料完全是生疏的"。为了履行这一使命，丁玲在参加陕甘宁边区边区合作社会议期间，分出了整整一个星期，查阅了大量材料，并附之以对一二九师刘伯承、蔡树藩、陈赓等高级将领的采访，用三天时间写出了这篇长达两万五千字左右的遵命之作。从获取材料的方法上看，它与《十八个》一样，主要来自于书本。

在书本获取的同时，丁玲以深入工厂、农村生活的实践获取了更多的材料，并据此连续写出了五篇纪实性作品。从材料性质上看，这五篇作品可分为记事和记人两类。在深入生活中较早写成的是记事散文《三日杂记》。为了搜集写作素材，丁玲于1944年5月到有"柳拐子"地方病的柳林区麻塔村访问，并与"柳拐子"婆姨睡在一起聊天。作品以"我"为

---

① 丁玲：《序〈到前线去〉》，《丁玲全集》第9卷，第104页。

视点,以自然风光和乡情风物为点缀,实录了农村变工队的活动和纺线的场景。8月,丁玲又赴安塞难民纺织厂深入生活,本拟写出该厂厂史,后虽未能如愿,但以安塞县二区的农村集会为材料写下了《记砖窑湾骡马大会》一文,描绘了骡马大会上繁荣的交易场面和热闹的秧歌剧演出场面。

在纪实性作品中,丁玲自己比较看重的并且也曾产生一定影响的是记人作品,包括《田保霖》、《民间艺人李卜》和《袁广发》三篇。这三篇作品的材料都是采访得来的。1944年6月,她参加陕甘宁边区边区合作社会议,根据会上采访到的模范事迹,写成《田保霖》;后又分别于10月、12月参加边区文教卫生模范工作者代表大会、劳动英雄和模范工作者大会,采访了典型人物民间艺人李卜和老红军袁广发,在此基础上写出了后两篇。

由上可见,陕北后期,为了积累工农兵材料、为了做出写工农兵的"有米之炊",丁玲尽量以口头获取、书本获取和实践获取等多种方式,努力拓展了材料获取的范围。这种尝试是有益的,这种精神也是值得嘉许的。但问题在于:"米"本身不是"炊","材料"本身并不就是"创造"。对文学创造能够发挥作用、能够进入创作过程的材料,必然是具有强烈主观性的、已经转化为主体心灵深处记忆的东西。也就是说,要使"米"能够成为"炊",要使"材料"能够成为文学创造的对象,还必须依赖作家主体性的投注和映射。而丁玲的这些作品,对获取的材料均未作出主体化的处理。由于对这些材料的相对陌生,由于时间距离的缺失(均为急就章)①,更由于对创作过程中"个人的主观主义"的有意弃置,她没有使之沉淀到记忆之中,并通过唤醒机制和联想机制的作用,把自己以往的记

---

① 据陈明回忆,"那时我们两个人白天去采访,晚上回来写作"。见王增如、李向东编著《丁玲年谱长编》,第187页。

忆与之作出有机的勾连。于是,所有的作品事实上都成了一种"实录":
记事则是对事件过程的铺叙,记人则是对人物行状的列述。前者如《一
二九师与晋冀鲁豫边区》。它以时间为线索,从阳明堡战斗写起,中间写
到粉碎敌人九路围攻、挺进大平原、"交通斗争"和"百团大战"、抗日民主
政权建设等,最后以介绍"今日之晋冀鲁豫"结束。后者如《田保霖》。它
记述了同名主人公的复杂经历:他早年流浪,为了糊口当过教堂里的小
掌柜和买卖人,在兵荒马乱中逃过难,最后在红色政权里做了参议员,因
办合作社为人民赚了钱,而被选为模范工作者。

　　对于这两种"实录"现象,后来丁玲自己也作出了符合实际的评价。
她在谈到《十八个》时说:"我从来不赞成作家没有生活,仅从文字中摄取
材料来写小说,那是不易写好的。"应该承认,"从文字中摄取材料"(即
"书本获取"),本也是获取创作材料的方式之一。古往今来所有历史题
材的创作显然都必须借助于历史的记述材料,凡尔纳在创作幻想小说
时,其材料大多取自图书馆的书刊。但是,应该看到,处于"自然状态"的
书本材料,如果没有作家记忆的勾连、没有作家主体精神的灌注,从而使
之成为具有主体特征的材料,也就是丁玲所言的"仅从文字中摄取材
料",那不但是"不易写好",而且是根本无从写好的。这种仅仅停留在
"记录"层次上的写作,"创作"因子甚少,甚至连是不是"创作"也成了问
题。她在评价《田保霖》时说过:"那篇文章有什么好呢? 就是个开会记
录嘛。"①她认为《一二九师与晋冀鲁豫边区》,也"只能做一篇实录来看,
而并非一篇文艺性的报道,或文学的散文"②。如此之类的评价,推之于
其他作品也均无不可。

---

① 　丁玲:《谈写作》,《丁玲全集》第 8 卷,第 261 页。
② 　丁玲:《〈一二九师与晋冀鲁豫边区〉自序》,《丁玲全集》第 9 卷,第 58 页。

从性质上看，丁玲在积累工农兵材料方面所采用的口头获取、书本获取和实践获取等方式，都属于"有意获取"。根据创作动力学的原理，作家有意获取材料时都有一个意念中心，这使之在心灵深处均无法摆脱一种理性的定位。这一理性定位不但大体规定了材料获取的范围，而且也决定了作家看待原始材料的态度。丁玲是为了写工农兵（同时也是为了歌颂工农兵）而去有意获取材料的，这一意念中心使她在创作中确定了一种"歌颂"（即无批判）的理性定位。这种强烈的理性渗透，使她所获取的材料自然成了这一理性的证明。从表面看来，这一意念中心和理性定位似乎是属于丁玲自己的，由此获取的材料似乎也含有其主体性。其实不然。它们是丁玲在强制性的转型中顺从主流意识形态的结果，是外在的政治—文学规范覆盖、取代自我心灵深处记忆的结果。丁玲陕北后期在材料获取上的这一特点，既使这些材料在主体特征缺失的背景下显得单薄、贫瘠，也使自我的艺术发现难以成为可能。

从发生学的角度看，材料只是文学创造的前提条件，要进入真正的文学创造过程，还必须有作家自我的艺术发现。这是由内在积累的材料所引发并与主体内心体验相契合的对材料的独特感悟和把握。它是文学创造赖以发生的根由，这种发现的有无，内在地决定了文学作品独创性的有无。在陕北后期写作中，丁玲大多采用了第三人称全知叙述的视角。在这类作品中，她以"材料"为主干作了一些想象性的细节化描写，添加了一些可能有的"花叶"，因而在"实录"时也时有一些逸出"实录"范围的描写。《田保霖》中的同名主人公因为是一个"爱盘算的人"，所以作品多次写到他盘算的内容。这是一种从结果反推原因式的揣测，虽然有一定依据，但很难说就是对人物心理的准确实录。《一二九师与晋冀鲁豫边区》第一章"初建奇功"中写到了战士们见到敌人飞机时的行动和心理，第八章"军民同命战胜三年的灾荒"则在叙述消灭蝗虫过程时穿插描写了百姓的议论："八路军与抗日政府给咱想了好办法,给了咱米救荒,还给咱除了大害,真是再好没有了"。所有这些,都是在此情此景中可能发生的,但却未必是原始事实的"实录"。而在陕北后期唯一一篇以第一人称限制叙述为视角的《三日杂记》里,丁玲在以自我眼光摄取如炕上谈话、纺线比赛各种生活画面时,不但间杂以具有鲜明地域色彩和浓郁生活气息的山村乡情风物的描绘(如第一节"到麻塔去"),而且也常常夹叙夹议,在对各种情景作实录时插入对自我心理活动的描写,并以自我心理活动的描写对画面的意义作出了点示。如最后一节"五月的夜"写到"音乐会"结束时,她插写了自己的心理感受:"我们跨着轻松的步子,好像刚从一个甜美的梦中醒来,又像是正往一个轻柔的梦中去。啊! 这舒畅的五月的夜啊!"这类景物描写和心理描写就其自身而言可谓是"实录",但对叙事而言却也同样逸出了"实录"范围。

　　总之,不管是运用第三人称全知叙述方式还是第一人称限制叙述方式,丁玲陕北后期的作品中都有一些逸出"实录"范围的描写。它们的作用在于:或使"实录"更其丰满,或使"实录"的意义更其显豁——说到底,它们只是对"实录"的延伸与补充,因而在性质上与"实录"本身完全相同,而无关乎作者的艺术发现。这是因为这些作品仅仅停留在对材料的呈现("实录")层面,而没有展现出丁玲自己对材料的独特感悟和把握。以书本获取和口头获取材料写就的《十八个》和《二十把板斧》,在叙述故事、描摹人物时,并没有将作家自己对生活与人生的富有超越性的哲思融入其中。《一二九师与晋冀鲁豫边区》也同样是一篇"无我"之作。其"无我"的实现、其独立思索的缺失,除了表现为与前者一样对"材料"作实录外,还突出地表现在它是在政治家直接的"指示"和"帮助"下写就的。如果说前者在实录"材料"时尚有一定的剪裁空间,那么,在后者的写作过程中,这种空间又进一步缩小了。在写作之前,"特别是当我在浩繁的材料面前,无法动笔的时候,刘伯承师长热情地给我明确指示和具体帮助"①。以此为前提,在有了"初步计划"之后,她又向他作了汇报,得到了他的鼓励。在"把握住他的思想"后,她写出了初稿,又交他修改。"他加了很多材料",也"删掉了一些我自己认为很精彩的地方"。虽然丁玲自认为"很精彩"之处(如"暴露国民党的无用、怕死,和对于人民的烧杀抢掠"等),也无关乎自己的独立思索,但显然在政治家的指点下,它所表现的"材料"越来越规整,几乎排除了自我独立思考的所有可能性。就在这不断的互动和"集体创作"中,丁玲的这篇作品在越来越"真实"的同时,也就越来越"无我"了。

《三日杂记》和《记砖窑湾骡马大会》是以实践获取材料的方式写就的。较之上述从材料中找题材的三篇作品,在表现生活的原生性方面甚至在"写什么"方面确有进步。但是,利用这类材料进行创作要获得成功,作家同样必须找到自我心灵与材料的共振点,必须在鲜活的材料中寄寓自己对生活、人生的独立发现和超越性思考。毋庸讳言,在"怎么想"与"怎么写"方面,它们一仍其故,其中仍然缺失了自己的那种"创造性的劳动"。在这两篇自主摄取生活,因此完全可以自主看取生活的作品中,丁玲自觉放弃了自主看取的权利,因而也丧失了自主看取的眼光。因此,这两篇作品所存在的这一问题,与《十八个》等作品相比,在某种意义上,显得更为深入。从全文的立意来看,《三日杂记》只是一篇延安生产自救运动的平面化的实录,它虽然写了老村长、娃娃们等人物,但其中并没有融入作者对艰难时世中人的命运的些许思考。与《三日杂记》相比,以第三人称全知叙述方式写成的《记砖窑湾骡马大会》则更加平面化。在对各种场面进行平面化呈现的过程中,她以外在场面的热闹,替

---

① 丁玲:《序〈到前线去〉》,《丁玲全集》第9卷,第104页。

代了自己对生活和人生的冷静、深入的思考。她事实上只是一个摄像师，同样没有成为一个思考者。可以说，对各种场面的摄取和连缀，在她不仅是一种手段，而且成了其写作的目的。

丁玲陕北后期作品中艺术发现的缺失，使之并没有进入真正的文学创造过程。这一现象的发生，至少有以下两个原因：一是某些材料本身与作者内心体验之间缺乏有机联系、无法形成共振，因而很难引发作者的独特感悟和思索。例如，《十八个》、《二十把板斧》和《一二九师与晋冀鲁豫边区》等三篇都是以战争为材料的。因为材料的陌生和写作的急就，她没有对材料作必要的咀嚼含融，因而没有能够在材料和内心体验之间建立起必要的联系，这样，艺术发现自然就无从产生。《三日杂记》和《记砖窑湾骡马大会》其材料虽然来自于实践，但因为丁玲没有对所写生活产生任何真知灼见，同样成了浮光掠影的"实录"之作。

二是作者有意遮蔽和阻隔了材料与内心体验之间的联系。从其记人的《田保霖》、《民间艺人李卜》等作品所提供的材料来看，这两位传主本来各有其复杂坎坷的人生运程。应该说，作为在人生道路上的一个历经沧桑者、一个起落无定者，丁玲与这些经历曲折的传主之间本来是有其心灵共振点的。早在三十年代，她就将自己对生命的思考熔铸到了传记体小说《母亲》的创作中，通过对母亲复杂坎坷的人生运程（"苦斗的陈迹"）的叙述，表现出"在这人生的旅途中向前去，就得不怕一切"的独特的人生思考。以其对人生、命运的如此感悟，她应该而且可以在这些传主人生运程的记述中切入并彰显自我对生活、生命的如许思考。但是，在这两篇作品中，她却着意隐匿了自己的这一心灵轨迹，切断了材料与自我内心体验的联系，而使之成了新社会、新人物的共名式的赞歌。与同时期延安其他许多作家的同类作品相比，我们很难看出其同中之异来。丁玲的独特感悟和把握的缺位，导致了人物灵性和叙述深度的双重丧失。《田保霖》一文为了凸显主人公"替老百姓办好事"的实绩,罗列了大量无生命的数字(如"田保霖的油房一共榨了一百六十四榨,出油一万五千七百四十四斤,赚了二百三十二万七千一百六十元"等);《民间艺人李卜》则从李卜"二十四岁"时叙起,中间以"三十几岁"、"四十一二岁"为过渡,一直写到其"五十多岁"结束,几乎编年体般介绍了李卜的行状,以此来彰显"改造旧戏子"的主题——李卜鲜活的生命历程,同样也成了说明某种理念的无生命的材料。

另一篇记人作品《袁广发》,写到早年从军、七次负伤的传主在营长任上转业至难民纺织厂工作时,因与官僚主义和工人的不良习气等作斗争而受到不公正处理,被撤掉了股长职务。其经历与性质几与小说《在医院中时》的陆萍相同。但是,丁玲对此却一笔带过。她不但无意于去表现这一事件在传主内心搅起的波澜、无意于去开掘这一事件背后的文化动因,反而以传主仍然"积极地做工"的举动使之成为传主思想境界的证明。而在社会环境描写上,丁玲汲取了《在医院中时》发表后挨批的教训,对人文环境进行了改塑:不但在结果上对袁广发的不公正处理得到了迅速改正,就是那些"有些吊儿郎当的,挨了他骂的"工人在过程中对他也持同情理解态度。这样,一个本来蕴涵着丰富文化意味的话题被消解了,材料与丁玲所曾经有过的对生活之独特感悟的联系被切断了,丁玲自己的独立思索也就烟消云散了。与《在医院中时》相比,不能不说是一个严重的倒退。总之,材料与内心体验之间联系的阙如和阻隔,消泯了丁玲艺术发现的可能,从而使她的这类作品呈现出了相当明显的就事记事式的客观主义的倾向。这是她在理念上清算写作中"个人的主观主义"的必然结果。艺术发现这一"创造性的劳动"的缺失,不能不造成这类作品的肤浅与平面化。

丁玲陕北后期创作材料获取和艺术发现如上特征的形成,均受制于此期的创作动机——"歌颂工农兵";或者说,是这种创作动机暗中支配和决定了材料获取的范围、途径和艺术发现的大体方向。丁玲的这一创作动机,虽源自于毛泽东的《讲话》,但也是经过她的理解与改造的。从她的写作实践来看,她的改造大体表现在以下两个方面:首先,她将毛泽东所说的"为工农兵"直接转换成了"写工农兵"。毛泽东在《讲话》中指出:"我们的文学艺术都是为人民大众的,首先为工农兵的,为工农兵而创作,为工农兵所利用的。"丁玲在理解这一方针的时候,将表现的对象("写工农兵")混同于表现的目的("为工农兵"),以为"写了工农兵"就是"为了工农兵"。事实上,"写工农兵"固然可以"为工农兵",而"为工农兵"其实还远不止"写工农兵"一途。其次,在如何"写工农兵"方面,丁玲将毛泽东的既要"去表现工农兵群众"、也要"去教育工农兵群众"的双重要求,扭转成了单一的"歌颂工农兵",使"写工农兵"成了"歌颂工农兵"的别称,从而大大简化了文学创作的审美功能。

经过丁玲的如此转换、改造,在其陕北后期写作的发生阶段,不但材料获取范围(及表现范围)大大缩小,而且意识倾向(及主题取向)也极为单一化。材料获取范围和意识倾向的相对恒定,使丁玲创作动机的形成具有了极强的先验式的理性色彩。可以这样说,其创作动机的萌生不是缘于自己的内在需要,而是来自对自己所埋解的外在要求的迎合,是外在要求尚未内化为自我需要的结果。在这种动机支配下,丁玲能够以有意获取的方法去收集相关材料,但由于创作主体与表现对象之"隔",就很难将自己对生活的真知灼见融入其中,使自己对这些材料产生独到的艺术发现。本来,在抗战这一特定历史语境中,为了"求得革命文艺对其他革命工作的更好的协助",强调文艺首先为工农兵,要求作家特别关注作为救亡主力的工农兵的生存状况和巨大力量,这是特殊历史条件对文艺的特殊要求。它不但是应该的,而且是合理的。但是,作为一种主体性极强的创造性精神劳动，文学创作要获得成功，并不能仅仅由"写什么"来决定，它还必须极大地依靠创作主体对所写材料的洞见与发现。毛泽东在《讲话》中也明确指出，"人民生活中的文学艺术的原料"要"形成观念形态上的为人民大众的文学艺术"，是必须"经过革命作家的创造性的劳动"的。如果没有这种创造性的洞见与发现，那么，它至多只能是客观化、平面化的"实录"，而不可能成为真正的艺术创造。丁玲陕北后期对"个人的主观主义的写作"的放弃和"创造性的劳动"的缺失，使她的写作事实上变成了"原料"的堆砌。自我主体性的消泯，使其此期写作陷入了艺术的困境。

丁玲陕北后期以《陕北风光》为代表的写作，是她"读了毛主席《在延安文艺座谈会上的讲话》以后有意识地去实践的开端"①：它不但拓展了材料获取的范围，而且对作为救亡主力的工农兵群众给予了高度关注。因而，诚如作者所言，"这个开端对于我个人是有意义的"。但是，在这一"开端"阶段，其纯政治化写作所导致的自我主体性的消泯，使《陕北风光》中的散文成了她"一生的作品中最贫瘠的几篇"②——她不得不为迎合政治上的外在要求而付出艺术上的巨大代价。不过，正是由于这一付出和对这一付出的自我反省，在稍后华北时期《太阳照在桑干河上》的创作中，她才能把在深入生活中获取的材料与主体内心体验尽量契合起来、将外在要求与自己内在需要尽量统一起来，从而在认识生活、表现生活方面实现某种突破。从这一意义上说，其陕北后期的写作实为其陕北前期创作到华北时期创作的一个不成功的但又有价值的过渡。

---

① 丁玲：《〈陕北风光〉校后感》，《丁玲全集》第9卷，第51页。

② ［台湾］周芬娜：《丁玲与中共文学》，台湾成文出版社有限公司1980年版。转引自袁良骏《台港、海外丁玲研究巡礼》，《新文学史料》1991年第3期。

第十一章 在解放区

1945 年 10 月,经中共中央书记处办公厅批准,丁玲与杨朔、陈明等人组成延安文艺通讯团,从延安启程,过延长、清涧、绥德、米脂,从佳县东渡黄河,赴东北从事新闻报道工作。这是她来陕北后第二次东渡。距率西战团第一次东渡,已经整整八年。与第一次东渡不同的是,这次东渡将意味着她就此离开延安、离开陕北。当她站在黄河东岸回望陕北时,前后九年不平凡的生活——浮现在她的眼前,其中该有多少酸甜苦辣在她的心头涌起! 就这样,丁玲带着复杂的心情踏上了东去北上的路途,与陕北渐行渐远。

11 月 7 日,他们一行到达属晋绥解放区的山西兴县,12 月又辗转来到晋察冀中央局所在地张家口。由于内战爆发在即,"热河又被国民党蒋介石封锁,东北一时走不过去",丁玲遂改变行程,"决定留在晋察冀"。① 1946 年 1 月 8 日,晋察冀边区文化界在华北联大礼堂举行欢迎抵张文艺工作者联欢会。成仿吾致欢迎词,丁玲与周扬等应邀讲话。随后,她与逯斐、陈明到张家口附近的宣化森下瓦窑厂深入生活,并据此于 3 月间合作写成反映工人斗争生活的三幕七场话剧《望乡台畔》(1949 年 12 月出版单行本时改名《窑工》),于 4 月在《北方文化》刊出。4 月 24 日,参加中华全国文艺界协会张家口分会成立大会,被选为理事。5 月上旬,在第一届理事会上当选常务理事,并任编辑出版部部长。同月,应《晋察冀日报》社社长邓拓之请,主持编辑该报副刊,共出 131 期。7 月,主编中华全国文艺界协会张家口分会的文艺月刊《长城》,随后,即参加晋察冀中央局组织的土改工作队,赴怀化、怀来和涿鹿等地参加土改工作。

1946 年 9 月下旬,丁玲从战云密布的张家口撤离,经灵丘到达阜平,住红土山村。从 11 月起,开始《太阳照在桑干河上》的创作。1947 年 3 月,又迁至阜平抬头湾村,继续写作《太阳照在桑干河上》。② 其间,于 5 月中下旬参加晋察冀中央局组织的活动,去冀中行唐县参加土地复查。11 月,去正定县,住华北联合大学校内;次月,参加华北联合大学文艺学院土改工作队,到获鹿县宋村主持土改工作,任土改工作组组长,为时约四个半月。次年 4 月底,返正定。5 月,在正定完成《太阳照在桑干河上》最后四章的写作。

1948 年 6 月中旬,作为中国妇女代表团代表,离开正定,赴西柏坡集合。在西柏坡停留期间,她又见到了此前一两个月刚刚到此的毛泽东、周恩来等中央领导,并作了深谈。6 月下旬,丁玲启程,辗转山东、大

---

① 丁玲:《一点经验》,《丁玲全集》第 7 卷,第 415、416 页。

② 另:康濯回忆,"丁玲同志在抬头湾写作,是从 1947 年一月到五月"。见康濯《丁玲在抬头湾》,《新文学史料》1993 年第 2 期。

连、朝鲜等地,于7月底至哈尔滨。11月9日,由哈尔滨出发,于27日到达匈牙利首都布达佩斯。12月,参加世界民主妇女联合会第二次代表大会,会后,经莫斯科回国。

1949年1月9日,丁玲随代表团回到哈尔滨,之后抵达刚解放不久的沈阳,住东北鲁迅艺术学院,写作欧行散文。4月,又参加以郭沫若为团长的中国代表团,过境苏联、捷克斯洛伐克,赴巴黎出席世界拥护和平大会。因法国政府拒绝入境,遂易地在布拉格参加世界拥护和平大会。会后,又经莫斯科回国,于5月18日回到沈阳。在沈阳车站,代表团受到五万人的热烈欢迎。郭沫若、丁玲在欢迎大会上都发表了讲话。

从1945年10月至1949年5月,除两度出国参会约三个月外,丁玲近四年的时光主要是在华北解放区和东北解放区度过的。延续着陕北后期得到进一步强化的政治化思路,丁玲在公开场合和公开发表的文字里对“思想改造”问题一再作了强调,其“革命意识”得到了进一步的张扬。1946年1月6日,她在张家口青年讲座上发表讲演,要求青年知识分子“肃清过去头脑中积存的、或多或少的尘土,和扫除思想里的病菌”,指出其主要途径在于:必须树立“为大众、为民族、为国家”的人生观,必须“学习一定的政治的科学的理论”,必须“转变我们的思想生活感情”,必须“向人民大众学习”。最后,她得出的结论是:“离开了群众,离开了群众的革命运动,就没有了前途。”①1946年6月17日,她写了一篇纪念瞿秋白的文章,于次日发表在《晋察冀日报》副刊上。这篇文章与过去谈及瞿秋白的许多文章(如陕北前期所作的《风雨中忆萧红》等)都不同,在此,她对瞿秋白作了纯政治化的解读。此时,在她看来,左联时期瞿秋白对她的教育主要是在“立场上”——他“告诉我们要搞通思想,肃清小资

① 丁玲:《青年知识分子的修养》,《丁玲全集》第7卷,第86、87、88页。

产阶级残余意识，就是说要把旧的感情连根拔去"。她还表示，在距读瞿秋白文章之后的十年读毛泽东的《讲话》时，"我才明白我还需要'挖心'。我很难受我'脱胎换骨'之难"。①

1948 年 10 月，她在哈尔滨团市委举办的青年讲座上发表讲话，核心仍然是批判"个人英雄主义"："革命的英雄主义，不是个人的，不是专门为个人的名誉地位，个人的权利和感情，那种个人英雄主义，张牙舞爪，实在是很可笑的。但是这种个人英雄主义，不但资产阶级里有，小资产阶级里也是有的。我们大家都是小资产阶级出身，我们要懂得这个阶级的特点。"②她要求小资产阶级出身的知识分子放弃"个人的权利和感情"，痛快地实现"脱胎换骨"式的自我改造。1949 年 5 月，在诠释《太阳照在桑干河上》中那个"没有掌握必要的实际工作经验"的人物——文采时，她也把他看成是一个出身于知识分子阶层的具有"小资产阶级的劣根性"、"还没有克服个人主义"③的形象。

从以上材料可以看出，丁玲对"思想改造"问题的强调贯了整个这一时期。其实质就是要彻底弃置"个性思想"，弘扬"革命意识"；或者用她的话说，就是要克服小资产阶级的"个人主义"，确立无产阶级的"立场"。从这样的价值观出发，丁玲在建国前夕的东北参与组织了对萧军"错误思想"的批判。1949 年 3 月 16 日，赴匈牙利参会刚回到沈阳的丁玲主持了东北文艺界座谈会。这已是她在批判萧军会议上第三次当主席了。这次东北文艺界座谈会是在萧军个人主编的《文化报》与中共东北局宣传部领导的《生活报》展开大论战的背景下、在东北文艺协会和中

---

① 丁玲：《纪念瞿秋白同志被难十一周年》，《丁玲全集》第 5 卷，第 266、267 页。
② 丁玲：《同青年朋友谈谈旧影响》，《丁玲全集》第 7 卷，第 101 页。
③ 丁玲：《〈太阳照在桑干河上〉俄译本前言》，《丁玲全集》第 9 卷，第 48 页。

共中央东北局对萧军作出组织处理结论前两个月召开的。抗战胜利后，萧军随大军回到东北，创办《文化报》，继续伸张"五四"个性主义、启蒙主义的主张和价值观："不论一个国家，一个民族，以至作为一个'人'，全应有它的自尊心，不能够容忍任何外力加以侮辱和玷污"；"我没有权利把自己的思想、观点、认识以至主张强加于人"。① 报纸在群众中产生强烈反响，发行量达到每月七八千份。从 1948 年 8 月起，由刘芝明为领导、宋之的为主编的《生活报》对萧军的《文化报》发起了激烈的论争，并很快演变为大规模的批判。这场论争和批判的实质，是"五四"个性主义与"集体主义"这两种不同话语之间的对峙和冲突。当时"面临新政权的建立，要求思想、理论与精神、意志，政治与组织上的高度集中和统一，萧军这类知识分子依然要保持'独立性'（尽管对萧军而言是拥护前提下的独立性），就难以再接受和容忍了"②。

对于这场论争的性质，丁玲自然也是了然于心。1948 年 9 月 19 日，在等待出国、勾留哈尔滨之时，丁玲就写信向胡乔木和周扬汇报了"萧军问题"以及《生活报》与《文化报》论战的情况，说："现在是开了火了，还是开头呢。这次仍想搞个结果出来。东北局有负责同志也说太不象话了，要斗争"，并认为"萧军问题是可以教育我们和很多读者的"。③ 回到沈阳后，她与这次大规模批判的组织者、时任东北局宣传部副部长的刘芝明过从甚密。④ 早在延安时期，丁玲与时任中央党校教务处副主任的刘

---

① 萧军：《萧军近作》，四川人民出版社 1981 年版，第 233、225 页。

② 钱理群：《1948：天地玄黄》，山东教育出版社 1998 年版，第 139 页。

③ 见徐庆全：《丁玲致胡乔木、周扬信解读》，《世纪》2002 年第 5 期。

④ 见丁玲 1949 年 3 月 16、19、21 日日记，《丁玲全集》第 11 卷，第 370、371、372～373 页。而且在她出国之前给陈明的信中几次要陈明在决定工作之前找刘芝明谈谈，表现出对刘的高度信任。见丁玲 1948 年 10 月底与 11 月初致陈明信，《丁玲全集》第 11 卷，第 73、75、77 页。

芝明就有了接触,因为她的党的关系编在教务处。"在这一段时间里,刘芝明同志留给我一个很深的印象。他以一个所谓的外行领导了党校的业余文艺活动,写出了作品,发现了人材,不只丰富了党校的文艺生活,而且推动了延安的整个文艺活动",他是"在延安文艺座谈会后执行党的文艺路线卓有功绩"的。①

在这个座谈会的发言中,丁玲从"如何使我们文艺工作者,特别是工作历史较长的人不掉队"、"如何使我们跟上时代,不被时代的大浪潮打下去"的高度,提出了思想上必须解决的几个问题,对刘芝明等人的观点作出了积极的呼应。首先,关于文艺工作在整个革命工作中的地位,她一方面持工具论,认为它能够发挥作用,另一方面则又对之作了贬抑,认为其"没什么了不起的作用"。文艺为政治的工具说,是毛泽东《在延安文艺座谈会上的讲话》的重要观点,丁玲从内心深处是积极拥护的。而此时她之所以贬低文学为政治服务的作用,主要原因就在于要淡化个人的作用,要从事文学创作的具体的个人摆正自己的位置——"任何人也没有权利要求别人特别高出一等"。这实际上涉及的仍然是作家自我改造的问题。其次,她还以萧军为个案,正面提出要"加强组织性和纪律性"、要反对极端的个人主义。她从全局的角度指出,"当革命进入了新的环境之后,就必然要发生这样的事情,必会有掉队的人"。她追溯了萧军"掉队"的历史,并深挖了萧军现实"错误"的"历史"根源:"萧军的思想并不是到东北才有的,在延安时也并不好;我们在延安也批评过他。"虽然发言最后表明了"我们希望萧军能够跟上来,我们愿意帮助他改正错误"的态度和愿望,但她那种机械地以历史联系现实、由现实追溯历史的思路却显然与 1958 年对她的《"三八"节有感》组织"再批判"的做法几乎

---

① 丁玲:《悼念刘芝明同志》,《丁玲全集》第 6 卷,第 17、20 页。

如出一辙。她意在以萧军"掉队"的历史说明作家为了防止"犯大错误",就必须时刻反对个人主义,"用我们正确的,工农兵的东西抗拒一切非人民大众的东西"。① 于此,我们可以看出丁玲否定"个人主义"的自觉和维护作家进行自我改造这一"规范"的自觉。

另一方面,这一时期,因时空变化所导致的政治外力之直接控制的弱化,使丁玲的"个性思想"也有所复苏,有所显现。在整风运动以及后期审干运动期间强大政治外力的作用下,丁玲在较长一段时间内彻底压抑了其"自由飞翔"的梦想。但是,它只是被打入其潜意识深处,而没有彻底泯灭。事实上,以"自由"为核心的"个性思想",作为长久以来所形成的一种思想基因,也根本无法"清除干净"。对于这一点,丁玲自己也有着非常清醒的认知。在延安文艺座谈会召开次月所作的检讨中,她自己也说道:"我们虽然接受了马列主义",但是,那些以前所接受过的一些"非马克思主义"思想,作为"沉滤在我们情感之中的杂质"和"旧有的情绪",却"非常可能在某一件事,某一篇文章中""流露"。② 事实也正是如此。当外力控制有所减弱的情况下,曾被打入丁玲潜意识深处的"个性思想"(这显然是丁玲所指称的"非马克思主义"的"杂质"和"旧有的情绪"),又重回其意识层面,并以各种方式"流露"出来.

1946 年 5 月,在《晋察冀日报》副刊创刊之际,她深情寄语:"一切事情最怕盲从,不用思想。工作如同海洋,海洋面积广阔,好像处处都可行走,可是海洋上有风浪,海底下有暗礁。这时就需要罗盘,需要思想。它能校正方向,指出航程",并提出要"学会思想"。③ 1947 年 5 月,她在给

---

① 丁玲:《批判萧军错误思想》,《丁玲全集》第 7 卷,第 103～107 页。

② 丁玲:《关于立场问题我见》,《丁玲全集》第 7 卷,第 67 页。

③ 丁玲:《〈晋察冀日报〉副刊创刊漫笔》,《丁玲全集》第 9 卷,第 40、41 页。

儿子的信中又说:"一个青年人尤其要注重有思想,敢于怀疑,敢于想,不怕错,不怕批评,只有动才能有发展……只接受别人思想,最好也不过是一个收音机。要懂得选择、批评、研究和发挥,才真是有心得。"①她这里所说的"思想",不是像听收音机那样的对现成教义、教条的接受,而是建立在"怀疑"基础上的与"盲从"相对的独立思考、独立探索。而要能够做到这一点,就必须不随波逐流、不人云亦云。正是在这方面,丁玲表现出了坚持"五四"个性主义精神和"不随俗"的勇气。

1947 年 5 月,丁玲从河北省阜平县去冀中参加土改工作,到了行唐:"这里很热闹,全部的人马都到了这里。我一整天夹杂在这里面,并不感觉舒服。我的不群众化,我的不随俗,是始终没有改变,我欢喜的人与人的关系现在才觉得很不现实。为什么我总不能在别人发生趣味的东西上发生兴趣,总觉得大家都在学浅薄的低级的趣味。"②这样的话语,在当时强调要走与群众相结合道路的背景下,显得相当触目、相当刺耳。除了强调独立思考外,丁玲还积极提倡在行动上要敢行其是。1948年丁玲辗转去东北的途中,在给朋友的信中写道:"我不可能对什么人都好,因为我觉得应该有选择,我不愿浪费我的感情和精力放在对社会无多效益的人和事上。我也不能平均主义,因为人和人、事和事都是不同的。我还会照我自己想的认为正确的去做。"③总之,丁玲这些提倡独立思考和自主行动的话语都是很典型的"五四"个性主义话语,它们表现出了丁玲对独立思想和自由精神的依恋和渴慕。

丁玲此期"个性思想"的复苏,使其从左联时期形成,并在陕北前期

① 丁玲:《致蒋祖林》(1947 年 5 月 14 日),《丁玲全集》第 11 卷,第 35 页。
② 丁玲:1947 年 5 月 29 日日记,《丁玲全集》第 11 卷,第 336 页。
③ 丁玲:《致逯斐》(1948 年 6 月 27 日),《丁玲全集》第 12 卷,第 40 页。

得到延续的"革命意识"与"个性思想""二项并立"的思想结构得到了恢复。这一思想结构的恢复,影响了她此期创作的意义形态。总的来说,丁玲这一时期创作数量不多,除近二十篇杂感、记游散文外,只有话剧《窑工》(与逯斐、陈明合作,丁玲为第一作者)和长篇小说《太阳照在桑干河上》。其思想中"革命意识"与"个性思想"的"二项并立",使这两篇作品也表现出相当复杂、极具张力的意蕴结构。

《窑工》一剧采用的是一种"主题先行"式的写作方式。她后来回忆说,那时,"日本帝国主义投降后不久,全面内战的危险迫在眉睫。如何发动群众、组织群众、巩固胜利、巩固新区,这成为当时的严重课题"①。受强烈的政治责任感的驱使,她将这一"严重课题"直接演化成了《窑工》的主题。为了铺衍这一"先行"的主题,他们曾"赶到宣化,采访材料"。这样,他们的采访(材料积累),只能是从先定的政治理念出发对生活的一种定向摄取。这一"主题先行"的写作过程使"政治宣传"的主题得到了突出而集中的表现。《窑工》所设置的主要矛盾冲突,是森下瓦窑厂以赵满为代表的窑工与经理张永泉的斗争。张永泉是一个勾结日本势力胡作非为、残酷压迫剥削工人的"活阎王"。他虐待工人,克扣工人工资,强迫工人在热气熏天的瓦窑里出烫手之砖,在工人吃的霉米里掺进沙子。此外,他还奸淫妇女,强占民地,逼死人命。日本投降后,他欺骗政府,妄图蒙混过关。最后,工人们团结起来,打倒了这个恶魔。作品以这一矛盾冲突的设置和展开,表现出了鲜明的阶级分野和激烈的阶级斗争。而推动这一主要矛盾冲突得到最后解决的,是八路军和共产党领导的民主政府:八路军战士扣住了想"脚板上擦油,赶快溜"的张永泉,区工会的孔主任代表民主政府领导和支持工人实行了对他的清算,使之得到

———————————
① 丁玲:《序〈丁玲戏剧集〉——我与戏剧》,《丁玲全集》第9卷,第160页。

了应有的惩罚。这又把对阶级斗争的鼓吹引向了对八路军和民主政府的歌颂，说明只有在共产党领导下才能真正地"发动群众、组织群众"，并最后完成"巩固胜利、巩固新区"的政治任务。

由此可见，丁玲创作《窑工》，其显意识层面的创作动机就是为了以此为"工具"进行"政治宣传"，进行"意识形态的说教"。但是，由于缺乏相应的生活积累和独到的艺术发现，就不能不导致作品公式化、概念化。1982年，她在自编戏剧集时也意识到，对于《窑工》，她"感到粗糙，人物概念化等毛病是很明显的"。这一问题的存在，同样是丁玲不能将"政治内容"进行充分的生活化和艺术化的结果。这也恰恰从一个方面说明了丁玲以戏剧形式从事"政治宣传"的急切。总的来说，《窑工》的"政治宣传"味是很重的，同时，作品在家庭矛盾的展现中，在凤仙这个比较独特的次要人物的塑造中，一定程度上仍然灌注了作者的人性思想。这是一个像曹禺《雷雨》中的繁漪一样敢于挑战封建家长权威的人物。作品对这一形象的刻画，也主要是从家庭内部的矛盾冲突中展开的。六七年前，为了拿钱埋自己的男人，她被张永泉以五十块大洋买下做了小老婆。虽然身为张永泉的家人，但她同样受到了他的压迫和"作践"。因此，在她看来，"这个地方就不是家，简直是火坑"。几年来，张永泉从没把她当人看过：他不准她与家里通信，甚至扬言要把她"卖到烂婊子窝里去"。她想脱离虎口逃回老家去，但是，她又逃不出他的掌心——"就是上了火车，他只要一个电话，哪个站都能把我扣住的"。来自家庭内部的封建压迫，使凤仙丧失了个人的自由，给她造成了深重的苦难，也磨砺出了她反抗专制的旺盛斗志。她敢于当面揭露张永泉是个"杀人不眨眼的活阎王"，敢于当面控诉张永泉对她的压迫——"几年来你作践还不够呀！"这确实显示出了其繁漪般的孤傲倔强的个性精神。

凤仙与张永泉之间的矛盾冲突，主要是围绕养女小玉展开的。五年前,因家人失业、患病,十岁的小玉被卖给了"贩卖人口"的张永泉。张永泉见她长得漂亮,便将她留在家中成了养女,但他对之常怀觊觎之心。看穿了其险恶用心的凤仙,先是托人打听小玉的亲生父亲,想让他们把她赎回去;接着,当张永泉向小玉施暴时,凤仙又挺身而出,保护了小玉。"小玉是我的孩子,是一个没爹娘的苦命人,我不准你作践她","张永泉我跟你拼了"——这些掷地作金石声的语言,充分展示出了凤仙的善良品性、人道情怀和斗争精神。最后,这个命遭不幸而品行高贵的人物,在张永泉被八路军战士羁押后,终于揣着家信、拿着包袱,脱离了"火炕"。作者以这一出路的安排,表现出了对善良人性的美好祝愿。

总之,凤仙这一人物的塑造,不管是从其切入视角(家庭矛盾)来看,还是从其所呈现的家庭矛盾的性质(封建与反封建的斗争)来看,作者的立足点都在人性的展现上。虽然凤仙是作品中的一个次要人物,她与张永泉的斗争也只是其中若干组矛盾冲突中相当次要的一组,但是,正是这一人物的出现,在"政治宣传"的主调中增加了人性的音符,从而为整部作品增添了人性关怀的色彩。

《窑工》所包含的这种"革命意识"与"个性思想""二项并立"的思想—创作结构,在丁玲这一时期的代表作《太阳照在桑干河上》中得到了非常突出的表现。

| 第十二章　《太阳照在桑干河上》(上) |

　　在《太阳照在桑干河上》(1948年9月初版)的创作中,一方面,丁玲根据主流意识形态的规定,从题材的选择、主题的提取到人物的设定,都表现出了强烈的政治倾向性;另一方面,她通过对农民精神痼疾的深刻批判,通过对地主形象和"边缘人"黑妮、顾涌形象的真实描写,仍然表现了自己的个性思想和人文精神。

　　丁玲创作这部作品是有其强烈的政治动机的。她曾经说过,她计划写这部小说时,"当时的希望很小,只想把这一阶段土改工作的过程写出来,同时还像一个村子,有那末一群活动的人,而人物不太概念化就行了"[①]。这里她所说的"写土改过程",并不意味着作品只是对土改经过的"客观化"记录。恰恰相反,它凝聚着丁玲浓郁的主观化的政治情结。她把这部小说的写作视为一种政治行为,把它看作是"在毛主席的教导、

———————————

① 丁玲:《序〈桑干河上〉》,《丁玲全集》第9卷,第45页。

在党和人民的指引下,在革命根据地生活的熏陶下,个人努力追求实践的一点小成果","是为他(指毛主席——引者)写的",要"呈献给毛主席看的"。① 她所说的"还像一个村子"、"人物不太概念化",也正好传达了这样一个重要信息:她的写作冲动并非来自自己对客观生活的体验,而是为了表现某种先行的"概念"——所谓"村子"和"人物",只是她表达"概念"的工具和载体而已。丁玲后来也坦言:"要写一个什么,开始要有一个主题思想,要没有一个主题作为创作的指导和范围的话,那么宽广的生活,你到底要写什么呢?"

那么,贯穿这部作品的先行的"概念"(即"开始要有"的"一个主题思想"),到底是什么呢? 那就是要讴歌在共产党领导下农民和农村在土改斗争中的变化(即她所说的"写农民和农村的变化")。作者既先行确定了这么一个政治化的主题,在创作过程中,它作为一个先验图式,必然要反过来对作者产生制约。在阜平开始创作之前,为了"不犯错误"(亦即为了契合这一先验图式),丁玲"反复去,反复来,又读了些关于土地改革的文件和材料,我对于我的人物选择得更严格些"②。这样,作者从材料的剪裁、情节的安排到人物的设定,就都不能不受到这一主题的影响(或者换句话说,是"土改的思想意义"决定了"事件的选择和安排、它们的因果关系、一切事情的结局、整个情节结构"③);而经过如此剪裁的材料、如此安排的情节和如此选择的人物,也就自然成了对这一政治化主题的图解和证明。

创作动机的政治化和创作过程的政治化,使这部作品表现出作者

---

① 丁玲:《〈太阳照在桑干河上〉重印前言》,《丁玲全集》第 9 卷,第 97、99 页。

② 丁玲:《一点经验》,《丁玲全集》第 7 卷,第 418 页。

③ [美]梅仪慈:《太阳照在桑干河上》,孙瑞珍、王中忱编《丁玲研究在国外》,第 322 页。

"在'党的政策观念'上的高度自觉",即"不仅要用党的意识形态来观察、分析一切,而且要把党的意识形态化为自己的艺术思维,成为文学创作的有机组成"①。作者以意识形态化的艺术思维,通过描写暖水屯土改斗争从"发动"、"诉苦"、"决战"到"翻身"的过程,形象地说明了"一个多月当中换了一个天地"(第58节"小结"),靠的就是以工作组和县委宣传部长章品所代表的党的领导与农民内在解放要求的结合。当年,小说尚未面世时,艾思奇、萧三和江青等三人曾联名向中宣部推荐出版,其主要意见就是:"这是一本规模较大,较有系统,文艺反映土改的第一部作品,内容符合党的政策";"作品有教育意义,有政治价值"。② 自作品问世以来,许多研究者也都注意到了它的这一特点。陈涌认为,这是"一部比较本质的反映了当时运动的作品",它对"运动中各个阶级的面貌和它们之间的关系"作出了"正确的反映"。③ 在冯雪峰看来,作品对土改的反映是符合主流意识形态之规定的,它取得成功的重要原因之一就在于作者"对党在土地改革中的群众路线的指示"有着"深刻的体会"④。正缘于此,这部小说近来被某些学者看作是中国现代小说中"政治式写作"的代表作品,其"最大特点是叙述者自己的对故事解释的视角几乎完全隐去,像一个毫无自由意志的传声筒,传达意识形态的说教"。⑤

应该承认,以"政治式写作"来"传达意识形态的说教",确实是《太阳

---

① 钱理群:《天地玄黄》,第200、204页。

② 陈明:1948年8月6日致丁玲,转引自王增如、李向东编著《丁玲年谱长编》(上卷),第227、228页。

③ 陈涌:《丁玲的〈太阳照在桑干河上〉》,《人民文学》1950年第5期。

④ 冯雪峰:《〈太阳照在桑干河上〉在我们文学发展上的意义》,1952年5月25日《文艺报》第10号。

⑤ 刘再复、林岗:《中国现代小说的政治式写作——从〈春蚕〉到〈太阳照在桑干河上〉》,唐小兵编《再解读:大众文艺与意识形态》,北京大学出版社2007年版,第46页。

照在桑干河上》的一个鲜明特征。但这并不意味着这一特征就是其意识倾向和思想意蕴的全部。事实上,丁玲在接受意识形态规训、传达历史理性的同时,仍然以个人化的思考,给作品灌注了关注人的生存状态、尊重人的价值、改造人的精神("立人")的"五四"人文精神。作品也因此撇置了对单一历史视点的强调,表现出了作者的"个人主义"思想。《太阳照在桑干河上》因"革命意识"与"个性思想"的并列、历史理性与人文关怀的交会,在思想意蕴上形成了这种"二项并立"、张力巨大的复式结构。这说明此期丁玲在思想上、意识上仍然走着"两条路"。

这种人文精神首先表现为作者在一定程度上继承了"五四"改造国民性的传统,以"立人"为目的,对农民的精神痼疾展开了批判。主要包括:一、奴性人格和宿命观念。美国学者梅仪慈指出:这部小说表现了"一种在中国历来十分重要的意识,即每个人通过作为社会的一员而取得自己的个性",而"不存在各种外部表现之下的'中心'整体自我"。①这与其说是作者的"基本观点",不如说是作品中所刻画的农民形象所呈现出的主要特点,即自主性人格的缺失。她认为,作者是通过"大家容易看到的'外部表现'"来刻画"作为社会的一员"的人物的个性的,但是,这并不应该导致对作者探究人物之"'中心'整体自我"意图的否定。"各种外部表现"与"'中心'整体自我",二者应为表里。只是文本中农民的"'中心'整体自我",恰恰是以自主性人格的缺失为特征的(或者说,他们的"自我"正是"没有自我"),所以,倒好像是他们只有"各种外部表现",而不存在"'中心'整体自我"。

土地改革运动的开展,固然有其现实的政治功利性,是为了给解放

---

① [美]梅仪慈:《〈太阳照在桑干河上〉》,孙瑞珍、王中忱编《丁玲研究在国外》,第304页。

战争提供强大的人力与物力的支撑——"如果我们能够普遍地彻底地解决土地问题,我们就获得了足以战胜一切敌人的最基本的条件"①,但事实上,它也同时使亿万农民实现了"耕者有其田"的梦想,为他们生存权、发展权的实现提供了强有力的保障。土地改革,对他们而言,是在物质上和精神上实现双重"翻身"的重要契机,因而,理应得到他们真诚的拥护和积极的参与。但是,由于"自我"和自主性人格的缺失,他们中的许多人把土改视为外在于自己的运动,对之持旁观态度,从而在思想上显得非常"糊涂"。作品通过对土改组织者心理活动的描写,对农民的这种"糊涂"思想一再进行了侧面的揭示。第 10 节"小册子",写村支书张裕民和程仁、李昌一起学习"土地改革问答"时,他感到老百姓要自觉地团结起来、进行翻身,可不是件容易的事,这是因为"他总觉得老百姓心里可糊涂着呢,常常就说不通他们,他们常常动摇,……常常不可靠,忽东忽西的"。第 24 节"果树园",又对张裕民类似的心理活动进行了描写。他不但意识到"老百姓脑子还没有转变的时候,凭你怎么讲也没用",而且明白"不仅要使农民获得土地,而且要从获得土地中能团结起来真真翻身,明了自己是主人,却是一件很难很难的事"。在第 22 节"尽量做到的一致"中,土改工作组组长文采也认为,"农民什么也不知道,你不讲给他听,他不明白,他如何肯起来呀?"

除侧面揭示外,作品对农民自主性人格的缺失还作了直接描写。首先,这突出地表现在他们"变天思想"上。这是丁玲创作时所"围绕着"的"一个中心思想",甚至她"就是由这一个思想,才决定了材料,决定了人物的"②。暖水屯的土改,正当"战争马上要来到这个地区"的时候,是在

---

① 毛泽东:《目前形势和我们的任务》,《毛泽东选集》(一卷本),第 1251 页。
② 丁玲:《生活、思想与人物》,《丁玲全集》第 7 卷,第 436 页。

战争的间隙中进行的。作品中许多人物都不敢"担保八路军能在长",都在担心"万一八路打不过'中央'军,日子又回到以前的时候,那可够咱们受的"。显然,其"变天思想"的形成,与这一特定的历史背景直接有关。但说到底,根因却在其自主人格的缺失。千百年来,农民一直处在社会底层。作为弱势群体,他们不但不相信能够自主地掌握自己的命运,甚至也不相信命运是可以而且应该改变的。他们相信的是:"穷就穷一点,都是前生注定的"(第 18 节"会后"中贫农李之祥语);而一旦他们把一切均归之于"命中注定",自然就只能拜伏在命运面前而安于现状,就不可能再有主宰并改变自我命运的冲动和诉求。在这一方面,侯忠全是一个典型代表。正如夏志清所言,他"是一个可怜而又愚蠢的老头子,他的思想只暴露出他消极的迷信态度"①。第 20 节"徘徊"中,侯忠全说过:"守着你那奴才命吧,没吃的把裤带系系紧。"既认了命,他在思想上和行动上就必然会听天由命、随遇而安——"他对命运已经投降,把一切的被苛待都宽恕了,把一切的苦难都归到自己的命上。他用一种赎罪的心情,迎接着未来的时日。"(见第 21 节"侯忠全老头")侯忠全的如此言行,突出地呈示了农民在宿命论思想影响下自主性人格的缺失及其恶果。

其次,丁玲还真实地写出了农民在物质上翻身后精神上仍然存在的人格痼疾。本来,在土地改革中,农民应该在物质上和精神上实现同步翻身,但事实上,在分享了土改成果、实现了物质上的翻身以后,他们在精神上仍然没有实现真正的翻身,他们仍然没有"明了自己是主人",依然认为土改成果是别人"给"的、"送"的。这使我们看到,政治强力固然可以导致财富的重新分配,但很难瞬间改变农民的文化心理和人格类型。张裕民的舅舅郭全分到了几棵果树,看作"全是你们(指工作组——

① [美]夏志清:《中国现代小说史》,第 312 页。

引者)给咱的",是"你们把富人的东西全分给咱们穷人了"(见第 24 节 "果树园")。与此相似,在第 52 节"醒悟"中,侯清槐对其父侯忠全也说 过:"毛主席的口令一来,就有给咱们送地的来了,毛主席就是咱们的菩 萨,咱们往后要供就供毛主席。"除此之外,第 57 节"中秋节"写到在"庆 祝土地回老家"时,在程仁的倡议下,"台底下男男女女没有一点声音,都 跟着把头低下去了",向着"天下穷人的救星"——毛主席的画像鞠躬, "一共鞠了三次",以此来"表表咱们的心"。所有这些言行,固然真诚地 表露了农民淳朴的感恩心理,但是,其中所隐含着的"咱们"、"你们"(即 "自己"与"他者")的对举模式和"你们送给咱们"的被赐予心理,说明他 们内心深处仍然具有很强的"救星崇拜"情结和迷信色彩,仍然把主宰自 我命运的权利交给了他者,因而仍然没有实现人格的独立和自主。

二、狭隘自私的小农观念。如上所述,由于自主性人格的缺失,农 民并不相信靠自己的力量能够改变自己的命运,因此,作为小生产者,他 们既不能追乎其大,就必然会计较其小,就必然会关注现实中一己的得 失,从而表现出狭隘自私的小农观念来。就是他们的"变天思想",除了 说明其自主性人格的缺失外,又何尝没有显示出但求免遭报复以全身的 狭隘自私心理?"农民么,农民本来就落后,他们除了一点眼前的利益以 外,就不会感到什么兴趣"——第 17 节"六个钟头的会"中文采的这一番 话,固然有为自己开了六个钟头的动员会作辩解的意味,同时又相当准 确、深刻地指出了农民落后、自私和重小利的特点。

作品对农民狭隘自私的思想弱点的呈示和剖析,是在农村干部和一 般农民两个层面上展开的。对许多干部来说,他们参加土地改革这场革 命,其直接动机也只不过是要像阿 Q 那样"拿一点东西"而已。他们首 先关注的只是物质上的实利,而没有意识到精神上翻身的重要性。这既 显示了他们的狭隘,也使他们表现出唯实利是求的自私。作为土改运动的中坚力量,他们与其他不觉悟的农民不同,对土改一般是持欢迎态度的。但是,他们之所以如此,其出发点大抵还在实利方面。妇联会主任董桂花意识到,"现在又要闹起来了","这对她会是件好事";之所以是件好事,是因为借此"能把窟窿(指为了买地而欠了十石粮食——引者)填上"(见第 7 节"妇联会主任")。第 12 节"分歧"写到副村长赵得禄遭到文采的批评,愤愤不平:自己当副村长一年多来"误了多少工",而"两次分果实,咱什么也没有得到"。其中包蕴的价值前提,自然是"多劳"了在实利上就应该"多得"。如果说赵得禄的不平是因为他没有得到应有的回报的话,那么,区上派来的区工会主任老董的满足,却正在于他的付出得到了回报。他在老家所享受到的待遇("村上干部也说他革命有功劳,要给他分三亩葡萄园子"),正是他"有功劳"的结果。他做了几十年长工,连做梦也没想到有三亩葡萄园子。最后,"他决定,只要不会受处分,他就要地"(见第 26 节"区工会主任老董")。斗争钱文贵大会之后,开始分地,"但干部之中,却有向自私自利发展的"(见第 53 节"加强组织")。整个第 54 节即以"自私"为题,对村干部以权谋私的情态进行了生动的描写和深刻的批判。村支部组织委员赵全功为要好地,与钱文虎发生争执,几乎拳脚相加。其他干部也不听文采的劝阻,以"俨然全村之主"的姿态,常来评地委员会,其目的就是"使得评地委员不得不要替他们找块好地,也不管他们家里的情况究竟如何"。

干部既如此,一般农民的情况也就可想而知了。他们参加土改的主动性自然与干部不能相比,但是,在眼看可以获得实利的时候,他们却又不甘人后。第 37 节"果树园闹腾起来了"写到财主家的果子给看起来、准备拿到城里去卖时,有些本来只跑来瞧瞧热闹的,却也动起手来。丁玲以反讽的笔调对那些农民的心理进行了这样的揣测性描写,并从中表露出具有鲜明批判色彩的情感评价:"河流都已冲上身来了,还怕溅点水沫吗？大伙儿都下了水,人人有份,就没有什么顾忌,如今只怕漏掉自己,好处全给人占了啦!"其实,他们所希冀的还不是平均主义式的"人人有份",而是既希望自己多占、又怕别人多拿。如果说在斗争地主时,他们还比较"容易一致",但在斗倒地主分财产时,也就是在"对个人的得失上,总是希望太多,心事不定,都想能多分点";其中许多人都在心里盘算着,"怎么找评地委员说个情,好多分地,分好地"(见第 53 节"加强组织")。不但如此,他们还想方设法为自己"多拿"制造借口。佃户郭富贵找程仁来闹,找出了一个理由:"爷儿俩光棍,也要算两户",其目的自然也是为了多分一点土地(见第 25 节"合作社里")。在物质实利的占有上,男人们表现出了很强的欲望;与之相比,女人其实也不逊色。在第13 节"访董桂花"中,董桂花就告诉杨亮:"妇女对分果实真注意得紧,不说张家分多了,就说李家分少了,要是自己多分得一把扫炕的扫帚都是欢喜的"。果然,在后来斗倒地主分浮财时,那些享受着"翻身乐"的妇女不但"注意得紧",而且表现出很强的占有欲。这与阿 Q 在土谷祠中"进跳起来"的"要东西"的"思想"真有异曲同工之妙:

> 女人跟在男人后面,媳妇跟在婆婆后边,女儿跟着娘,娘抱着孩子。他们指点着,娘儿们都指点着那崭新的立柜,那红漆箱子,那对高大瓷花瓶,这要给闺女做陪送多好。她们见了桌子想桌子,见了椅子想椅子,啊!那座钟多好!放一座在家里,一天响他几十回。她们又想衣服,那些红红绿绿一辈子也没穿过……(第 55 节"翻身乐")

综上,作者通过对情节的设计和对人物言行、心理的描写,对农村干部和一般农民的狭隘自私作了真实的呈示和深刻的剖析。也许是因为对农民这种狭隘自私的思想弱点感受太深、对其可能造成的恶果忧之太切,作者在对这些思想弱点作"客观性"呈示的同时,还借作品中人物之口对它们作了具有鲜明倾向性的直截批判。在赵全功与钱文虎发生争执时,程仁对那些自私自利的干部当头棒喝:"你们闹得太不像话……你们就操心自己的几亩地;你们把咱们干部的面子丢尽了!"在许多人忙着盘算多分地、分好地时,整天忙于公事的民兵们"瞧不起那些自私自利的念头,他们骂那些人:'穷人也是财迷,你发财了,你又要剥削人……'"(见第53节"加强组织")总之,作者以真实的客观再现和鲜明的情感评价,对农民的狭隘自私的小农观念作出了具有相当深度的批判。

三、残酷的暴力情结。如果说自主性人格的缺失和狭隘自私的小农观念还更多地关乎农民自身内在的人格类型和精神境界的话,那么,残酷的暴力情结则使之具有了进攻性的外指倾向。土地改革是一场具有巨大历史进步性的革命。而要开展土地改革,则必须剥夺地主的土地,消灭地主阶级。因此,地主阶级作为一个阶级、作为革命的对象,摆在他们面前的自然只有没落失败一途。而当地主作为一个个具体个体的时候,他们也是人,只要"没有个死罪",其个体的生命也不是可以随意剥夺的。但是,在特定的土改斗争的政治场域里,由于自主性现代人格的缺失,农民们既然没有把自己当作一个独立的、有价值的生命看待,自然就更不会把作为个体的地主当作"人"看待。在运动初期,他们顾忌很多,担心能否将"旧势力打倒";但一旦起来,则常常要从肉体上消灭地主,从而表现出残酷的暴力情结。这种暴力情结,是长期以来封建专制治下国民心理痼疾的重要表现之一。鲁迅曾经深刻地指出:"暴君治下的臣民,大抵比暴君更暴";"暴君的臣民,只愿暴政暴在他人的头上,他却看着高兴,拿'残酷'做娱乐,拿'他人的苦'做赏玩,做慰安"。① 虽然那时封建暴君早已不复存在,但是,千百年来形成的那种"渴血的欲望"却没有终止。时世更移,他们这一欲望自然无法借"暴君的暴政"来满足,于是,他们便借助于新政权发动的土改运动之机,在自我"幸免"之余而将作为个体的地主推上了"牺牲"的祭坛,以自己的施暴行为来满足自己"渴血的欲望"。

作品对这种暴力情结的揭示,是以侧面叙述和正面描写相结合的方式进行的。在山雨欲来之际、工作组进村之前,作品两次以侧面叙述的方式写到了其他村子闹清算时的暴力事件:一是顾大姑娘对去年八里桥"打死人"的转叙。她告诉妹妹,她公公胡泰"为这事(指共产、均地——引者)可发愁,去年八里桥闹清算,打死了一个人,没收了他们财产,今年又要共产"(见第4节"出侦")。二是对孟家沟不久前斗争恶霸地主陈武暴力场面的叙述:"在那个大会上有四五十个人控诉他的罪恶,说到一半就忍不住冲到陈武的面前唾他,打他,妇女也站出来骂,挥动着戴手镯的膀子,劈头劈脑的去打"(见第10节"小册子")。作品对暴力事件的侧面叙述虽只有两处,但是,在第33节"好赵大爷"和第47节"决战之前"中,分别通过对张裕民和章品的心理活动的刻画,写出了这种滥施暴力的普遍性。在张裕民的记忆中,"去年就闹过了火啦",以至于今年"春天上级就来过一次'纠偏'";而了解全县土改情况、"懂得农民的心理"的县宣传部长章品更是意识到,"他们要求报复,要求痛快。有些村的农民常常会不管三七二十一,一阵子拳头先打死再说"。

除侧面叙述外,作品在第50节"决战之三"中正面描写了发生在暖水屯的斗争钱文贵的暴力事件。尽管章品临走前一再向张裕民交代政

---

① 鲁迅:《热风·暴君的臣民》,《鲁迅全集》第1卷,第366页。

策:"咱们今天斗争是在政治上打垮他,……还不一定要消灭他的肉体",尽管张裕民在斗争会上也忠实地执行了章品的指示,想方设法来控制场面,但是,那些"要报仇"、"要泄恨"的农民,却"把所有的怨苦都集中到他一个人身上了。他们恨不能吃了他"。在他们这种强烈的暴力情结支配下,斗争会自然事实上成了暴力的狂欢节。最后,"钱文贵的绸夹衫被撕烂了,鞋子也不知失落在哪里,白纸高帽也被踩烂了,一块一块的踏在脚底下,秩序乱成一团糟,眼看要被打坏了"。在这关头,张裕民"只好将身子伏在钱文贵身上",为此,他自己挨了许多拳头。丁玲通过对斗争会如此逼真的场面描写,真实地写出了农民内心深处强烈的暴力情结及其可能导致的结果。对此,夏志清也作出了较高评价。他指出:"作为社会学资料来看,书中记录的一些资料使人吃惊",她"把一切斗争地主常见的情况,如农民的忿怒,仇恨及暴行都记下来了"。至于丁玲表现这一"真相"的动机,他作了如此推测:"这是不是因为作者过分热心,要在本书掌握错综复杂的历史辨证呢,还是由于对于新政权隐伏着的批评呢?"①说丁玲要借此对"新政权"作出批评,这应该是他出于对"新政权"的偏见所作出的臆测,因为不管是作品中写到的上级的"纠偏"也好、章品的指示也好,都代表着"新政权"制止非理性暴力倾向的努力。丁玲的真实动机,应该是对农民的两重身份(即作为土改革命的依靠力量与非理性的暴力载体)作出真实的全面的呈示。在这一点上,小说倒是体现了夏氏所说的对"错综复杂的历史辨证"的正确"掌握"。

作品揭露暴力情结的主要载体是成人世界,同时,丁玲还把关注的目光投向了未成人世界。她在从事土改斗争宏大叙事的同时,以看似闲散之笔,在第 27 节"'买卖果子'"中展开了对孩子世界暴力倾向的细节

---

① [美]夏志清:《中国现代小说史》,第 311 页。

化描写：

> 自从工作团的同志到了村子上之后，小学校也就更为显得
> 热闹。打架告状的事多了起来，常常会听到里面有人喊起来：
> "打倒封建小地主！"于是也就有孩子哭了。……当他们一群群
> 挤在一堆玩耍的时候，他们之中会有一两个顽皮的，故意的用
> 肩去撞那些平日比较穿得好的地主家的孩子，有意的去侮弄
> 他们。

在这里，穷孩子们的暴力（如"撞"、"侮弄"等）在程度上自然不能与成人
相比，但是，在性质上是完全一样的。为什么小学校里穷孩子欺负地主
家的孩子的事会突然多起来，显然与工作组进村有直接关系；可以说，这
是成人世界的仇恨向纯真的孩子世界渗透、扩散所致。其实，正如刘教
员在教育"施暴"的穷孩子时所说，"找他们（指地主家的孩子——引者）
没有用呀，他们不能负这个责"。但是，这种非理性的暴力倾向却在孩子
们中间蔓延着。通过这一细节描写，丁玲透露出深切的忧虑：一旦这种暴
力情结在孩子心中生根，长大后他们就会成为其父辈的忠实继承者——
丁玲似乎在无意中揭出了暴力情结在国民心里绵延千百年的奥秘。

一般来说，暴力情结所表现出来的基本特征是"渴血的欲望"的餍
足、是非理性的残酷，对于暖水屯的农民来说，这种残酷中却隐含着怯
懦。在这一点上，他们不同于鲁迅笔下的一味"拿'残酷'做娱乐"的"暴
君的臣民"。他们之所以要极端地从肉体上消灭地主，是因为怕地主报
复——这实际上又联系着他们的"变天思想"。在他们看来，把地主斩草
除根后，地主自然就无法东山再起了。张裕民意识到，老百姓"不斗则
已，一斗就要往死里斗，不然将来又来个报复，那时可受不了"（见第33

节"好赵大爷"）；章品也"懂得农民的心理，要末不斗争，要斗就往死里斗"（见第47节"决战之前"）。需要指出的是，他们的怯懦，并没有构成其施暴的心理障碍，相反，倒是使之从反面积蓄起了巨大的心理势能，从而成了其施暴的助推力量。也就是说，他们心里越是怯懦、越是有"变天思想"，在行动上就必然会越是极端、越是决绝。这样，隐含着"怯懦"的"残酷"就必然会表现为行动上的"一不做，二不休"、"要斗就往死里斗"。不难发现，这是比一般的"残酷"要更其残酷的。

综上，丁玲主要从"自主性人格的缺失"、"狭隘自私的小农观念"和"残酷的暴力情结"等三个方面对附着在农民身上的国民性痼疾展开了批判。应该看到，她的这一批判本有其现实的政治期指。在农村工作中，她认识到："农民要自觉地起来，团结在一起，跟着共产党勇往直前，实在不是一件容易的事，不是宣传宣传就可以做到的"；"中国农民如若没有共产党的领导，不经过剧烈的革命斗争，是无法摆脱自己身上的锁链的"。[①] 也就是说，她是在意识到农民的思想"锁链"事实上成了影响他们起来进行政治斗争的重要因素后，才展开对它的描写的；其意即在让农民"摆脱自己身上的锁链"，"团结在一起，跟着共产党勇往直前"。

但是，在作者的主观命意和作品的客观倾向之间，仍然存在着比较明显的裂隙。这主要表现在：丁玲在创作过程中，并没有把对农民"身上的锁链"的思想批判与动员农民起来从事革命斗争的政治期指作出有机的勾连；她对农民的思想状况的描写与对农民作为土改斗争所要依靠的政治力量的身份认知，事实上处在分离状态，而成了并列的两条线索。对于这一裂隙，当年的批判者也发现了端倪。王燎荧认为，丁玲"一方面表现出拥护土改和赞成农民翻身的态度，另一方面却对农民群众和农民

---

① 丁玲：《一点经验》，《丁玲全集》第7卷，第416页。

群众的斗争带着极其蔑视鄙薄的意味",因此,她笔下的农民群众,"完全属于愚昧、怯懦、狭隘、自私和愚笨"。① 撇开其中那些具有明显偏向的价值判断不论,单就事实而言,他对这一裂隙的指认还是有可信之处的。

正是这一裂隙的存在,使对作品的思想批判在相当大的程度上取得了自足的意义。当年的批判者甚至以为,"在小说的具体描写中,反霸斗争这一主题思想实际上已经降到次要地位,农民宿命观念和变天思想,实际上已变成小说的中心内容了";它"在实际上已成为一部描写农民的落后、动摇和叛变为主的小说"。② 丁玲意欲把它写成"一部关于中国变化的小说",这是要通过"写农民的变化与农村的变化"③来实现的。而要"写农民的变化",自然要写出农民"摆脱自己身上的锁链"的过程。事实上,她没有充分地写出这一过程。冯雪峰曾经正确地指出,丁玲高度重视农民的思想意识问题——"作者把农民的这个思想斗争的胜利,看得和对地主斗争的胜利同样重要",但是,他所领会的作者的"中心意图"(即"写农民怎样在斗争中克服自己思想中的弱点而发展和成长起来")④却是有违文本实际的。诚如作者自己所言,"小说还没有充分揭示出:贫农如何在毛泽东思想指引下提高了阶级觉悟,他们如何迅速地成长为为争取建立一个自由民主的新中国而奋斗的坚强不屈的战士"⑤。

作品虽然也写了农民在土改过程中发生的一些具体变化,但是,就

① 王燎荧:《〈太阳照在桑干河上〉究竟是什么样的作品》,《文学评论》1959 年第 1 期。
② 竹可羽:《论〈太阳照在桑干河上〉》,《人民文学》1957 年第 10 期。
③ 丁玲:《生活、思想与人物》,《丁玲全集》第 7 卷,第 435 页。
④ 冯雪峰:《〈太阳照在桑干河上〉在我们文学发展上的意义》,1952 年 5 月 25 日《文艺报》第 10 号。
⑤ 丁玲:《作者的话》,袁良骏编《丁玲研究资料》,第 120 页。

上文所概括的他们的基本意识倾向而言,在许多方面,他们却依然如故；在这一过程中,他们思想中的许多弱点不但没有被"克服",有的甚至还被放大了。暖水屯的农民们最后虽然参加到土改斗争中去了,但是,这并不能说明他们已经肃清了"变天思想"。相反,他们之所以将地主"往死里斗",必"消灭他的肉体"而后快,说到底还是怕"变天"、怕地主"报复"。虽然侯忠全知道"这世道真的翻了",而不再相信旧的菩萨、不再相信命由天定的旧的宿命论,但是,读者最后看到的却是全村人(包括侯忠全在内)对"新的菩萨"的供奉和参拜——对象虽然变了,但对他者顶礼膜拜的思路和观念仍然没有变。所有这些,都说明农民并没有在这场运动中真正建立起自主性的现代人格。至于农民的自私观念和暴力情结,在土改之前,因为缺乏必要的条件和展示的舞台,它们更多地停留在心理深处和意识层面。土改运动(尤其是"决战"、分地高潮阶段)的到来,事实上为它们的充分展示创造了条件、搭建了舞台,从而得到了更为充分、也更加令人触目惊心的展示。

总之,不管是在对土改之前农民一般思想状况的追溯性描写中,还是对土改运动里农民思想意识的展示中,丁玲在相当大的程度上贯彻了文学的真实性原则,表现出了对自我感受的忠实。德国学者顾彬认为,作品"尽管受社会现实主义的种种约束","对于土地和人的描述还是更多地体现了对真实人的接触了解而非意识形态预设"。[①] 连对丁玲的总体创作评价过苛的夏志清也承认,这部作品"是一本企图表现农村真相的著作"。在创作过程中,丁玲忠实奉行真实性原则,立意"要把他们真实地留在纸上"；即使是对于那些"在土改初期走在最前边的人",她也不愿违反真实而作人为的拔高,表示自己"不愿把张裕民写成一无缺点的

<hr>

① [德]顾彬:《二十世纪中国文学史》,第 196 页。

英雄,也不愿把程仁写成了不起的农会主席"。① 正是对真实性原则的坚持和恪守,使她如实地描写了当时农民的思想状况,并使之在思想层面上获得了自足的价值。这一价值的获得,使作品在"传达意识形态的说教"的同时显示出了对"立人"问题的关切。

---

① 丁玲:《〈太阳照在桑干河上〉重印前言》,《丁玲全集》第9卷,第98页。

第十三章　《太阳照在桑干河上》(下)

　　除批判国民精神痼疾外,《太阳照在桑干河上》中的人文精神还突出地表现在作者通过对地主形象和"边缘人"顾涌、黑妮的描写,刻画了他们在土改风暴中表现出来的复杂人性,对他们的生存状态和命运给予了一定的关注,并以自己的解释视角对他们"时不时地做出活生生的并不符合遵命文学要求的评价"①。如果说作品对农民精神痼疾的批判,是从反面展现了丁玲"立人"诉求和对"人"的本质、价值的思考,那么,作品对这些人物的个性化描写,则从正面显示了丁玲对"人"和"人"的权利的尊重。在土地改革这场革命中,根据意识形态的预设,地主阶级是革命的对象。但是,在《太阳照在桑干河上》中,"作者主要不是以阶级话语中

_____

① [德]顾彬:《二十世纪中国文学史》,第196页。

的'地主'的概念来塑造人物,她更多依托的是自己对传统乡村社会的体验"①。除钱文贵之外,在对所有作为具体个体的地主形象的刻画中,丁玲并没有简单地从预设的定义出发,把他们妖魔化,而是忠实于自我的乡村体验,把他们当作"人",在一定程度上写出了他们复杂的人性,在一定程度上也表现出了对他们的人道情怀。

作品所塑造的地主形象中,唯一例外的是钱文贵。与《暴风骤雨》中的韩老六等地主形象一样,这是一个类型化的、性格单一的"恶"的人物,是作者根据"意识形态预设"并满含道德义愤塑造出来的一个妖魔化的地主形象。据作者说,她是把他作为"一个虽然不声不响的,但仍是最坏的地主"来刻画的。虽说丁玲"没有把他写得非常的穷凶极恶"(冯雪峰语),但还是以人性为标尺,写出他的作恶多端已然到了无处不恶的地步。除钱文贵外,丁玲在以人性标尺塑造其他地主时,没有将他们妖魔化,而在一定程度上写出了他们的复杂人性,交织着作者自己憎恶、怜悯兼具的复杂情感。这与作者自己对这一阶层的深切体验密切相关。丁玲自陈:"我的家庭就是一个地主,我接触的地主也很多"。可以这样说,在作品所写的所有人物类型中,丁玲最为熟稔并联系着其童年记忆而成为其长期记忆对象的就是地主。在河北参加土改时,她"一面听,一面观察、体会、理解","在观察当中,我脑子里过去所保存的许多人物也都被联想、勾引起来了"。②她还说过:在创作时,"走进过我的脑子,在脑子里活动着,不是几个现成的完整的活的人,实际上是在多年的农村生活中,我脑子里早就有些农民、地主的影子"③。因此,可以这样推断,沉入

① 袁红涛:《"一部关于中国变化的小说"——重评〈太阳照在桑干河上〉》,《中国现代文学研究丛刊》2008年第2期。
② 丁玲:《关于〈太阳照在桑干河上〉的写作》,《人民日报》2004年10月9日。
③ 丁玲:《怎样阅读和怎样写作》,《丁玲全集》第7卷,第392页。

其长期记忆中而"被联想、勾引起来"的人物中应该包括甚至首先应该是地主。现实中的信息刺激(包括意识形态预设的理性规范)固然可以厘定叙述的基本框架,但却很难从根本上改变自我经验和长期记忆中的情绪基调。于是,在"意识形态教条"可能失控的无意识领域,情绪记忆便有可能顽强地显示出它本来的色调。

先从作品中两个较为次要的地主形象——江世荣和侯殿魁说起。江世荣是村子上出名的"八大尖"里一个代表,靠当甲长白手起家。他借日本人压榨老百姓,又借八路军来勒索,"挣到了一份不错的家私"。在作品刻画的地主形象系列里,他在秉性上是最接近钱文贵的,也是作者明显给予更多否定的人物之一。尽管如此,作者还是以不多的笔墨注意写出其复杂性来。土改工作组进村以后,在钱文贵眼里,他成了"墙上的草,两边倒着呢"。作品第 12 节"分歧",借副村长赵得禄的心理活动,不但写出了他的"老实"("如今江世荣敢动个屁,哪件事他不要看咱们的脸色?"),而且写出了他对自己的"关心"("他便又想到江世荣知道他日子艰难,不好当面说,托人转手借了两石粮食给他,要不是这两石粮食,他们五口人早就没吃了")。虽然其他章节,如第 29 节"密谋(二)"和第 38 节"初胜",也通过直接或间接的描写,刻画了他"好汉不吃眼前亏"的滑头性格,但是,由于本节中这一特定的叙述视角,叙述者并没有点示出他的这一行为意在收买、感化强势者的虚伪性。因此,也可以说,这写出了他大恶中有小"善"的一面。

如果说作品对江世荣的刻画,以揭露他的恶为主,也在不经意间偶尔让他进出了一星"善"的火花的话,那么,在对侯殿魁的描写中,这一星火花在事实上被放大了。他在性格上更接近李子俊,也是一个没有什么恶迹的人。从文本提供的材料来看,同族佃户侯忠全与他一家有丧妻失地之恨,但这是他父兄的罪孽。如果说他也有罪的话,那么,这应该是一种宿命般的"原罪"。他本是一个信佛之人,在村子上设过一贯道;侯忠全讲因果报应,"拿极端迷信的宿命论的教义,来劝人为善",这些也都是从他那里听来的。在当家以后,他以佛教徒的虔诚和"善举"来为父兄赎罪:他不论租子的多少,让侯忠全继续种他原来的那块地("你原来的那块地,还是由你种吧,一年随你给我几石租子");侯忠全"搬到侯殿魁的两间破屋去",也"算是看在一家人面上,没要钱"。平日里,侯殿魁也"总让他欠着点租子,还给他们几件破烂衣服,好使他们感谢他"。在春上遭到第一次清算后,在斗争钱文贵的前夕,他还主动跑到农会去问"还要清算他不",并表示:自己"只有四五十亩地了,要是村上地不够均,他还可以献点地"。斗争钱文贵后的第二天,他主动去找侯忠全,再次忏悔"往日咱全家对不起你",磕着头请他宽大,哭着求他收下地契。他到佃户家一家一家地走,一家一家地求,以"求得平安的渡过这个难关"。这是一个不会作恶的人意欲渡过难关的自保之举。此举固然出于无奈,但从中却看不出他的伪善。土改"决战之前",他"坐在墙角落里像个老乞丐",还出来晒太阳;后来,"就像土拨鼠"一样,再也不敢坐在墙根前去晒太阳了。虽然从意识形态的规定出发,丁玲不但在第22节"尽量做到的一致"中,在没有交代任何前因后果的情况下非常突兀地写到了人们的一则笑谈("侯殿魁把公款买了一头花牛,说是自己的"),而且以很多具有贬义色彩的形容词和负面比喻,在意识层面给他以较多的憎恶情感,但是,她对其行为的许多具体描写,却背离了这一情感基调,从而使之难与这种情感取得紧密对应关系。这一错位的出现,也正可以看出丁玲在观念与经验之间、意识与无意识之间的裂隙。从文本描写来看,其"像个老乞丐",又"像土拨鼠"似的凄惶、败落的命运,很难说是出于其自身的性格和行为,很难说是他咎由自取、罪有应得的结果——这是与钱文贵迥乎不同的。如果丁玲单是为了表现"意识形态预设"的话,是不应该给予他这样的性格和行为描写的;丁玲对这个人物的如此设计和描写,倒使人感觉到在丁玲的无意识深处流露出对他这样一个悲剧人物的一丝怜悯之意。

再来看作者对李子俊和李子俊老婆的塑造。与江世荣和侯殿魁相比,丁玲设计与描写的这两个人物,在秉性上是与钱文贵离得最远的。在他们身上,作者不但融入了自己的乡村经验,而且分明保留着丁玲对自己父母的情绪记忆。说他们是以丁玲父母为原型的,显然缺乏依据,但是,说前者身上晃动着后者的影子,这大概是不错的。如前所述,丁玲出身于官僚地主世家。其父曾留学日本,性情潇洒,脾气和善,靠收租过日子,是"一个多病、意志消沉、有才华、却没有什么出息的大家子弟,甚至是一个败家子"①。他天分很高,"十四五岁时,就考上了秀才";十五岁"分家时可能有一百来石田(即六七百亩地),……但年年卖,等到他死后,只剩十来石"。② 在三十年代所作纪实性小说《母亲》中,丁玲也通过女佣幺妈之口写到了"三老爷"的"聪明"、"贪玩"和"只是那末想方法的花钱"的性格。

丁玲在塑造李子俊形象时融入了对自己父亲的感受、体验和复杂情感。在第 28 节"魅黑的果园里"和第 29 节"密谋(二)"两节中比较集中地刻画了其懦弱无能的"败家子"形象。他有天分,读过师范。虽"仗着自己是师范毕业生,瞧不起人",他却不谙人情世故和生存之道,在为人处世上"不是一个有办法的人",更不是一个会算计的人——这与钱文贵形成了极其鲜明的对照。他受钱文贵等人撺掇当了甲长,"得向村上几个大头发薪水,一家一家的送粮食去"。老百姓出不起就骂他,说他不顶

---

① 丁玲:《我母亲的生平》,《丁玲全集》第 6 卷,第 63 页。
② 丁玲:《遥远的故事》,《丁玲全集》第 10 卷,第 260、261 页。

事;他要不送给他们,人家又拿住他说要向大乡里告。于是,"一伙伙的
人拉着他要钱,大家串通了赢他"。对于大乡里下来的警察、流氓,他只
能"像爹娘老子"一样地奉承着,以至于"把钱陪光了,又卖房子又卖地"。
结果,他只能当"大头"。他不是一个作恶多端的恶棍,平日里对村里人
也施些"小恩小惠"。甚至区工会主任老董"以他对村子上的了解和一个
农民的直感",也觉得如果要斗争他,"也会使人觉得对他太过了"。(见
第35节"争论")土改风声传来,他只能只身躲到果园里;最后在土改高
潮即将到来之时,他又当了个"沉不住气"的"孱种"而一走了之。

在李子俊形象的塑造中,作者因为融注了自己对父亲的情绪记忆,
使她在对这个地主形象的刻画中超越了"意识形态的预设",因而有可能
把他作为一个"人"来写,既刻画出其复杂的人性,也在一定程度上表现
出了自己的人道关怀。从丁玲的描写来看,李子俊是一个颟顸而不会作
恶、可笑但并不可恨的形象。与钱文贵不同,他将成为被清算的对象,不
是因为他平日的作恶,也不是因为他有多大的民愤,而主要是因为他的
地多。为此,丁玲在第28节"魅黑的果园里"中也让他发出过这样的埋
怨:"咱有几亩地么,又不是偷来的,又不是抢来的,还不是祖先留下的?
如今叫咱好受罪!"这是牢骚,但何尝不是他作为落魄者的一种饱含辛酸
的自我辩护? 在土改高潮到来的前夜,他惧怕这一巨大风暴而逃之夭夭
了。作者将他这样"送"了出去,因此也没有再对他进行具体的描写,致
使作品在有关这一人物命运的展示上留下了不少空白。可以推断,如果
他也像钱文贵一样遭到那样严酷的斗争和清算的话,怯懦的他能否承受
这一巨大的身心打击暂且不论,单是其以后的生计就会成为问题。在第
12节"分歧"中,丁玲饶有深意地写到了善良、正直的合作社主任任天华
的担忧:"这次要把李子俊的地拿了,他准得讨饭。他这个人连四两力气
也没有。"同节里写到在张正典提出要斗争李子俊后,李昌也说道:老百

姓"他们不恨的人,你要斗也斗不起来"。如果说上述这几段人物语言,还只是间接地透露了作者对他的怜悯的话,那么,作品第 29 节"密谋(二)"中的一段叙述语言(他"正处在一个可怜的情境里,村子上都想拿他来开刀。他有一百多亩地,这使许多穷人眼红。他害怕得要死,家也不敢回。有钱人平日也欺侮他,这个时候更躲着他。他一个朋友也没有"),就把作者的这一情感作了直接的表达。总之,作者通过对他的为人处世之道与其落寞凄凉("好受罪")的处境的对照描写,在这一可悲人物身上明显寄予了恻隐怜悯之情。

关于李子俊老婆,赵园认为:"这不是一个魔鬼,而是一个具体的人。在这个'具体'、'个别'的人物身上,作者发掘和表现了她所属的阶级的本能。"①确实,丁玲笔下的她"不是一个魔鬼,而是一个具体的人",但作者刻画这一人物,其动机却不在于(或主要不在于)"发掘和表现了她所属的阶级的本能",而在于写出作为个体的"人"在逆境中的挣扎。与软弱无用的李子俊不同,她"不是一个怯弱的人",而是"一个要强的女人"。因为丈夫的颠顸无能,在"突如其来的浪潮"到来、"感到大厦将倾的危机"时,她"就只得挺身而出,在这风雨中躲躲闪闪地熬着"。面对强大的对手,在"一天到晚,盼不到太阳落了土,又盼不到太阳再出来"的"惊惶和不安"中,这个"丰腴"、"白嫩"、眼睛"灵活清澈得像一汪水"的三十来岁的美丽女人,以一种女性的千依百顺,"从不显露,她和这些人中间有不可调解的怨恨,她受了多少委屈呵!"起先,她对内不雇长工、亲自下厨,还常常下地帮着干活,对外则"笑脸迎人"、向"受苦的傻子献殷勤",像李子俊一样也给他们"一些小恩小惠";继之,面对索要红契的佃户,她匍匐着举起红契请他们收下,竟使他们落荒而走;最后,当自己家的土地

① 赵园:《也谈〈太阳照在桑干河上〉》,《芙蓉》1980 年第 4 期。

被践踏、果子被摘时,她只能"忍着痛苦去望那群'强盗'","又怕不能再
抑制住自己对他们的愤恨"而"发疯似的往回就跑"。"咱们家多了几亩
地,又没当兵的,又没人溜沟子,就倒尽了霉"(见第 37 节"果树园闹腾起
来了")——这是她的不幸,也是她全部的屈辱和愤怒所在。在这样的逆
境中,她以以柔克刚的智谋和策略,对厄运作出了她所能作的全部的抗
争。从这个意义上说,她是作品中"最具有女性抗争意识的悲剧人物"。
虽然从"意识形态预设"出发,为了彰显其政治的显意识,丁玲对这个人
物加上了不少负面的描写(如"她只是像一个挨了打的狗,夹着尾巴,收
敛着恐惧与复仇的眼光,落荒而逃"),致使当年的批判者也以为"作者在
这本书中不是站在地主一边"①,但是,在潜意识层面,"丁玲写出了这个
女人在土改这场历史大变动中,如何坚强地寻求安身立命之地的真实过
程和心境",因此,"我们还是可以感受到作者对她的同情与理解"。②

在李子俊老婆这个形象的塑造中,我们也明显可以感觉到丁玲融入
了对自己母亲的情绪记忆和深切体验。与这个虚拟的艺术形象一样,母
亲也"是个好强逞胜的人",而且也同样有一个善良而无用的丈夫。在丈
夫去世以后,她执意在逆境中"替自己开辟出一条路来"。虽然母亲奋斗
的方式、道路、结果与李子俊老婆迥乎不同,但是,她们都是"好强"之人,
在逆境中对命运也都进行了抗争。因此,在后者身上,我们是能够体悟
到母亲的性格、母亲的境遇和母亲对境遇的反抗的。

综上,作品在对上述地主形象(尤其是李子俊和李子俊老婆)的塑造
中,乡村体验以及情绪记忆的融入,使丁玲突破了主流意识形态对地主

① 王燎荧:《〈太阳照在桑干河上〉究竟是什么样的作品》,《文学评论》1959 年第 1 期。
② 袁盛勇、阮慧:《真实而脆弱的灵魂——论丁玲延安时期的话语实践及其复杂性》,
《文艺理论研究》2008 年第 5 期。

形象简单化的预设与单一化的规范。这一突破,其意义是巨大的。土地改革是具有巨大历史进步性和合理性的一场运动。而要开展土地改革,则必须剥夺地主的土地,消灭地主阶级。这也是符合历史逻辑的。然而,在文学创造领域,对历史理性的表现从来不应该覆盖或遮蔽作家的人文关怀,它应该表现出对作为个体的"人"的生命、尊严、价值等的崇尚与尊重。这也就是刘再复等人所说的"文学中具有同情心和人道热情"的人文精神。应该看到,历史理性与人文关怀之间既有血肉般的联系,有时也具有不可化合的矛盾,从而形成了一个又一个的悖论。作为"人学",文学的价值追求是以人为中心的,因而它理应对个体生命给予更多的关注。但在同时期及稍后出现的大量土改小说中,"地主"不再是"人",而成了一切皆恶、因而必须从肉体上彻底消灭的恶魔,这种意识倾向使它们表现出了相当强烈的"暴力"倾向。有学者注意到了此类小说的代表作——周立波的《暴风骤雨》,认为"暴力"在它写作和表意过程中具有不可或缺的组织性功能:"全书的意义可以说是通过以暴力表现出来的仇恨而实现的"。作者设计了一个地主"韩老六鞭打小猪倌"的暴力情节,点燃了群众的报仇大火。其寓意在于:"几千年的封建制度被凝聚为小猪倌的直接人身暴力,而推翻这个制度便理所当然地被等同于挑战和消灭肉体意义上的韩老六。"①这类崇尚"暴力"的作品因而也成了刘再复等人所指称的"人性彻底消失的'冷文学'"。

在《太阳照在桑干河上》中,虽然在对土改过程这一基本框架的叙述中,丁玲不能不根据"意识形态预设"去表现这一历史理性,因而显现出"其'冷'的一面",但是,在塑造这些人物形象时,作者却融入了自我的情

---

① 唐小兵:《暴力的辩证法——重读〈暴风骤雨〉》,唐小兵编《再解读:大众文艺与意识形态》,第 123 页。

绪记忆;在一定程度上,她也忠实于自我的内心体验,保留了自己的解释视角,从而使作品在地主形象的塑造中表现出了贺桂梅所说的"经验和观念之间的裂隙"。她既立足于宏大的、充满正义感的历史理性,写出了地主阶级没落失败的历史必然性,又在一定程度上把地主当作"人"来看、当作"人"来写。她关注着他们作为"人"的复杂人性,关注着这一历史风暴对这群特定之"人"命运的影响,并直接或间接地透露出了自己对他们的人道情怀。换句话说,她既表现出了地主阶级作为一个阶级、作为革命的对象成为被献上土改祭坛之牺牲的必然性,又在一定程度上表现出了对地主作为一个个具体个人之生命、价值和生存状态的关切。因而,作品在历史理性与人文关怀之间保持了必要的张力。它的这一突破所形成的这种"冷"中有"暖"的美学色调,为这一时期土改"冷文学"带来了一撇不失温暖的人道光辉。

在土改题材的作品里,描写贫雇农和地主这两个对立的阵营是题中应有之义,因而,我们很难从这些人物的设置本身看出丁玲人文关怀的独特性。真正能看出丁玲人文关怀之独特性的,是她以独特的切入角度对黑妮和顾涌这两个"边缘人"的设置与描写。他们既然不属于土改革命的主力军,既然处在风暴边缘并不为风暴所倚重,那么,对于土改这一"宏大叙事"来说,他们只是可有可无的、无关宏旨的"细节"。这也正是这类"边缘人"在其他同类小说中没有(或很少)得到直接刻画的重要原因。如果说丁玲所关注的只是在作品中表现政治化的历史理性,那么,她就必然会像同时期或稍后出现的以《暴风骤雨》为代表的其他土改小说那样,以两大敌对阵营的矛盾、斗争为基本线索,去构建严整的有关土改的宏大叙事,而不会旁逸斜出,对这些"边缘人"投去深情的一瞥——这在表现上也是最集中、最经济的。但是,丁玲却在描写两大敌对阵营斗争的同时,以独特的切入角度创造了黑妮和顾涌这两个"边缘人"形象,并给他们以深情的眷顾。这两个与历史理性无紧密联系的"边缘人"形象的出现,说明丁玲写作这部作品并不仅仅在于对历史理性的彰显,其动机和目的还有超乎历史理性的一面——这就是她的人文关怀。

关于黑妮形象的设置和处理,丁玲事后作过多次说明。从中,我们可以看到,该形象的设置从缘起到性格,都与"意识形态预设"无甚关涉。这招致了以"无产阶级的现实主义"为批评标准的冯雪峰的批评。他认为,丁玲对黑妮的处理,"注意力似乎有一点偏向,好像存有一点儿先入之见,要把这个女孩子写成为很可爱的人",但问题却在于:"也许和作者初期所受的旧现实主义的影响有关系",她"把人物性格的发展脱离事件与客观的矛盾斗争的发展而孤立地表现"。① 他所说的"孤立地表现",正是指作品在这个人物的塑造中脱离了特定的阶级斗争语境,从而导致了对展示历史理性之宏大叙事的偏离。就这一特征本身而言,冯雪峰的把握是敏锐的,也是准确的。黑妮形象确实不是从意识形态所预设和规定的社会阶级斗争的场域中来的,而是来自作者的心灵深处。在黑妮形象的塑造中,丁玲没有采用具体的模特,这一形象完全是她心造的幻像。当年的批判者也敏感地发现了这一问题,认为:黑妮"属于作者'脑子里的人物'",她"不仅不是典型,就是是否'根据现实的人'也很值得怀疑"。② 据丁玲回忆,当年,她在怀来搞土改的时候,看见过一个"在地主家里晃了一下"的小姑娘,于是,在写作《太阳照在桑干河上》时,她就"凭藉一刹那时间的印象和联想,那一点火花,创造出来"了这么一个人物。③

应该看到,她看到的那个地主的小姑娘,不是黑妮形象的模特,而

---

① 冯雪峰:《〈太阳照在桑干河上〉在我们文学发展上的意义》,1952 年 5 月 25 日《文艺报》第 10 号。

② 王燎荧:《〈太阳照在桑干河上〉究竟是什么样的作品》,《文学评论》1959 年第 1 期。

③ 丁玲:《谈自己的创作》,《丁玲全集》第 8 卷,第 87 页。

只是在创作过程中引起其联想的一个因子、一个触发点。她看到了这样一个人,就把"旧有的人物都勾引出来了"。而她由此所联想到的("勾引出来"的)是自己对之具有深切体验并构成其长期记忆的莎菲型的人物与性格。她在 1955 年 3 月所作的一次演讲中,对此作了清楚的指认:"我的作品中的人物,是渐渐在改变的。像莎菲这样的人物,看得出慢慢在被淘汰。因为社会在改变,我的思想有改变。……我虽说变了,但这种类型的人物,从我后来的作品中,还是找得到他们的痕迹……像《太阳照在桑干河上》里面完全是新的人……但是还是写了一个黑妮。……尽管作者不注意她,没有发展她,但因为是作者曾经熟悉过的人物,喜欢过的感情,所以一下就被读者所注意了。"[①]而据她在同一演讲中所言,与梦珂、莎菲一样,黑妮也是个"倔强的人物"。其性格特点是:"在沉重的压抑下,在没有援助的情况下,在很孤独的心情中,也要想办法生活下去"。对于这样一个人物,由于受"意识形态预设"的羁绊,她明白"是不容易处理的"。于是,在写作时,她先是变更了黑妮的身份(从钱文贵的女儿改为钱文贵的侄女);接着,又"把为她想好了的好多场面去掉了"。具体细致刻画的欠缺,使她成了一个相当飘忽的影子。尽管如此,作者还是展现了她的"特殊身份、特殊心境、特殊命运",刻画了她的美丽、纯洁,写出了她的"不调和的忧郁"和"深沉的痛苦"的精神气质,并表露了作者对她的"先入为主"般的喜爱之情。她确实"是作者笔下最主要的抒情人物,是作者怀着最赤裸的同情,写得最富于诗意的人物"[②]。

总之,从黑妮形象的生成与性格来看,都与"意识形态预设"无关。那么,在这样一部表现土改斗争的作品里,丁玲为何要创造这一形象呢?

---

① 丁玲:《生活、思想与人物》,《丁玲全集》第 7 卷,第 432~433 页。
② 竹可羽:《论〈太阳照在桑干河上〉》,《人民文学》1957 年第 10 期。

关于创造这一形象的动机和这一形象的寓意,丁玲曾从反血统论的角度
作出过解释,认为应该将地主与地主的儿女们区别开来:"当时我想,地
主是坏的,但地主的儿女们是否也是坏的呢? 他们都还年轻,是否也要
和地主一样的看待呢? 我想,地主的家庭内部也是复杂的,其儿女不能
和地主一律看待,譬如我本人就是出身于地主家庭,但我却是受家庭压
迫的,这是由于中国社会的复杂性,于是,我就安排了一个地主家的女儿
黑妮,并给了她一个好出路。"①按其如上所说,她在一个重视阶级和阶
级出身的年代,敢于质疑血统论,这已经是相当有识见的了。可以说,这
一质疑在阶级论的厚障壁里已然透露出了一线人文之光。但是,单是质
疑,其意义显然有限。因为仅是这样的质疑,它所怀疑的只能是过程与
结果,而不是前提本身。黑妮形象的寓意事实上超乎丁玲自己的阐释,
远不止是对血统论的一般质疑。其价值主要在于作者借这一形象的塑
造,超越了"阶级论"这个一般前提,而从人性角度表现出了"作者对于人
的命运的关注,对于一种为人们普遍忽视的精神现象的敏感"②。

　　丁玲塑造黑妮,实际上是将莎菲型人物从当年莎菲所处的环境中剥
离出来,位移到阶级斗争异常尖锐的土改场域来加以表现。在对这个人
物的刻画中,她又"脱离事件与客观的矛盾斗争的发展"而对之作出了
"孤立的表现"。除了交代她的诸多"特殊"(尤其她既是地主钱文贵的侄
女又是农会主任程仁的恋人的特殊身份)外,丁玲并没有对她在土改这
场严酷的阶级斗争中的作用作出任何更多的表现(丁玲对她作为"边缘
人"和受动者身份的设计也使这一表现成为不可能)。显然,在这个人物
的刻画中,她所关注的是具有这种性格的这样一个"人"在这样一个场域

---

① 丁玲:《关于〈太阳照在桑干河上〉的写作》,《人民日报》2004 年 10 月 9 日。
② 赵园:《也谈〈太阳照在桑干河上〉》,《芙蓉》1980 年第 4 期。

中的命运和这样一个场域对这样一个"人"命运的影响。换句话说,她表现的兴奋点在于这样一个背景中的这样一个"人",而不是这个"人"所处的那个"背景"本身。而她之所以把对"人"的关注借助于这样一个特殊的黑妮来表现,是因为"她的特殊身份、特殊心境、特殊命运自然比那些缺乏'特殊'的人物更易引起人们的注意和同情"[①],因而,更易彰显自我的人文关怀。这样的一个着眼点,使"背景"(或曰"前提")的意义被撇置了,使作品在这一点上也偏离了有关历史理性之宏大叙事的方向。她对这个人物的"喜爱"、同情乃至美化,在一定程度上仍然昭示了她对莎菲型自主性格的赞赏与首肯。虽然这已经是一个无由自主的年代,虽然因具体描写的欠缺,黑妮也没有表现出莎菲那样鲜明的自主性格,但是,作为莎菲的一个符号、一个影子,在黑妮的命运处理("给了她一个好出路")中,仍然寄寓着丁玲对莎菲可能命运的一种期指和一种愿景。

与黑妮形象的塑造相同,丁玲在另外一个"边缘人"——顾涌的描写中也涌动着一股人道热情。与黑妮来自其自我内心记忆不同的是,顾涌是丁玲受现实生活激发而创造出来的一个人物。根据丁玲回忆,在土改时,一个富裕中农献地后上台讲话。他"没讲什么话,他一上台就把一条腰带解下来,这哪里还是什么带子,只是一些烂布条,脚上穿着两只两样的鞋。他劳动了一辈子,腰已经直不起来了"。这一场景,给丁玲以强烈的刺激,促使她写出了这样一个人物:"顾涌这个人物怎么来的呢?也许是从那个人站在讲台上,拿出那一条破腰带,这样一个形象一闪而产生的吧。"[②]关于这一形象的意义,学界一般以为:在当时"连'富裕中农'这个名称也没有,许多问题都在摸索中"的情况下,丁玲"是在用思想家的

---

① 杨义:《中国现代小说史》第2卷,第274页。

② 丁玲:《生活、思想与人物》,《丁玲全集》第7卷,第436、437页。

眼光,独立地思考和判断生活"。^① 这一说法是切合实际的。但需要追问的是,作为一个作家,丁玲的这种"独立地思考和判断生活"的"思想家的眼光"又来自何处? 显然,它不是来自对社会关系和社会阶层的睿智分析,而是源自作者可贵的人道热情;是她对可能具有此种命运的"人"的理解、关怀和同情,导致了对既有不合理的政治律令的质询和怀疑。因此,这与其说是显示了现实主义的深刻性,还不如说是显示了人道情感的深刻性。

土改初期,"根本没什么富裕中农这一说,就是雇农、贫农、富农、地主。我们的确是把顾涌这一类人划成富农,甚至划成地主的"。但丁玲没有从既有的不合理的政治条文出发去肯定这一做法的合法性,而是从自我的直觉和人道情感出发,从这一做法中"感觉出我们的工作有问题"。在丁玲塑造顾涌这个人物的过程中,与赵树理的"问题小说"相比,二者至少有两点是相通的:人物是"从我工作中来的";有借此提出"问题"的现实功利性。但是,二者在发现"问题"、提出"问题"的动机和方式上却存在巨大的差别。赵树理的"问题小说",曾被指称为"在相当程度上是'农村政治问题小说'"^②,它紧贴现实,均围绕着现实"问题"而写——"问题"本身是他写作的终点(目的),也是他写作的起点(动机)。而丁玲之塑造顾涌,虽然连带产生了政治功利、客观上形成了现实指向,但是,不管是在创作动机上还是在创作目的上,均是为了表露自我的人道情怀。丁玲从上述所见那一幕中受到了强烈的情感刺激,从看到那条破腰带的瞬间就激发出了创作的冲动;而在塑造这个人物的过程中,她

---

① 严家炎:《〈太阳照在桑干河上〉与丁玲的创作个性》,《北京大学学报》2008 年第 2 期。

② 杨义:《中国现代小说史》第 3 卷,人民文学出版社 1998 年版,第 538 页。

不但饱含同情地正面写出了他"不气馁的勤苦"、他的"省吃俭用"、他"无尽止"的"对于土地的欲望"和他"一滴汗一滴血赚来的"发家经历,而且以农会主任程仁、妇联会主任董桂花等人的议论("他的生活也不强,……咱们要把他同李子俊一样看待,管保有许多人不乐意";"假如顾涌家也被斗争,那不就没有安生的日子了?"),侧面写出了斗争他的不合理与不得人心。总之,丁玲在对顾涌展开描写时,始终用了那"极其明显的同情的笔调",始终表露出一种鲜明的人道情感,以至于当年的批判者不无偏执地认为,顾涌"是作者怀着同情在描写的唯一的一个农民"[①]。需要进一步指出的是,这种人道情感还不仅仅是一种情感。它的萌生,是浸润了人类公平正义之理性准则的结果。这使它在张扬"善"的情感力量的同时,还显现出"真"的道义力量,即财富应该为财富创造者所拥有。用丁玲自己的话来说,就是:"凡是以劳动起家的,我们把人家的财产、土地拿出来,是不大妥当的。"[②]

丁玲在对顾涌的塑造中所表现出来的人文关怀,超越了当时的"意识形态预设"。1949年2月2日,胡风在日记中记述了自己的感想:"掌握政策,同时要走在政策前面,'有远见'"。联系当天日记所述背景("看丁玲底《太阳照在桑干河上》二百多页。下午,到鲁艺丁玲处,喝酒谈到晚上回来"[③]),胡风这一感想显然是就该小说而言,甚至可能是就顾涌的塑造而言。无论是否如此,丁玲对顾涌的这一塑造确实走在了政策前面,表现出自己的"远见"。也正因此,曾遭到来自高层的批评,被认为是

---

① 竹可羽:《论〈太阳照在桑干河上〉》,《人民文学》1957年第10期。

② 丁玲:《关于〈太阳照在桑干河上〉的写作》,《人民日报》2004年10月9日。

③ 《胡风日记(上)(1948年12月9日~1949年12月31日)》,《新文学史料》1998年第4期。

"同情'地富'"、"有'地富'思想"①。后来,虽然由于党的高层领导的干预和土改政策的调整,土改运动中把富裕中农错划为富农的现象得到了纠正,丁玲因此在顾涌形象塑造问题上也避免遭到进一步的指责,但是,她的这一人文关怀仍然具有损毁"意识形态预设"的潜在威力。如果说"凡是以劳动起家"者的财产、土地都不应该剥夺的话,如果再进一步假设"以劳动起家"者的财产、土地可以继承的话,那么,在被划为地主的人中间有没有也"以劳动起家"的? 李子俊固然是寄生虫一般"坐着不动弹,吃好,穿好,耍钱",与顾涌的情况有本质上的不同,但是,假如他的祖辈与顾涌一样也是靠劳动发家的话,那么,假如他的祖辈赶上这场土改,是不是也该划为地主? 如果他的祖辈不该划为地主,那么,他作为祖辈的继承者,其财产、土地是不是就该被剥夺? 这些问题的提出,都是顺着丁玲这一人文思路所作的逻辑推演。显然,它们对特定的"意识形态预设"是潜藏着巨大的解构作用的。

丁玲是一个思想相当复杂的作家。自从度过意识倾向相对单一的短暂的"莎菲时期"以后,从《韦护》开始直到1942年延安文艺座谈会召开之前,在丁玲的思想—创作结构中始终存在着"革命意识"与"个性思想"的"二项并列"现象。这造成了丁玲创作在思想性质上的全部的复杂性和矛盾性。这一"二项并列"现象在陕北后期的创作中曾经短暂消失过。主体性的消泯、材料与内心体验之间联系的阻隔,导致其此期以《陕北风光》为代表的纪实性作品的写作步入了误区,表现出肤浅与平面化的客观主义倾向。正是由于这一艺术代价的付出和对这一付出的自我

① 丁玲:《生活、思想与人物》,《丁玲全集》第7卷,第437、436~437页。

反省①,在稍后《太阳照在桑干河上》的创作中,她才有可能把在深入生活中获取的材料与主体内心体验尽量契合起来,从而在认识生活、表现生活方面实现对陕北后期写作的某种突破。事实也正是如此。在《太阳照在桑干河上》出版一年多后的 1950 年初,丁玲在北京星期讲演会上发表讲演,在谈到"学习、生活和写作应有的几种态度"时,强调:"自己要有见解。谦虚并不等于自己一点见解没有。要有见解,不要人云亦云。"②稍后,她更是直截地提出了"作家必须是思想家"的命题,认为:"一个人不能光从报纸上、书本上、别人的报告里去找思想,自己应具有独立思考的能力。一个作家首先必须是思想家。不能光是接受别人的思想,否则,作品的思想就不会超过社论的水平。"③可以这样认为,丁玲提出的这些观点凝聚着她创作《太阳照在桑干河上》的宝贵体会。

正是这种对主体内心体验的尊崇和对独立思考能力的重视,在陕北后期创作中曾经短暂消失的"二项并列"现象又重现于《太阳照在桑干河上》的创作中,从而使小说在显现"意识形态预设"的同时又以自我的人文精神表现出对这一预设的突破与超越。正如德国学者顾彬所说,她"尽管受社会现实主义的种种约束",但"作品对于土地和人的描述还是更多地体现了对真实人的接触了解而非意识形态预设"。④ 这种突破和超越,突出体现在对国民精神痼疾的批判上、对地主形象和"边缘人"的描写中。她一方面以鲜明的革命意识来描摹土改风暴,诠释有关社会发

---

① 她说:"我不会因为有毛主席的鼓励就以为《田保霖》写得好,就以为我的文章真真好"。见《〈陕北风光〉校后感》,《丁玲全集》第 9 卷,第 52 页。又说:《一二九师与晋冀鲁豫边区》,也"只能做一篇实录来看,而并非一篇文艺性的报道,或文学的散文"。见《〈一二九师与晋冀鲁豫边区〉自序》,同前,第 58 页。
② 丁玲:《谈文学修养》,《丁玲全集》第 7 卷,第 153 页。
③ 丁玲:《作家必须是思想家》,《丁玲全集》第 7 卷,第 443 页。
④ [德]顾彬:《二十世纪中国文学史》,第 196 页。

展的历史理性,另一方面也仍然涉及了"'革命'和'人的解放'等根本性
问题",表现出了关注人的生存状态、尊重人的价值、改造人的精神("立
人")的"五四""个性思想"和人文精神。"革命意识"与"个性思想"的并
列、历史理性与人文关怀的交会,使《太阳照在桑干河上》在意识上、价值
上保持了必要的张力。这既丰富了整个土改小说表现生活的复杂性,也
提高了整个土改小说的审美性。因此,笼统地说,作品"只有那一个纯粹
政治性的主题","几乎完全丧失了作者的艺术个性",从中几乎看不到丁
玲自己对土改运动和农民命运的独特感受和思考,①是不符合文本实
际的。

---

① 王雪瑛:《论丁玲的小说创作》,《上海文论》1988 年第 5 期。

| 第十四章 "跨进新的时代来" |

1949 年 6 月 8 日,丁玲为参加中华全国文学艺术工作者代表大会(以下称"第一次文代会")离开沈阳来到了北京(当时称北平)。为此,《文艺报》还发过一则消息:"丁玲、古元出席世界拥护和平大会,回东北后稍事逗留,现已抵平。"①北京对于丁玲来说并不陌生。二十年代,她曾和胡也频在这里饱尝了拮据的痛苦和蛰居的苦闷;三十年代,她从国民党的牢笼中逃出,秘密地来到这里寻找党的关系。此次前来,丁玲的心情自非往昔可比。自 1932 年加入中国共产党,1936 年抵达陕北,丁玲为新政权的诞生奋斗了十多年。如今,"随着革命大军凯旋来到京城",在响彻天安门的鞭炮声中,洋溢在她心头的是一种胜利者的喜悦之情和来自延安的文艺工作者的优越之感。从那时开始直到 1955 年夏秋间批判"丁、陈反党小集团"的政治风暴袭来之前,丁玲在跨进新体制的

① "文讯",《文艺报》第 1 卷第 7 期,1949 年 6 月 16 日。

过程中一直对文学新体制抱有一种亲和感。她不但迅速融入其中、成为新体制所依靠的中坚力量,并且为它的确立摇旗呐喊,充分发挥了"一名小号兵"的作用。

丁玲来到京城时,正是中国社会和中国文学发生重大转折的关头。随着原来被迫分离在解放区和国民党统治区的文艺队伍的"大会师",毛泽东在延安文艺座谈会确立的文艺方向成了构建文学新体制的主要依据和基本内容,得以在全国范围内推广。四十年代在不同区域里出现过的多样化的文学探索和文学形态随着意识形态大一统时代的到来,迅速开始归趋于一。解放区文艺作为最早实践毛泽东文艺方向的成果,在这时取得了至高无上的地位,具有了"方向"的意义。1949 年 7 月召开的第一次文代会,对解放区文艺所取得的成就和这种至高无上的"方向"地位作了明确的肯定。郭沫若所作的总报告在叙述三十年来文艺统一战线所获得的成绩和胜利时,特别强调:"在解放区,由于客观条件的根本不同,由于在毛泽东思想的直接教育之下,由于许多文学艺术工作者的积极的学习和工作,从一九四二年延安文艺座谈会以来,在理论上和实践上都解决了五四以来所未曾解决的问题,文学艺术开始作到真正和广大的人民群众结合,开始作到真正首先为工农兵服务,从内容到形式都起了极大的变化。"[①]

具有比较意义的是,茅盾和周扬分别作的关于国统区革命文艺运动和解放区文艺运动的报告,前者虽也总结了斗争经验,但主要检讨了种种错误倾向,而后者则以不容置疑的态度宣布:"毛主席的《在延安文艺座谈会上的讲话》规定了新中国的文艺的方向,解放区文艺工作者自觉

---

① 郭沫若:《为建设新中国的人民文艺而奋斗》,《文学运动史料选》第 5 册,上海教育出版社 1979 年版,第 657 页。

地坚决地实践了这个方向,并以自己的全部经验证明了这个方向的完全正确,深信除此之外再没有第二个方向了,如果有,那就是错误的方向。"为了保证这个方向的实现,周扬强调要加强对文艺工作的"思想领导"和"组织领导":"批评是实现对文艺工作的思想领导的重要方法",因此要"建立科学的文艺批评";"除了思想领导之外,还必须加强对文艺工作的组织领导"。① 为了加强对文艺工作的"组织领导",这次大会成立了全国性的文学艺术界的组织——中华全国文学艺术界联合会,"它是国家和执政党对作家、艺术家进行控制和组织领导的机构"②。全国文联下属的各协会,也先后成立。在这些协会中,最重要的是中华全国文学工作者协会(1953年9月改名为中国作家协会),它是对作家进行政治、思想和艺术领导的重要组织。大会结束后不久,中国文联和作协的机关刊物《文艺报》、《人民文学》等纷纷创刊,成为宣传体制话语、发动文艺运动、举荐和批评作品的主阵地。这些提法和做法显然都借鉴了苏联的经验。总之,从"方向"确立、"思想领导"、"组织领导"到"阵地"构建,在1949年后的短短几年里,一统化的文学新体制在全国范围内开始迅速形成。

这一文学新体制作为1942年以后"延安文艺"的放大和苏联文学体制在中国的移植,对于丁玲来说其实并不陌生。经过延安整风运动,丁玲自认已经革面洗心、脱胎换骨,不但接受了毛泽东文艺思想,而且从1942年开始为实践毛泽东的文艺方向作出过不懈努力,并取得了解放区文艺中的代表性成果。正如她1952年所说:"经过对这个文件(指《在延安文艺座谈会上的讲话》——引者)的学习,中国的文学走上了一个新的阶段,人民的文学,新现实主义文学的阶段,我和许多作家一起,为实

① 周扬:《新的人民的文艺》,《文学运动史料选》第5册,第684、706页。
② 洪子诚:《中国当代文学史》,北京大学出版社1999年版,第15页。

践毛泽东指出的新的文艺路线而斗争。"①在文学转折关头到来之际,对于苏联的文学体制,丁玲在国内作家中也是较早进行实地考察的一位。1948 年 11 月第一次去苏联之前,丁玲就"计划过到苏联时一定要去作家协会一次,了解苏联文艺工作的组织情况,以及对文艺工作如何加强思想领导的问题";她"希望了解苏联社会主义的一些组织及领导方法,以作为参考"。② 在苏联对外文化委员会和苏联作家协会,她提出"希望了解作家协会及各文艺团体如何建立,组织领导和思想领导"与"作家与出版"等。苏联作家协会主席法捷耶夫向她介绍说:"首先要,现在一定要组织中央的文艺工作机关,如果现在不可能有,就也必定要组织筹备会。它是作家的团体,不是联合团体,也不须要,那是党的,或者政府的工作。"③丁玲回国后将考察情况及时整理,向组织作了汇报。

因此,当她在第一次文代会上作《从群众中来,到群众中去》的发言时,就能相当娴熟地使用体制话语,对会议的主旋律作出积极的呼应:"毛主席《在延安文艺座谈会上的讲话》,提出了新中国的文艺方向。要实现这个方向,必须由解放区所有的文艺工作者下决心去执行,刻苦努力,坚持不懈";她在具体论及作家深入生活、改造思想、选择主题和形式等问题时,其观点也与《讲话》相当一致。她最后在提出"我们的文艺"的努力方向时,也与周扬一样,反复强调了对文艺工作必须进行组织领导。在这一方面,她的论述甚至比周扬更加细密、更加条理化。在创作上,她批评过去对创作的领导不够,今后要"有组织有领导地发动创作",并且"必须有这种组织机构,和专门的负责人";在批评上,她要求"建立起有

① 丁玲:《在旅大小平岛苏军疗养院的一次讲话》,《丁玲全集》第 7 卷,第 353 页。
② 丁玲:《法捷耶夫告诉了我些什么》,《丁玲全集》第 5 卷,第 347、350 页。
③ 丁玲:《与苏联作家协会法捷耶夫等谈话情况汇报》,《丁玲全集》第 9 卷,第 364 页。

领导的自由论争和正确的批评";甚至在文学继承问题上,也要"有计划有组织有领导有批判地学习西洋文学,尤其是学习苏联文学,以及中国文学的优良传统,更要学习研究民间形式"。① 作为多年来躬身实践毛泽东的文艺方向并取得突出成就的作家,作为对苏联文学体制相当熟稔的作家,丁玲对建立中的中国文学新体制表现出了一种天然的适应和亲和。

第一次文代会的召开标志着作家的大会师,但是,来自不同地域、具有不同政治思想背景的作家在建立新体制的过程中却被赋予了不同的任务和作用。以丁玲等为代表的来自解放区、继续延安文学传统的作家,进入文坛的中心位置,成了建立新体制的中坚力量,四十年代国统区的许多作家被迅速边缘化。这种文学情势的出现甚至造成了许多来自解放区的作家的自豪感和优越感。作为其中一位地位较高、吃过"特灶"的代表性人物,丁玲的这种自豪感和优越感更其明显。原中央文学研究所工作人员朱靖华回忆说:"她作为作家,是有些自豪感的。但有时她对别人有一种不自觉的轻视。在一般作家和知识分子面前,她也有一种从解放区来的高人一等的潜在心理。"② 她的秘书张凤珠也认为:"她自己一些优越的条件和荣誉,是和共产党联系在一起的。比如,她不大瞧得起和她同时代的一些作家,她可以自傲于他们的就是她参加了革命,而那些人没有她这种经历";"和老舍、巴金他们比,她大概有一种参加了革命的优越感"。③

丁玲的这种自豪感和优越感以及由此带来的骄傲自大、轻视他人的

---

① 丁玲:《从群众中来,到群众中去》,《丁玲全集》第 7 卷,第 108~116 页。
② 《朱靖华访谈》,见邢小群《丁玲与文学研究所的兴衰》,第 172 页。
③ 邢小群:《关于丁玲——张凤珠访谈录》,《文史精华》2001 年第 7 期。

情绪,是当时许多人都能感觉到的。在 1957 年夏季开始的反右斗争中,这也成了不少人揭露的重点之一。7 月 30 日,在重新处理"丁、陈反党集团"案件的中国作协党组第七次扩大会议上,刘白羽在重点发言中揭露,丁玲"对茅盾、老舍、巴金等党外作家常常不尊重"。8 月 1 日,曹禺这个来自国统区的、此时才刚刚入党的作家,在第九次会议上第一个发言,指出丁玲"骄傲自满,很不谦虚"。9 月 17 日,在把丁玲打成反党集团成员的总结大会上,老舍也以戏谑的口吻当面说道:"丁玲同志,您一向看不起我们,今天依然看不起我们。"①

总之,丁玲的特殊经历养成了她特殊的心理优势:与其他许多名作家相比,她是参加了革命、从延安走来的。这种心理优势的形成,说到底缘自新的文学体制。在新的文学体制形成的过程中,所依赖的主要力量是党员作家,特别是从延安来的、得到《讲话》真传的党员作家。新中国成立不久,1951 年 1 月,胡乔木提出在《人民日报》上全文转载俄共 1925 年《关于党在文学方面的政策》的决议。发表时加了一个很长的按语,强调决议中要求"党应当周到地和细心地对待中间作家",要求共产党员防止骄傲、"摆共产党员架子"。这也可从一个侧面看出当时党员作家骄傲成了一个需要提出和防止的问题。

丁玲的自豪感和优越感是由体制对队伍的选择造成的,也是由体制对文学的评价标准造成的(这也是一种选择)。"假如将来有人问起我,你使了什么力量呢? 我要回答得上来,我要心里不难受,觉得我没有吝啬过,我同许多人一样,我不是空着手过来的。"这是丁玲写于五十年代初的小说《粮秣主任》中的主人公的话,也分明是作者的心声;话虽指向

---

① 转引自李向东、王增如:《丁陈反党集团冤案始末》,湖北人民出版社 2006 年版,第 210、211、234 页。

将来,但用于过去和现在也无不妥。确实,在跨进新体制时,她不是"空着手过来的",而是带来了沉甸甸的作品。在第一次文代会前后,分别由周扬和茅盾主持编辑,出版了两套大型文学丛书——《中国人民文艺丛书》和《新文学选集》。前者共五十五种,选编了解放区历年来优秀的文学作品,丁玲的《太阳照在桑干河上》作为优秀小说入选。后者共二十四册,收入"五四"到1942年以前就已有重要作品问世的作家作品,《丁玲选集》列入了其中的第二辑。当时两套丛书入选的作家作品不多,而像丁玲这样同时入选两套丛书的作家则更少。按照当时对文学的评价标准,如果说后者的入选说明了她的文学起点的话,那么,前者的入选则显示了其文学创作达到的高度。虽然这两套丛书以1942年为界,明显标示了二者在新的文学体制中具有不同的价值等级,但是,它们毕竟也都是为新的文学体制的建立所需要的文学力量。作为一种资格和地位的象征,丁玲的双双入选无疑表明了新体制对她自二十年代以来至四十年代文学创作起点和高度的一种全面性的认可。这自然会增加丁玲的自豪感和优越感。

值得注意的是,丁玲的作品此时不但在国内产生了广泛的影响,而且还远播海外,在以苏联为代表的社会主义阵营里赢得了巨大的声誉。1949年11月,苏联《旗帜》杂志编辑部决定登载《太阳照在桑干河上》,并于该月16日邀请正在苏联访问的丁玲到编辑部谈话,在那里她"得到了无比的友谊和亲爱"①。《太阳照在桑干河上》被译成俄文登载后,立刻引起了广泛的注意。之后很快又有了乌克兰文、立陶宛文、拉脱维亚文、罗马尼亚文、捷克文、匈牙利文、波兰文、保加利亚文、日文、德文和蒙古文等十一种外文译本。苏联许多报刊发表文章,对这部作品思想上和

---

① 丁玲:《塔娜莎娃的〈安娜·卡列尼娜〉》,《丁玲全集》第5卷,第385页。

艺术上的成就进行了评价。

1952 年 3 月 15 日,苏联各报刊发表部长会议关于以斯大林奖金授予 1951 年文学艺术方面有卓越成绩者的决定,《太阳照在桑干河上》获二等奖。《真理报》当天还发表评论说,中国作家丁玲、周立波、贺敬之、丁毅,匈牙利作家阿捷尔和法国作家斯提尔,都忠实地描写了他们本国劳动人民的生活及其争取自由和幸福的斗争。[①] 6 月 7 日,苏联驻华大使馆举行授奖仪式,罗申大使代表苏联政府授奖。出席典礼的有中央文化部副部长周扬、外交部东欧司副司长徐以新以及文化界人士。丁玲在讲话中强调自己是"中国作家"的代表:"我们几个人就更加觉得作为中国作家的代表,以作品较早地获得这样大的光荣,这样大的鼓励而欢欣",并称成绩的获得"主要的是由于有马克思、列宁主义、工人阶级的理论做为指导。而在一九四二年,延安文艺座谈会上毛主席的讲话又为我们解决了很多根本的、原则性的问题及具体的一些实际问题。我们有了这个思想武器,然后带着阶级的热情投身到火热的斗争生活中去参加群众的斗争,才能获得这样小小的成绩。如果不是这样,我们是写不出什么来的"。[②] 周扬最后发言,也突出了这些作品获奖对于"我国文艺界"的意义:这些作品的得奖,不仅是作者的最大的光荣,同时也是我国文艺界和我国人民的光荣。这个光荣的获得应该感谢中国共产党和毛泽东同志的正确领导,感谢先进的苏联文艺和伟大的苏联人民的帮助。6 月 8 日,全国文联为丁玲等四位获奖者举行庆祝会,周扬主持会议,全国文联主席郭沫若和文艺界一百余人参加。苏联驻华大使馆的文化参赞等也应邀出席。会上朗诵了《太阳照在桑干河上》、《暴风骤雨》中的片段。

①　《丁玲、周立波等荣获斯大林奖金》,1952 年 3 月 25 日《文艺报》第 6 号。
②　丁玲:《在斯大林奖金授奖仪式上的讲话》,《丁玲全集》第 7 卷,第 294、295 页。

　　在中国社会和文学发生巨大转折的年代里,由于"我们在国际上是属于以苏联为首的反帝国主义战线一方面"①的国家定位,"向苏联学习"成了一个时代的口号,苏联文学在中国文学界也具备了"楷模"的意义。1952 年,周扬指出:中国文艺工作者"应当更努力地学习苏联作家的创作经验和艺术技巧,特别是深刻地去研究作为他们创作基础的社会主义现实主义"②。丁玲 1954 年在苏联作家第二次代表大会上讲话中也说:"苏联文学的方向也是我们的方向,也是全世界进步文学家所必走的道路。"③"向苏联文学学习"、看重苏联"老大哥"的意见,成了建立中的中国文学新体制的价值取向和评价标准之一。苏联文学界对丁玲作品的认可和赞誉,在当时是极具权威性的。这从外部进一步提高了丁玲在中国文学新体制中的地位。

　　丁玲对新体制的亲和与新体制对她的重视,决定了她在新体制建立过程中应该发挥中坚作用。但以何种方式发挥这种作用,丁玲起初的想法与组织上不尽一致。作为一个作家,她的许多荣誉都来自她的创作,因而她对创作有着一种割舍不了的情缘。张凤珠说:"从内心里,她瞧不起行政工作,也瞧不起周扬。她认为只有作品才能说明一个人,而且作用是长久的。"④李辉在比较丁玲与周扬的异同时,也注意到了文学创作的魅力对她的吸引:"我们注意到周扬和丁玲,有一个共同的特点,那就是都愿意成为人们环绕的中心。但所表现的方式却不同的……周扬更愿意以一个领导者的身份出现在人们中间,也就是说,他个性中的领导

---

①　毛泽东:《论人民民主专政》,《毛泽东选集》(一卷本),第 1480 页。

②　周扬:《社会主义现实主义——中国文学前进的道路》,原载苏联《旗帜》1952 年第 12 期,《人民日报》1953 年 1 月 11 日转载。

③　丁玲:《在苏联作家第二次代表大会上的讲话稿》,《丁玲全集》第 7 卷,第 414 页。

④　转引自邢小群:《丁玲受害之谜考辨》,《中国现代文学研究丛刊》2002 年第 1 期。

欲和权力欲,决定着他许多时候许多场合的选择。而丁玲,尽管也愿意为人们拥戴,但不是借助地位、权力,而是靠文学成就所形成的明星效应……她乐于以文学的方式与人们见面,便把自己文学兴趣与成就,放在了一个特殊的位置。"①王蒙也说:"丁与其他文艺界领导不同,她有强烈的创作意识、名作家意识、大作家意识","她争的是金牌而不是满足于给金牌得主发奖或进行勉励作总结发言"。②

以上三人对丁玲心理的分析是有依据的。先看几个内证。丁玲的散文《苏联美术印象记》初收于1951年6月出版的散文集《欧行散记》,未单篇发表过。她在介绍莫斯科、列宁格勒等地的美术馆和苏联人民的美术生活以后,在结尾处突然偏离话题,写了苏联朋友叶洛菲也夫对她自己的一段忠告:"丁玲! 你回国后应该多写些文章,少做点工作,工作是人人会做的,而且也许比你做得好,但文章不是人人可以写的,你应该更加努力。"③这里在"巧妙地"显示自己创作才华的同时,也流露出了她自己对文学创作的留恋。1951年10月16日,中华全国文学艺术界联合会举行盛大招待会,欢迎参加我国国庆节庆典的各国代表团中的文艺家。丁玲在会上发表讲话,介绍了中国作家深入生活、创作、作品出版及青年作家培养方面的情况和成绩。在说到缺点时,她指出:"缺点,就是把许多作家放在行政、编辑工作和培养作家工作上了。很多老作家都有一些矛盾,但如果不去培养更多人材,这矛盾就愈不能解决。"④这似乎是在泛泛而论,但显然也是有感而发的。她所说的"有一些矛盾"的老作家应该包括她自己在内。1979年11月8日,在中国作家协会第三次会

---

① 李辉:《往事已经苍老?》,《往事苍老》,花城出版社2000年版,第227~228页。
② 王蒙:《我心目中的丁玲》,《读书》1997年第2期。
③ 丁玲:《苏联美术印象记》,《丁玲全集》第5卷,第384页。
④ 丁玲:《在招待外国文艺家会上的讲话》,《丁玲全集》第7卷,第280页。

员代表大会上讲话时,她又说道:"巴金同志大约还记得,五一年欢送你们出国去朝鲜的时候,我说,我爱一个人,但不准我恋爱,要我嫁给另一个我不爱的婆家,又不能说我不爱,还非得在这家做媳妇不可。我那个意思是什么? 就是我爱的是创作嘛! 我不能搞创作,叫我在里面做组织工作。当着那么多的人,我哭了。"①

再看一个旁证。1957 年批判丁玲时,许广平就以自己与丁玲接触的一段亲身经历,对丁玲的把创作视为自己私产的观点进行了揭露:"是她劝我写东西。这原是好意的,但接着她说出她心里的话来了:'你现在不管做多少工作都算得什么呢? 写东西才是自己的。'当时我听了震动一下,我想,为党为人民做工作,领导是这样教导,领导上考虑每个人的工作,不是没有根据的,总是人们需要你做什么,就让你做什么,为什么要考虑'是自己'的呢,难道自己比人民大众更重要些吗?"②

但是,新体制在确立阶段,不仅需要她以自己的创作来显示新体制的规范(就像她创作《太阳照在桑干河上》那样),以此间接地为新体制服务,更需要她"做好一名小号兵",直接从事文艺的组织领导工作,去建立新体制。在参加第一次文代会之前,丁玲在沈阳时曾与东北局宣传部副部长刘芝明约定,文代会结束后即回东北,下工厂,写工人。但是,会议期间,周扬找丁玲谈心,诚恳希望她留下来同他一起工作:"你是搞创作的,我知道;现在大家都不愿搞行政工作,我也知道;你呢,也是不愿意的,但比较识大体,目前就是这么一个局面,你我总不能视而不问。"周扬看重丁玲的政治原则性,早在进京之前就向丁玲表达过合作共事的愿

---

① 丁玲:《讲一点心里话》,《丁玲全集》第 8 卷,第 76 页。
② 许广平:《纠正错误,团结在党的周围——对丁玲提出忠告》,《人民日报》1957 年 8 月 14 日。

望。1948 年 6 月在河北正定,时任中共中央华北局宣传部部长的周扬就很诚恳地挽留她搞文艺工委会。① 两天后,丁玲向胡乔木、陆定一征求意见后未去文委工作。这次,丁玲却留了下来,担任了全国文协的日常领导工作。后来,她调到中宣部文艺处工作,胡乔木找她谈话。她说:"还是让我搞创作吧,做这些事,我不是这个材料!"两年多前明确向丁玲表示过"不必去做文委工作,不合算,还是创作"②的胡乔木此时却说:"我支持你搞创作,知道你不是做工作的人,但是现在没有办法,你还是要来这里坐一个时期再说。"于是,她又继周扬之后担任了文艺处处长。

丁玲从事文艺界的组织领导工作,固然是体制的需要,是她服从组织决定的结果。但是,也应该看到,丁玲对政治、行政本身也是有热情的,她只是在组织工作与文学创作之间更偏于后者而已。不了解这一点,就不能明白为什么周扬、胡乔木这次一做工作,她就能很快地接受下来。她后来还说过:"新中国成立后,我参加文学事业的领导和组织工作,当我做这些工作时,我常常忘了自己是一个作家。我沉醉在工作中,以为当一名宣传员,当一个农村的党支部书记也很满足,也可以发挥自己的才能,为人民服务。"③这也应该是她的由衷之言。有人曾经说过,丁玲有"表现欲、风头欲、领袖欲"。如果仅仅是一名埋头于书斋的作家,这些欲望是较难实现的。要实现这些欲望,需要一个舞台。类似当"一名宣传员"、"一个农村的党支部书记"的诉求,正表达了她搭建舞台的愿望。她希望有一个自己当主演的舞台,以充分"发挥自己的才能";而一旦这种当主演的舞台不存在,她就会感到"充数"、当配角的"屈辱"和悲

---

① 见丁玲:1948 年 6 月 14 日记,《丁玲全集》第 11 卷,第 337 页。
② 丁玲:1948 年 6 月 16 日记,《丁玲全集》第 11 卷,第 339 页。
③ 丁玲:《我的生平与创作》,《丁玲全集》第 8 卷,第 231 页。

哀。她的这种心理早在建国前夕就表现了出来。

1948 年 11 月至 12 月,丁玲作为中国妇女代表团成员之一,在团长蔡畅的带领下,在匈牙利参加国际民主妇女联合会第二次代表大会。11月 30 日,在会场上,丁玲想去跟国际民主妇女联合会主席戈登夫人打招呼,坐在夫人旁边的蔡畅赶忙告诉她:"我们的位置在后边",于是,她便向后走去。12 月 2 日,向大会献旗,蔡畅决定让丁玲等四人捧着旗子在自己领导下走上去。"我捧着旗子站在一旁,大姐站在中间讲话……我演了一出戏,扮演了一个十十足足的打旗子的角色"。为此,丁玲在日记中反讽道:"很好,我应该感到光荣。假使不是'妇女'抬举我,我能见这种世面么? 我能演这出戏吗? 幸好大姐是要我拿旗,没有要我拿被面;而且幸好她没有把她所喜欢的那些绣花拖鞋拿出来。"这两件事情是如此微不足道,但在她看来,却给了她"很大教训":"我了解了我的地位,我的渺小。整风以后,本来就毫无包袱了,但有时也还以为自己能写一点书。现在我明白了,我在党内是毫不足道的,我应该满足,我当了一名代表,我站在后边,充数,打旗的任务是了不起的,我了解了我工作的渺小,我了解了许多人为什么改行。只要会说两句英文就比一个作家有用得多,被看得起得多。而且人们是势利眼,我学会了忍受一切冷淡,不尊敬。我以前也能忍受的,但我现在已经不只是忍受而是安然处之了。"[①]她从两件小事中敏感到了自己的"渺小",而在她看来,自己的"渺小"、受人"冷淡,不尊敬"又是由自己作为作家的"工作的渺小"造成的,因此,一旦有机会能够提高自己在党内的地位,能够受人"尊敬"、被人拥戴,"改行"做组织领导工作,在她的心理中也并非不顺理成章。

客观情势的需要和主观从政愿望的结合,决定了丁玲在中国文学发

---

① 丁玲:1948 年 12 月 3 日日记,《丁玲全集》第 11 卷,第 363、364 页。

生重大转折的关头,在导引文学转折、建立文学新体制的过程中,必须而且可能参加到"文学事业的领导和组织工作"上来。事实上,丁玲在建国前后确也担任了一系列重要的"组织领导"的职务。1949年7月,在第一次文代会上,丁玲当选为全国文联常委、中华全国文学工作者协会全国委员会第一副主席(主席为茅盾,另一名副主席为何仲平)。1950年春,任全国文协党组书记、常务副主席,主持日常工作。1951年春,任中宣部文艺处处长。1953年10月,又当选为中国作家协会第二届理事会第二副主席(主席为茅盾,副主席共七人,其中周扬为第一副主席)。

在思想、文化阵地的构建上,丁玲也发挥了很大的作用。1949年9月,任《文艺报》主编。1952年4月,任《人民文学》副主编。1950年10月任中央文学研究所所长,着力培养适应新体制需要的作家、编辑和文艺干部。此外,她还先后担任过全国妇女联合会常委、全国政协委员、全国文化教育委员会委员、文艺界抗美援朝宣传委员会委员、第一届全国人民代表大会代表等。建国以后,她作为作家代表和妇女代表还多次出席国际会议。1949年10月至12月,率中国代表团赴苏参加十月革命三十二周年纪念大会,并参加国际民主妇女联合会第二次执委会。1952年2月至3月,赴莫斯科参加世界文化名人果戈理逝世一百周年纪念大会,会后在苏联访问。1954年年底,又作为中国作家代表团成员赴苏参加苏联作家第二次代表大会。

在四五十年代之交的政治、文化舞台上,丁玲显得异常忙碌、活跃。她后来也总结说,那时,"我工作忙得很。作家协会副主席,编《文艺报》,《文艺报》不编了,还要管《人民文学》,又管了个文学研究所,还有许多外事工作,会议又多得很"①。对丁玲的工作热情,周扬当时也多有赞许。

---

① 丁玲:《与美籍华裔女作家於梨华的谈话》,《丁玲全集》第8卷,第25页。

1953 年 2 月 16 日,在给丁玲的信中,他写道:"这两三年来,我觉得你的进步是大的,我也很喜欢你那股工作的劲头。你也好强,但有原则,识大体,有分寸,而某些同志的个人积极性就不同多了。"①作为作家,丁玲的小说创作几乎中断了。在无法以更多的小说创作显示文学新体制规范的情况下,她写下了大量的文艺杂感、评论。她以另一种更加直接的方式"扶正祛邪",为建立文学新体制摇旗呐喊,从而相当充分地发挥了"一名小号兵"的作用。

---

① 见许建辉:《丁玲藏信拣读》,《文艺报》2011 年 3 月 11 日。

第十五章　文学新体制的营构(上)

　　第一次文代会以后,从 1949 年 9 月到 1952 年 1 月,丁玲出任《文艺报》主编(第 1 卷前 7 期未具名,1950 年 1 月 10 日出至第 8 期时,才标明主编为丁玲、陈企霞、萧殷三人)。该报名义上隶属中华全国文学艺术界联合会,1957 年后委托中国作家协会主办,实际上领导它的是中共中央宣传部。在中国当代文艺发展史上,《文艺报》具有特殊的地位和作用。用丁玲的话说,它"是集中表现我们文艺工作部门领导思想的机关,是文艺战线的司令台","从这里所发出的一切言论,就代表了整个运动的原则性的标准"。① 在丁玲任主编期间,《文艺报》除发表少量文艺消息和文学作品外,主要刊发理论文字和评论文章。在确立新的文学体制方面,它确实发挥了引领文艺方向的作用。而《文艺报》主编的特殊身份,也为丁玲"做好一名小号兵"的主观愿望的实现提供了条件和舞台。

① 丁玲:《为提高我们刊物的思想性、战斗性而斗争》,《丁玲全集》第 7 卷,第 271 页。

以文艺批评为主的《文艺报》的创刊,是新体制加强对文艺界"思想领导"的重要举措。有关文艺批评的重要性,在第一次文代会上曾是一个重要的话题,以至于"需要批评,已成为大家一致的呼声"。周扬在会上提出"建立科学的文艺批评"的主张,把批评视为"加强文艺工作的具体领导"之重要手段,号召"通过批评来提高作品的思想性和艺术性"。①对这种权威的体制话语,丁玲在文代会上也作出了积极的呼应,认为需要以批评工作来指导文艺工作者、"领导文艺工作"。而究竟用一种什么方式开展文艺批评,则可能直接受到了苏联文学体制的影响。1948 年底,丁玲在苏联访问时曾就如何加强文艺界的"组织领导和思想领导"问题作过专门考察。苏联作家协会主席法捷耶夫介绍说:"作品要提高,就要批评。……这里最重要的就是文学报纸,这是教育作家,教育读者的最好的工具。"②

肩负着"思想领导"的重任,丁玲在主编《文艺报》期间组织开展了一系列"对文艺界的错误进行批评"的活动。那时,虽然号召展开批评,但真正的批评话语权却只操在少数人手里。据统计,1950 年全国 79 种文艺报刊共发表各类作品、文章 861 篇,其中文艺批评类仅有 25 篇,有 40种报刊完全没有评论文章。③ 因此,像《文艺报》这样操有批评话语权的报刊在当时极富权威,非常引人注目。作为重要的文艺批评阵地,《文艺报》最重要的批评理念和批评标准是文学的党性原则——"文艺为政治服务并从属于政治"。1950 年初,阿垅在《文艺学习》上发表《论倾向性》一文,反对把作品的艺术性和政治性分开,指出片面地要求政治倾向性

---

① 周扬:《新的人民的文艺》,《文学运动史料选》第 5 册,第 705、706 页。
② 丁玲:《与苏联作家协会法捷耶夫等谈话情况汇报》,《丁玲全集》第 9 卷,第 364 页。
③ 参见牧原:《进一步展开文艺评论工作》,《文艺报》第 3 卷第 7 期。

违背了艺术真实性原则,势必导致创作中的教条主义和公式主义。《文艺报》第2卷第2期组织刊发了陈涌的《论文艺与政治的关系》一文,对此进行了严厉的批评,"捍卫"了"艺术为政治服务"的文学观念。稍后,《文艺报》第2卷第3期刊出《编辑部的话》,强调文艺与政治的关系"是文艺批评和文艺理论中心的课题。文艺批评的展开与文艺理论的建设,主要依靠这一中心课题的正确解决"。

1950年5月26日,遵照《中共中央关于在报纸刊物上展开批评和自我批评的决定》,丁玲主持《文艺报》座谈会,并以编辑部名义在6月10日《文艺报》第2卷第6期上发表《〈文艺报〉编辑工作初步检讨》,对该报前十五期的编辑工作作了"初步检讨"。"检讨"围绕"文艺与政治"的关系这一中心课题,指出其主要缺点在于"没有通过文学艺术的各种形式与政治更密切地结合,广泛地接触目前政治上各方面的运动";而这一缺点之所以产生,是"由于我们编辑部还没有将学习政治、政策,放在首要的地位"。在谈到以后的发展方向时,它强调:"我们要在文联的领导帮助之下,增多各地文艺运动的总结,和加强对各地文艺运动的思想指导",要"加强文艺与当前政治的配合,加强刊物的政治性,提高刊物的政治思想水平"。①

从这样的文学党性原则出发,《文艺报》在丁玲任主编期间组织或参与了当时所有的文艺思想批判运动,比较充分地发挥了"锄草"、"排异"的作用。丁玲和《文艺报》所欲"锄"之"草"、欲"排"之"异",就是"资产阶级和小资产阶级的文艺倾向"。在这一方面,丁玲和《文艺报》的政治神经是敏感的、政治倾向性是明确的。在1951年5月20日《人民日报》发表重要社论《应当重视电影〈武训传〉的讨论》前的4月开始,《文艺报》先

---

① 丁玲:《〈文艺报〉编辑工作初步检讨》,《丁玲全集》第7卷,第140、142、143页。

后刊发了两组批判武训和武训精神的文章,并配发了"编者按",希望"大家来注意"关于《武训传》的论争。这两组文章后来被 5 月 15 日和 16 日的《人民日报》以大幅版面转载。如果说对电影《武训传》的批判是由《文艺报》肇其端而后由中共主要领导亲自组织,因而很难看出丁玲和《文艺报》在整个组织批判过程中的独立作用的话,那么,1950 年主动回击"资产阶级攻击"和 1951 年组织对萧也牧小说《我们夫妇之间》的批评,则能在相当大的程度上看出丁玲和《文艺报》的"政治思想水平"和自觉"加强文艺与当前政治的配合"的努力。

1950 年上半年《文艺报》收到很多读者来信,写信的大多是新解放区的知识青年、文艺爱好者。他们反映描写工农兵的书"单调、粗糙、缺乏艺术性","主题太狭窄,太重复,天天都是工农兵"。应该说,这些来信相当真实地反映了读者对文学创作多样性、艺术性的期盼和文学欣赏多样化的要求,是符合文学创作和欣赏的规律的。但是,丁玲在题为《跨到新的时代来——谈知识分子的旧兴趣与工农兵文艺》(《文艺报》第 2 卷第 11 期,1950 年 8 月 25 日)的文章中,却把读者的这些合理要求看作是"资产阶级"对工农兵文艺的进攻,并用体制话语对此逐一作出了回击。例如,当时的文学创作主题狭窄、重复,正面描写知识分子题材的作品(或者说"为知识分子"的作品)很少。这是由多方面的因素造成的,而在知识分子与工农兵的关系上不适当地贬低知识分子的作用、片面强调知识分子的单向改造,则是其中一个最重要的原因。但是,丁玲在分析这一现象时,却对它的合理性作了毋庸置疑的肯定。她运用主流的体制思路和话语,把这一现象出现的原因归结到知识分子本身的缺点中去,指出:"知识分子在动荡时代中的一些摇摆,一些斗争,比起工农兵的战斗来,的确是显得单薄无力得多",因而,"知识分子在这样庞大的作为人民主体的工农兵队伍里面就不觉得自己有什么值得表扬了"。

不但如此,在论述方法上,她还置换了概念,把读者来信中要求表现知识分子的主题、题材等有关"内容"的诉求变换成了"目的",把内容上的"为知识分子"变换成了目的意义上的"教育、改造知识分子"。她认为:"工农兵的文艺,向知识分子展开了一个广阔的世界,对知识分子正是很需要的。其中所描写的英雄人物,对自己的缺点正是一个很好的教育。为什么要嫌这些书太多,说为工农兵太多,为知识分子太少,说忽略了知识分子呢? 其实不只为工农兵,就是为知识分子,这样的书也只有太少的!"这样,她得出的结论,自然一方面强化了"文学为工农兵"的政治方向,另一方面则排斥了文学创作在内容上实现多样性的可能。她后来于 1952 年 5 月在《要为人民服务得更好》中介绍了写作此文的背景:"过去,当我们的文艺受到资产阶级攻击的时候,我曾经为工农兵文艺的整个成就而辩护过。写了一篇文章叫《跨到新的时代来》。这些辩护,我认为是对的。"①

在迎头回击来自社会上的"资产阶级攻击"的同时,丁玲和《文艺报》还组织了对左翼文学内部"小资产阶级文艺倾向"的批判。1951 年 6 月 10 日《人民日报》刊发了陈涌的《萧也牧创作的一些倾向》。此后不久,当月出版的《文艺报》第 4 卷第 5 期迅即刊出了由稍后担任主编的冯雪峰化名"李定中"所写的一封读者来信《反对玩弄人民的态度,反对新的低级趣味》。这显然是丁玲和《文艺报》以"读者来信"的方式间接了表达了自己的倾向性。该信发表时,丁玲在南京。她在南京市文联所作讲演中,也公开批评萧也牧"没有真实地反映出我们的革命干部真实的本质,而是在拿革命干部出洋相,让大家去鼓掌。所以这篇作品的重要缺点,就是在于不是写实际生活,而是游戏文字,玩弄技巧,讨好小市民的低级

①　丁玲:《要为人民服务得更好》,《丁玲全集》第 7 卷,第 309 页。

趣味,把我们的干部小丑化。因此它是蔑视生活的,是不真实的"①。后来,丁玲把这一观点系统化,写成《作为一种倾向来看——给萧也牧同志的一封信》,于 8 月 10 日发表在《文艺报》第 4 卷第 8 期上。

该文作于 1951 年 6、7 月间。从南京回北京后,丁玲为了专心写作这篇文章,住进了颐和园。有一个星期天,来此散心的毛泽东在罗瑞卿的陪同下顺便看望她。她告诉毛泽东,自己正在写一篇文章,是关于萧也牧的小说《我们夫妇之间》的,并介绍了小说的基本内容。毛泽东说,那是在吹他自己,作家捧作家自己。然后,他从中国有几百万知识分子话题说开去,谈了对知识分子的团结、改造问题。② 毛泽东的谈话在丁玲思想中引起了共鸣。她在文章中从知识分子思想改造的高度,指出了小说在政治倾向性上"歪曲嘲弄工农兵"的根本性错误:"它俨然在那里指点人们应当如何改造思想,如何走上工农分子与知识分子结合的典型道路。它表面上好像是在说李克不好,需要反省,他的妻子——老干部,是坚定的,好的,但结果作者还是肯定了李克,而反省的,被李克所'改造'过来的,倒是工农出身的女干部张同志。"小说写的是知识分子的丈夫李克和工农出身的妻子张同志之间的具体生活与冲突。丁玲却把他们这种具体关系抽象为"知识分子"与"工农"之间的一般关系,因而,一旦作品写了妻子的缺点,就被丁玲看作是"出革命干部的洋相",就被看成是立场问题。她也承认作者"的确看见过像你所描写的这种无修养的工农分子",但又说:"要写这样的主题(指知识分子与工农干部结合的

---

① 丁玲:《谈谈文艺创作问题》,《丁玲全集》第 7 卷,第 249 页。

② 张素华等:《毛泽东与丁玲——陈明访谈录》,《丁玲研究会通讯》总第 6 期,1993 年 3 月。另外,据当时也在现场的作家甘露回忆,毛泽东和丁玲"谈到了对小资产阶级出身的知识分子的团结和改造"问题。见甘露《毛泽东和丁玲二三事——悼念丁玲同志》,《新文学史料》1986 年第 4 期。

问题——引者),材料是很多的,你为什么偏要写这样一对夫妇呢?"这就从先行的政治需要出发,划定了题材的禁区。

与陈涌的批评文章一样,丁玲也使用了一个关键词"倾向",但它们的寓指却不完全相同。前者只是说作者"依据小资产阶级观点、趣味来观察生活,表现生活",具有"小资产阶级倾向",而后者则是从文学创作全局的角度指出该作品代表了"一种文艺倾向":

> 你的作品,已经被一部分人当作旗帜,来拥护一些东西和反对一些东西了。他们反对什么呢? 那就是去年曾经听到一阵子的,说解放区的文艺太枯燥、没有感情、没有趣味、没有艺术等呼声中所反对的那些东西。至于拥护什么呢? 那就是属于你的小说中所表现的和还不能完全包括在你的这篇小说之内的,一切属于你的作品的趣味,和更多的原来留在小市民、留在小资产阶级中的一些不好的趣味。……因此,这就不能说只是你个人的创作问题,而是使人在文艺界嗅出一种坏味道来,应该看成是一种文艺倾向的问题了。

在她看来,这实际上是一场在政治上是反对还是保卫"人民的文艺"之争,是两种力量"争取群众,争取思想领导"之争。① 这里能够看出她作为《文艺报》主编统摄全局的广度和高度。

丁玲这篇文章对于新体制的意义,不但在于对具体作品的批评,不但在于对整个文艺界"一种文艺倾向"的概括,而且还在于它较早地提出

---

① 丁玲:《作为一种倾向来看——给萧也牧同志的一封信》,《丁玲全集》第 7 卷,第 255～263 页。

了对来自解放区的作家应该进行思想清理的问题。这篇文章发表三个月后的 11 月 24 日,北京召开了文艺界整风学习动员大会。胡乔木在会上做了《文艺工作者为什么要改造思想?》的报告。他特别指出:有一些共产党员文艺界工作者,其中甚至也包括少数在延安文艺座谈会上表示过拥护毛泽东同志的文艺方针的共产党员,"在和资产阶级小资产阶级文艺家接触以后,失去了对于他们的批判能力,而跟他们无条件地'团结'起来了",这使"我们两年来的文学艺术工作的进展受了重大的限制"。周扬在所作的《整顿文艺思想,改进领导工作》报告中也说:"老解放区经过改造的同志,不要以为自己在延安经过了整风学习,就没有问题了。……至于新解放区的没有经过改造的同志,他们的思想感情实际上根本没有改变的。他们虽然口头上也讲工农兵,心里喜欢的却依然是小资产阶级。"胡乔木和周扬的报告中传达了一个重要信息,就是这场文艺界的思想改造运动所要达到的目的,不仅是要肃清从国统区来的作家的资产阶级和小资产阶级思想,同时,对于从解放区来的知识分子的思想也要清理。而这一信息在丁玲的这篇文章中早就出现了。她以萧也牧的事例告诉人们:小资产阶级文艺倾向不仅存在于党外和国统区来的作家中,而且也存在于党内和解放区来的作家中。因此,后者也必须"老老实实地努力改造自己",以站到党的立场和人民的立场上来。像萧也牧这样的作家,虽然"在晋察冀边区住过不少年,也做过群众工作,经过各种锻炼",但在新的环境下受坏思想的包围又"驾轻就熟地回到小资产阶级中去出风头",表现出对《讲话》的某种程度的抗拒。毛泽东文艺方向与小资产阶级文艺倾向的斗争是长期的,不可松懈,"可是我们在这种倾向面前,却缺少警惕"。

丁玲的《作为一种倾向来看》在当时对以萧也牧为代表的"小资产阶级文艺倾向"的批判中,是一篇高屋建瓴的上纲上线的代表性文章。它把由《人民日报》引发的这场批判推向了一个新的高度,代表了丁玲和由她主编的《文艺报》的"政治思想水平"。丁玲认为,陈涌的文章没有击中要害,而她的这篇文章在后人看来却"差不多'消灭'了萧也牧"①,从而为新体制的确立起到了"锄草"的作用。这场对萧也牧的批判影响面甚广,波及许多作家作品,丁玲也以此为契机,点名批判了一系列作品。她指出:朱定的《关连长》"是专门去找坏的东西,夸大,甚至造谣","故意解放军的洋相";陈学昭的《工作着是美丽的》"虽写的是小资产阶级,但就以小资产阶级的面目出现"②;卢耀武的登载在重庆《新华日报》上的小说《界限》"也是不好的作品,不仅是面貌,连它穿的衣服都是小资产阶级的";《人民文学》上的《戒烟的故事》"也是坏作品"③……丁玲当时将这一系列作品视为异端来批判,是在批判电影《武训传》的政治运动的语境中,客观上也起到了配合这场政治运动、扩大这场政治运动声势的作用。

　　丁玲及其主编的《文艺报》从"文艺为政治服务"的党性原则出发,多次发起、组织或参与了对"资产阶级和小资产阶级文艺倾向"的批判,比较充分地发挥了"锄草"、"排异"的作用。但是,由于对"资产阶级和小资产阶级文艺倾向"缺乏准确界说和严格厘定,不可避免地造成了文艺批评中的教条主义倾向和简单、粗暴的作风。这给许多文艺工作者留下了"凶凶狠狠"的印象。在 1954 年 10 月开始的对《文艺报》的批评中,发出

①　王蒙:《我心目中的丁玲》,《读书》1997 年第 2 期。
②　《丁玲作第二学季"文艺思想和文艺政策"单元学习总结的启发报告》(1951 年 7 月 31 日),见邢小群《丁玲与文学研究所的兴衰》,第 216 页。
③　丁玲:《怎样迎接新的学习》,《丁玲全集》第 7 卷,第 233 页。

过"第三种声音"——"大多数文艺工作者的声音"①。他们猛烈抨击了《文艺报》宣传公式化、概念化的文艺理论,坚持"粗暴的骂倒一切、横扫一切"的文艺批评,是缺乏自我批评的"一生正确"。是年《文艺报》第 22期刊发了中央文学讲习所学员陈亦洁的文章《论批评家的批评与自我批评》,在其所列举的四篇粗暴批评的文章中,有三篇就刊于丁玲任主编期间。对此,1950 年到《文艺报》工作的唐达成,于 1996 年也这样回忆道:《文艺报》"那时'左'得也够厉害的。我一到那里,杂志几乎成天都在批评作家";"丁玲在《文艺报》任主编的时候,一些做法其实也'左'得很"。②

丁玲及其主编的《文艺报》的"思想领导"工作,除了"锄草"、"排异"外,还包括"固本"、"浇花"。他们的"固本"工作,大体来说,是根据毛泽东《在延安文艺座谈会上的讲话》的精神,以"文艺为政治服务"为核心,来构建文学新体制中的思想理论层面;而所谓"浇花",则是在操作层面上以文学批评扶植和褒奖体现了这一思想理论要义的作品。在思想意识大一统时代到来的时候,这些工作具有一种普遍的性质。由丁玲主编的《文艺报》在开展这些工作方面较有远见且形成鲜明特色的是,该报于1951 年 11 月发起了一场关于建立新的"文艺学"的讨论,以此把大学的文学教学完全纳入到新体制中来。

1951 年 11 月 10 日,《文艺报》以"关于高等学校文艺教学中的偏向问题"为题发表了六封高等院校中文系学生、教师的来信。其中比较有代表性的是山东大学中文系资料员张琪的《离开毛主席的文艺思想是无

---

① 于风政:《一场批判 三种声音——试析 1954 年对〈文艺报〉的批评》,《北京党史研究》1998 年第 5 期。
② 唐达成:《四十年来的印象和认识》,王蒙、袁鹰主编《忆周扬》,内蒙古人民出版社1998 年版,第 263、266~267 页。

法进行文艺教学的》。来信着重批评山东大学的文艺学教学偏离毛泽东"文艺为政治服务"的基本原则和文艺的工农兵方向,表达了以毛泽东文艺思想改革文艺学课程的教学、建立文艺学教学新体系的希望。《文艺报》以此为开端,在全国范围内开始了一场关于建立新的"文艺学"的讨论,引起了全国各地、各高校的广泛关注。在这次讨论中,全国各地有二十八所高等学校中文系的师生积极投书,《文艺报》共收到来稿和来信三百件左右。丁玲和《文艺报》在刊发这些读者来信时不但像以往那样继续扮演了"隐含作者"的角色,而且从一开始就旗帜鲜明地站在了读者一边。《文艺报》在配发的一系列"编辑部的话"、"编者按"中,指出了当时文艺学教学中存在问题的严重性,并对学生要求改革文艺学教学的合理性给予了高度的肯定,要求以毛泽东文艺思想"进一步澄清一切非马列主义的文艺思想,以改进高等学校中的文艺教学工作和文艺理论工作"。

在发表这组读者来信以后的第二天下午,《文艺报》趁热打铁,邀请在京高校负责文艺教学的老师和文艺专家座谈。会议由丁玲亲自主持。出席座谈会的有李广田、钟敬文、杨晦、蔡仪、严文井、王朝闻、陈涌、萧殷等。丁玲指出,从《文艺报》通讯员和读者反映的情况判断,文艺学在教学方面确实存在着一些问题。最关键的问题在于讲授文艺学的教师对毛泽东《在延安文艺座谈会上的讲话》理解不深,甚至连基本的理解也没有。她希望参加座谈的人结合正在全国开展的知识分子思想改造运动,来进一步思考这些问题。在丁玲的引导下,与会人员经过讨论认为,现在的问题是要通过具体的材料,对其中违反毛泽东文艺思想的错误观点、轻视新的人民文艺的态度、不负责任地宣讲着的错误文艺理论以及欧美资产阶级思想意识形态的残余,进行严正的批判。这次座谈的纪要以《认真地改进文艺教学工作》为题,发表在随后出版的《文艺报》上。

经过近半年的讨论,《文艺报》1952年第8期发表了一篇记者对这次讨论的述评《改进高等学校的文艺教学》,对这场讨论进行总结。文章指出:"就以'文艺学'这门课程来说,根据教育部的规定,它的任务是'应用新观点、新方法,有系统地研究文艺上的基本问题,建立正确的批评,并进一步指明写作及文艺活动的方向和道路'。这是作为培养未来的文艺干部的一个基本要求。要使得这个要求能够实现,就需要我们在教学实践中以研究目前文艺方向及文艺创作、文艺运动与文艺批评为主要内容;就需要我们以毛主席的《在延安文艺座谈会上的讲话》为指导原则,对现实情况进行深刻的研究。"虽然在作出这个结论前,丁玲已经调离《文艺报》,主编一职由冯雪峰接任,但可以说,在这场讨论开始之初,这个结论就没有丝毫悬念地蕴含其中了。这是丁玲和冯雪峰在继批判萧也牧的《我们夫妇之间》之后的又一次相当默契、相当成功的合作。

丁玲和《文艺报》发起的这一场关于建立新的文艺学的讨论,发生于1951年10月开始的知识分子思想改造运动的政治文化语境中,本身也是这场运动的重要组成部分。讨论中对高校文艺学教师的"非无产阶级思想"的指责和批判,对他们"思想改造"必要性的强调,就显示出了这一特征。从文艺自身的发展来看,这场讨论的意义和影响也是深远的。它把文学教学完全纳入新体制,极大地冲击并彻底改变了以往文学教学的经院模式,而文学新体制也因为得到了高校教育的支撑,而益形稳固,更加深入人心。它不但在思想理论层面上起到了"固本"的作用,而且为阐扬新体制的理论话语培养了人才、准备了"干部"——"在这种文学艺术教育体制下成长起来的中国作家和文学评论家,成为中国文学艺术领导和组织中的主要力量","几乎影响了近半个世纪中国文学艺术发展的道路"。① 因此,丁玲和《文艺报》开展的这场讨论,把"思想领导"的领域从

① 谢泳:《"文艺学"如何成为新意识形态的组成部分?》,《南方文坛》2003年第4期。

文艺界扩大到了教育界,在"固本"方面是极具远见和影响力的。

当然,对丁玲本人来说,她对文艺学教学的重视其主观动机主要还在贯彻《讲话》的理念,至于培养人才、准备"干部",还属一种客观的结果。在这一方面,作为她的一种自觉追求的是她创办和主持中央文学研究所的实践。1985年7月,在生命即将走到尽头的时候,丁玲回忆说:"一九五五年冬天,一场狂风暴雨过后,我成了反党集团的首要分子,下属有两个'独立王国',一个是一九五一年我就离开了的《文艺报》,一个是一九五二年离开了的文学研究所。"①确实,与《文艺报》一样,中央文学研究所与丁玲也是分不开的。从1951年春到1953年夏,丁玲作为所长,为它的创办、运行付出了自己的心血和劳动。

创办中央文学研究所是文学新体制为培养创作人才和文艺干部作出的重要举措。1950年,文学研究所副秘书长康濯向《文艺报》记者介绍,其培养目标就是要"培养实践毛泽东文艺方向的文学创作与业务理论批评方面的干部"②。在第一次文代会把毛泽东的文艺方向确定为"新中国的文艺的方向"以后,为了提供组织上的保证,建立新的培养作家的机制、造就出能够自觉实践这一方向的信得过的文艺队伍就成了新体制的当务之急。因此,新体制在加强对文艺界的"思想领导"的同时,开始了对"组织领导"机制的探索。在这一方面,苏联文学体制又提供了借鉴。在第一次文代会筹备期间,当时的《文艺报》以"新文协的任务、组织、纲领及其它"为题多次召开座谈会。在第一次座谈会上,茅盾就提出:可以借鉴苏联作家协会举办"文艺研究院"的方式来"培养青年作

---

① 丁玲:《再版〈小金马〉序》,《丁玲全集》第9卷,第226页。引文中所说她离开《文艺报》的时间有误,见上文;所说离开文学研究所的时间亦有误,见下文。

② 苏平:《访问文学研究所》,《文艺报》第3卷第4期。

家"。

经过一年筹备,并经政务院第 61 次政务会通过,1951 年 1 月 8 日,中央文学研究所正式开学。原筹备委员会主任委员丁玲任所长,副主任委员张天翼任副所长,筹备委员会委员田间、康濯任秘书长、副秘书长。郭沫若、茅盾、周扬、沙可夫、黄药眠等参加了开学典礼。随后,《人民日报》发表通讯,对开学典礼作了报道。

对于创办培养青年作家的机构,丁玲自己也早有打算。这或者说是她与新体制的要求不谋而合,或者说是她从新体制的思路出发得出的结果。1949 年 5 月,到布拉格参加世界和平大会后回到沈阳的丁玲就表达过类似的想法:"我常想主办一个文学研究室兼创作组,集合一帮人来搞。……陈(指陈其通——引者)亦说,实在希望我能做些工作帮助别人,培养后代。"[1]1949 年 7 月,丁玲在第一次文代会上发言时就把她的这一想法公开化了。她提出要"培养青年作家和工农兵作家","要有专人肯于埋头踏踏实实地做这种工作"。[2] 而后,她还直接向党组织建议成立培养作家的机构,以至她有"要办文研所,是我向党的建议"的说法。在这一点上,丁玲与新体制又共谋了。

新建的中央文学研究所忠实地贯彻了"培养实践毛泽东文艺方向的文学创作与业务理论批评方面的干部"的办所宗旨。在丁玲任所长期间,文学研究所于 1951 年初和 1952 年夏招收过两个班,分别称第一期第一班和第一期第二班。第二期学员于 1953 年秋入学时,丁玲已经调离。从第一期两个班的招生情况看,文学研究所着重培养的是来自革命

---

① 见丁玲 1949 年 5 月 24 日日记,该日日记记于 4 月 3 日条下,但据所记时间,应为 5 月 24 日。见《丁玲全集》第 11 卷,第 380 页。

② 丁玲:《从群众中来,到群众中去》,《丁玲全集》第 7 卷,第 114、115 页。

队伍内部尤其是来自老解放区的文艺人才。据第一班学员徐刚回忆,第一班学员多是老革命:"有两名是第二次国内革命战争中入党的,十七名是1938年参加革命的,余下的同志大都是在抗战与解放战争中参加工作的,百分之九十是党员。"①第二班主要培养文学编辑、教学工作者和理论研究者(即文化干部),因为这样的培养目标,学员多从大学中文系应届毕业生中招收。两个班的学员大多是经过所在单位或地方文化部门推荐、由文学研究所最后审定入学的。他们的水平参差不齐,尤其在第一班中具有大学文化程度的寥寥无几。有的是童养媳出身,有的只读过三年半私塾。连丁玲自己也承认,"个别的同志,原来的水平就不高,连鲁迅是什么样的人都不知道(其实大部分对于鲁迅的认识也是泛泛然)"②。显然,文学研究所在招生上最看重的是学员的出身、经历等政治背景,并非其文化水平和创作才华。

　　1951年在文学研究所作《怎样迎接新的学习》讲话时,丁玲说到"有人曾说我们是文艺党校",而她自己也是以此为骄傲的。文学研究所的"文艺党校"性质,不但表现在招生时对学员的政治思想的重视上,更表现在入学后对学员的培养模式上。应该说,作为隶属中央文化部并受到各级领导关注的中央文学研究所虽在创办初期,却有着丰厚的优质教学资源。建国后,许多著名作家和学者云集北京,为它聘请优秀师资提供了得天独厚的条件。据在文学研究所创办之初就在那里从事教学管理工作的朱靖华回忆,就是那些当时被视为"旧知识分子"的老教授们也"一请都来",而且"有一种受宠若惊的感觉"。丁玲任所长期间,在一定程度上也利用了这一资源。据统计,应文学研究所之请为第一期学员讲

①　《徐刚访谈》,见邢小群《丁玲与文学研究所的兴衰》,第108页。
②　丁玲:《怎样迎接新的学习》,《丁玲全集》第7卷,第228页。

授过中国古典文学的有：郭沫若、郑振铎、俞平伯、叶圣陶、余冠英等；讲授过新文学的有：郭沫若、茅盾、周扬、胡风、冯雪峰、叶圣陶、田汉、丁玲、张天翼、老舍、吴组缃、艾青、赵树理、何其芳等。这些师资可谓极一时之选，他们的讲授为提高学员的文化水平和艺术水平起到了积极的作用。

但是，作为一所培养作家和文艺干部的学校，文学研究所的教学却是很不规范的。文学研究所开办伊始，没有正规的教学计划，也没有教材，只是随机地安排讲座。学员在北京学习时每周只有一次到两次的讲座，其他都是以自学讨论方式来学习，但就是这样的学习秩序和时间也常常难以得到保证。所有这些，都给很多学员留下了"不像是办学校"的印象。作为一所学校，丁玲把教学方针确定为"自学为主，教学为辅；联系实际，结合创作"，这对许多文化水平不高、自学能力不强且缺乏创作训练的学员来说显然是不合适的。而在实际运作过程中，事实上又变成了以"联系实际"为主。康濯当初是这样向《文艺报》记者介绍课程安排情况的：政治学习占16％，业务学习（包括中国古代文学史、现代文学史、苏联文学、文艺学、名著研究、作品研究、作家研究等）占53％，写作实践占31％。但后来学员绝大部分时间用于参加政治运动和"深入生活"，因而计划占53％的业务学习时间根本无从保证。这些情况的出现，从客观因素来看，是频繁的政治运动冲击正常教学秩序的结果；从作为所长的丁玲的主观原因来看，也与她不懂教育教学规律有关，更与她将文学研究所定位于"文艺党校"的指导思想有关。既然是"文艺党校"，所培养的既然是"实践毛泽东文艺方向的文学创作与业务理论批评方面的干部"，那么，丁玲就必然会根据新体制的要求把学员"深入生活，改造思想"放在头等重要的位置。而在丁玲看来，当时接连不断的政治运动也正好为学员提供了这样的机会。正如张凤珠所说：丁玲办文学研究所，"绝对是按《讲话》那样培养作家，把深入生活，改造思想放在非常重要的位置"①。

事实也确实如此。丁玲根据新体制的理念向学员灌输得最多的有两点:一是要"深入生活";二是要"改造思想"。在她看来,培养作家"必须好好在广大群众的生活中,经过长期的锻炼,深入的学习才行。只是放在文学研究所里像养金鱼一样,是养不出作家的"②。从这样的理念出发,她反复向学员强调必须"下去"、必须"深入生活"。1951 年 7 月 31 日,在第一班学员即将下乡下厂、到朝鲜体验生活前夕,她作了一个关于"第二学季'文艺思想和文艺政策'单元学习总结"的启发报告。报告就"为什么要下去? 下去做什么"问题进行了阐述:"下去是自己看","是去呼吸新鲜空气,是去开阔一下眼界,多接触些人和事物。是去锻炼自己,改造自己。不犯错误,不给人家留下什么坏的印象",但"不要希望太高,认为只要下去一次,回来就可以写长篇"。

丁玲对学员"改造思想"的重视,缘于对思想斗争严重性的认识。在上述 1951 年 7 月 31 日的报告中,她指出:"小资产阶级想方设法篡位,想以小资产阶级统治世界,改造世界。没有很好地学习毛主席文艺思想,没有站稳立场,就会警惕性不高,甚至会投反对票,就会犯自由主义。"因此,她把思想改造放在了头等重要的位置,认为"现在还是首先从做人做党员着手,写是第二",并要求学员"努力克服思想中的个人意识"。她在看过徐光耀的文艺整风思想检查的发言后,对他进行了尖锐的批评:"在你的思想中存在着颇大的问题,就是你关心你的写作问题比关心政治生活(即生活的政治意义)多",希望他"好好改造自己","学习

①　邢小群:《关于丁玲——张凤珠访谈录》,《文史精华》2001 年第 7 期。
②　丁玲:《谈谈文艺创作问题》,《丁玲全集》第 7 卷,第 250 页。

做人,学习做一个好党员"。① 文学研究所对学员的思想问题已经非常重视了,但她觉得还做得不够,要求通过组织渠道来帮助学员"搞通思想",因为如果"不搞好思想问题,文学也是搞不好的"。②

对于以党员干部为主、多数经过整风的第一班学员,丁玲一直没有放松对他们改造思想的要求。而对于主要来自各高校的第二班学员,丁玲更强调他们要"补思想改造"这一课。她曾经交待负责第二班的徐刚,以大学文科毕业生为主体的第二班的任务,主要是改造思想。1953 年 6 月 30 日,她在第一期第二班作总结报告时强调,要"补一课,补思想改造、确立人生观的课"③。她特别提醒第二班上这些"知识分子,小资产阶级出身的人","特别须要警惕,要有意识的,无时无刻不提醒自己,要学曾参一日三省吾身的精神,改造了一些还要改造,好上面加好,不到彻底不止"。④ 为了确保他们能够补上这一课,她甚至要求在课程的安排组织上顾及思想改造的需要,不必开设与思想改造联系不密切的课程,否则反而会分散精力。该班学员学习时间为一年,在入学半年后的1953 年春,他们就被组织下乡下厂,参加劳动,直到 6 月才返回文学研究所,差不多有一半时间是在农村和工厂度过的。

总之,不管是从观念上看,还是从时间安排、课程组织上看,以丁玲为所长的文学研究所为了把该所办成"文艺党校"而建构的以"思想改造"为主的培养模式,在当时的情况下因"强调了政治思想的领导,强调

① 丁玲:《致徐光耀》(1952 年 4 月 8 日),《丁玲全集》第 12 卷,第 46、47 页。
② 丁玲:《怎样迎接新的学习》,《丁玲全集》第 7 卷,第 232 页。
③ 引自王景山:《我所知道的中央文学研究所和所长丁玲》附录一"我日记里丁玲的几次讲话",《新文学史料》2002 年第 4 期。
④ 丁玲:《致中央文学研究所第二班同学》(1953 年 2 月 21 日),《丁玲全集》第 12 卷,第 53 页。

思想改造,深入当前群众的斗争生活,跟上时代,并站在时代的前面,和时代的脉搏一起跳动"①,疏忽了对学员进行系统的知识传授。而丁玲则以为这样的培养模式对于学员的成长很有意义、很有价值:"你们在两年多中是有很大的进步。这一段学习我以为在你们的文学事业中还是会有影响、有作用的。"②她称学员"有很大的进步",应该主要是就"思想改造"方面而言。从"文艺党校"的培养目标来看,丁玲作出这样的评价确也是顺理成章的。

丁玲执掌中央文学研究所近三年。为了造就一支能够自觉实践毛泽东文艺方向的队伍,从招生对象的选择到培养模式的建构,她都作出了积极的探索,表现出了为新体制服务的极大热忱。她和中央文学研究所顺应新体制的要求,在加强对文艺界"思想领导"的同时所进行的对"组织领导"机制的探索,作用巨大,影响深远。

首先,从机制上看,它改变了中国新文学诞生以来的作家产生的模式,建立了培养作家的制度。总的来说,在现代文学史上,"作家"主要是一种自由职业。自由知识分子选择这一职业,除了谋生的需要外,主要是为了独立地发表对社会、人生的见解,并以此参与到民族现代化的进程中去。丁玲发起并执掌中央文学研究所来培养作家,改变了以往作家作为一种自由职业的性质。从上述具体的培养情况看,丁玲和文学研究所的培养重点不在"知识",而在"方向"。这样,在它的培养目标制约下,它所培养出来的作家作为体制中人就应该实践它所规定的方向,而很难作为自由个体发表自己的独立见解。身份有时会决定声音,这是不奇

---

① 这是徐刚 1956 年作复中国作协关于丁、陈问题外调信时所写。引自周良沛《丁玲传》,北京十月文艺出版社 1993 年版,第 534 页。

② 丁玲:《致中央文学研究所第一班同学》(1953 年 2 月 11 日),《丁玲全集》第 12 卷,第 51 页。

怪的。

其次，从结果来看，中央文学研究所（包括更名后的中国作家协会文学讲习所）培养的学员，在以后三十年左右的中国文艺界发挥了很大的作用，以至有人称文学研究所是中国当代文学界的"黄埔军校"："从1984 年统计的文研（讲）所第一期到第四期（至 1957 年停办止）学员的情况看，在中国作协、文联工作的干部有 18 人，约占总人数（264 人）的7％；任省级文联、作协主席或副主席的 61 人，约占 23％；任国家级刊物、出版社正副总编的 19 人，约占 7％；任省级刊物正副主编的 38 人，约占14％；专业创作人员 36 人，约占 11％；教授、研究员 11 人，约占 4％；其余学员后来的身份分别是编辑、记者、工人、农民以及离休干部。"①他们当中成为著名作家的较少，而"文艺干部"较多。在文学的生产、出版、消费等一切都纳入"有组织有领导"的体制轨道时，"文艺干部"较之"作家"在引领文艺方向、加强思想领导方面更能直接起到全局性的组织作用。虽然这些"文艺干部"的思想后来也有一些调整，但文学研究所在他们思想上打下的烙印是不能彻底去除的。特别是丁玲和文学研究所给他们灌输的"深入生活，改造思想"的理念，长期以来代表了新体制的一种不容怀疑的主流话语，这对加强他们贯彻《讲话》精神的自觉性是有作用的。当他们作为文艺界的领导者去从事"思想领导"和"组织领导"工作时，必然会萧规曹随、薪火相传，影响及于其他许多作家。从五十年代开始，在曾经就读于文学研究所的学员中，有不少人成了各地作家协会的主要负责人。"由于中国的作家在很长时期内都是由作家协会来负责管理的，所以在'文革'前，中国当代文学中最活跃的作家在文学观念和文

---

① 邢小群：《丁玲与文学研究所的兴衰》，第 67 页。

学创作方法上,主要是受出身于文学研究所的那些作家的影响。"①从这
个角度说,丁玲和文学研究所不仅培养了为新体制所需要的作家,而且
培养了维护新体制的组织者和领导者。

从主编《文艺报》从事文艺界的"思想领导",到主持中央文学研究所
提供组织保证,丁玲为新体制的全面确立兢兢业业,做了许多工作,比较
充分地发挥了"一名小号兵"的作用。即使后来她被打成右派、被清除出
体制时,她的这些工作也没有被体制全部抹杀。周扬在那篇反右斗争的
总结性文章中也承认:"她在解放后一两年内多少作了一些工作。"②这
主要是就她在《文艺报》和中央文学研究所的工作而言的。由此可见,她
的这些工作对于新体制的确立该有怎样的价值。

---

① 谢泳:《当代文学研究的新视角》,《丁玲与文学研究所的兴衰》"代序"。
② 周扬:《文艺战线上的一场大辩论》,《文艺报》1958 年第 5 期。

| 第十六章　文学新体制的营构(下) |

立志"做好一名小号兵"的丁玲不但"行",而且"言"。在主编《文艺报》、主持中央文学研究所期间及前后,她还以较多的批评和不多的创作发出了自己作为"小号兵"的声音。此间,她发表了大量的文艺批评及文艺杂论,大多收录在《跨到新的时代来》(人民文学出版社1951年版)和《到群众中去落户》(作家出版社1954年版)中。为什么一个气质、志趣更宜于创作的丁玲会把较多精力用之于批评? 对此,她解释说:"其中少数是临时有感之作;大部分是赶任务,被逼被挤出来的","是需要什么写什么"的结果。① 可见,她之从事文艺批评是具有强烈的使命感和现实的针对性的。

丁玲此期的文艺批评是驳杂的、多声部的,其主调是她作为"小号兵"为新体制摇旗呐喊、呼应新体制话语的声音。其批评的理论元点,就

---

① 丁玲:《〈跨到新的时代来〉后记》,《丁玲全集》第9卷,第82页。

是坚持毛泽东《在延安文艺座谈会上的讲话》所提出的"新中国的文艺方向"。围绕着这一理论元点,她首先阐释了"文艺为政治服务"的方式、内涵和合理性。她强调"作家们要打开眼界,多接触政治,时刻关心政治问题,参加政治活动(不仅是下到一个工厂或一个农村)。多写散文,抒发思想,养成随时发表意见的习惯";强调"写作品主要是写思想(也就是对政策有了消化),一切人物和事件都为透出一个思想,而不是写一段材料,一个故事"。显然,她这里强调的"写思想",并不是作家个人对社会、人生的独特见解,而是消化政策后的群体性的政治思想。

为了给"文艺为政治服务"这一命题寻找历史的依据,丁玲还进而以"五四"文学为例论述了文学与政治的关系。她认为,"三十年前的新文学——年轻的时代是为政治服务得非常好的。那时好像没有人怀疑文学与政治的关系。翻开那时的《新青年》杂志来看,可以看见作家们不只是写小说,写诗,而是对什么问题都要发表意见,有时用文学的形式,有时就用论文、散文随感";那时的文学作品,"大半都是在说明一个问题,并且要解决这个问题的。这个问题在今天看来也许会觉得简单些,但却充满了强烈的政治情绪,有不解决不罢休之势"。在这里,丁玲对"五四"文学传统作出了"创造性"重释。

当然,这样的重释是建立在曲解的基础之上的。"五四"是一个"人的发现"的时代,"五四"文学的先驱者们作为觉醒的个体发出了自己的声音。虽然他们有时也涉及了政治体制和政治道路问题,但他们更多探索的是"人"的现代化的问题。在这个问题的探索中,他们广泛地涉及了伦理、哲学、民族、宗教、科学、生理等多方面的因素。因此,我们尽管不能否认某些先驱者(如李大钊、陈独秀等)政治意识、"政治情绪"的存在,但以此来概括"五四"文学传统却显然是以偏概全。即以丁玲提及的"问题文学"为例,当时大量的"问题小说"、"问题戏剧"所探索的主要是一些宽泛意义上的"人生"问题。这既无法证明"五四"作家们"充满了强烈的政治情绪",也无法证明丁玲自己提出的"那时好像没有人怀疑文学与政治的关系"的观点。传统作为一种既往之物,始终处在一种被阐释的地位。从丁玲对"五四"文学传统的阐释中,我们可以看到的倒是丁玲的一种现实需要。她一方面要为"文艺为政治服务"的命题寻找历史合理性,另一方面则要在虚构的历史与现实的对照中,用"历史"来引导现实("我们很强调作品的政治的社会价值,而今天我们作品里的那种政治的勇敢、热情,总觉得还没有'五四'时代的磅礴"[①]),以强化当代作家"为政治服务"的意识和倾向。

丁玲在文艺与政治关系上对"文艺为政治服务"观念的强调,必然导致在作品批评上坚持"政治标准第一,艺术标准第二",从而把作品的思想倾向性和政治功利性放在价值评定的首位。她否定中国国画和中国古典诗歌有较高的价值,因为在她看来,在其发展过程中,它们"逐渐与人民生活脱离开来,因此都是与政治无关,风花雪月,供文人雅士欣赏的"。她"从艺术与社会关系"来评价齐白石的画,认为他的画"不是最高的艺术"。[②] 在她的深层意识上,是以为只有"与政治有关"了,才能成为最高的艺术。她还正面指出:"今天我们文学的价值,是看它是否反映了在共产党领导下的我们国家的时代面影。是否完美地、出色地表现了我们国家中新生的人,最可爱的人为祖国所做的伟大事业。"[③]在这意义上,她对陈其通的那个在艺术上并不成功的剧作《两兄弟》作出了积极的评价。她看过以后"觉得很兴奋,很愉快",以为"像这种写工农兵的新的

---

① 丁玲:《"五四"杂谈》,《丁玲全集》第 7 卷,第 156、157 页。

② 丁玲:《致人民文学出版社编辑室》(1954 年),《丁玲全集》第 12 卷,第 65 页。

③ 丁玲:《读魏巍的朝鲜通讯》,《丁玲全集》第 9 卷,第 243 页。

剧本,不管它还存在多少缺点,应该得到鼓励",认为它的优点在于"作者先有一个明确的思想、主题,想拿这个主题来达到教育群众的目的"。[①]她表示"衷心拥护"魏巍的《谁是最可爱的人》等两篇朝鲜通讯,是因为它们是"有思想性的好作品","能起到教育作用的好作品"。

重视文学作品的思想倾向性和政治功利性,既是丁玲开展当代作品批评的重要标尺,也是她评价现代文学创作的主要尺度。不管是选编、删改胡也频的作品,还是评价冰心、巴金的创作,她都表现出了这样的价值立场。1951~1952年,开明书店编辑出版"新文学选集",其中有《胡也频选集》;1954年,人民文学出版社又出版了《胡也频小说选集》。这两个选集都是由丁玲负责编选的。在前一个选集中,她仅选录了胡也频转向后所作的两部小说《到莫斯科去》和《光明在我们的前面》,胡也频之前创作的大量诗文则一概不录。而到后一个选集中,丁玲进而对这两部原作进行了删改,对革命者进行了"纯洁化"处理。一方面,她删除了那些描写革命者沉迷恋爱的文字以及试图用民众流血牺牲的极端方式来刺激民众觉悟的、"有损于革命者思想境界的文字";另一方面,则改写了"主人公身上的'小布尔乔亚'的习惯和嗜好",突出了"对无政府主义者'追求绝对自由的荒谬性'的批判"。[②] 所有这些,都显示出丁玲以"纯洁"和"拔高"为手段对"胡也频形象"的重塑。当然,在她如此重塑中所表露出来的,正是其高度重视作品意识倾向的批评立场。

冰心、巴金等人的作品,是新文学史上的艺术精品,在历史上曾经产生过很大的影响。丁玲对他们的创作同样从这一评价尺度出发作出了

---

① 丁玲:《不能从形式出发——〈两兄弟〉座谈会发言》,《丁玲全集》第9卷,第308、309页。

② 温儒敏、陈晓明等:《现代文学新传统及其当代阐释》,北京大学出版社2010年版,第107、108页。

相当苛刻的批评,并且要求清除他们的不良影响。她认为,冰心的作品代表了小资产阶级的优雅幻想和生活趣味,它们"把感情束缚在很渺小、很琐碎、与世界上人类关系很少的事情上",因而,它们"解决不了贫穷,解脱不了中国受帝国主义的侵略"。① 应该承认,丁玲对冰心作品特点本身的把握有相当准确之处,但她却不顾历史语境、更不顾文学特点地要求作用于人的心灵的文学作品直接成为改造世界的工具(如"解决贫穷"、"解脱侵略"等),这实际上是任何文学作品都无法做到的。在她看来,冰心的《斯人独憔悴》"代表了那时的资产阶级的妥协性",而《去国》则"代表了中国资产阶级对美英资本主义的崇拜"。② 在这样严苛的批评下,冰心的作品作为"资产阶级"和"小资产阶级"思想的载体和代表就被否定了。关于巴金小说,虽然丁玲比较客观地指出了它们在"暴风雨前夕的时代"起了作用,现在对某一部分读者也还有作用,但她强调它们"对于较前进的读者就不能给人指出更前进的道路了",因此对它们的影响,"我们应该好好地整理它,把应该去的去掉它!"③

对冰心、巴金等人作品的否定性评价,是与丁玲以新体制话语否定"五四"以来个性主义文学传统联系在一起的。与此形成鲜明对比的是丁玲以思想倾向性和政治功利性的尺度对解放区文学作品不遗余力的肯定。她指出,"新的人物,新的生活,新的矛盾,新的胜利,也就是新的主题不断地涌现于新的作品中⋯⋯这正是新的作品的特点,这正是高过于过去作品的地方"④。在她看来,这些作品不但思想内容健康、远非过去作品可比,而且在现实生活中发挥了"教育人民"的积极作用:"这些书

① 丁玲:《在前进的道路上》,《丁玲全集》第 7 卷,第 120 页。
② 丁玲:《"五四"杂谈》,《丁玲全集》第 7 卷,第 161 页。
③ 丁玲:《在前进的道路上》,《丁玲全集》第 7 卷,第 122 页。
④ 丁玲:《跨到新的时代来》,《丁玲全集》第 7 卷,第 202 页。

表现了一个时代,这些书为人民所需要。它是从人民那里来的东西,它又到人民中去受考验。它教育人民,鼓舞人民,提高人民的理想。"

关于解放区文学作品艺术上的缺点,丁玲也曾意识到。她说"这里找不到巴尔扎克,也没有托尔斯泰",人物不够形象,事件写得也不能"更有组织,更有气氛"。但是,出于为解放区文学辩护的需要,也出于为新体制张目的需要,她进而用政治标准取代艺术标准,把"政治标准第一,艺术标准第二"置换为"政治标准唯一"。她认为,那些作品来自人民并能教育人民(亦即既有正确的思想倾向性又能发挥政治功利性)——"这些要素是我们肯定艺术性的最重要的东西,而不是其他。……笼统的说新作品艺术性不高,是从旧的观点出发,是资产阶级文艺的看法,很不正确的"①。后来,她在评价继承解放区文艺传统的作品时又指出:"真正有思想,能起到教育作用的好作品,就必然有它的优美的表现手法和形式,这就有'艺术性'。"②她强调不能把"艺术性(指形式——引者)和政治性(当为文学作品的内容——引者)分开来谈",这是有其合理性的,因为文学的内容与形式之间确乎存在着相互联系、相互制约的关系。但是,她在这里把文学的形式看作是纯粹被动的被决定之物,把从好的内容到好的形式看作是一个自然而然的过程,认为有了好的内容就"必然"具有好的形式,这就彻底否定了形式对内容的反作用。丁玲这一理论上的悖谬,是在批评标准上把"文艺为政治服务"推到极致的结果。

从"文艺为政治服务"的理念和"政治标准第一(甚至唯一)"的批评标准出发,丁玲非常重视承载文学作品内容的主题、题材问题。在她看来,所谓"好作品"是指"要描写工农兵新的生活、新的人物的作品,要能

———————

① 丁玲:《在前进的道路上》,《丁玲全集》第7卷,第124页。
② 丁玲:《读魏巍的朝鲜通讯》,《丁玲全集》第9卷,第241～242页。

教育工农兵的作品,要解决建设中新问题和困难的,政策性很高的作品"①。为此,在第一次文代会上作题为《从群众中来,到群众中去》的发言时,她就提出作家"选择主题",要"根据解决当前的工作任务与群众运动的实际问题","我们要做到:现在群众需要什么就写什么,而且力求写得好"。这里,她所指的"群众"就是指"工农兵",划定的题材范围,规定了"深入生活"的方向。为了了解群众的生活和群众运动的实际情况,她以《讲话》为指针,要求作家去"到群众中去落户"。1953 年 9 月,她在第二次文代会上专门以此为题作了发言。同年,在另一次创作会议上,她对此又作了进一步强调:"我们现在有些作家住在机关里,连户口也没有。我们需要有在群众中安身立命的思想准备。我们现在这种创作环境再也不能继续下去了,我们要把我们的环境改变为和我们要写的对象生活在一起的环境",因为"世界上最伟大的作家如托尔斯泰所写的人都是他日常生活中最熟悉的人。曹雪芹写的薛宝钗、林黛玉、贾宝玉等也都是写的他的表姐表妹等"。②

既然丁玲确定了作家创作的题材范围,那么,为了把这一题材表现得成功而要求作家去熟悉这一范围内的生活,也就势在必然了。但是,缺陷也是显然的:一是题材范围的圈定,排斥了对工农兵题材之外更广阔生活的表现。二是在给定的题材范围内把深入生活、熟悉生活看成是成功表现生活的充要条件,认为深入生活后"就会觉得写不胜写,而且写得那样顺手,那样亲切了",这就排斥了作家独特的个人体验和形式表达对创作成功的极端重要性。对于作家个人情感体验的独特性,丁玲是持

① 丁玲:《谈谈普及工作——为祝贺北京市文代大会而写》,《丁玲全集》第 7 卷,第 184 页。
② 丁玲:《作家需要培养对群众的感情》,《丁玲全集》第 7 卷,第 371、370 页。

否定态度的。她强调,"所谓真正去'落户',是从精神上来讲,要我们的精神、情感和群众能密切联系,同群众息息相关"①。换言之,她就是要以群众的精神、情感为作家的精神、情感。这样,作家的个人体验的独特性实际上就被取消了。她虽然说"我们不反对个人创作",但是即使在个人创作中也"必须发扬集体主义精神,就是在写作以前,要有提纲,要说明你想写什么,要开座谈会,研究你的企图是否正确,你的观点是否正确。写好之后,又广为搜集意见,重复讨论,再三修改"②。按照这种"集体主义"的创作模式,作家独特的个人情感体验根本就无从发生;即使在写作过程中对"正确"界限稍有越出,也必然在"重复讨论,再三修改"中被剪除和匡正。这样,作家事实上就成了寻找材料来填空的"匠人"。

为了防止作家越出"正确"界限的个人情感体验的发生、防止他们"表现自己、宣传自己"、"在大众忙乱之中仍旧贩卖一点私货,贩卖那些小资产阶级的旧玩意"③,丁玲还根据《讲话》精神从根本上提出了作家"改造思想"的任务,要求作家泯灭自我、"打倒个人英雄主义"。早在第一次文代会上,她就强调:要实现《讲话》提出的新中国的文艺方向,必须"改造自己,洗刷一切过去属于个人的情绪","必须将已经丢弃过的或准备丢弃、必须丢弃的小资产阶级的,一切属于个人主义的肮脏东西,丢得更干净更彻底",而"以群众为主体、以群众利益去衡量是非、冷静地从执行政策中去处理问题"④。

丁玲对作家思想改造任务的强调,是与她在知识分子与工农兵(实际上是"农民")的对比中对知识分子缺点的理解联系在一起的。1950

---

① 丁玲:《生活、思想与人物》,《丁玲全集》第7卷,第420页。
② 丁玲:《从群众中来,到群众中去》,《丁玲全集》第7卷,第111页。
③ 丁玲:《谈谈普及工作》,《丁玲全集》第7卷,第180页。
④ 丁玲:《从群众中来,到群众中去》,《丁玲全集》第7卷,第108页。

年7月应《中国青年》编辑部之约,她撰写了《知识分子下乡中的问题》一文。文章以"一个知识分子,带有浓厚的小资产阶级习气与情感的人,要到群众斗争生活中去受考验"为逻辑前提,夸大了知识分子的缺点和农民的优点。她认为,"知识分子一般最容易有的心情"为"爱面子,怕埋没"、"软弱,……需要温情"、"小心眼多"、"容易有寂寞、找不到朋友的感情"等。这里姑且不说她的如此提括是否完全确当、感情色彩是否带有偏差,即便真是如此,那也只是关乎知识分子气质、情感的特点,也未必如她所言都会"妨碍自己的学习与进步",因而"都需要在实际中改造"。例如,有关"易感寂寞"的问题,这在被磨锐了感觉的知识分子那里几乎成了通例,而她却断言:"小资产阶级出身的知识分子的寂寞病"全是"从那些资本主义的颓废文学里传染来的"。这实际上把复杂的问题简单化了,把情感政治化了。与此形成鲜明对比的是她对农民优点的夸大:"农民比我们更懂得生活……他们文化很低,不识字,老娘儿们一生也没有走出过几十里地的,但他们一旦觉悟了,就比我们更没有个人打算,就比我们更坚决,这就是他们伟大的地方"。在这样的对比中,她甚至进而得出了知识分子要为农民"当长工"的结论:"我们对他们没有别的好说,就是替他们当长工,为他们服务,忠实负责,毫无二心"。①

丁玲在给定的题材范围内把深入生活、熟悉生活看成是成功表现生活的充要条件,不但阻碍了作家独特个人体验的发生,而且排斥了作家在形式表达上的探索。在她看来,作家"深入生活"后"就会觉得写不胜写,而且写得那样顺手,那样亲切",这样,"怎样写"对作家来说就不再成为一个需要探索的问题。不需要探索,不等于不要形式表达本身。探索之所以不需要,是因为在她看来,形式表达的"规范化"问题也早已得到

① 丁玲:《知识分子下乡中的问题》,《丁玲全集》第7卷,第190~199页。

了解决。这就是:"我们提倡向民族的民间的形式学习,因为这是为群众所熟悉、所习惯的形式,为群众所喜闻乐见;而且也只有用这种形式,从这种形式中发展、提高了的形式,更容易深入群众,更容易打倒封建的文艺。"①其侧重点就是她认为"本来应该解决了"的所谓"旧瓶新酒",作家的任务就是一种"规范操作",即把从深入工农兵生活中得到的题材、内容("新酒")装到"民族的民间的形式"("旧瓶")中去。

丁玲这一"旧瓶新酒"的形式观作为一种先验图式,否定了作家进行形式探索的必要性。这也是她之所以把深入生活看作是成功表现生活之充要条件的重要原因之一。丁玲的这一形式观的形成,是她强调"文艺为政治服务"这种政治功利性的必然结果。既然把"教育群众"作为文艺的主要功能,那么,文艺要能够深入到文化水平不高的群众中去、为他们所接受并进而发挥教育他们的作用,就必须以"普及"为主,运用为他们所喜闻乐见的"旧瓶"。在《讲话》发表八年以后,丁玲认为"文艺工作仍然是应该着重普及","今天我们不是做普及工作的人太多,而是太少。我们要大大地号召,团结更多的人来做普及工作"。② 而她所提倡的用于"普及"的艺术形式就是秧歌剧、快板、鼓词、说书、京剧等"旧瓶"。

在以大量的批评文字直接发出"小号兵的声音"的同时,丁玲作为个作家还在繁忙的公务之余创作了一些作品,并以此间接地显露出"小号兵的声音"。散文方面,有1951年6月人民文学出版社出版的散文集《欧行散记》,《跨到新的时代来》也收录了一组,另外有发表在各报刊而未收集的《记游桃花坪》、《春日纪事》等数篇;小说有1953年发表的短篇《粮秣主任》和写于1954年以后、发表于1956年的长篇《在严寒的日子

---

① 丁玲:《从群众中来,到群众中去》,《丁玲全集》第7卷,第112页。
② 丁玲:《谈谈普及工作》,《丁玲全集》第7卷,第179、180页。

里》(前八章);另有电影文学短剧《战斗的人们》等。总的来说,此期丁玲的创作不多,但她也以此显示了新体制的"规范"。这主要表现在以下三个方面:

首先,从性质上来看,丁玲此期创作不再是源于生命的情感冲动,而成为一种在既定范围内的"意义"搜寻。创作本是一种生命活动、是作家存在的一种生命形式,在创作过程中,作家总要倾注自己的血液、情感和整个生命活力。美国人本心理学家马斯洛说过:"一位作曲家必须作曲,一位画家必须绘画,一位诗人必须写诗,否则他始终都无法安静。"①因此,作家的创作实际上是作家生命力的释放,是作家借助于一定的物化形式传达自己在生活经历中所产生的独特生命体验的过程。丁玲的早期许多作品忠实地传达出了个人的生命体验。那时她写作总是先写一个头,搁下,"后来再受了感触,觉得非写不可,于是再写下去"②。但是,到这一时期,古典主义式的对"意义"的搜寻改变了丁玲此期创作(实际上变成了"写作")的性质,她原先具有的那种充满野性的生命体验和情感冲动在创作过程中受到了"意义"的规范和钳制。

这种性质的改变可从其写作《在严寒的日子里》的过程中见出端倪。对于这部作品的写作,丁玲是十分重视的,甚至为此于1953年辞去了许多行政职务,并几次重返桑干河畔收集材料,开始构思。为了能够安心写作,她先后住到了安徽黄山和江苏无锡太湖疗养院。与1949年前相比,写作环境不可说不好,但写作心境却有了根本的变化。从1954年6月动笔,到1956年10月在《人民文学》上发表前八章,其间除去受批判"丁、陈反党小集团"等政治运动的冲击,丁玲的写作时间当有一年左右,

---

① 马斯洛:《动机与人格》,华夏出版社1987年版,第53页。
② 丁玲:《我的创作经验》,《丁玲全集》第7卷,第11页。

但她总共才写出四万余字,写作速度之慢自不待言。主要原因在于她失去了创作心境的自由,必须反复考虑写作的"意义"及其"功用"。她在给陈明的信中说:"今天我也没有写文章,我想多想一想……我的语言不好,不够生动都没有关系。可是让它有意义些。不要太浅就行。"①她这里所说的"有意义",其评判尺度显然不在自我对社会、人生体验的独特性与深刻性,而在新体制所制定的"政治标准第一"的规范。对政治"意义"的搜寻,也使她在人物设置和性格刻画上常常处在进退失据的状态中。在一部反映解放区农民在中国共产党领导下进行艰苦斗争历史的小说里,农民一方面代表了历史发展的动力,但另一方面他们毕竟是农民。对他们如何把握,也确实使丁玲左右为难:"我不能把人的理想写得太高,高到不像一个农民。可是我又不能写低他们,否则凭什么去鼓舞人呢?"②为此,她在致家人的信中倾吐了这篇命题作文"难写"的苦衷:"我最近小说写得也很困难。写了又改,写了又改。"③从创作过程来看,如果一个作家有了强烈的个体生命体验急于表达出来,那么,在形式化的过程中常常会使他产生一种生命实现的快感。丁玲之所以感到"难",是因为她缺乏个体生命体验而只能在新体制规定的范围内去寻找"意义";作品经她反复修改而发表,则标志着"困难"的克服,也意味着她所欲搜寻的"意义"的实现。

其次,从题材和主题上看,丁玲此期创作不再有私语化的话语空间,它所表达的是体制化的共同话语。丁玲作品不再"表现自我",而成了"讴歌他者"的政治化的颂歌。它们所讴歌的是新中国、新时代和缔造了

———————————

① 丁玲:《致陈明》(1955 年 3 月 20 日),《丁玲全集》第 11 卷,第 117 页。

② 丁玲:《致陈明》(1955 年 3 月 23 日),《丁玲全集》第 11 卷,第 120 页。

③ 丁玲:《致蒋祖慧》(1955 年 5 月 3 日),《丁玲全集》第 11 卷,第 124 页。

新中国、新时代的革命领袖、工农兵英雄人物。散文集《欧行散记》是作者赴匈牙利和捷克分别参加世界民主妇联第二次代表大会和保卫世界和平大会及随后访问苏联的纪实,除记述行踪和异国风情、描写中外人民的情谊外,作者着力歌颂了新中国的缔造者,抒发了作为中国人的豪情。在妇联代表大会上,中国代表受到其他各国代表的欢迎与拥戴,丁玲感觉到"我们从来没有被人们这样爱过,被人们这样珍视而羡慕过"。她立即联想到"是中国人民的英勇,是中国解放战争的胜利,是中国人民的领袖毛主席给了我们这样的荣耀"(《世界民主妇联第二次代表大会的开幕》)。在布达佩斯的火炬大会上,外国人高呼"万岁,毛泽东"的声音,使她在感觉中国人民对毛泽东的感情之外,又进而"体会到'毛泽东'三个字在世界上的意义"(《十万火炬》)。在《苏联人》中,她在赞美苏联和苏联人的同时,直截地抒发了这样的感情:"我爱中国人,我爱中国人民和中国革命领袖的伟大,因为我了解中国人民所受的苦难。"

除此之外,丁玲在《欧行散记》中,还从其陕北后期业已定型的政治化思维出发,既在叙事层面通过纪实性的描写凸现了东西方两大阵营的分野、对立,又在意识层面鲜明地表现出了扬此抑彼的审美评价。她将东方阵营视为"民主、自由"、"和平"和"前进力量"的代表,认为其"必然受到欢迎拥护,必然日渐壮大",而"代表倒退、代表奴役和掠夺的"西方阵营则"必然孤立,外强中干,走向死亡",因此,"四万万七千五百万的人民"必须坚决地"站在和平方面"(《保卫和平,争取和平——旅捷散记》)。这种主题表达使之事实上成了"一边倒"政治路线的形象诠释。该散文集的主体部分(约占三分之二)是对苏联的直接记述。其中的《苏联人》、《列宁格勒和保卫列宁格勒博物馆》和《儿童的天堂——保育院》等篇,非常典型地表现出了因政治需要而神化苏联的文化倾向。在丁玲眼里,凡苏联的一切皆好,苏联于是成了一个巨大的神话。其自主审视之理性的弃置,导致了对苏联文化的神化,表现出了"唯苏联是从"的文化观念。

1954 年 3 月,丁玲回到故乡湘西参观访问,写成游记《记游桃花坪》。散文在穿插描绘湘西优美风光的同时,通过对桃花坪乡支部书记杨新泉从乞丐、放牛娃到新时代建设者的成长历程的描写,歌颂了新时代里的"新的人物"。而这样的"新的人物"之所以能够翻身得解放、成为新时代建设的栋梁,则全靠了党和领袖的指引。这样,作品又进一步拓展了主题,把对工农兵"新的人物"的歌颂引向了对党和领袖的歌颂。"我相信共产党,我的一切是中国人民翻了身才有的";"我有时想,毛主席怎么那么神明,别人都说毛主席像太阳,太阳只能照得见看得见的东西,毛主席却看见旁人看不见的东西,他把全世界的人和事情都看透了,他就这样一步一步地引导着我们"——文中所录主人公的这两段道白,把作者的这一主题意图清楚地表露了出来。

小说《粮秣主任》,是丁玲带着"歌颂英雄和新生活"的主题意图到官厅水库"深入生活"的产物。她在一篇谈到该作写作过程的文章里说,下去前"要先有一个题目,不管这个题目是别人给你出的,或是作家自己脑子里产生的都行","要没有一个主题作为创作的指导和范围的话,那么宽广的生活,你到底要写什么呢?"[1]在这篇主题先行的"命题作文"中,为了避免自己"工业知识很少,对于技术工人,短时内就更没有办法熟悉"[2]所可能造成的概念化,丁玲没有写工人,而选择一个看水位的老粮秣主任李洛英为主人公,以他的眼睛及其生活变化为视点,"从农村看中国的变化"[3]。因为她参加过桑干河的土改斗争,对老粮秣主任这样的

---

[1]　丁玲:《生活、思想与人物》,《丁玲全集》第 7 卷,第 435 页。

[2]　丁玲:《怎样阅读和怎样写作》,《丁玲全集》第 7 卷,第 393 页。

[3]　丁玲:《创作要有雄厚的生活资本》,《丁玲全集》第 7 卷,第 403 页。

在土改中成长起来的"英雄"相对熟悉,所以,她写起这类人物来倒也驾轻就熟。但是,缺陷仍然是显在的。较之《太阳照在桑干河上》,即使在政治层面上小说对生活和人物也都没有任何新的开掘。更重要的是,歌颂性的先行主题排斥了自己对社会、人生的独特思考,因而,在那个体制化的颂歌时代,它虽然有可能避免概念化,却无法避免在体制化共同话语传达上的公式化。这就不能不造成她此期创作的肤浅。

最后,从艺术表现形式上看,丁玲此期创作为了"普及"、为了发挥政治教化功能,也变得浅近直露。在散文《莫斯科——我心中的诗》中,她以直抒胸臆的方式发出了这样辞气浮露的歌吟:"莫斯科!我爱你!……因为你太伟大了,你太丰富了,你太理想了,你太崇高了,你太庄严了,你给人的启示太多了!你给了我新的感觉、新的情感。"在清晨的寒风中,她伫立在莫斯科桥上,还"想起了现在住在宫里的我最尊敬的人"——斯大林,并满怀"幸福"之感地热情赞颂:"他给人民朝霞一般的希望,他是那样的慈蔼可亲。……他坚定如泰山,明瞩千里,他对那反动的思想、对顽固的敌人、对人类的罪魁是严厉的。"

丁玲那些记游述志的散文短制既充斥了如此直白的、非描写性的语言,她的小说中也常常夹杂着许多直露的抒情议论。《粮秣主任》在叙述方式上采用了一种访谈式的对讲结构,主要就是为了便于让被访谈者(主人公)展开议论和抒情,因此其中充满了具有浓郁政治色彩的抒情式的议论话语。如:"我懂得,党就是要人人都有幸福,为了人人的幸福,尽量把自己的东西、把自己的力量拿出来。……我已经看见官厅村变了样,它明年还会好起来,它后年还会更好起来"。丁玲说,那些话不是她所见的水文站的那个人讲的,"他没有那么'文'",但"也不是我讲的,是我脑子里的那些老朋友讲的"①。她所说的"那些老朋友"也就是桑干河畔的农民。为什么那个人没有那么"文",桑干河畔的农民就能那么"文"呢？所以,这些既显得文绉绉、又相当直露的议论话语说到底还是作者的。

在抗美援朝战争爆发后,她还运用更加通俗化的电影短剧的形式,写过紧密配合时事的《战斗的人们》。剧本没有一点点深入的人物刻画,也没有贯穿始终的情节线索,甚至没有具体的矛盾冲突,所有人物几乎都是概念的化身。其中的教导员安子野代表的是正确的政治领导,因此,他的议论几乎全都是代表着方向、正义和信念。如"烈士们的鲜血不会白流,祖国一定要独立,人民一定要解放,美帝国主义,征服不了我们朝鲜人民"等话语,几乎比比皆是,从而使这个短剧显得异常浅露。

总之,建国初期,为了营构政治化文学新体制,丁玲以大量的批评文字和不多的创作,发出了"一名小号兵"呐喊助阵的声音。从"文艺为政治服务"的理念和"政治第一"的批评标准出发,她对文学作品的主题、题材问题、作家"改造思想"问题以及形式问题给予了高度的关注和比较系统的阐述。同时,她还以自己的创作显示了新体制的"规范",间接显露出了"小号兵的声音"。在她的批评和创作中,文学与政治一体化的关系,是贯穿始终的中心和基本线索;建立和显示新体制的规范,是她从事批评和创作的目的。作为一名有影响、有地位的作家和文艺界领导,丁玲发出的这些"小号兵的声音"在建国初期新体制的确立阶段发挥了较大的引导作用。

---

① 丁玲:《生活、思想与人物》,《丁玲全集》第 7 卷,第 434 页。

| 第十七章　历史意识与"一本书主义" |

　　另一方面,跨进新体制、相当政治化的丁玲对"五四"文学传统、对文学的审美属性仍然有着割不断的情缘和依恋。她作为"一名小号兵"在为新体制的建立呐喊鼓吹的同时,又时时反顾于"五四"文学的审美传统。这也构成了1949～1957年间丁玲思想和文学活动的一个重要侧面。

　　历史是现实的镜子,由于当代意识的作用,对历史的评判所折射出的常常是主体对于现实的态度。建国初年,许多现代著名作家对自己的创作历史曾经主动作过一番自觉的清算。茅盾在1952年3月作的《〈茅盾选集〉自序》中"又沉重而又痛快"地"搔着了自己的创伤","检查了自己的失败的经验",称自己的作品"实在只能算是历史的灰尘"。[①]　与茅盾一样,老舍对自己过去的创作也作了这样的贬责:"现在,我几乎不敢

---

① 　见《茅盾选集》,开明书店1952年版。

再看自己在解放前所发表过的作品。那些作品的内容多半是个人的一些小感触,不痛不痒,可有可无。它们所反映的生活,乍看确是五花八门,细一看却无关宏旨。"①在搔自己过去的创伤、挖自己"创作思想的脓疮"方面,较早且较有"深度"的是曹禺。1950 年 10 月,他在丁玲主编的《文艺报》第 3 期上发表《我对今后创作的初步认识》一文,检讨自己过去"没有历史唯物论的基础,不明了祖国的革命动力,不分析社会的阶级性质,而贸然以所谓'正义感'当作自己的思想支柱,这自然是非常幼稚,非常荒谬的。"从这样的思想"高度"出发,他把自己的代表作自贬得几乎一无是处。1951 年,开明书店邀他编辑他的剧作选集,借此机会,他对《雷雨》、《日出》和《北京人》作了修改。他"凭空用猛然获得的一些未曾消化过的思想,生硬地加进旧作之中",结果改得面目全非,"破坏了原作的整体的艺术构思,破坏了原有的思想和艺术的和谐统一"。② 赎罪的心态,使曹禺失去了对自我价值及其作品价值的正确估计。

这些著名作家对自己创作历史的清算,所表露的是一种归依新体制的现实态度。与他们厚此薄彼的做法不同,虽然丁玲一方面积极为新体制的建立呐喊鼓吹,但另一方面对自己的创作历史却仍然非常珍惜,而没有以今日之我否定昨日之我,自虐般地去清算自己的创作历史。1954 年 1 月 29 日,在给文学讲习所二期学员作辅导谈话时,丁玲说得明白:"如用今天来看昨天,那就是完全不知道历史,也就不是从历史主义的角度来看问题,这种态度是不对的。"③她所看重的是历史的连续性,所高扬的是"历史主义"的旗帜。这种历史意识,在 1951 年开明书店出版的

① 　老舍:《毛主席给了我新的艺术生命》,《人民日报》1952 年 5 月 21 日。

② 　田本相:《曹禺传》,北京十月文艺出版社 1988 年版,第 371、372 页。

③ 　丁玲:《"漫谈左联"点滴》,见徐光耀《丁玲的两篇遗作》,《新文学史料》2000 年第 4
期。

《丁玲选集》中有着很鲜明的表现。该选集共收十六篇作品，是丁玲从1927～1941年间创作的四十八篇短篇小说中选出来的。集子中选入了此间各个阶段的代表性作品，包括《莎菲女士的日记》、《我在霞村的时候》等曾受到指责和批评的作品。在简短的"自序"中，丁玲也没有像上述作家那样对自己创作历史作出过苛的检讨和不必要的否定，而是对个人创作历史的连续性作了强调。她说："从这本集子里面大约可以看出一点点我的创作的道路。是长长的路，也是短短的路"；"我不会为我个人的缓慢进展而发愁"。她没有否定自己的创作历史，而是把既往的创作视为后来创作的起点，把后来的创作视为对既往创作的"进展"；"进展"虽然"缓慢"，但毕竟是有连续性的"进展"。

在丁玲看来，这种历史的连续性不但表现在创作道路的"进展"上，而且还表现在自己笔下塑造的人物形象的"连贯"中。作为一个生活在动荡多变时代的作家，丁玲在二十多年创作历史中，其思想感情及对社会人生的思索，不可能一成不变。这些变化必然会外化到其笔下的那些作为其思想感情之载体的人物身上。值得注意的是，与其将自己创作道路描述为"缓慢进展"以强调其连续性一样，丁玲对其笔下人物的嬗变则用"渐渐改变"来形容。她承认作品中人物的变化，但她更强调人物变化中的连续性。这突出地表现为两种人物"类型"：一种是从莎菲、贞贞到黑妮所构成的个性倔强的女性系列；另一种是从晓淞、徐清到文采所构成的性格漂浮的男性系列。[1] 这两种人物"类型"，从早期一直延续到被视为代表解放区创作成就的《太阳照在桑干河上》，跨越了丁玲建国前几个重要的创作阶段。这是丁玲长期以来从某一方面观察和思考社会人生的结果，也是其思想感情具有一贯性的重要表现。

---

① 见丁玲：《生活、思想与人物》，《丁玲全集》第7卷，第432、433页。

对创作历史连续性的强调,使丁玲在那种清算自我创作历史的氛围中敢于反其道而行之,对自己早期作品敢于作出自信的评价,敢于表白自己珍视、喜爱的感情。她后来在答记者问时也说道:"你说我写了一篇文章,如果觉得不好,为什么还拿出去发表呢? 我说老实话,写的时候,我对它还是非常有感情的,喜欢得很。我自己的东西写出来后差不多都记得。因为总是写了又看,看了又写,有兴趣得很。可是过了一个时期再来看,便会发现许多东西没有写上去,又觉得不够了,不好了。"①显然,她对自己早期所写的作品是充满感情的,只是后来因为有"许多东西没有写上去"而感到有所"不够"罢了。事实上,一篇作品要包罗万象、要把所有的东西都写上去,也是不可能的。因此,这样的"遗憾"对任何作家、任何作品来说,都是势在难免的。这样,她所说的如此的"不够",也就不再构成其自我否定的特别因素。而她从这样的角度来谈她早期创作的不足,也恰恰说明她不愿意否定其早期创作本身。

看重历史的连续性同时必然包含着历史地对待历史的态度。她虽然也承认在改变了的社会中出现了"比较更可爱的人"的情况下,早期作品中的有些人物"慢慢在被淘汰",但她并没有因此而轻易地用前者去否定后者。这本身体现出来的就是一种历史的观点。她的这一历史的观点在与曹禺讨论《雷雨》修改问题上也得到了突出的体现。1952年3月,丁玲和曹禺同赴莫斯科,参加果戈理逝世一百周年纪念活动。那时,曹禺已经对《雷雨》等作品作了修改。对《雷雨》,他所作的一处重要修改是将鲁大海改成领导罢工的"有团结有组织的"战士。他依据跨入新时代后对工人阶级作为领导阶级的新的理解,而赋予鲁大海以"应有的工人阶级的品质"。在同行中,曹禺就重写鲁大海的问题向丁玲这位来自

① 丁玲:《答〈开卷〉记者问》,《丁玲全集》第8卷,第5页。

解放区并担任着文艺界领导职务的作家征求意见。丁玲对此发表的意见大概出乎他的预料:"《雷雨》就是那个时代的那样一个作品,观众已经非常熟悉它了,能把它改得更好,当然好,但鲁大海在剧本中不是一个孤立的形象,一动就得大动,改大了,也就不是观众原来熟悉的《雷雨》了,小改小闹,修修补补,要是弄得不伦不类,倒反而不好。历史就是历史,让它就像历史那样吧。"①

看重历史的连续性、强调"历史就是历史"、鼓吹历史地对待历史、反对"用今天来看昨天",所有这些都表现出了丁玲浓厚的历史意识。这一意识使丁玲于五十年代初期在由那些积极追求革命、自觉向新体制靠拢的作家所掀起的自我否定的狂潮中显得相当冷静、相当自信,而且冷静、自信得也相当显眼。丁玲为什么会如此冷静、如此自信? 她的秘书张凤珠后来分析说:丁玲非常信服《讲话》,"但是从骨子的深处她是不自觉的。她自己从不否定《莎菲女士的日记》。她不说就是了。不像有些人,建国以后,就把自己原来的作品说得一无是处"②。说丁玲对《讲话》的信服是"不自觉"的,这显然缺乏依据。但是,丁玲从不否定《莎菲女士的日记》等早期作品,也是确凿的事实。从这两个事实中,可以看到"两个丁玲"的存在:一个是自觉信服《讲话》、自觉维护新体制的丁玲;一个是肯定并秉承了"五四"文学传统的丁玲。是丁玲对"五四"文学传统的怀念、坚守,导致了她的冷静和自信。

对历史的态度实际上就是对现实的态度。丁玲不否定自己早期创作中的那些秉承"五四"个性主义传统的作品,所肯定的不仅仅是那些作品,而且更有其中的"五四"文学传统。她以这样的方式间接地宣示了

---

① 转引自周良沛:《丁玲传》,第 489 页。
② 邢小群:《关于丁玲——张凤珠访谈录》,《文史精华》2001 年第 7 期。

"五四"文学传统的历史价值和在当代的意义。托·斯·艾略特说过:所谓"传统"含有历史的意识,"历史的意识又含有一种领悟,不但要理解过去的过去性,而且还要理解过去的现存性";"这个历史的意识是对于永久的意识,也是对于暂时的意识,也是对于永久和暂时的合起来的意识。就是这个意识使一个作家成为传统性的。同时也就是这个意识使一个作家最敏锐地意识到自己在时间中的地位,自己和当代的关系"。[①] 丁玲历史意识的存在,说明她不但理解了"五四"文学传统作为"过去"的"过去性",而且理解了"五四"文学传统作为"过去"的"现存性",同时也说明她敏锐地意识到了"自己和当代的关系"。

如果说丁玲对自己创作历史的珍惜,间接地表达了她对"五四"文学传统的尊重的话,那么,丁玲在一些公开的讲话和文章中则直接地表现了对这一传统的维护和坚守。在中国新文学的发展过程中,"五四"文学早在革命文学论争中就被视为"革命文学"的对立面——资产阶级、小资产阶级文学而受到质疑和批判。成仿吾认为,"五四"文学革命是有闲阶级的"智识阶级"发起的,他们"对于时代既没有十分的认识,对于思想亦没有彻底的了解",所以,"他们的成绩只限于浅薄的启蒙"。[②] 李初梨断言:"中国的文学革命,经了有产者与小有产者的两个时期,而且因为失了他们的社会根据,已经没落下去了",无产阶级的"革命文学"必须取而代之。[③] 在 1942 年延安文艺座谈会上,作为"五四"文学重要思想支柱的个性主义思想又进一步受到了严厉的批判,作为"非无产阶级思想"成为"斗争"和"改造"的对象。这样,在"五四"文学成为历史、成为传统之

①　[英]托·斯·艾略特:《传统与个人才能》,[英]戴维·洛奇编《二十世纪文学评论》(上册),上海译文出版社 1987 年版,第 130 页。
②　成仿吾:《从文学革命到革命文学》,《创造月刊》第 1 卷第 9 期,1928 年 2 月。
③　李初梨:《怎样地建设革命文学》,《文化批判》第 2 号,1928 年 2 月。

后,新文学的每一步发展似乎都需要在克服"五四"文学传统的影响下实现;"五四"文学似乎不再是一种重要的有价值的遗产,而成了必须甩掉的"包袱"、必须克服的障碍。建国初年,许多"五四"过来的作家或继承了"五四"个性主义传统的作家之纷纷检讨自己"五四"以来的创作,均与这种思潮相关。在当时许多人的心目中,所谓"新文学"所指即延安文学,或者说延安文学成了"新文学"的代名词。

在这种背景下,丁玲多次撰文或发表讲话,力图维护"五四"文学传统,力图还"五四"新文学以应有的历史地位,力图匡正对"五四"新文学乃至整个中国新文学的曲解。她反复强调新文学是条河流,其源头就在"五四";"五四"为新文学开辟了道路,没有"五四",就没有"五四"以后的文学乃至"今天的文学"。1951 年,她在中央文学研究所作《怎样迎接新的学习》的讲话,在总结第一期学习的收获时,特别强调"五四"以来的新文学应该作为遗产来继承,并直言不讳地批评以为"只有延安的鲁迅艺术学院才有新文学似的"的"个别的同志""真是孤陋寡闻到极点了"①。同年 5 月,丁玲又应《中国青年报》之约作《怎样对待"五四"时代作品》一文。文中正确地分析了"五四"的性质、特点及其对后来文学的影响,指出:"'五四'是一个革命,是一个思想的革命,也是一个文学上的革命。……后来的文学,是在'五四'的战斗的、革命的文学传统中发展起来的","那种否定'五四',否定'五四'文学的影响的看法,是一种缺乏常识的偏见"。在对"五四"文学的评价中,她正确地采取了一种历史主义的态度:"我们只能在历史的现实的条件下看它完成了多少任务,而不能要

---

① 丁玲:《怎样迎接新的学习》,《丁玲全集》第 7 卷,第 228 页。

求过去的人说今天的话。"①

历史地对待历史,是为了从历史遗产中汲取有益的营养去创造现实。丁玲对"五四"文学传统的维护和坚守,其出发点不仅仅在于公正地评价那一段历史,更在于要使之成为建构当代文学的重要资源。这在"一本书主义"中得到了突出的呈现。"一本书主义",本是1955年批判"丁玲、陈企霞反党小集团"时给丁玲罗织的罪名。批判者指认她说过"一个人只要写出一本书来,就谁也打他不倒",认为这是在"宣传资产阶级个人主义思想","把文学创作完全看成达到个人目的的工具"。这里在中性意义上借用这个原本带有贬义色彩的"一本书主义",所指为丁玲对于"一本好书"的认知。正是在这一点上,丁玲继承了"五四"文学遗产,接通了"五四"文学的审美传统,并将它具化到创作论中,从而为当代文学的建构提供了重要的资源。

那么,在丁玲看来,怎样才能写出一本好书? 怎样的一本书才能成为"一本好书"呢?

第一,作家对生活应该有独特的发现,创作中自己"要有见解,不要人云亦云"②。文学是一种审美的意识形态,是一种特殊的上层建筑形式。这一本质属性决定了文学的思想品格,它要求作家通过个人的话语行为对社会人生发表自己独立的见解,并以此参与到社会生活中去。对文学的这一思想特征,丁玲是深有体会、了然于心的。1952年冬,在旅大小平岛苏军疗养院疗养的丁玲在谈到其早期创作时说:"我那时写小说不是个人远大的计划,只不过是说明我自己的思想,我个人对于不合

---

① 丁玲:《怎样对待"五四"时代作品——为〈中国青年报〉写》,《丁玲全集》第7卷,第238～241页。
② 丁玲:《谈文学修养》,《丁玲全集》第7卷,第153页。

理的社会现象所做的批评和抗议。"①所谓"自己的思想",必须是"自己的",是自己从对社会生活的独特体验中产生的。没有独特体验,没有独立思想,而是随波逐流、人云亦云,那将从根本上丧失文学的思想品格。

从这一认识出发,丁玲于 1950 年 10 月在中央戏剧学院作题为《创作与生活》的讲话时,对作家体验的独特性和思想的独立性作了特别强调:"在生活中,即使是在极平凡的生活中,作家一定要看见旁人能见到的东西,还要看见旁人看不见的东西。"对于作家来说,看见旁人能见到的东西,这虽然是重要的,但仅仅如此还远远不够,最主要的是要有自己独到的发现,要能看见他人看不见的东西。创作不是社会生活的实录。作家没有自己的独特感悟和发现,自然状态的社会生活并不能成为创作;大家都能看见而作家自己没有独到发现的材料,不能成为作家书写的对象。这正如她所指出的,某个材料再好,"可是这个材料还不能成为我的",它"要成为我的,那只有当我熟悉它,而且从其中发现了真理,这个真理是普遍的真理,却又是我把它和生活有了联系的"。她批评小说《韩营半月记》只是对土改生活的记录,"作者把什么都记录了,但除了与我们一样的表面情形以外,我找不到作家自己所发现的东西……这里面是找不到所谓诗的东西,文学的东西,找不到创作"。②

在论及作家创作时,丁玲提出了两个重要概念:"自然形态"与"创作过程"。在她看来,前者只是生活的原初状态,是创作的对象基础,它与后者有着本质的区别。只有作家产生了体验,并对之进行主观的提炼加工后,它才能去掉其"自然性"而进入创作过程。她指出:"作者一定要对生活经过酝酿、研究、分析、总结,才能将自然形态的艺术加工、提高,进

---

① 丁玲:《在旅大小平岛苏军疗养院的一次讲话》,《丁玲全集》第 7 卷,第 352 页。

② 丁玲:《创作与生活》,《丁玲全集》第 7 卷,第 219、224 页。

入到创作过程。"①她批评陈登科的《淮河边上的儿女》有不少缺点,如人物没有立体地显示出来,人物本身行动少,作者讲述多,其原因就在于他还更多地停留在"自然形态"阶段而缺乏真正的创造:"你看见过一些山、一些水,但由于你的修养,这一些山水在你的脑中还不能成为'丘壑',你还缺少一种天然的创造,也就是说你的创作还有些勉强,还不成熟。"而要对该作进行修改,关键还在于要有新的创造:"要看在原来的材料上,在原来的生活上,你有没有新的感受、新的发现,你有没有提高,而且应该是相当大的距离的提高。"②在当时片面强调"文学是社会生活的反映"而忽视"文学是社会生活在作家头脑中的反映"(亦即忽视文学反映的能动性)的情况下,丁玲对"自然形态"与"创作过程"这二者所作的区分、对二者关系所作的论述,对于激发作家的主观能动性、克服机械反映论的弊端,确实具有重大的现实意义。

由上可见,丁玲将作家对生活是否有独到发现视为创作是否能够取得成功(甚至是否成为"创作")的决定性因素,那么,作家如何才能产生对生活的独到发现呢? 对此,丁玲从主客观两个方面作了论述。首先,从作家主体因素来看,作家一定要培养自己独立思考的能力,要有成为思想家的素质。1956 年在与四川大学中文系师生的一次谈话中,她提出了"作家必须是思想家"的命题:"一个人不能光从报纸上、书本上、别人的报告里去找思想,自己应具有独立思考的能力。一个作家首先必须是思想家。不能光是接受别人的思想,否则,作品的思想就不会超过社论的水平。……所以作家对生活一定要有所发掘,要看得深些,透些,作

---

① 丁玲:《创作与生活》,《丁玲全集》第 7 卷,第 220 页。
② 丁玲:《致陈登科》(1954 年 2 月 22 日),《丁玲全集》第 12 卷,第 67、68 页。

品才有价值。现在有些人往往怕发表独立见解,要看'行市',这怎么行?"①比这稍前,她也提出过,作家"不是先有一个科学论断再反过来取一些生活填入他的论文中的,他应该对生活有无比的敏感,他不屑写人人都能说得出来的,归纳好了的生活条文";"生活对于你是理论,你可以做理论家,生活对于你不是诗,缺乏诗,你就绝不能做诗人";文学青年在接近文学时,不能首先接受一套"可怕的公式"。②

丁玲发表的这些言论是极有针对性的,也是切中时弊的。从五十年代初期到中期,在"文艺从属于政治"的旗号下,文学成了为政治服务乃至为具体政策服务的工具。文学创作变成了"赶任务",即用文学来为当时各项政策和具体政治任务服务。例如,茅盾要求作家们在"思想上应当不以'赶任务'为苦,而要引以为光荣。有任务交给我们赶,这正表示了我们对人民服务有所长,对革命有用"③。在这样宣传政策的"赶任务"中,文学的工具性被发挥到了极致,而作家的主体性与思考力则丧失殆尽。在中央文学研究所,丁玲多次表示她"反对'赶任务'",她自己"不喜欢赶浪头"。她对谷峪说过:"不必去赶那些任务,写那么多(指赶任务)有什么用,要写出一本。"有一次讲课中讲到肖洛霍夫的《静静的顿河》和《被开垦的处女地》,她"认为后者次于前者,因为后者'赶'了任务"。④ 丁玲在这里提出的创作不能从"可怕的公式"出发,不能从"科学论断"出发,不能"看'行市'",不能"光是接受别人的思想",而应该自主发掘生活、独立思考生活,既深深符合文学创作的规律,也确实切中了

---

① 丁玲:《作家必须是思想家》,《丁玲全集》第7卷,第443页。

② 丁玲:《致一位青年读者》(1954年5月),《丁玲全集》第12卷,第72~73页。

③ 茅盾:《文艺创作问题》,《人民文学》第1卷第5期。

④ 见朱靖华、鲍明路:《深刻的一课——青年文学工作者座谈会报导》,《文艺报》1957年第27期。

"赶任务"所造成的弊端。

其次,从作家创作的外部因素来看,一定要造成一个允许作家个人"独立生长"的环境。这实际上涉及在思想上和组织上改善对作家领导的重大问题。一个作家要能对生活有独特发现,除了要培养自己的思考习惯和思考能力之外,一定也要有一个允许作家独立思考的环境,否则,作家的独立思考和独特发现就会遭到扼杀。正是出于对这一问题的高度重视,1953 年 9 月,丁玲在第二次文代会上的发言中公开质疑了意在加强对作家思想控制的"创作组"现象(即"集体创作"现象),要求取消"家长制度"而还给作家一个"独立生长"的环境、一个独立思考的思想空间。虽然她也表态说她并不反对现有的"创作组"这一类组织,但她"认为一个创作者时刻也离不开领导是不对的。作家并不像孩子那样离不开保姆,而要独立生长。因为创作无论怎样领导,作品是通过个人来创作的。集体主义并不意味着永远要集体创作"①。在 1953 年另一个创作会议上的发言中,她一方面号召作家"要能独立活动",指出"如果离开了领导,就不敢创作,这是不行的",另一方面也呼求"我们领导也要放手,让作家独立活动"。②

丁玲对作家独特发现的强调与她对自己建国后创作的反思有关。她认识到自己"近年来的作品也并未超过过去,过去虽说不好,可是还有一点点敢于触到人的灵魂较深的地方,而现在的东西,却显得很表面"。为此,她深感不安,并产生了"完全毁了它们么? 不写了么?"③的困惑。如何在创作中克服表面化的现象而能够触及人的灵魂深处,既是一个摆

① 丁玲:《到群众中去落户》,《丁玲全集》第 7 卷,第 367 页。
② 丁玲:《作家需要培养对群众的感情》,《丁玲全集》第 7 卷,第 372 页。
③ 丁玲:《致楼适夷》(1953 年 8 月 16 日),《丁玲全集》第 12 卷,第 59 页。

在她面前亟待解决的实践问题,也是一个共性化的理论问题。在她焦躁的反思与寻觅中,"五四"文学重视"独立思想"的传统在她面前又闪烁出迷人的光彩,其在建国前的创作中所积累起来的秉承"五四"个性精神、独立思想以及大胆触及人的灵魂的经验,为处在困惑中的她也提供了直接的启示。当她认识到当时创作中表面化的病症所在,就必然会求援于"五四"重视独立思考的个性主义传统,以医治作家独立思考能力欠缺的痼疾、恢复文学创作的思想品格。

第二,作家在创作中应该重视情感。文学是审美的意识形态,意味着文学必须是情感的。丁玲非常重视文学的这一审美特征,认为文学就是作用于人的情感的。1949 年 12 月 21 日,在天津文艺青年集会上作《苏联的文学与艺术》的讲演时,丁玲通过对中苏文学的比较,强调文学作品最终是为了提高人们的情感。她指出:"我们今天的文艺工作,是停留在教科书上,总是告诉人家一定要这样做、这样做才对。……苏联的艺术是提高你的思想、情感,使你更爱人类,更爱人民一些。因此苏联选了很多古典的东西来上演,像《青铜骑士》、《安娜·卡列尼娜》等戏都是提高人民的情感的。"[1]丁玲对文学作品作用于人的情感的认识,导致了她对作家创作过程中审美情感的高度重视。在她看来,一方面作家只有有所感,才能触发创作动机,才能真正进入创作过程,另一方面,创作过程实际上就是情感抒写的过程。关于前者,她指出:"作家看见一朵花,这朵花的美丽使他有所感,他于是设法使这朵花再现出来。"[2]也就是说,作家写花,并不是机械的摄影。所谓"再现",也是缘于主观情感的触发和驱使。关于后者,她曾以自己的创作体会作了说明。她写文章时,

① 丁玲:《苏联的文学与艺术》,《丁玲全集》第 7 卷,第 135 页。
② 丁玲:《文艺学习没有捷径可走》,《丁玲全集》第 7 卷,第 398 页。

"如果哪一件事我喜欢它，使我感动，我就想怎样把我所感到的告诉读者；写了以后觉得还不能表达我的感情，我就再写一段，总要使读者感到不那样抽象。直到自己觉得感情都表达得差不多了，意思都写得差不多了，于是我就结尾了"①。这也就是说，她自己的创作完全服务于情感的表达，做到了文随情动而发、亦随情迄而止。因为情感作为文学的一种本质特征，对于文学创作具有如此巨大的作用，所以，它还成了丁玲文学批评的一个重要尺度。她在评价《青年近卫军》时，赞扬作者"法捷耶夫很有感情，懂得高尚的情操，他是带着多么丰富的感情来写这些年青的人呵！"②她批评谷峪的《萝北半月》(载《人民文学》1955 年 9 月号)，"很多人物写得不坏，但是没有写出作者自己的思想感情。这篇文章除了给读者增加些知识以外，没有在人的心灵上添点什么东西"③。

丁玲强调文学创作的情感性，与她对文学作品首先作用于读者情感的审美属性的认识密切相关。在她看来，文学创作是作家情感抒写和情感评价的过程，而读者欣赏也是首先从情感出发的。所谓文学的审美属性，从读者角度来看，就是要从情绪情感上打动读者、感染读者，给读者带来美的享受。为此，她反复强调："搞文学的不要过多注意理智，要过多注意感受"；"看书要滚到生活里去，书里的情感，与自己的情感贯穿在一起。太清楚的人，太'理论'的人，往往没意思"④；读书时，"把理论条文放在一边，松弛一点放任一点感情，……看看有没有吸引我们的地方，看看我们对那些人有没有同情或憎恨的地方"⑤；"我们读书一定要钻进

① 丁玲：《怎样阅读和怎样写作》，《丁玲全集》第 7 卷，第 390～391 页。
② 丁玲：《致陈明》(1955 年 3 月 23 日)，《丁玲全集》第 11 卷，第 118 页。
③ 丁玲：《谈谈写人物》，《丁玲全集》第 7 卷，第 444 页。
④ 丁玲：《在文讲所第二期的辅导谈话》，《丁玲全集》第 7 卷，第 378、374 页。
⑤ 丁玲：《致××》(1954 年 5 月)，《丁玲全集》第 12 卷，第 76 页。

书里去,和书中人物同感情,体会作者的感情才行"①。虽然她也看重文学作品对读者的净化和读者对文学作品的领悟,因为这是文学接受活动的最高境界,也是文学作品实现其审美价值的最终阶段,但她也非常注重读者与文学作品的情感共鸣,因为在她看来,共鸣是净化和领悟的前提和基础。她说过,阅读作品时,应该"首先让自己感动,陪着书中人一同欢喜,一同哭泣,感觉得有趣味的地方,就多多地去回想,需要加以想象的地方,就多多地去想象"。她这里所说的"让自己感动,陪着书中人一同欢喜,一同哭泣",实际上指的是读者与作品的情感共鸣,亦即读者为作品中的情感所打动而形成的一种强烈的心灵感应状态。只有产生了情感共鸣,读者才能在接受活动中进入到"净化"和"领悟"阶段——不由自主地"多多地去回想"、"多多地去想象",从而达到调节精神、排遣情绪、潜思默想、体悟社会人生的境界。从这样的认识出发,她批评一个熟悉的朋友"为具体的人和生活中的一些平常的事感动得少":"你就总是那样'政治化',那样爱着一切抽象概念,而永远清醒,不卷进个人感情的漩涡么? 你总是那样理智地支配着你的感情,觉得应该怎样才怎样,不让他脱一次缰么?"②

　　文学作品只有通过读者的阅读才能产生作用,因此,读者的期待视野对作者创作是有潜在的制约的。丁玲对读者阅读时审美情感作用的强调,从创作论的角度来看,其意是要求作家在创作时从文学的审美属性出发,顺应读者的情感期待,对文学的情感性予以高度重视。她对文学创作情感性的强调,是从学理出发的,是符合文学的本质规律的,同时又是有感而发的,具有其现实针对性——她力图克服的是当时创作中的

---

① 丁玲:《创作要有雄厚的生活资本》,《丁玲全集》第 7 卷,第 401 页。
② 丁玲:《致一位青年读者》(1954 年 5 月),《丁玲全集》第 12 卷,第 71、72 页。

寡情无味的现象。她感到"现在的许多文艺作品没有感情,我们没有觉得作品中的那个人可爱得很,非读下去不可";而"我们的作家都知道作品没有感情,枯燥无味,但自己写,也不愿放进感情,怕人批评自己的感情是小资产阶级的,或者是资产阶级的。这是作家的世故"。因此,她向作家发出了这样的吁请:"我们应该相信自己的感情,我们所以创作,是因为我爱某种对象。"①在那个强调对作家进行思想改造的时代,许多作家唯恐流露出"资产阶级"、"小资产阶级"感情而授人以柄,纷纷以政策、文件的理性、认识去压抑情感、替代情感,于是,文学创作便显得"没有感情,枯燥无味"。在这种情况下,丁玲号召作家要建立自信、去掉"世故"、"相信自己的感情"、在创作中"放进感情",其意就在于匡正当时创作中重理轻情的流弊,还文学以情感的审美属性。当然,要真正抒写出"自己的感情",是离不开作家对社会人生的独特体验和独特发现的。否则,在社会化的颂歌时代,浮夸的社会性情绪就会替换掉作家"自己的"感情。因此,丁玲对文学创作中作家个体情感性的强调,是与她对作家应有独特发现的认识密切相关的,是与她对"五四"个性精神的继承联系在一起的。"五四"时代,随着"人的发现"而来的是人们发出的充满情感的"醒而且真"的声音:"我们能够大叫,是黄莺便黄莺般的叫;是鸱鸮便鸱鸮般的叫";"我们还要叫出没有爱的悲哀,叫出无所可爱的悲哀"。② 丁玲对创作过程中作家个体情感性的强调,显然是与鲁迅所提倡的这种"五四"精神一脉相承的。

第三,作家在创作中应该重视形象。文学的审美性质既表现在它是情感的,也表现在它是形象的。黑格尔说过:"在艺术里,感性的东西是

---

① 丁玲:《作家需要培养对群众的感情》,《丁玲全集》第7卷,第372页。
② 鲁迅:《随感录·四十》,《鲁迅全集》第1卷,第322、323页。

经过心灵化了,而心灵的东西也借感性化而显现出来了。"①文学创作渗透着想象、虚构或情感等精神过程,但它最终要以具体的丰满的感性形象呈现出来。对于文学创作中的想象等精神过程,丁玲是有清醒的认识的。她说:"写时除了把你在生活中看到的写出来以外,再要加上想象——也就是所谓创造——应该怎样,不应该怎样。如果没有想象就不叫创作了。"②但所有这些最后都必须物化为具体的丰满的感性形象,它成了文学特有的存在方式。丁玲说法捷耶夫在《青年近卫军》中,没有把人物写够,"说道理的地方也多了些","好像是差托尔斯泰、肖洛霍夫的那末一点点儿劲"③,就是批评他未能把人物刻画得具体、丰满,未能把"道理"转化为形象。她还曾经以写花为喻,对文学的这种形象特征作了正面说明。作家是用形象来代替说话的,或者说形象就是作家的说话方式,他的思想并不直接借助于一般的话语来传达给读者;"只有刚刚学写文章的人,深怕读者不懂得他的意思,他又无法用形象来代替说话,才大套大套把浮浅的一点印象,一点感想,直统统地说出来"。作家把花再现出来后,他的思想、情感等就都蕴含在花中,而不可能直接传达出"对于花的观点"、"对于花的批评和结论",不可能简单地告诉读者关于花的"明确的结论":"他希望读者首先是看见这朵花,同他所看见的一样。他希望你也会同他一样有所感觉;但他并不先告诉你他的感觉。"④

丁玲对文学形象性的论述,不仅仅是为了探讨纯粹的学理,而主要是为了纠正文学创作中形象抽象、干瘪的流弊,克服形象创造方面的"差不多"现象。在一次创作座谈会上,她指出:"现在的问题是,大家的写作

① [德]黑格尔:《美学》第1卷,商务印书馆1979年版,第49页。
② 丁玲:《怎样阅读和怎样写作》,《丁玲全集》第7卷,第394页。
③ 丁玲:《致陈明》(1955年3月23日),《丁玲全集》第11卷,第118、119页。
④ 丁玲:《文艺学习没有捷径可走》,《丁玲全集》第7卷,第398页。

方法太一样了;文章写得多,但是差不多,是不是我们的作者都是一个模子出来的呢?"这种"差不多"现象表现在人物形象塑造方面,就是"按照主观的要求去设想一个人",致使人物失去了应有的个性和具体性。"生活是复杂的,不像我们脑子里想的那么简单"。生活的丰富性和复杂性决定了人物形象的丰富性和复杂性。为了写出人物形象的丰富性和复杂性,丁玲提出既要写人物的社会生活,"也要写人物的私人生活";"我们有些作品中的人物缺乏普通人的思想感情。比如人对父母和家庭的感情是最深沉、动人的。恋爱是永远有的,当然也需要写。人的许多思想、观点往往通过恋爱和对待家庭表现出来"。① 在"私人生活"几乎成为当时题材禁区的情况下,丁玲提出描写"私人生活"以增加人物形象的厚度和深度,是极具现实针对性的。当时,形象塑造中的"差不多"现象之所以发生,一方面固然缘于作家主观上对形象的个性和具体性的忽视,另一方面,则缘于客观上那些通常的理念(即对人物所属阶级的规范属性的认识)对作家在形象塑造中自主探索的牵制。而且这种牵制还渐渐地内化为作家的一种自觉意识,于是,千人一面的现象便发生了。例如,一写到劳动者,就是"粗鲁、硬朗,甚至是歌颂的写他们的力",丁玲指出,如果"都这么简单,作家也就没有什么只应该是作家能干的事"了。她还提到,托尔斯泰在《安娜·卡列尼娜》中把列文的那个害着肺病、住在小旅馆里的哥哥写成一个信仰马克思主义的革命者,远没有那种通常所应有的崇高感,这让很多人在感情上很难将他作为一个革命者的形象来接受,丁玲认为,这实际上"还是以我们这种看'八路'的标准去衡量人家"。② 因此,在人物塑造上要真正避免抽象、干瘪,真正做到"一个人一

---

① 丁玲:《谈谈写人物》,《丁玲全集》第7卷,第444、447页。
② 转引自周良沛:《丁玲传》,第490页。

个样",还必须从具体的人出发。而要做到这一点,作家就必须继承"五四"的个性精神,大胆探索,干"作家能干的事"。

总之,作家要写出一本好书,因素是很多的。在丁玲看来,最重要的是作家对生活的独特发现和对情感性、形象性的高度重视。这三个要素的统一点就是"五四"的个性精神和审美传统。她曾经说过,"五四"给新文学"开辟了道路","只有从这些作品才能懂这一段的文学历史,才懂得如何有了今天的文学"。而她的这些有关创作论范畴的论述则自觉地把"五四"传统接到了当代,并在"五四"与当代之间建立起了有机的联系,具体地呈示了"五四"传统在当代文学创作中的意义。

第十八章 "战胜教条主义"

　　深受"五四"个性精神和审美传统影响的丁玲表现出了对美的热爱。在批判"丁、陈反党小集团"的政治风暴袭来的前夕，担任舞蹈演员的女儿来信说她在排演一个小节目，是表演一个姑娘看见花的欣喜。年轻的女儿受浅薄的功利主义思想的影响，觉得它"也太没有多大的意思"，因而表示"不太喜欢它"。丁玲在回信中以诗的语言对花和美作了热情的讴歌：" 我就非常之喜欢花，喜欢美。而且我以为人人都喜欢花。……因为花是美丽的，花代表春天，代表最鲜艳的生命，代表无限美好的希望。……花是可爱的，最美的人，有着美的心灵的人都爱花，没有一个艺术家是不爱花的"；同时她还批评那种"以为花只是供有闲的人，公子小姐们的欣赏"的看法"是旧的看法，庸俗的看法，窄狭的看法"，要求女儿"一定要给花，给爱花的人以无限的生命和丰富的感情，你以你爱一切新的美好的感情去爱你所表现的花，你在你表演的花中去看到最高尚与最健康的想象"。①

从这种爱美之心出发,秉承"五四"审美传统的丁玲对当时文坛上盛行的、追求浅薄政治功利的教条主义展开了猛烈的抨击。如果说丁玲的"一本书主义"正面弘扬了"五四"审美传统、对文学创作作出了正面导向的话,那么,她对教条主义的抨击则抵制了文学创作中的不良倾向,从另一个方面捍卫了"五四"文学传统。这两个方面的结合,既表明了"五四"传统对丁玲的影响之深,也显示了丁玲维护"五四"传统的态度的坚决。

自1942年延安文艺座谈会召开至五十年代初期,文学创作取得了不少成绩,但也出现了比较普遍的公式化、概念化的现象。1952年5月在纪念毛泽东《在延安文艺座谈会上的讲话》发表十周年之际,丁玲在肯定延安文艺座谈会以来文艺工作取得不少成绩的前提下,慎重而又富有胆识地指出"我们的创作总是不能提高,总不能满足群众对我们的要求。我们十年来比较能站得住的作品是不多的。我们还很少写出十分感动读者的作品"。后来,她又说:"近年来看到的一些书,不是废话连篇,就是干巴巴,板着脸孔说教。都是气不足,都像纸扎的花,其中没有水份,没有活气。"②之所以此期"十分感动读者"的"能站得住"的作品不多,而"干巴巴,板着脸孔说教"的东西比比皆是,最重要的原因就在于忽视了文学的审美特性,而将"文艺从属于政治"教条化,将政治功利绝对化。文学既然成了为政治服务的工具,那么,政治功利就必然成为文学创作的终极性追求。而作为上层建筑的政治(不管是作为硬件的政治权力还是作为软件的政治文化)在当时走向一体化的背景下又都成了毋庸置喙的对象,于是,文学最重要的任务就成了对现有政治的阐释和图解。这

① 丁玲:《致蒋祖慧》(1955年4月5日),《丁玲全集》第11卷,第123、124页。
② 丁玲:1956年9月16日日记,《丁玲全集》第11卷,第412页。

样,文学创作中的公式化、概念化现象的发生也就很难从根本上避免了。文学创作中的公式化、概念化是果,而思想上的教条主义则是因。为了克服公式化、概念化,发展繁荣社会主义文艺,丁玲以高度的责任感"提出我所感到的问题,那些关于我们自己所犯的另一方面的教条主义的缺点",在她看来,"如果我们不在反对资产阶级思想的同时,注意着我们向来就有的公式化、概念化,那我们将很可能发展这种倾向"。①

丁玲不但富有胆识地提出了文学创作中存在的"教条主义"的问题,而且对文学创作中教条主义的表现和公式化、概念化的成因作了相当深入的挖掘和剖析,切中了问题的要害。首先,从主题和题材上来看。当时,"很多作品就不是从现实生活出发,而是从主观的教条、口号出发,从作家个人的幻想出发。所以这些作品就显得空洞、概念、不动人"②。这种公式化、概念化现象之所以发生,是因为文学创作不是从生活出发、从作家自己的独特体验和发现出发,而是主题先行,从抽象的观念甚至政策出发,再用观念和政策的框框去找材料。这是造成公式化、概念化的最重要的原因。丁玲发现,当时作家的创作过程是被颠倒了的:作家先有了一个抽象的主题,然后到生活的海洋中去找材料,按照作家或领导方面的主观需要,在其所接近的生活边缘,抓取一些零星的生活,就凭空构造一个表现"伟大"主题的作品。而这样的"抽象的主题"又往往不是出自作家自己主观上的真正需要,而是领导的意志或者就是政策。有人认为,思想性就是政策性,要有思想就要写政策,思想即政策。邵荃麟就曾经说过:"一个政策,却正是现实的最高度的概括","文艺创作如果离开这一类的政策,离开了它的指导,它又怎能正确地反映出历史现实和

---

① 丁玲:《要为人民服务得更好》,《丁玲全集》第7卷,第309、310页。
② 丁玲:《谈与创作有关诸问题》,《丁玲全集》第7卷,第331页。

指导现实?"他认为,"政策观点,就是作者去观察现实,分析现实的立足点"。① 这样,作家就只能"用框框去找材料",而"从一个主题框框,到生活中去寻取合乎框框的材料的创作方法,是不容易提高,不容易达到理想的","容易有片面性"②;作家就只能"拿着中央的指示,生硬地用些个别的故事来解释,借人物的道白来讲演",这"怎么能说得清楚呢? 作家本企图达到有完满的思想性,但结果给人的感觉还是太浅、太低、没有内容。因为他只做到对指示的一些蹩脚的翻译"。创作过程的被颠倒只能导致图解观念、政策的公式化、概念化现象的发生,只能导致创作的失败——"如果以为只凭几个抽象的主题,由此出发,拼凑一些印象和材料,就来进行创作,那是必然要失败的"。③

　　为了纠正公式化、概念化的现象,丁玲在主题范畴内对作家的思想与政策作了区别,强调文学作品的主题必须来自作家的体验和感悟。她指出:"思想性是作家的世界观人生观在作品中的反映",思想性不是硬借来的,不是可以套用的,不是可以假装的,也不是忽然就有了的。作家不能简单地接受别人综合起来的一些理论作为自己的思想,更不可能把科学的理论直接地化为形象。作家必须去实践,到生活中去印证,并且求其更丰富和更深刻。因此,作家绝不能简单地写政策。在当时的背景下,她固然也承认文学的政治功利性,认为"作家写一切生活,一切变革,都应该符合政策,对政策的推行有利",但她同时又指出,作家创作"绝不是简单地写政策。我们读过不少写政策的作品,除了枯燥以外,我们还能感受到什么别的么?"④文学功利性的发挥是建立在"能感动人"的基

① 邵荃麟:《论文艺创作与政策和任务相结合》,《文艺报》第3卷第1期。
② 丁玲:《创作与生活》,《丁玲全集》第7卷,第223页。
③ 丁玲:《要为人民服务得更好》,《丁玲全集》第7卷,第304页。
④ 丁玲:《要为人民服务得更好》,《丁玲全集》第7卷,第308页。

础之上的。为了能感动人,作家就必须对生活有自己独特的感受和体验;为此,"我们的主题思想不只从理论上决定,还必须要到生活中去重新获得"①。这是因为在文学创作中,只有在生活中重新获得的主题,才能激发读者关注、探究的兴趣,才能引导读者一起去感觉和体会生活——"使读者能经验到作家在生活中所经验的","使读者能同作家一样去感受生活,和感觉、体会到生活中的问题",从而发挥"帮助读者提高、深化、补充他日常所接受的一些理论"②的功利作用。否则,读者还不如直接去读政策文件。

从写自己的思想、体验、感悟的主题学要求出发,丁玲在题材范畴内自然就主张作家写自己熟悉的和受感动的题材。1954年6月29日,她在中央文学讲习所作《创作要有雄厚的生活资本》的讲话。她说:"我们不要为题目而写文章,先有题目再找生活,这是违反创作规律的,应当在生活中认识了,熟悉了许多人,许多事,必须写出来,像曹雪芹那样。"③在这里,她把主题学上的反对"主题先行"延伸到了题材学上的写熟悉题材。为什么她会积极提倡"写你喜欢写的,什么使你最感动,最熟悉什么,你就写什么"呢?因为在她看来,"整个文学不是靠一个人撑台的,这是一个队伍,这个队伍有打大旗走前面的,有打小旗走后面的,这个队伍是有目标的,向着这个目标,我们能做什么就做什么,不要勉强地做自己所不能做的"④。也就是说,在这个队伍中,每个作家都有自己熟悉的题材领域,如果他们分别去写各自熟悉的和受感动的题材,那么,公式化、概念化的现象既能避免,又能造成文学创作的全面繁荣。

---

① 丁玲:《谈与创作有关诸问题》,《丁玲全集》第7卷,第332页。
② 丁玲:《要为人民服务得更好》,《丁玲全集》第7卷,第304页。
③ 丁玲:《创作要有雄厚的生活资本》,《丁玲全集》第7卷,第405页。
④ 丁玲:《谈文学修养》,《丁玲全集》第7卷,第152页。

当然,作家熟悉的题材范围并不是恒定的,它也应该得到不断的拓展。当时拓展题材范围的最重要的方法就是"深入生活"。所谓"深入生活",实际上是带着鲜明的主题和题材意向的。如果作家没有真正深入下去、融入生活并产生独特体验,那么,概念化也将难于避免。缘于此,丁玲向下去体验生活的作家提出了忠告,生活本身虽然是丰富生动的,但如果"浮在上面",就会造成新的概念化:"生活里边有没有公式的地方? 我想生活本身是生动的、复杂的、充满了战斗精神,而变化很快,是没有公式化的。但是,现在生活里边的确也有公式化的地方。……遇到我们下去体验生活的人,他本身也是浮在上面,只做一般表面的了解,当然就只能看见一些公式化的工作,而他以为下面的生活就是这样。他根据这些来创作,怎么能不概念化?"①1954 年 7 月 16 日,在黄山写作《在严寒的日子里》的丁玲读完了柯仲平夫人王琳的小说稿《金湾子》。小说写的是"工人生活与工人斗争",题材不可谓不大,而且也是从"体验生活"中来的,但因为浮在上面,所以写得概念化,"写得无趣味,无一点文学味"。她在日记中这样描述了自己的阅读感受:"我压制着自己,到夜晚总算读完了,已十二点钟,头晕心里作呕,难受极了。"②

其次,从典型人物的塑造来看。在丁玲看来,典型人物的创造之所以会公式化、概念化,重要原因在于作家不是从对生活的体验出发,不是从人物的个性出发,而是从关于人物的定义(概念)出发,从理念上的共性出发。因此,从概念出发,自然只能得到概念化的结果。1952 年 5 月,在纪念毛泽东《在延安文艺座谈会上的讲话》发表十周年之际,丁玲对人物塑造上这种教条主义现象产生的原因及弊害作出了深入剖析,指

---

① 丁玲:《生活、思想与人物》,《丁玲全集》第 7 卷,第 427 页。
② 丁玲:1954 年 7 月 16 日日记,《丁玲全集》第 11 卷,第 403 页。

出:大家先在屋子里研究人物的典型性、共同性,研究好了他们所应该具备的共同的特点,然后决定在作品中以何者为主、何者为辅,致使那些人物还没有写出来时就已经定型化了、脸谱化了。因此,"这些人物是从开会中得来的,是从报纸材料中得来的……'典型'得像死人一样,毫无活人气息,这些人物都是按主观的概念而活动的。人物的思想、言行都是最公式化的会议的结果"①。同年8月,她在天津学生暑期文艺讲座上讲话,再次批评人物塑造上的概念化现象:"我们赞成写新英雄,那很好。但是我们不到生活里去,老在这里开会研究英雄是怎么样的,英雄有很高的品质,不怕牺牲,英雄为人民服务,老讨论道理,就把这道理写在人身上。于是每一个英雄都像做报告一样的……结果我们的英雄就成了一个样子,都动人得很,了不起得很,但就是一个样子。这个样子慢慢地忘记了,只有一个抽象的样子。"②

在人物的构思上,作家依据的既然是抽象的道理、"主观的概念",那么,在具体创作过程中,人物就必然成了"道理"、"概念"的载体。作家既不可能借人物表现自己对生活的独特发现和领悟,人物也必然会失去自己的生命,而显得"毫无活人气息"。比如说写一个模范,按照主观的要求去设想,"一定是大公无私,饭也忘了吃,觉也不睡地工作"③,这样写出来的人物必然是概念化、脸谱化的,而作家们都按照这样的思路去构思,写出来的人物就必然是公式化、定型化的,"成了一个样子"。除此之外,这样的人物塑造还带来了另一个弊端:因为人物是从观念来的,作家对人物缺乏真正的了解和把握,于是,在人物塑造方法上只能以叙述代

---

① 丁玲:《要为人民服务得更好》,《丁玲全集》第7卷,第306页。
② 丁玲:《谈新事物》,《丁玲全集》第7卷,第327~328页。
③ 丁玲:《谈谈写人物》,《丁玲全集》第7卷,第447页。

替对人物的描写,甚至以作家的说明代替对人物的刻画。丁玲1952年向参加"八一"运动大会的全体文艺工作者发表讲话时就指出:"今天我们还不会写人物,只会写事情","现在很多小说写人物不是作者在讲一套,就是作者借英雄的嘴演说一番:我为祖国、为人民……然后再喊一声'冲呀'。在实际生活中,在冲锋之前,英雄要自己讲一套,'我现在一把炒面一把雪','我立功为祖国',自己给自己描写一番,那不成为滑稽了吗? 这样一点味道都没有了"。①

为了克服人物塑造上的公式化、概念化,丁玲正面提出要写出人物的个性。她指出:"典型性是从个性来的,是要作家在生活中观察、熟悉各种各样的人,然后创造一种带代表性的人物。这个人物却应有他个人强烈的个性","人物要写得分明,要写得突出,就是要写人的个性"。②人物是从生活中来的,是作家从对生活的感悟中得来的。"生活是复杂的,不像我们脑子里想的那么简单",如果人物是真正从复杂的生活来的,就不可能像理念那样简单、纯粹。有鉴于此,丁玲提出要写人物的成长过程(包括写"失败"、"落后")。1952年10月26日,她在旅大疗养期间由参观一个苏联军事博物馆引起了关于人物塑造的感兴,并就此比较了两国文学的差异:"博物馆东西少,不感觉有趣,但有一点值得我佩服:苏联不怕说出自己国家曾有过的过错,他们拿这些来教育后代。……他们写书,也是这样,并不怕写失败。我们现在就怕写落后,就只能写新人物,写英雄品质。他们不知道这种品质如何来的,如何经过斗争才能成熟,因此一切都是概念化。"③丁玲对写人物成长过程的提倡,意义不仅

---

① 丁玲:《谈与创作有关诸问题》,《丁玲全集》第7卷,第338、339~340页。
② 丁玲:《要为人民服务得更好》,《丁玲全集》第7卷,第305页。
③ 丁玲:1952年10月26日日记,《丁玲全集》第11卷,第392页。

仅限于其本身,而是以此为例,要求在人物塑造上突破概念化的窠臼,从多方面写出人物的复杂性和强烈的个性。

第三,从文学的作用来看。当时,许多作家在主题和题材上不是从生活出发、从自己的独特体验和发现出发,而是主题先行,从抽象的观念甚至政策出发,再用观念和政策的框框去找材料;在人物塑造上,不是从自己的生活体验出发、从人物的个性出发,而是从关于人物的定义(概念)出发,从理念上的共性出发。所有这些,均是文学创作出现公式化、概念化现象的最重要的原因。之所以会出现这样的误区,最根本的还是源于对文学作用的片面认识。在"文艺从属于政治"的口号下,文学的工具性和"宣传教育作用"被无限夸大,甚至成了文学的唯一功能,文学非功利的审美愉悦作用则遭到了极大的漠视。于是,文学便被等同于宣传,文学之为文学的审美特性丧失殆尽。这种对文学本质、功能的曲解是导致文学创作中教条主义发生的最根本的因素。

为了从根本上消除教条主义对文学创作的影响,丁玲对文学与宣传作了区别,指出:"文学不等于一般的宣传,不等于教科书","文学同时事宣传的小册子究竟不一样";"如果作家为了环境的需要,为了任务,他是应该也写说明书,也写工作方法,也写教科书,也写传单,这些都可以增长作家的知识和能力,但绝不能把这些就当成文学,以此为满足"。因此,文学作品也无法直接成为改造客观世界的路标,承担起"解释政策"、"推广先进的工作方法"的任务:"解释土地改革的政策,我想是不能依靠写土地改革的作品的,作品不应该担负这种任务。作品也不是推广先进的工作方法的,而且也不可能做到。"①文学与宣传不同,就在于它首先要以情感人,要以形象"感动人"。丁玲对文学的本质和审美功能的强

① 丁玲:《要为人民服务得更好》,《丁玲全集》第7卷,第308、309页。

调,对文学与宣传所作的区分,是直接继承了"五四"文学传统的。1928年,当激进的"革命文学"倡导者们否定"五四"文学,将文学与宣传混为一谈的时候,鲁迅从文学的审美本质出发,捍卫了"五四"文学传统。他深刻地指出:"一切文艺固是宣传,而一切宣传却并非全是文艺,这正如一切花皆有色(我将白也算作色),而凡颜色未必都是花一样。革命之所以于口号,标语,布告,电报,教科书……之外,要用文艺者,就因为它是文艺。"①历史真是惊人的相似。二十多年后,丁玲在批判文学创作中的教条主义倾向时所作的有关文学本质、功能的论述与鲁迅的这一论断真是何其相似、一致!

对教条主义产生的原因,丁玲除了从作家主体角度作深入剖析、指出作家关于创作的认识误区外,还别具慧眼地从读者角度作出了比较深入的探究。作家与读者的关系是一种特殊的生产者与消费者的关系。作家是为读者而写作的,因而读者的阅读习惯和阅读期待对作家创作有着潜在的制约。在这个意义上,可以说什么样的作家造就什么样的读者,而什么样的读者也反过来造就什么样的作家。一方面,作为文学消费者的读者之阅读心理作为一种时代心理必然影响到作为文学生产者的作家,另一方面,作家在成为作家之前也都是读者,他们在成为作家之后,必然会以自己作为读者时所养成的阅读习惯和阅读心理为尺度,对读者的阅读期待作出忖度,从而对他们的创作产生制约作用。因此,要在源头上根除教条主义,就必须对读者的阅读心理进行改造。

1954年2月16日在北京师范大学中文系所作的《怎样阅读和怎样写作》的报告中,丁玲首先指出了文学创作中教条主义、公式化现象的严重性,而这种现象之所以发生,从读者角度来看则是源于其教条主义式

----

① 鲁迅:《文艺与革命》,《鲁迅全集》第4卷,第84页。

的阅读心理和阅读习惯:"在看书以前,我们的思想上已经有了一个概念⋯⋯脑子里已经有了一套,而要这本书来符合自己的想法","现在我们许多人对文学的要求,实际上只是几条很简单的答案而已"。这种从先在概念出发的阅读,是一种印证式的阅读,是一种公式化的接受。这样,文本对读者的意义就在于印证或强化其固有的概念,因而文本中的其他信息必然会遭到忽视或排斥。而读者阅读以前思想中已有的概念,类似于创作中先行的主题一样,也必然不是自己对社会人生的独特发现、领悟,而是抽象的或政策性的观念。这种阅读期待和阅读过程,反过来也要求作家的创作从这样的观念出发。缘此,丁玲提出:"这个问题我们一定要注意,如果现在我们拿着框框条条去学习,那么将来我们也会拿着框框条条创作,也会走这样的路,辗转循环都是些公式化的东西。"①她要求高度重视读者阅读心理的改造,以切断教条主义、公式化的"辗转循环"之圈,这应该说是较有深度的。

总之,丁玲侧重从主题题材、人物形象和文学功用等方面对文学创作中教条主义的表现和公式化、概念化的成因作了相当深入的挖掘和剖析,切中时弊,表现了"战胜教条主义"的努力。在文学成为政治工具的时代,教条主义几乎成了文学创作中的顽症。用文学图解政治,一方面导致了文学审美属性的失落,另一方面则在粗制滥造中造成了文学的虚假繁荣——虽然"读得少,生活得少"却"写得多,说得多"。丁玲对教条主义的批判,其意就在克服粗制滥造现象,还文学以文学性,创作出真正的好书来。1951年5月,丁玲作杂感《收入与支出》,批评了"写得多,说得多而读得少,生活得少"的虚假繁荣,指出"支出"必须以"收入"为前提,"多写"必须以"多读书,多生活,多体验,多研究"为前提:"我们要为

———————

① 丁玲:《怎样阅读和怎样写作》,《丁玲全集》第7卷,第384、385页。

着发十分光去积蓄十分力量。我们要支出,却更要收入。我们给人的要是'地地道道'的硬货,却不是白纸,不是废票,更不是永不到期的支票"。① 她要作家拿出"'地地道道'的硬货",是她力图"战胜教条主义"的终极性目的。

丁玲从正面对"一本书主义"的提倡、从反面对教条主义的抨击,与五十年代变幻的文学情势密切相关。1952～1953 年,在 1951 年批判电影《武训传》、1954 年批判俞平伯《红楼梦》研究等文艺批判运动的间歇期中,文学观念、文艺政策有了一些调整。1952 年在纪念毛泽东《在延安文艺座谈会上的讲话》发表十周年之际,文艺工作领导者和文艺工作者对概念化、公式化的创作弊病提出了批评。《人民日报》5 月 23 日发表的纪念《讲话》发表十周年的社论中指出,概念化、公式化创作倾向与资产阶级、小资产阶级创作倾向,两者根源及性质都是反现实主义的,两者的问题是同样的。周扬强调政治不是概念,不是条文,不能像调料一样可以任意加到任何一个作品中,"公式化、概念化的作者失败的根源,就在他们的创作总是从抽象的政治概念出发,而不从实际的人民生活出发"②。1953 年 9 月召开的第二次文代会的一个主要内容就是对概念化、公式化的批评。为了贯彻过渡时期总路线,总结经验教训以期进一步发展,大会严肃批评和认真分析了几年来文艺创作中的概念化、公式化倾向,周扬和茅盾均为此作了报告。丁玲剖析和批评概念化、公式化倾向的重头之作《要为人民服务得更好》就作于纪念《讲话》十周年之际,显然与这大的文学情势的变化有关。

---

① 丁玲:《收入与支出》,《丁玲全集》第 7 卷,第 242、243 页。
② 周扬:《毛泽东同志〈在延安文艺座谈会上的讲话〉发表十周年》,《周扬文集》(二),人民文学出版社 1985 年版,第 150 页。

　　然而,需要指出的是,丁玲此举并不是被动地呼应这一大的文学情势的结果,如果没有"五四"文学个性精神和审美传统在内心的深厚积淀和对之的自觉继承,她不可能对文学创作上的教条主义倾向作出如此深入的剖析。对于丁玲来说,外在文学情势的变化和松动只是为她公开弘扬"五四"文学传统、张扬另一个自我创造了一个环境、提供了一个契机。环境和契机是重要的,如果没有这一外部条件,丁玲关于文学创作的这些真知灼见很可能连系统地外化出来都无法实现。但是,如果主体对"五四"文学传统没有真正的理解和继承,那么,即使具备了这些外部条件,也无法以此为理论支点对时弊作出如此切中要害的批评。对丁玲来说,这一阶段外部条件的变化,使她能够以批评概念化、公式化创作倾向为题相对集中地阐扬了"五四"文学传统的精义。在此前后,她仍然以"五四"文学的审美传统为理论支点就文学创作问题发表了许多相当精彩的意见。这说明丁玲对"五四"个性传统、对文学审美属性的关注与固守是一贯的。这构成了从新中国初期到五十年代中期丁玲思想和文学活动的一个重要侧面。她强调要历史地对待历史,其中所贯注的当代意识是以"历史"为现实的镜子,在现实中弘扬"五四"文学传统,使之成为建构当代文学的重要资源;而她对"一本书主义"的提倡、对教条主义创作倾向的抨击则是力图以"历史"为镜改造现实的具体实践。在这里,我们在一个维护新体制的丁玲之外,看到了另一个丁玲的存在——一个信奉并努力弘扬"五四"文学传统的丁玲。1955年和1957年风暴袭来,丁玲横祸连至,这固然与变幻不定的政治风云和文坛内部的宗派因素相关,但也与她在思想文化大一统的背景中固守文学的这另一种传统、另一种属性相关。

| 第十九章　风暴骤起 |

1955 年夏秋间,中国思想文化界在批判"胡风反革命集团"的同时和稍后,开始了对"丁玲、陈企霞反党小集团"的批判。虽然丁玲此前也有这样的不祥之兆:"一整胡风,我就预感到有人是不会放过我的"[1],但是这一场政治风暴如此迅疾地向她袭来,她还是缺少思想准备的。这年2~6 月,她在无锡疗养,继续着《在严寒的日子里》的写作。读了 5 月 13日《人民日报》上公布的《关于胡风反党集团的一些材料》之后,身在南方的她写了《敌人在哪里》一文,称胡风是一个"披着马克思主义外衣"的"阴谋野心家",于 23 日在《人民日报》第三版上发表,比《关于胡风反党集团的第二批材料》的公布早了一天。丁玲以此作出政治表态,意在表示与胡风这个有着多年友谊的老朋友划清界限。

6 月中旬回北京后,丁玲参加了 7 月召开的第一届全国人民代表大

---

[1]　转引自周良沛:《丁玲传》,第 8 页。

会第二次会议,并在会上作了发言。同时,作为作协副主席,她与作协其他领导多有接触,关系也显得相当正常。7月19日,丁玲在给陈明的信中写道:"周(指周扬——引者)到我家吃了晚饭,谈甚洽,多知道了很多事。在刘(指刘白羽——引者)处又听了一些惊人消息。"①但是,令她意想不到的是,此前半个多月,作协党组副书记刘白羽和党总支书记阮章竞已经向中宣部提交了反映丁玲、陈企霞问题的报告,一场有关她的政治冤案已经在暗中构陷了。据当时在中宣部理论处工作的黎之回忆,1955年6月底关于胡风的第三批材料公布后不久,作协一位党组副书记和党总支书记共同署名向中央宣传部写报告"揭发"丁玲、陈企霞等人的问题,并附了有关丁玲、陈企霞等人的材料。②

有关丁、陈问题的导火线是"匿名信事件"。那封4月间写给中共中央的匿名信,其主要内容包括:"1954年年底党对于《文艺报》的错误所进行的批评和检查,是由于文艺界某些领导同志推卸责任,嫁祸《文艺报》,是由于中央'偏听偏信'的结果。匿名信又污蔑作协的党组织,污蔑作协坚持原则批评过《文艺报》和陈企霞的党员同志是'随波逐流'、'看风使舵'、'趁火打劫',它为受到处分的陈企霞和受到批评的丁玲叫屈、辩护。"(见《中国作家协会党组关于丁玲、陈企霞反党小集团活动及对他们处理意见的报告》)从这封信的内容中,作协党组的一些人推断出该信"极有可能是陈企霞写的",而由"和他合作共谋"的人抄写寄发的。在讨论匿名信和揭发陈企霞反党活动中,又进一步"揭露了陈企霞与丁玲的不正常关系,和以丁玲为首,并以她和陈企霞为中心的反党小集团"。就在这层层推测和假设中,一个并不存在的"反党小集团"开始按设想者

---

①　丁玲:《致陈明》(1955年7月19日),《丁玲全集》第11卷,第125页。

②　黎之:《文坛风云录》,河南人民出版社1999年版,第101页。

的意愿浮出水面了。

于是,在组织者的精心策划下,事件按照政治斗争的铁的规则运演、开展了。首先,是个人具名揭发和组织决定相结合,给被批判者定下罪名,以便师出有名、牢牢掌握斗争的主动权。7月下旬,在刘白羽、阮章竞个人具名揭发的基础上,中宣部部长陆定一署名向中央写了《中共中央宣传部关于中国作家协会党组准备对丁玲等人的错误思想作风进行批判的报告》。这个报告指出:"在反对胡风反革命集团的斗争中,暴露出文艺界的党员干部以至一些负责干部中严重的存在着自由主义、个人主义的思想行为,影响了文艺界的团结,给暗藏反革命分子的活动造成了便利条件,使党的文艺受到损害。作家协会刘白羽、阮章竞两同志给中宣部的报告中,反映了这种严重的情况。他们根据一些同志所揭发的事实和从胡风反革命集团分子的口供中发现的一部分材料,认为丁玲同志自由主义、个人主义的思想作风是极严重的"。这样,从一开始,丁玲就被坐实了"自由主义、个人主义"的罪名。这是丁玲始料未及的。当时,即将被淹没的丁玲对此事的原委及其严重性尚缺乏认识,甚至还为自己能够因此解脱与陈企霞的干系而庆幸。8月1日晚,在作协党组扩大会讨论过匿名信问题之后,丁玲还与周扬、刘白羽一起将陈企霞留下谈话。对此,陈企霞在1956年写给中宣部党委和中宣部的《陈述书》中记述道:在那次谈话中,她说,"她在这么多年来几次和我一起工作,好像背了一个大包袱,也该卸一下了"①。

其次,是组织者发动干部群众揭露、批判,为所定罪名寻找证据。为了揭露、解决这个"反党小集团"问题,从1955年8月3日起至9月6日止,在中国作协党组的主持下,共召开了十六次会议。其中,前三次会议

---

① 陈企霞:《陈述书》,见陈恭怀《关于父亲的〈陈述书〉》,《新文学史料》1998年第1期。

批判陈企霞,从 8 月 6 日第四次会议开始矛头转向丁玲。据与会者黄秋耘回忆,"批判会的方式很特别,范围不大,参加的人只限于作协以内十三级以上的中、高层党员干部,有时也吸收一些作协以外的文艺界党员领导干部参加,一般只有二三十人,最高潮的时候也不过五十人左右,因此几乎每个人都得挨个发言,进行揭发批判,至少也得表个态"①。中国作家协会党组上报中央的报告中则说,参加会议的共约七十人,在会上发言的有五十七人,包括周扬、刘白羽、林默涵、夏衍、阮章竞、严文井、张光年、冯雪峰等。没有发言的有黄秋耘、陈翔鹤、蔡其矫等。在十余次会议中,形成了厚厚的十余本发言记录,洋洋数十万言。

在山雨欲来的时候,在会议筹划期间,许多人都开始感受到了思想上的压力,特别是曾经与丁玲有较多交往的人疑惧更多、压力更大,诗人田间就是其中一个。从 1938 年在西北战地服务团共事起,他和丁玲就断断续续在一起工作。而在丁玲主持中央文学研究所期间,他担任秘书长职务,更成了丁玲的主要助手。据说,田间认为自己和胡风的关系容易说清楚,而和丁玲的所谓宗派问题就很难说清楚。出于对可能有的"独立王国"指责的恐惧,7 月 6 日,他跳什刹海自杀,未遂。丁玲在 1956 年 8 月 6 日写给中宣部党委会的信中,对此事的原委有所说明:"他的书面检讨中谈到自杀原因,就是因为怕和宗派圈子扯在一起。而且在自杀的头一两天,他向刘白羽、严文井等同志交待和我的关系时,刘白羽、严文井、阮章竞等热情地劝他放下包袱,参加战斗。"②压力如此之大,而他又不愿违心地去揭发丁玲的所谓"宗派"问题,于是,唯一的选择就是自杀,他后来因此受到处分。

①　黄秋耘:《风雨年华》,人民文学出版社 1988 年版,第 171 页。
②　转引自周良沛:《丁玲传》,第 24 页。

会议在精心筹划下，终于召开了。8月3日第一次会议由周扬主持并首先发言，为整个会议明确定下调子："现在作协有一股暗流，反党的暗流"；"不管高岗、饶漱石、潘汉年、胡风都要打垮。要求与会同志对这个会，采取信任党的态度"。因为会议组织者已先有结论，于是，会议出现了一边倒的情况：凡是顺着这个结论的，就得到会议主持人的鼓励；稍有疑惧的，则受到严厉批评；略加申辩的，则不加理睬，或被斥为向党进攻。二十五年后，丁玲还痛苦地记得，当时的会上"暴风雨式地给我加了许多罪名"①。据徐刚回忆，"有一部分人的发言是给人施加压力的，如周扬、刘白羽、阮章竞等同志"，这些人都是会议的组织者。康濯则在会上积极配合组织者"一再揭发丁玲的反党暗流问题"，陈学昭的"发言揭发的材料最多，也批判得最激烈"。②他们得到了会议主持人的支持和鼓励，被视为"对党忠诚"。在9月6日最后一次会议上，中宣部文艺处的郭小川作了言辞激烈的发言，其发言稿被中宣部部长陆定一看中，认为具有战斗力，当即决定由他担任作协秘书长。从郭小川的升迁中，亦可管窥会议导向于一斑。

作家马烽在会上表现比较紧张，他曾协助丁玲参与了中央文学研究所的筹办工作，文学研究所成立后曾任副秘书长。他起初疑惧很多，板着脸一言不发。当会上批判文学研究所是丁玲的"独立王国"时，他自然感受到了巨大的压力，于是，在第八次会上才和风细雨地对丁玲提出了批评。但至此他仍然过不了关。有人就在这次会上径直把矛头指向他，痛斥他是"替丁玲歌功颂德，为丁玲抬轿子，吹喇叭"，对他进行了严厉批评。马烽后来回忆说，那次"会后，领导找我个别谈话，要我在会上进行

① 丁玲：《序〈白刃小说选〉》，《丁玲全集》第9卷，第135页。
② 见邢小群：《丁玲与文学研究所的兴衰》，第117、120页。

检查"①。受到批评和谈话的刺激,他在第十一次会上再次发言。他提高了批判丁玲的调门,以示与丁玲划清界限。另外大多数人在会上采取敷衍塞责的态度,揭发出来的都是些鸡毛蒜皮的事情:如说丁玲在家里把周扬写的书放在书架的下面;又说丁玲让这个作家出国访问,不让那个作家出国访问,是否想让自己出国访问,等等。但不管怎么说,这些材料也都成了批判丁玲的口实。

丁玲在会上听着,记着,也申辩着,但一切都无济于事。老朋友、老战友冯雪峰揭露她"离开《文艺报》了,但《文艺报》的许多问题仍与丁玲有关";曾经追随过自己的李纳也编造出丁玲违反纪律的故事,说丁玲曾告诉她,丁玲提名她出国,但别人反对。如果说面对权谋者的谎言,丁玲只有感到冤屈、愤慨的话,那么,看着自己熟悉的同志、朋友把罪名强加在自己身上,她的心却在痛苦地流血了。一个巨大的机器启动运转时,任何一个齿轮为了自保而不被碾碎,只有被动地跟着运转。丁玲对此是应该理解的。数月前,她作批判胡风的文章,也是这种齿轮效应的结果。在这场批判中,齿轮的被动运转也增加了机器的威力,因此不能不进一步造成对丁玲的落井下石式的伤害。在被迫无奈中,丁玲在会上先作了两次检讨发言,然而,她在第七次会议上的检讨被斥为向党进攻,在第十二次会上的检讨被斥为虚伪。"她每次检讨后,人们便从她检讨发言中找矛盾再批判,说她态度不老实,检查得不深刻等"②。为了"帮助丁玲同志认识错误",在会议期间,周扬、刘白羽、林默涵、阮章竞同她进行了多次谈话,"帮助她准备检讨发言稿"。迫于巨大的压力,也由于主观上产生了怕开除党籍的严重顾虑,她在最后一次的发言中"开始向党认

① 马烽:《历尽严冬梅更香——悼念丁玲同志》,《文汇月刊》1986 年第 5 期。
② 《徐刚访谈》,见邢小群《丁玲与文学研究所的兴衰》,第 120 页。

错",承认了是"反党联盟"的错误,但还是被指责为"很不深刻、很不彻底"。

会议在组织者的掌握下,根据预先设定的轨道,进行到最后一个阶段。9月6日召开党组扩大会(即第十六次会议)。最后一次会议的召开,标志着运动开始进入最后一个阶段:形成结论阶段。周扬所作总结中说,丁玲和陈企霞的错误已形成"反党小集团"。刘白羽又一次肯定"会议的进行始终是健康的"。在这次会议的基础上最终形成了《中国作家协会党组关于"丁玲、陈企霞反党小集团"活动及对他们的处理意见的报告》,于9月30日上报中宣部并转中央。这个报告和代中央起草的"批语",据当事人回忆,"是由周扬主持起草,中宣部部务会议讨论通过后,报送中央的"①。12月15日,中央将这一报告转发全国(至县团级党委)。

在这个报告中,指陈"丁、陈反党小集团"的反党活动有四个方面:"一、拒绝党的领导和监督,违抗党的方针、政策和指示"。论据主要有:丁玲在文学研究所的学员中"散布对中宣部不满的话,说中宣部不重视培养青年作家";在主编《文艺报》时,"竟然违反党的决定,把陈企霞、萧殷也列为主编"。"二、违反党的原则,进行感情拉拢,以扩大反党集团的势力"。"三、玩弄两面派的手法,挑拨离间,破坏党的团结"。主要说她"和陈企霞等经常散布流言蜚语,污蔑和攻击小集团以外的人,甚至包括几位中央负责同志在内"。"四、制造个人崇拜,散播资产阶级个人主义思想"。主要说丁玲"假托中央同志的话,说现代中国代表作家的位置已经排定,是鲁迅、郭沫若、茅盾、丁玲",中央文学研究所将丁玲的照片与鲁迅、郭沫若、茅盾的照片并排挂起来;还说"中央文学研究所的一个

---

① 李之琏:《我参与丁、陈"反党小集团案"处理经过》,《炎黄春秋》1993年第5期。

学员给丁玲写诗,称丁玲为'太阳'"。报告"责成丁玲同志向党作出深刻的书面检讨,并根据她对所犯错误的认识和检讨的程度,考虑对她的处分问题。同时对她在南京的一段历史进行审查并作出结论"。

1955年12月28日,周扬向全国各地作协分会负责人、文艺工作负责人及有关人员一千一百多人作关于"丁玲、陈企霞反党小集团"问题的传达报告,陆定一到会作"重要讲话"。传达会议未通知丁玲参加。"丁、陈反党小集团"便如此定案,并向全国传达了。陈明参加了这个会议,但为了遵守组织纪律,会后他没有告诉丁玲,只对她说:"听说中央有一个文件是关于你的。建议你问中宣部党委会,是否能把这个文件给你看看。"丁玲当时自然没有能够看到这个文件,直到她1956年8月写《辩正书》时依据的仍然是作协党组扩大会议的正式记录。但风声应该是隔不断的。

为了稍稍减轻精神痛苦,这年除夕(1956年2月11日),丁玲和陈明同到公务员夏更起在河北曲阳的老家,与农民乡亲同过春节。2月15日,陈明因为要写自己的检查,先期回京。稍后,丁玲在给陈明的几封信里,披露了自己的一腔郁结和痛苦。16日的信中说:"我日子过得也就是这样,不能说好,也不会坏,我是一个没有了心的人。有时很痛苦,有时也很麻木,没有了你,心就更空了。托尔斯泰写了'活尸',我就是一具活尸。"[1]20日信中更表露了对自己牵连亲人的自责和远离亲人的愿望:"我想着你也要这样写文章,我心里就难过,你有何辜呢?只不过由于我害了你。"[2]飞来的横祸不但使她自己萌生了浓厚的生不如死的"活尸"情结,而且使她对家人有了说不尽的愧疚。

---

① 丁玲:《致陈明》(1956年2月16日),《丁玲全集》第11卷,第128页。

② 丁玲:《致陈明》(1956年2月20日),《丁玲全集》第11卷,第130页。

　　与丁玲这种灰暗的真实心境相反,当时公开报刊上对她的有关报道却着意渲染了她"喜悦"的心情。因为1955年对她的批判不是公开进行的,所以报刊上没有公开披露。1956年1月出版的《文艺报》的《万象更新图》上出现的丁玲,手持"户口迁移证",笑容满面地走向乡村,以说明她实践着自己"到群众中去落户"的主张。政治不但在无情地改变着一个人的命运,也在根据需要残酷地装点着一个人的心情。不知处在"活尸"状态中的丁玲看到这幅图片时,心中会涌起怎样的波澜?

　　"丁、陈反党小集团"一案,使丁玲在1949年后第一次也是平生第一次产生了"峰谷"体验。她建国后的心理优势和优越感很大程度上来自于她是一个从延安过来的党员作家。她是新体制的受益者,她的地位和许多荣誉也大都与新体制有关。但现在她却被认定是"反党"分子,这意味着她从此被驱逐出体制,从"体制中人"变为"体制外人"。这样,她一下子从山峰跌落到了山谷,她心理优势的基础便被连根拔掉,她的优越感也就荡然无存了。与被揭发出来的那些现实中的"罪名"相比,那段南京被囚的历史在这次批判中的重新被提出,更成了她一块去不掉的心病——那是1943年延安审干运动中植下的祸根,如今又恶性发作了。如果说前者还可以得到澄清的话,那么,后者却是一个不容易解决好的问题。从现实到历史,她无往而不在被动中。所有这些,再加上卷入冤案中的那种委屈、痛苦的通常心态,不能不使这位政治意识相当强烈的作家在自我感觉中一下变成了"一个没有了心的人",从而产生"前途和政治生命已经岌岌可危"的恐惧感。

　　1955年对丁玲的批判,是"左"倾思潮膨胀在文艺界的表现,是中央高层巩固新秩序的需要,也是文艺界宗派主义作祟的结果。1955年国内开展了农业合作化、统购统销、批判资产阶级唯心论、肃清反革命等一系列运动,其中都包含着反对"右倾机会主义思潮"和反对"资产阶级个人主义"的思想线索。因此,在这样的大背景中,文艺界对政治、经济、思想文化领域的"左"倾思潮作出呼应,在批判"胡风反革命集团"以后,进一步扩大战场和战果,是有其必然性的。

　　揪出胡风后再批丁玲,当然是中央主要领导的决策,其目的就在于通过对来自解放区的作家的思想清理(这也是丁玲自己 1951 年在《作为一种倾向来看——给萧也牧同志的一封信》中所提出的一个命题)乃至组织处理,对知识分子产生更大的震慑力,巩固新体制并彰显新体制无坚不摧的威力。据当年周扬的部下、时任中宣部科学处处长的于光远回忆,"那些年在中宣部部长办公会上我听到文艺界受批判的事可真多,凡是在部长办公会上讨论过的,都是比较重要的事件";而这些事情,"可以说没有一个没有毛泽东的指示",因此,他判定,有关"丁玲事件",毛泽东"也会有"指示。① 周扬在作协党组揭发"丁、陈反党小集团"的扩大会上也说过:"这么大的斗争,不会不得到中央的指示就搞起来。"② 毛泽东之所以决定批判丁玲,是因为"丁玲的'自由主义'仍然很强"、"不符合'驯服工具'的标准";从策略上看,"批判一两个原国统区的作家、文人,对社会的震动不大,而把大名鼎鼎的左派文人胡风和他的'同伙'定为'反革命集团',再揪出党内的大作家丁玲,则可以让全国的知识分子受到震动,使他们受到深刻的教育,大大有利于意识形态新秩序的建立和巩固"。③

　　当然在执行领袖意志、揪出丁玲的过程中,文艺界原有的宗派主义也是一种巨大的推力。王元化认为:打丁玲的问题,虽然"决策来自上

---

①　于光远:《我在中宣部工作时对周扬的一些了解》,《炎黄春秋》1997 年第 9 期。

②　杨桂欣:《丁玲与周扬的恩怨》,湖北人民出版社 2006 年版,第 69 页。

③　高华:《从丁玲的命运看革命文艺生态中的文化、权力与政治》,《炎黄春秋》2008 年第 4 期。

面",但是,"这里有周扬等人在执行过程中掌握分寸的问题".[1] 建国后,"那时在文艺界的党员领导干部,如果说周扬是一把手,丁玲可以说是二把手了,丁玲的行政级别是七级,与周扬一样,是副部长级干部"[2]。丁玲是三十年代的共产党员,也是从延安来的作家,曾获得斯大林文艺奖金,在文艺界资历老、地位高、影响大,且曾担任过《文艺报》、《人民文学》主编和中央文学研究所所长等实职。更重要的是,在周扬看来,以丁玲为中心,早已形成了与自己相抗衡的"另一派"。关于当时文坛上"两派"的问题,黄秋耘后来也有这样的回忆:"自'左联'时期以来,一直到建国以后,丁玲那一派,跟周扬、刘白羽他们一派经常处于对立的地位";周扬"凭掌握着实权,特别是党内的权力"与丁玲对垒,而丁玲则"凭靠着实力,靠着一批有作品的作家",跟他们相抗衡。[3]

因为现实中两派的对峙,再加上三四十年代的恩恩怨怨,于是,周扬在执行领袖意志过程中便毫不手软地将利剑指向了丁玲,以此同时达到排斥异己、扩大阵地、巩固自己在文艺界领导地位的目的。所以,在这一意义上,可以说,"把丁玲打成反党集团是周扬的责任"[4](至少有周扬的责任)。郭小川在 1967 年写的一份交待材料亦可作为这一观点的佐证:"那时,文化部不太听周扬的……原来文化部方面是胡乔木管,后来由陆定一主管,拉来周扬。周扬有文艺界的实权是从 1954 年或 1955 年初开始的。当时周扬手上只有作协";"周扬要从作协打开缺口,掌握文艺界。1955 年底,康濯写了一个揭发丁玲的材料,说丁自由主义,攻击周扬。

① 王增如:《听王元化谈丁玲冯雪峰》,《世纪》2006 年第 2 期。
② 黎辛:《我所了解的丁玲、冯雪峰、陈企霞案件始末(一)》,《纵横》1998 年第 9 期。
③ 黄伟经:《文学路上六十年——老作家黄秋耘访谈录(上)》,《新文学史料》1998 年第 1 期。
④ 唐达成语,见邢小群《丁玲与文学研究所的兴衰》,第 90 页。

原来没有准备搞丁陈的。刘白羽来作协后鬼得很，野心勃勃，对丁陈斗争是刘搞的，他一来作协就感到作协有一派势力，要搞作协。必须把丁玲这一派打下去"；"因为反周扬的人很多，打丁玲是杀鸡给猴看，把作协的阵地抓到手上来"。①

　　总之，对丁玲的这场斗争既关乎大的政治形势和个人的政治品德与历史责任，而其本身则显示出了政治斗争的残酷无情和伤及人心的破坏力。正如被周扬从东北调来试图"抵消丁玲在文讲所影响的"诗人、教育家公木在批判"丁、陈反党小集团"后对徐刚所说："镇压反革命时扩大化，只能伤及我们的皮毛；内部肃反扩大化，便会伤到骨肉甚至内脏。一个人是不是反革命还没弄清楚，就把她当作靶子，就会伤她和伤一些人的心。"②伤丁玲的心自不用说，而丁玲这样的老党员作家顷刻之间说倒就倒，那又怎能不使其他作家和文艺工作者产生人人自危的心理呢？

---

① 《检讨书——诗人郭小川在政治运动中的另类文字》，工人出版社2001年版，第75、76页。
② 《徐刚访谈》，见邢小群《丁玲与文学研究所的兴衰》，第132页。

| 第二十章　抗争与沉沦 |

1956年3月，丁玲向中宣部党委会提出，要求阅读作协党组上报中央的有关"丁、陈反党小集团"的报告，并表示她不同意党组的意见，她说她看完后要写书面意见。看到有关材料后，她从4月开始就作协党组报告中提出的"反党小集团活动"的四个主要方面和历史上的"自首"问题，写了详细的申诉材料，要求中宣部党委会调查核实，予以澄清。中宣部接受了丁玲的申诉。

1956年春夏，中宣部成立专门的审查小组，审查丁玲被捕的这段历史。这也是作协党组给中央的报告中提出的一项工作。审查组组长由中宣部常务副部长张际春担任。审查小组的工作，除了查阅当时国民党遗留下的档案、向有关证人调查外，就是听取丁玲本人的申述。当丁玲向张际春、李之琏、张海陈述她被捕后遭受的折磨和悲苦的心境时，她的热泪禁不住时断时续地流了下来。当时周恩来有指示，认为丁玲和周扬之间有很深的成见，如果周扬参加与丁玲的谈话，可能引起感情上的对立,效果不好。因此,审查小组每次与丁玲的谈话,都没有通知周扬参加,但每次谈话的情况都向他通报。

经过细致的审查核实,审查组"没有发现丁玲被捕后有叛变或自首、变节对党不利的行为","而且证人的证言都反映她在那种监视和折磨中表现不错"。于是,便到了作出审查结论这一步。对此,李之琏回忆道:

> 这次对丁玲历史审查结论的第一稿,是我主持起草的。我在文字上作了最后修改。对丁玲被捕后的表现方面,有这样几句话:丁玲同志被捕后,面对敌人的威胁利诱,作了各种形式的斗争,终于在党的帮助下回到党的怀抱。……审查结论前后修改了七稿。……最后一稿达成妥协,改为:丁玲被捕后有变节性行为。①

最后一稿定稿于10月24日,排除了"自首"的事实,承认这次审查"也没有发现她在历史上有什么新的问题",而说丁玲在南京与已经叛变投敌的丈夫冯达继续同居和"向敌人写了申明书",是"一种变节性行为",其性质为"在敌人面前犯过政治上的错误"。12月1日,丁玲"迫于形势",在这个结论上签了字,表示"基本上同意"。

在开始审查丁玲"历史问题"之后,中宣部于6月28日召开部长办公会议决定重新查对丁、陈问题。在此之前,陈企霞被解除隔离,停止停职反省。他对前一阶段的处理不满,于5月下旬也先后向中宣部党委提出了口头和书面的申诉。作协党组把陈企霞的《陈述书》和丁玲的情况,

---

① 李之琏:《不该发生的故事——回忆一九五五——一九五七年处理丁玲等问题的经过》,《新文学史料》1989年第3期。

向中宣部部务会议作了报告。在这种情况下,中宣部 6 月 28 日召开部长办公会议,讨论丁、陈申诉的问题。会议由中宣部部长陆定一主持,最后形成决定:由作协党组、总支、中宣部党委和部的一些干部组成一个小组,由常务副部长张际春负责,将丁、陈问题调查清楚,重新作结论并提出处理意见,再报中央审批。

作协和中宣部接受丁玲、陈企霞的申诉,决定对半年多前形成结论的"丁、陈反党小集团"问题作重新查对,对丁玲来说,新的转机出现了。与 1955 年把她打成反党小集团时的情况一样,这一转机的出现自然也与当时大的政治气候有关。国际上,1956 年 2 月苏共二十大召开,赫鲁晓夫在会上作反斯大林的秘密报告,在世界范围内引起巨大震动;稍后,在社会主义国家匈牙利、波兰又发生了震动世界的群众性事件。在国内,大规模的阶级斗争已基本结束,全国工作的重心开始转移到经济建设上来。所有这些,都从正反两个方面推动中国决策者们在政策上作出调整,以"努力把党内党外、国内国外的一切积极因素,直接的、间接的积极因素,全部调动起来"①。于是,在思想文化领域,党中央便开始倡导发扬民主,纠正"左"的错误。5 月 2 日,毛泽东在最高国务会议上提出"双百"方针;5 月 26 日,中宣部部长陆定一向文艺界、科学界人士作了题为《百花齐放,百家争鸣》的报告,代表中共中央对这一方针作了权威性阐述。可以说,是国内外形势的变化和"双百"方针的提出,才给丁玲带来了转机、带来了申诉和"辩正"的可能。

在中宣部开始调查之后,丁玲于 8 月 9 日向中宣部党委会提交了近两万字的全面申诉材料《重大事实的辩正》(即《辩正书》),对作协扩大会议正式记录中所指控的她"反党活动"的四个方面和所揭发的"事实",逐

---

① 毛泽东:《论十大关系》,《毛泽东选集》第 5 卷,人民出版社 1997 年版,第 288 页。

条进行了有理有据的反驳。一年来积压的怨屈、痛苦，并没有使她情绪用事，她的申辩始终以事实为依据，对有关情况提出了完全不同的说明，并提供了证人，显示出了真实的力量。《辩正书》太长，无法完整引用，兹引两条于下。一是对作协领导刘白羽有关丁、陈勾结的驳斥：

> 刘白羽说陈企霞到梅山不是走的组织路线，是走的丁玲的路线。
>
> 这件事的始末，在没有开党组扩大会以前，我就告诉过白羽同志，这事是这样的。
>
> 检查《文艺报》后，我一直也没有看到陈企霞。1955年2月间我去无锡前，陈企霞听说我要走了，说想来看看我，我说好，他就来了，谈了一些去无锡的事，和我的长篇小说。后来他说组织上要他下去，他不知道去那里好，底下情况都不熟。我当时因为刚刚接到过一封菡子的信，说已经到了梅山，并且说梅山很好。我也知道陈登科也准备去梅山的。同时我因为知道陈企霞的确许多年不在底下生活，是不熟，我说你去梅山也好，那里有两个熟人，他们会对你有些帮助。他表示可以考虑，但仍有犹豫的样子，我即说你同白羽商量商量看。跟着我就走了。……这件事怎么是走的我的路线呢。

二是对康濯所谓丁玲"制造分裂"的批驳：

> 康濯说：（八次会议）乔木同志要取消"文研所"，便找周扬同志，要周找乔谈，是制造分裂。
>
> 事情是这样的：1953年，我从田间、康濯口里知道中宣部

> 有取消"文研所"的意思。……在一次会上见到了周扬同志，我
> 问他是怎么一回事，他的意见如何？他说也觉得取消了是可惜
> 的……我说，那么你见着乔木同志时是否可以再谈谈。他们都
> 是宣传部长，我觉得这有什么不可以谈呢，我后来见着乔木同
> 志时也把我的意见告诉了他，并且也从没有说过周扬同志对这
> 事的意见。这怎么能算制造分裂呢？

丁玲提交了这份事实清楚、证据确凿的《辩正书》后，调查组向 1955 年在党组扩大会上发言的人以及其他有关人员进行了调查①，得到的答复一般是否定的。调查组还曾就丁、陈"经常散布流言蜚语，诬蔑和攻击小集团以外的人，甚至包括几位中央负责同志在内"问题，向胡乔木调查，胡乔木答复说没有这种事实，他也没有感到丁玲挑拨他与周扬的关系。有关调查的情况，"特别是胡乔木的答复，在部分闻风的同志中引起了强烈的反映，有的 55 年批斗丁玲时发言的人，把领导指示他批判丁玲反党的条子拿出来，压在办公桌的玻璃板下，说：'不管领导怎么样，我承认我说错了！'"②后来，调查组在中宣部部务会上汇报 1955 年的《报告》与事实不符时，主持会议的部长陆定一也感到很尴尬，并对周扬有埋怨情绪。他说："当时一再说要落实，落实，结果还是这样！"

在调查的过程中，出现了明显有利于丁玲的趋势。这时，中宣部和

---

① 据曾任作协外委会办公室副主任、当时被抽调到丁、陈问题甄别调查组的林绍纲回忆，他们调查的对象有一百多人："我们根据 55 年发言材料，向一百多位作家进行核实，不少人把原来发言材料中尖锐的、上纲上线的词语抹了。我们把调查的材料打印成册，堆在桌上成了很高的一叠。"转引自陈徒手《党组里的一个和八个》，《人有病天知否——一九四九年后中国文坛纪实》，人民文学出版社 2011 年版，第 171 页。

② 黎辛：《我也说说"不应该发生的故事"》，《新文学史料》1995 年第 1 期。

作协有关领导对丁玲的态度也有所松动。丁玲向李之琏提出要发表文章，中宣部研究后告诉作协办，作协安排她在《人民文学》第 10 期上发表了长篇小说《在严寒的日子里》前八章。丁玲又提出来要接待苏联来访的作家朋友，经中宣部同意，作协帮助她在家里宴请。陈明改编川剧《望娘滩》，准备赴川，经中宣部批准，丁玲与之同行。中宣部并通知有关省委安排接待，告诉他们：丁玲的反党问题正在重新审查，现在她还是作协副主席、共产党员。9 月 15 日，她登车赴川。初秋的景色是美好的，她此时却失去了欣赏的兴致。自己的《辩正书》已经上交了，但不知结果如何，所以，她的心情依然抑郁。这可从她一则赴川日记的片段中略窥一斑："车中无事可做，无话可谈，窗外也无景可看。记得一九五四年春天同伯夏去湖南，心情格外晴朗，好像飞鸟归山那样的欢跃；如今一切都失去了！如今同在一条路上，同样的车，同样的风景，同样的人，而一切都是这样的不自然。"①

这种抑郁、痛苦的心境在去四川前后是一贯的、持久的。在北京时，时任作协总支书记的黎辛，作为被周扬指定的作协与丁玲的联系人，去听取丁玲的思想汇报。"有一次，说着说着丁玲竟放声大哭起来，人不伤心不流泪，丁玲这样经过战争、被捕、整风锻炼的老党员老作家，竟然放声大哭，说'我痛苦哪！我犯了什么罪呀！'大声哭，反复喊"②。从四川归来后，她又向李之琏倾吐了自己悲苦的心情："一年多以来，我是处在一种如何困苦的境地。……过去毛主席同我说过：'看一个人要从几十年中去看，不是从几年中去看。'……去年曾经很伤心，以为从听过毛主席这话以后曾经努力了的八年，至少可以赎一点过去的错误，谁知却被

---

① 丁玲：1956 年 9 月 15 日日记，见《丁玲全集》第 11 卷，第 411 页。

② 黎辛：《我所了解的丁玲、冯雪峰、陈企霞案件始末（二）》，《纵横》1998 年第 10 期。

完全推翻了,成了相反的历史。"①

这样持续的痛苦,使丁玲积蓄起了能够激发其抗争的巨大的心理能量。除了以清明的理性写下《辩正书》,全面回击一切强加在她头上的不实之词外,她还以一个作家所特有的鲜明的情感态度,给1955年批判的组织者以难堪。1956年"夏天的一天,丁玲来作协办事,在小会议室的沙发上坐着,刚巧副部长(指周扬——引者)从外面进来,看见丁玲,向她走去,伸出手来,说'你好!'丁玲不睬,站起来,转身走出室外。留在会议室的几位负责人,说'太不像话!''岂有此理!'"②在这样率性而为、不计后果的举动中,我们又仿佛看到了一个倔强的个性主义者的丁玲,看到了在现实中晃动着的莎菲、贞贞和陆萍的影子。看来,1955年对她"极端严重的资产阶级个人主义思想"的批判,并没有收到预期效果。这真不知叫这场批判的组织者周扬副部长该作何感想?

经过认真细致的调查、核对发现,所谓"丁、陈反党小集团"的四个方面的错误都是缺乏依据、不能成立的。1956年12月,调查组根据调查的结果,起草了《关于丁玲同志的错误问题查对结果的结论》(草稿),把"反党小集团"的结论改为"对党不满的独立王国",提交由张际春主持的中宣部会议讨论,周扬、刘白羽等与会。但会上意见不一,有人指出这个大案子站不住脚,而周扬则认为对丁、陈的错误还写得不够。张际春最后说,根据会议上的意见,请调查组对结论再作修改。

与此同时和稍后,周扬也曾有过与丁玲互相妥协的想法和举动。在1956年底召开的作协党组扩大会议上,周扬检讨了他和刘白羽工作中有简单化的缺点,希望在场的丁玲、冯雪峰把意见谈开,一起来做好作协

① 丁玲:《致李之琏》(1956年底),《丁玲全集》第12卷,第82~83页。
② 黎辛:《我也说说"不应该发生的故事"》,《新文学史料》1995年第1期。

的工作。但丁玲等并不想让事情就这样含糊地过去,因此,矛盾没有解决。1957 年 4 月《文艺报》改版,编辑部根据周扬的"当前最大的政治是团结"的指示,约请丁玲为《文艺报》写稿,丁玲未答应。后来总编辑张光年等上门请丁玲谈深入生活问题,由编辑写成一篇访问记发表在《文艺报》第 7 期上。

结论的修改,也是一波三折。调查组有人提出重写结论有困难,"工作没法做"。于是,张际春指示改由作协党组来重写。这样,任务便落到了在批丁、陈问题上当初被认为"具有战斗力"、其时已升任作协党组副书记的郭小川身上。在实际接触文艺界的矛盾状态之后,这位被称为"快手"的诗人为重写结论花费了三个多月的时间。他为此苦不堪言,形容自己的写作为"蜗牛速度"。在他当时的日记中,他也一再发泄了自己的牢骚和苦闷:1 月 11 日,"八时起,就为眼前这件事煎熬着,弄得心情非常之坏,似乎感到这文艺界的混乱状况是没有希望改变的";4 月 12日,"上下午均在家准备写丁玲问题结论,但一时想不清楚。困难重重,无法执笔"……①重写结论的棘手在于复查时作协很多人对于 1955 年斗争丁、陈会议上所提供的材料不认账,中宣部党委又要求摆出充分的事实。郭小川采取折衷的态度,力求使结论能为多数人同意。结果,周扬、刘白羽、林默涵等看后大为不满,周扬尤其对向丁、陈"赔礼道歉"的提法耿耿于怀,这构成了郭小川 1959 年挨批的罪状之一("由摇摆走向右倾")。郭小川在会上无奈地表示,既然"反党小集团"的帽子要摘掉,也只能说成是"宗派主义"、"自由主义"之类,别的帽子他想不出来。大家为如何措辞一筹莫展,突然有人想出一个"向党闹独立性的宗派结合"的提法,周扬一听马上认可,并决定由郭小川根据新提法继续修改。4 月

---

① 《郭小川 1957 年日记》,河南人民出版社 2000 年版,第 9、78 页。

下旬,《关于丁玲同志的错误问题查对结果的结论》终于成文了,并开始征求意见。①《结论》把"反党小集团"改为"向党闹独立性的宗派结合",说他们这种宗派主义性质的错误是严重的,但还没有发展到反党小集团的程度,还说"丁玲同志在文学创作方面和文学界的组织工作方面,都做了不少工作,如她所主持的《文艺报》和文学讲习所的工作也是有成绩的"。

这个充满了折衷意味的结论,似乎能为多数人接受。由"反党小集团"改为"向党闹独立性的宗派结合",其"错误"的性质有了根本的变化,对于丁玲来说,这似乎也能有保留地承受。5月11日,郭小川就丁玲问题征求意见时,韦君宜认为1955年的斗争基本上是错误的,跟有错误就批评不是一回事情,萧三"似乎也没有什么意见了"。作协党组会讨论丁、陈问题查对结论时,没有一人持异议。问题似乎解决了,丁玲的辩正与抗争看来也取得了一定的成效,虽然问题的解决还远谈不上圆满。但是,稍后,丁玲的问题却在此时"进一步"的基础上,退了两步甚至万步。

1957年的中国政治,风云变幻。4月27日,中共中央发布《关于整风运动的指示》,决定在全党进行一次普遍、深入的反对官僚主义、宗派主义和主观主义的整风。整风运动开始后,每个机关、单位都要根据整风的精神,反思1949年后的各项工作,揭露缺点和错误。在这种背景下,中国作协不得不把对"丁、陈反党小集团"的批判和处理提到了整风

① 有人以为该报告由邵荃麟执笔,见黎辛《我所了解的丁玲、冯雪峰、陈企霞案件始末(二)》,《纵横》1998年第10期。但该报告的执笔人应是郭小川。他在日记中记述道:4月9日晚,"荃麟、白羽、默涵和我一起在周扬同志处谈丁陈问题……关于丁玲问题,谈了一个轮廓";4月15日,"我一面开会,一面改好丁玲结论,交付打印,发给几位同志,征求意见后修改";4月24日,"六时,改完了丁玲结论";5月22日,"十时到荃麟处谈丁玲问题。共同的意见是先不改,交给大家讨论"。见《郭小川1957年日记》,第76、81、87、105页。

的首要议程。为了在整风运动中争取主动,5 月 17 日,中国作协机关召开整风动员大会,党组书记邵荃麟在动员报告中,奉周扬之命,突然宣布"丁、陈反党集团的结论站不住脚","丁、陈反党集团这顶帽子应当去掉","这个问题要在整风中解决"。6 月 6、7 日,作协连续两次召开党组扩大会,讨论重新处理丁、陈小集团问题。会上,周扬、邵荃麟、刘白羽承认了党组在处理这件事情上的错误,表示要承担责任。陈企霞、唐达成、唐因、韦君宜、李又然、张松如等发言,一致认为前年批丁玲、陈企霞的会议是根本错误的,有关结论应该撤消。在这两次会议上,有人还指责周扬搞宗派主义,要求刘白羽"下来"。作协党组成员由此似乎陷入极大的尴尬和被动。

但事实上,作协党组成员心中有底。5 月 15 日,毛泽东作《事情正在起变化》一文。三天后(亦即中国作协机关召开整风动员大会的第二天),"作协党内一部分人"就已经"知道这份文件"的精神①,知道由整风运动向反右斗争"转了"。6 月 8 日,《人民日报》发表社论《这是为什么?》,公开吹响了"反右派斗争"的号角。因此,在某些学者看来,周扬等人在此间召开的党组扩大会上"向丁玲道歉,不是真的,而是毛泽东'阳谋'部署的具体体现";当时的"场面尽管使周扬等人比较尴尬,但是,提出尖锐批评意见的与会者根本不会想到,他们已作为'鱼'被钓上来了"。②

6 月 13 日,作协党组扩大会召开第三次会议。丁玲在前两次会上未发一言。这次,她说话了,开头是:"我是一棍子被打死了的,从坟墓中刚刚爬出来的人"。语极悲怆凄凉,而锋芒犹在。她以不妥协的精神,一

① 涂光群:《中国三代作家纪实》,中国文联出版公司 1995 年版,第 338 页。
② 徐庆全:《知情者眼中的周扬》,经济日报出版社 2003 年版,第 251~252、255 页。

口气提出了许多问题,追问某些领导人的责任:为什么会发生这样的错误? 在郭小川听来,丁玲发言时,"态度尚平和,但内容十分尖锐,极力争取康濯'起义',追究责任,想找出一个阴谋来"[1]。对"转了"的政治形势有失明察的丁玲,还在追究他人责任、想为自己讨个说法。她哪里想到,就是自己的这个发言,在 7 月 31 日第八次会议上,竟被刘白羽指为"达到了他们反党的高潮"。

在更大的山雨将来的时候,7 月 14 日,中宣部还让丁玲参加了在中南海紫光阁召开的在京文艺界人士座谈会,与会的有郭沫若、巴金、老舍等文艺界名人。在会上,她见到了周总理,周总理与她微笑着握了手,但她觉察到总理流露出了一丝意外的神情。当反右斗争的风暴过去之后,她才读懂了总理那一闪而逝的意外目光的含义:"也许他那时已知道中宣部决定进一步开展对我的斗争,没想到我还会出现在这个座谈会上吧!"[2]

中国作协党组扩大会议休会了一个多月后,至 1957 年 7 月 25 日方才复会。在这期间,全国范围内的反右派斗争已全面展开。作协党组将原先的整风计划作了根本性改变,变为"反击右派对党进攻"。周扬等党组主要领导转而开始进一步搜集、整理丁玲等人的"反党活动"的材料,并对"反击"的步骤作了具体策划。在此期间,周扬向中宣部主要领导人提出对由张际春签发的中宣部上报中央的审查丁玲历史问题的结论不能同意。主要领导人指示李之琏与中组部联系,把原结论报告从中央退回来:

---

① 《郭小川 1957 年日记》,第 122 页。

② 蒋祖林、李灵源:《我的母亲丁玲》,辽宁人民出版社 2004 年版,第 116 页。

随后,在中央宣传部部务会议上,由主要领导人提出,对丁玲的历史结论要重新进行修改。在没有发现任何新事实、新证据、新证人和新理由的情况下,宣布将原结论改为:丁玲被捕后叛变;从南京回到陕北是敌人有计划派回来的。①

讨论修改丁玲历史问题结论的中宣部部长办公会议是 6 月 24 日召开的,会上,张际春与周扬等发生了激烈的争执。结论的修改,把丁玲历史问题的性质变成了敌我问题,这样不但使丁玲变成了“敌人”,而且使一切同情丁玲的人也处于被批判的地位。这是周扬等人为作协党组扩大会的复会所作的重要准备之一。

这一结论的重大修改,丁玲当然是不知道的。她能感觉到的是 7 月 25 日复会的作协党组扩大会的气氛与先前已全然不同。会议移至文联礼堂举行,范围进一步扩大,与会的有中宣部、文化部、文联和各个协会的领导、代表以及党员作家和非党员作家,会议人数由前几次会议的四五十人扩大到二百余人。周扬在这次会上作了两小时的讲话,特别说明自己与前几次参加作协党组扩大会的身份不同:“上次我说明我是以当事人的身份来参加会议的,现在我是以两种身份参加:一、前年会议的直接主持者,二、代表中宣部。”显示出一种他是“代表党的”咄咄逼人的气势。他明确指出:前年对丁、陈的斗争,包括党组扩大会,给中央的报告和向全国传达,他认为基本上都是正确的;从历史上来看,丁玲在几个关键问题上对党是不忠诚的,在南京时在敌人面前自首变节,在延安时也犯了严重错误;“丁玲的错误不是一般的个人主义、自由主义,而是极

_____

① 李之琏:《不该发生的故事——回忆一九五五——一九五七年处理丁玲等问题的经过》,《新文学史料》1989 年第 3 期。

端严重的个人主义、自由主义,把自己放在党之上,向党闹独立性"。①
周扬这一火药味十足的讲话与前三次会议的态度全然不同,为会议定下
了基调。会议的安排是经过精心准备的,因而很有"战斗力":

> ……会议进行中有一些人愤怒指责,一些人高呼"打倒反
> 党分子丁玲"的口号。气氛紧张,声势凶猛。在此情况下,把丁
> 玲推到台前作交代。丁玲站在讲台前,面对人们的提问、追究、
> 指责和口号,无以答对。她低着头,欲哭无泪,要讲难言,后来
> 索性将头伏在讲桌上,呜咽起来……②

郭小川当日的日记在叙述会议的简况后,作出了这样的评价:"会议开得
不坏,令人兴奋。"

到8月上旬,会议连续开了十多次,有关"斗争"的情况经中央负责
人同意也开始公开披诸报端。8月7日,《人民日报》在头版发表题为
《文艺界反右派斗争的重大进展——攻破丁玲陈企霞反党集团》的长篇
报道;8月11日,《文艺报》也发表了与此报道相当一致的文章《文艺界
反右派斗争深入开展——丁玲、陈企霞反党集团阴谋败露》。在"攻破丁
玲、陈企霞反党集团"过程中,天津女作家柳溪是一个重要的突破口。7

---

① 《文艺界正在进行一场大辩论》,《文艺报》1957 年第 20 期。
② 李之琏:《不该发生的故事——回忆一九五五——一九五七年处理丁玲等问题的经过》,《新文学史料》1989 年第 3 期。

月下旬,为了突破柳溪,刘白羽两次往返天津。① 7 月 27 日,刘白羽兴奋地向郭小川"谈了天津之行的收获,柳溪确已交代"。在 7 月 30 日的第七次会议上,中共天津市委宣传部副部长、文联党组书记方纪陈述了柳溪所揭发的"许多骇人听闻的事实",同时还揭露了丁玲"不解决自己的问题就退出中国作协"的所谓分裂文艺界的阴谋。在 8 月 1 日的第九次会议上,柳溪作了长达两个小时的发言,对陈企霞进行"血泪控诉"。② 在巨大的压力下,陈企霞的心理防线崩溃。在 8 月 3 日的第十次会议上,他不但交代了自己生活方面的错误,而且转过来"参加揭发",交代了他与丁玲的关系。在极大的被动中,丁玲所能做的也只能是检讨。她回家后对儿子说:

> 我已经在会上做了检讨,在这样的情况下,我只得检讨。但是被斥为"态度不老实",说我只承认"反党","向党进攻",但不承认具体事实,不交待具体事实,仍在顽抗,继续向党进攻。还说我的态度是"欺党太甚","欺人太甚"。我是处在被斗争的地位,事实上现在是棍棒齐下,责骂、讽刺、挖苦,任何人都可以在这个会上把对我的不满发泄无余。③

① 周良沛《丁玲传》第 81 页中说,刘白羽"大约在 7 月 20 号之后,连续几夜"赴天津,天不亮时即回北京。说明:(1) 刘赴天津的准确时间应为 22 日。郭小川 21 日日记中有:"下午三时到周扬同志处,谈了丁、陈问题,谈了戈扬问题决定明天白羽去天津,搞材料,第二步再把陈企霞的问题公诸社会"。(2) 也不是"连续几夜"往返,而是往返两次,即 22 日往 24 日返,25 日往 26 日返。详见郭小川此间日记。
② 黎辛在《我所了解的丁玲、冯雪峰、陈企霞案件始末(四)》(《纵横》1998 年第 12 期)中说,柳溪是在 7 月 30 日会上在方纪发言之后揭露陈企霞的,也不确。郭小川 7 月 31 日日记中有:"到楼上,谈了一下明天的会议,柳溪就要出台了。"8 月 1 日日记中有:"下午,曹禺第一个发言……然后是柳溪长达两个小时的发言,血泪控诉。"
③ 蒋祖林、李灵源:《我的母亲丁玲》,第 122 页。

用柳溪搞垮陈企霞,再用陈企霞揭发丁玲,批判的组织者们所期望的多米诺骨牌效应终于发生了。

至此,丁玲现实中的所谓"反党集团"问题终于被坐实,并向全国通报了。8月14日,在第十七次会议上,丁玲的历史问题又一次被公开提出。时任文化部副部长的夏衍在会上作了一个"爆炸性发言"。他"讲到二十年前的历史",以当年上海的相关传说为据,将冯达带特务去捉丁玲说成是冯达为了"从雪峰手里夺回丁玲",并质问在场的丁玲:"国民党特务让丁玲离开南京到解放区去,这中间有没有条件?有没有任务?这一点,希望组织上追查清楚。"接着,他将矛头一转,重点揭发了冯雪峰的问题。第二天,邵荃麟、刘白羽、林默涵等召开文艺界内部通报会,传达几位中央领导的指示,决定把丁、陈问题作为文艺界反右派斗争的第一个大的突破口。林默涵指出:"丁、陈问题不仅是作协的事,而且是整个文艺界的事,各方面的斗争都与丁、陈问题有直接、间接的关系。"①作协党组扩大会议对丁玲小集团的揭露,也由此开始了"扫清外围"、扩大战果阶段。之后,冯雪峰、李又然、艾青、罗烽、白朗等,或作为丁、陈集团参加者、效忠者,或被视为"丁玲的伙伴",不断遭到揭露批判,纷纷落马。

9月16、17日,召开总结大会,会场移至首都剧场。除原参加会议的二百多人以外,又有中央和各省、市、区宣传部负责人和作协分会部分作家、艺术家共一千三百五十多人参加。在大会上作重要讲话的有中共中央宣传部部长陆定一、副部长周扬、中国文联主席郭沫若、中国作家协会主席茅盾、副主席巴金(和靳以联合发言)、老舍等。会上,邵荃麟代表党组作了题为《斗争必须更深入》的总结发言,把丁玲、陈企霞、冯雪峰

---

① 转引自陈徒手:《丁玲的北大荒日子》,《人有病 天知否——一九四九年后中国文坛纪实》,第117页。

"反党集团"的"罪行"概括为三个方面:一、反对党的领导;二、分裂文艺界的团结;三、建立反党的文艺思想阵地。周扬的长篇报告《不同的世界观,不同的道路》在16、17日分两次讲完,后经毛泽东审阅修改,定名为《文艺战线上的一场大辩论》于次年发表。有关丁玲问题的结论,在经过反复后到此总算"论定"了,丁玲终于被"赶出去了"。① 会议结束时,周扬对丁玲这样说道:"以后再也没人叫你同志了,你有什么想法?"

从6月6日到9月17日期间,重新处理"丁、陈反党集团"案件的中国作协党组扩大会议共举行了二十七次。在7月25日复会后的二十四次会议中,先后发言的党内外作家、艺术家、文艺工作者和有关人员共一百一十多人(发言记录有一百多万字)。在这些批判者中,除了一些纯政治人物外,大多是作家、文艺工作者。在"左"倾政治风暴袭来的时候,屈于各种压力,许多作家、文艺工作者(其中不乏深知丁玲的前辈、同事和学生)都作出了违心的表态和有违真实的揭发。半个多世纪以后,当我们回顾这段历史时,我们除感慨"左"倾思潮的威力外,也不能不为当时许多人历史责任感的缺乏和知识分子良知的缺失而深深遗憾。他们为了保住自己,不惜置真实与良心于不顾。就连被迫害者陈企霞等也是如此。知识分子的道义和良知所代表的往往是社会的公正。历史是在曲折中前行的,历史也只有在对曲折的总结中才能前行,因此,我们有理由期待曾经失去过尊严和独立思考能力的知识分子作出亡羊补牢式的反省。

1979年,巴金以强烈的历史责任感,回忆起在1957年9月17日最

---

① 也就在本月底,毛泽东在接见捷克斯洛伐克代表团时说:资产阶级知识分子,搞文学的很糟,丁玲这样的人,是一个大作家、党员。现在很好,可以把她赶出去了,赶出去更好办,文学艺术会更发展。见陈晋《文人毛泽东》,上海人民出版社1997年版。10月13日,毛泽东在最高国务会议第十三次会议的讲话中再次点了丁玲的名:"现在共产党又出了丁玲、冯雪峰、江丰这么一些人,你们民主党派不是也出了吗?"

后一次大会上自己上台和靳以作联合发言的情景,并作了深刻的自我解剖:"这天的大会是批判丁玲、冯雪峰、艾青……给他们戴上右派帽子的大会。我们也重复着别人的话,批判了丁玲的'一本书主义'、雪峰的'凌驾在党之上'……我并不像某些人那样'一贯正确',我只是跟在别人后面丢石块。我相信别人,同时也想保全自己。"①当年作为"周扬最信任、最倚重的力量,在整个事件中代表着周扬发挥作用"②的刘白羽,1986年在纪念丁玲这位延安时期的老朋友、老领导时作了这样诚恳的反省:"我心情沉重,思之疼心,因为我作为作家协会党组成员,在丁玲所遭受的苦难中,我必须承担历史的重责,因而对丁玲永怀深深内疚。"③作家白桦当年也参加了这个马拉松式的党组扩大会议。他当时为了自保,写过一首批判丁玲的诗,把她形容为一棵有毒的菌子。1998年,他撰文自责:"在不能免于恐怖的日子里,我也是一个愚昧的懦夫,毫无例外地戴着面具。"④……虽然他们的内疚对那段历史已经无所补救,但却闪露了我们走向未来、走向公正的希望。也正因此,我们对事后勇于反思、勇于解剖自己的知识分子表示深深的敬意。

在最后一次大会之后,作协对丁玲、陈企霞等进行组织处理。丁玲被开除党籍,划为极右分子。1957年12月6日召开总支大会,二百多人与会。⑤ 各支部和团委的代表们发言怒斥右派反党集团,举手表决时,一致同意开除丁玲党籍。丁玲也举手赞成,以示与党保持一致。对于这

① 巴金:《纪念雪峰》,《随想录》,三联书店1987年版,第157页。
② 李向东、王增如:《丁陈反党集团冤案始末》,第170页。
③ 刘白羽:《丁玲在继续前进》,《丁玲纪念集》,湖南人民出版社1987年版,第165页。
④ 白桦:《我和胡风短暂而又长久的因缘》,《新文学史料》2000年第4期。
⑤ 有人说开除丁玲党籍的各支部大会召开时间为1957年10月26日,见陈徒手《丁玲的北大荒日子》,《人有病 天知否——一九四九年后中国文坛纪实》,第121页。似不确。应为12月6日,见郭小川当日日记。

次会议,作协党组本没有要求"一致通过",却百分之百"一致通过"了。丁玲等人的举动,出乎不少人的意料。党组领导大喜过望,表扬这次会议"真正做到了严肃、隆重"。1958 年初,丁玲在给儿子的信中说,为被开除党籍,她痛哭了,几天吃不下饭;她说她将努力,争取回到党的队伍中来。

为了深化现实批判,并为现实批判寻找历史的"合理性",1958 年 1月,《文艺报》第 2 期刊发了《再批判》专栏,将王实味、丁玲、萧军、罗烽、艾青等十多年前写的一批在延安时就受过批判的作品当做"大毒草"重新送上祭坛,由林默涵、王子野、张光年等撰写文章,以"更为纯熟的'大批判'文艺批评模式"①对之展开了再次批判。丁玲的《"三八"节有感》榜上有名。"编者按语"由毛泽东亲自改写。据张光年回忆:"1957 年,批丁玲、艾青等人。次年 1 月《文艺报》发表《再批判》。……按语是我写的。送毛主席,毛看得很细,大部分都改了,题目也改了。原来是《……再批判》,毛把前面删去,只留下《再批判》三个字。这个按语不好写,我措辞谨慎、拘谨,毛全改了。他批评我们:'政治不足,你们是文人,文也不足。'"②"编者按语"说,丁玲、陈企霞在延安时期就与萧军等人"勾结在一起,从事反党活动",并"在此后的若干年中进行了一系列的反党活动,成为屡教不改的反党分子";他们的这批"奇文","奇就奇在以革命者的姿态写反革命的文章","谢谢丁玲、王实味等人的劳作,毒草成了肥料,他们成了我国广大人民的教员"。③从这则按语的文风和笔法,丁玲推断它经过了毛泽东之手。据当事人黎辛回忆,之前,周扬在批判会上

① 黄擎:《"大批判"文艺批评模式与对王实味的两次批判》,《中国现代文学研究丛刊》2011 年第 7 期。
② 李辉:《与张光年谈周扬》,《往事苍老》,花城出版社 2000 年版,第 279 页。
③ 《建国以来毛泽东文稿》,中央文献出版社 1992 年版,第 21 页。

只向丁玲含糊地说:"你当然猜想到,这会不会不问过中央。"丁玲看了《再批判》的按语,立即说:"毛主席说话了!"她便暂不语了。①

对《"三八"节有感》的"再批判",实际上是对 1957 年批判丁玲在延安时期"错误"的延伸。1957 年党组扩大会后期,曾印发了 1942 年国民党的一家出版社出版的小册子,提供给会议参加者作为"参考材料"。这本小册子以反共的立场,评述了包括《"三八"节有感》在内的文章及对王实味的批判。"编印者显然是为了证明丁玲等的历史上的'反党'活动是如何得到'反动派'的喝彩,证明《三八节有感》是对党进行恶毒攻击的文章"②。而刘白羽在会上的发言,也正是从这一点上进行阐发的。批判者所关注的"历史",除了延安时期外,自然还包括丁玲的被捕事件。林默涵在 8 月 6 日的第十二次会议上,坐实丁玲为"自首变节",批判她对党"不忠诚",并以此为话题对她的"阴暗心理"进行了剖析和描述:"因为她曾经向党不忠诚,而且后来隐瞒了这种不忠诚,因此,她就可以继续不忠诚,而且迫不得已要继续不忠诚,因为她只好用后来的很多不忠诚来掩盖她过去的不忠诚。"批判者对被批判者历史的关注,一方面显示出被批判者的"错误"的一贯,另一方面则显示了自己"正确"的一贯。这种从历史寻找现实批判的合理性的做法,无疑加强了批判者真理在握的现实优势。

综观 1955~1958 年对丁玲的批判,除去那些无中生有、移花接木因而用不着较真的罪名外,唯一比较系统、有些论证的是丁玲的"资产阶级个人主义"。这也成了这场批判运动的中心。许多文艺界的有影响的人

---

① 黎辛:《再谈中国作家协会的反右派斗争及其他——〈黄秋耘访谈录〉读后之二并致黄秋耘》,《文艺理论与批评》2000 年第 4 期。

② 洪子诚:《历史的清算》,《南方文坛》1998 年第 6 期。

物对她的现实表现和文学创作的批判,都是围绕着这一中心展开的。茅盾指责丁玲以自我为中心,沉溺于"资产阶级的个人主义"之中①;老舍也认为,丁玲有一种优越感,过于骄傲而看不起其他作家。② 在对丁玲本人进行批判的同时,她建国前创作的一些作品也被拉了出来。张天翼称莎菲是"一个自我中心主义者",她"身上连一点点五四青年在当时或多或少的那种进步气都没有了,有的是末路颓废的资产阶级气息";"会议上所揭露的关于丁玲思想言行的那许多材料"则"可以说是《莎菲女士的日记》的续篇"。③ 陆耀东《评〈我在霞村的时候〉》一文可以代表当时文艺界对丁玲笔下的贞贞的典型看法:"贞贞的个人主义哲学,如'不要任何人对她的可怜,也不可怜任何人',如认为'有些事也并不必要别人知道'等等,这些地道资产阶级个人主义的论调,散发丁玲本人的气味。"④同时,贞贞这个孤独的个体与丁玲其他作品中的莎菲、陆萍一起,被指认为与集体主义和社会主义相对抗的极端的个人主义者,并进一步被转化为丁玲本人。如茅盾就认为,丁玲的"灵魂深处还有一个莎菲女士在"⑤。这种倾向在张光年的《莎菲女士在延安——谈丁玲的小说〈在医院中〉》一文中表述得更为明确:"丁玲、莎菲、陆萍,其实是一个有着残酷天性的女人的三个不同的名字。她们共同的特点,是把自己极端个人主义的灵魂拼命地加以美化。她仇恨的不是延安的某些事物,仇恨的是延安的一切。她不是同某些人斗争,而是同延安的'所有人'斗争。她否

---

① 茅盾:《明辨大是大非,继续思想改造》,《文艺报》1957 年第 25 期。
② 老舍:《个人与集体——斥丁玲的反党罪行》,《人民日报》1957 年 8 月 27 日。
③ 张天翼:《关于莎菲女士》,《人民日报》1957 年 10 月 15 日。
④ 陆耀东:《评〈我在霞村的时候〉》,《文艺报》1957 年第 38 期。
⑤ 茅盾:《洗心革面,过社会主义关》,《文艺报》1957 年第 20 期。

定的不是某些工农兵,否定的是工农兵的整体。"①

周扬署名发表的《文艺战线上的一场大辩论》(1958年2月28日《人民日报》、3月11日《文艺报》第5期),是1957年9月16、17日总结大会上的讲话,发表前经毛泽东审阅、修改。它是对这场运动的一个总结,也是对上述批判丁玲"个人主义"思想的一个引领、总结。周扬指责丁玲、冯雪峰属于这一类人:"他们始终丢不掉个人主义的包袱","总想按照个人主义的面貌改造党,改造我们的革命事业。他们一切以自我为中心,和集体格格不入,同党不是一条心";丁玲"是一个彻头彻尾的个人主义者,一个一贯对党不忠的人";她的《我在霞村的时候》和《在医院中》表现的是她的"极端个人主义思想";她1933年在南京"自首"是个人主义"脆弱性的表现";建国后,她的个人主义"更加发展","利用党和人民所交托的岗位,极力培植自己的小圈子,企图实现她的称霸文坛的野心";她的"一本书主义"是把文学事业"当作个人猎取名利的手段",是"用资产阶级个人主义思想去培养青年作家"。② 当然,他把丁玲的一切"错误"都与"个人主义"联系在一起,也显得相当牵强附会。如他所说她"自首"也是"个人主义"所致,显然缺乏说服力。

不管怎么说,批判者们所指认的"个人主义"思想,作为事实判断,在丁玲那里是存在的(虽然有时冠以这顶帽子的未必就是)。从价值观上来说,批判者们简单地将"个人主义"看作是集体主义的对立物,从而把"个人主义"(个性主义)一股脑儿地扔给了资产阶级。事实上,集体是由个体组成的,它不是一个抽象的存在。如果没有个体创造性的发挥,集

---

① 张光年:《莎菲女士在延安——谈丁玲的小说〈在医院中〉》,《文艺报》1958年第2期。
② 周扬:《文艺战线上的一场大辩论》,《文艺报》1958年第5期。

体的力量也无从展现。因此,从根本的意义上来说,集体和个体在本质上是统一的。无产阶级革命虽然强调集体的力量,但从来没有(也不应该)排斥个体的自由解放和发展要求。马克思主义创始人曾强调指出:"每个人的自由发展是一切人的自由发展的条件"①;毛泽东也指出:"民族压迫和封建压迫残酷地束缚着中国人民的个性发展……我们主张的新民主主义制度的任务,则正是解除这些束缚和停止这种破坏,保障广大人民能够自由发展其在共同生活中的个性。"②无产阶级革命的最终目的不是消灭个性,而恰恰是要实现人的个性的彻底解放。无产阶级进行革命的最终目的既然是要实现人的自由发展和彻底解放,那也就意味着要消灭在集体与个体关系上那种集体外在于个体、凌驾于个体之上的异化现象。因此,在这个意义上,我们应该肯定丁玲为维护个体的尊严和自由所作出的努力。当有人在这场大批判中以集体的名义对她施以政治迫害时,丁玲在孤立中的"辩正"、丁玲面对批判的组织者的倔强傲然、丁玲在批判会上面对如潮涌来的指责而作的"辩解"和"抵赖",便闪耀出了灿烂的个性光辉。这是她努力维护自己的个性尊严和自由的表现,是她在特殊时期发扬"五四"思想传统的表现。

　　但是,也应该看到,丁玲作为一个受迫害者,在不少时候也表现出与批判者相当一致的思维模式。她也常常不敢坚持自己的个性,她"自认从未反党,心里不愿,但嘴上不得不承认'反党',因为不能'顽抗到底'"③。从她那些违心的检讨中,特别是从她自己举手同意开除自己党籍的行为中,我们看到的是她为了追随"集体"而放弃自我的脆弱。多少

---

①　马克思、恩格斯:《共产党宣言》,《马克思恩格斯选集》第 1 卷,人民出版社 1972 年版,第 273 页。

②　毛泽东:《论联合政府》,《毛泽东选集》合订本,第 1058～1059 页。

③　蒋祖林、李灵源:《我的母亲丁玲》,第 125 页。

年后,她对此也作过这样的反省:"人可以烦闷,可以忧郁,可以愤怒,可以反抗,可以嘤嘤啜泣,可以长歌代哭,……就是不能言不由衷!不能像一只癞蛤蟆似地咕咕地叫着自己不愿意听的虚伪的声音。"①不但如此,她还在风云多变的环境中积累起了琢磨领导心思、讨领导高兴的"经验",并向自己女儿作了传授。就在她写完《辩正书》的当月,得知女儿在北京留苏预备部入党,她让女儿"最好给舞蹈团和舞蹈学校的负责人写封信,告诉他们你已经被批准入党,并且向他们感谢培养你教育你,并且说你一定不辜负他们。……你的信会使他们高兴和满意的,他们正希望你这样"②。

丁玲被打倒了,作为革命的"敌人"被甩出了体制。受她牵连的有近六十人,他们或被划为右派或受到党纪处分,其中许多人历经磨难,处境艰难。那些与丁玲有过较多交往的人、那些实事求是地为丁玲说过好话的人,许多都受到检查处理,或定为右派,或定为反党分子,或被视为犯有严重错误。徐光耀 1956 年 12 月收到作协党组的有关丁玲问题的调查信后,按条据实写了复信。1957 年在反右派运动中,他被列名丁玲的"十二门徒"之内,划为右派,罪名主要是"给丁玲翻案"。③ 淳朴细心、温文尔雅的谷峪是丁玲 1954 年指导的文学讲习所的学生,也受到了牵连。1958 年以后当农民,劳动了十几年,妻子也是农民,儿女成行,两个人的工分养不活一家,一直是半饥半饱。多少年以后,丁玲"听到他的遭遇,真像一块石头压在心上。这其中的原因,我是不理解的,也是不可想象的"④。甚至连奉命处理丁玲问题的人,事后也被处理。1958 年,中宣部

---

① 丁玲:《风雪人间·寂居》,《丁玲全集》第 10 卷,第 117 页。

② 丁玲:《致蒋祖慧》(1956 年 8 月 29 日),《丁玲全集》第 11 卷,第 133 页。

③ 徐光耀:《"丁玲事件"之我经我见》,《新文学史料》1991 年第 3 期。

④ 丁玲:《序〈萝北半月〉》,《丁玲全集》第 9 卷,第 122 页。

当年参与过丁、陈事件处理的李之琏、黎辛、张海、崔毅被打成"反党集团"，其中前二人被定为右派分子，开除党籍，后二人被定为反党分子，留党察看。

丁玲沉寂了。过去下车走进作协办公大院时前呼后拥的盛况不再，多福巷寓所门可罗雀，许多人不敢来看她了。那时，只有一个人来看过她，他就是曾就读于文学研究所的李涌。他说："我怕什么，我从小就参军、打仗，我在部队里也是三起三落，我怕什么。"丁玲劝他："傻瓜，你走吧！你不要到这里来了，你到我这里来后果你知道不知道？"①丁玲对李涌的"义举"心存感激，但她不愿再牵连其他人（不过，李涌后来还是吃了亏）。主客观多种因素的作用，使丁玲异常孤寂痛苦。1958 年，丁玲已五十四岁。如果她还有权利选择的话，她对自己未来的人生道路该作出怎样的选择呢？

---

① 丁玲：《谈写作》，《丁玲全集》第 8 卷，第 262～263 页。

| 第二十一章 "脸上刺字的流囚" |

从 1958 年到 1979 年，丁玲作为一名"脸上刺字的流囚"，经受了长期的磨难。十二年北大荒风雪、五年被囚经历、四年山西农村生活，使她饱受灵肉之苦，她也因此成了一位受"左"的错误迫害时间较长、创伤很深的作家。

丁玲被开除党籍、打成极右分子以后，她的去留成了全国关注、作协也急需处理的一个问题。1958 年 3 月，也被打成右派分子的陈明先行去了北大荒。他在来信中向她报告，王震欢迎她到那儿去。在她的要求下，作协党组也以组织的名义为她去北大荒作了联系。5 月末，中国作协整风领导小组作出了《关于右派分子丁玲的政治结论》。处理意见为："开除党籍，撤销作家协会副主席、全国文联主席团委员、全国文联委员职务，撤销人民代表职务，取消其原来的行政（七级）级别，保留作协理事"。丁玲签字同意。6 月下旬的一天，在专人的陪同下，几乎一无所有的丁玲登上了北上哈尔滨的列车；第二天到哈尔滨后，住进马迪尔旅社一间朝南的头等房间。这正是她 1948 年作为参加世界和平大会的代表，路过哈尔滨时住过的旅馆，而她现在所住的房间，也正是十年前住过的那个房间。马迪尔旅社依旧华丽，丁玲的处境却今非昔比。7 月 1 日，丁玲乘火车抵达密山，与分开三个多月的陈明重逢。第二天，他们去了佳木斯。三天后，又从佳木斯到了汤原农场，住进了一间二十多平方米的沾有鸡粪的房子。在汤原农场，她养过鸡，剁过菜，当过文化教员。1964 年 12 月，她又转至萝北县宝泉岭农场，在工会文化宫工作，负责组织职工家属的学习。"文革"开始后，她被批斗、殴打，并被关进过"牛棚"。直到 1970 年 3 月为止，丁玲在北大荒度过了十二年改造生涯。

1970 年 4 月，北京军管会派人到宝泉岭农场将丁玲和陈明"逮捕归案"。十二年前，丁玲在特殊情况下，为了"改造自己"，自愿来到了北大荒。而十二年后，她却这样被扣上手铐从北大荒带走了。第二天晚上，车到北京。站台上横列着一群军人，停着一辆黑色小轿车。丁玲上了小车，被押解到秦城监狱，关进了一间单人囚室。丁玲清楚地意识到，自己一生中第二次囚居生活开始了。这一年，丁玲六十六岁。

1975 年 3 月，党中央、毛泽东批准《关于专案审查对象处理意见》的请示报告，决定对绝大多数关押、监护或在原单位立案审查者予以释放。5 月 18 日，领导找丁玲谈话，说："经组织上的审核，你的历史已经作了结论，没有发现新的问题。……考虑你年纪也不小了，身体也不算好，也难以长期从事体力劳动，中央决定释放"；并告诉她释放后将她安置到山西长治，每月发给八十元的生活费。5 月 20 日晚，丁玲出狱。5 月 22 日，丁玲到长治市郊区老顶山公社嶂头村定居。与文艺界大多数被审查者一样，丁玲在这一年恢复了自由。是年，丁玲七十一岁。在长治，她经历了"反击右倾翻案风"的运动，也迎来了粉碎"四人帮"的胜利。1979 年 1 月，经中组部批准，七十五岁的丁玲以治病的原因回到北京，流囚生涯终于结束。

在长达二十一年的流放生涯里,丁玲从肉体到心灵受到了极大的摧残。1958 年 7 月 6 日,刚到汤原农场,她主动要求参加固定的劳动。她被分配到孵化组,任务是选蛋,把好的、能孵化的挑选出来,放在一边。这看上去是比较简单的轻劳动,但半个钟头下来,患有脊椎骨质增生痼疾的丁玲腰疼了,手指发僵了,开始坐不住了。据原汤原农场畜牧队长张正延回忆,"老丁在孵化组选蛋,每天回家,累得都伸不直腰,上不了炕"①。关于那里的工作条件和劳动强度,她在稍后发出的给侄儿、侄女们的信中有这样的描述:"这里这几天很热,室内也有三十多度,孵化室总在 36~37 度之间,比孵化柜稍微低一点,闷热极了,我虽只工作几天,每天都早下班,但我的腰已经支不住了。"②在 1959 年 4 月 12 日奉命向作协党组寄来的一份思想汇报中,丁玲又作了这样的详述:

> 原来我是不能挑水,挑煤,挑粪的,但当我单独负责一个鸡舍时,鸡少,屋子不大,我觉得还须(需)要另外找人帮我做重劳动,那是不好的,也不应该,这样就个人设法,半筐半筐地拉出去拉回来。在饲料室切菜,因为菜都冻硬了,须(需)要用大切菜刀砍,手臂很吃力,同时老是站着,我的腰也很累,每天晚上混(浑)身疼,两手攥不拢拳头,也伸不直,睡不着觉。我这时没有以为苦,只以为耻,不愿向人说。我每天在满天星辰朔风刺脸的时候,比上班早一个钟头,去饲料室生炉子……

---

① 郑笑枫:《丁玲在北大荒》,中共党史出版社 2008 年版,第 40 页。

② 丁玲:《致蒋祖剑、蒋祖静、远英》(1958 年 7 月 13 日),《丁玲全集》第 11 卷,第 138 页。

丁玲劳动之繁重,出乎很多人的意料。5月30日,周扬读了此信,心有所动,在原信上作了批示:"荃麟同志一阅。建议作协派同志去看一看这一些人,丁身体如不好,可设法另外安置,她年(岁)已高,不要勉强劳动。"根据周扬的指示和作协的指派,中国作协副秘书长张僖于7月专程赴北大荒了解丁玲、艾青的改造情况。四十年过去后,张僖对丁玲的生活条件尤其是她在鸡舍剁菜的情形仍然记忆犹新:

> 丁玲穿着两排扣子蓝布解放服,站在一个案板前,剁菜很用力气,速度很快。程书记说她一天要干八小时,我对程书记说,这样不行,将来要垮的,能否用她的长处来教文化课?丁玲给我看她浮肿的腿,我一摁就是一个坑。她还说,我挺得住。当时我心里很难过,一个老作家怎么弄成这样?①

回北京后,张僖在会上汇报了丁玲情况。讲到丁玲剁菜一天站八个小时、腿都站肿了时,周扬说,这不好吧。后来,在王震的关心和直接干预下,农场给丁玲重新安排了工作。从1959年夏季以后开始至1964年下半年,丁玲在汤原农场担任畜牧队专职文化教员。1964年12月全"文革"爆发前,她又转至宝泉岭农场负责组织职工家属的学习。这些文化工作使她得以从力不能支的繁重体力劳动中解脱。但是,"文革"开始后,她又经受了更为残酷的肉体折磨。

"文革"刚开始,丁玲和陈明就被红卫兵赶出招待所,住进了八委一间只有七平方米的土墙茅屋。从那以后,已经六十多岁的丁玲经受了无

---

① 张僖1999年2月5日口述,转引自陈徒手《丁玲的北大荒日子》,《人有病 天知否——一九四九年后中国文坛纪实》,第130页。

数次的批斗、殴打。红卫兵打派仗后气还未消,就把气撒到丁玲头上来。他们罚丁玲背毛主席语录,在一群人围着要打她的时候,她原先能背的,这时却紧张得背不出来了,于是,他们的拳头、皮鞭便像雨点一样落到了她的身上。1968年夏天至1969年5月,她被关进了"牛棚"。1968年8、9月间,一群从北京来的"革命小将"又不分缘由地给了"牛棚"中的丁玲一顿暴打。

从"牛棚"中放出来之后,她到21队在群众管制下劳动。在这种情况下,"劳动"已经失去了创造的诗意,而变成了对她的变相惩罚。麦收季节,她遵命下大田割麦。因患腰椎骨质增生,她整天弯腰出力,疼得都站不起来。夏秋之间下大雨,地下水位高,队里的公用厕所每天上聚下渗,人人都以去厕所为苦。粪坑足有十一二米长,三米多阔,两米深,最满时粪水离坑面只剩不到一尺。她被勒令天天去打扫厕所。她站在厕所后面的坑边上,用修理班工人替她焊制的铁瓢舀粪水。她从坑边挖了一条沟,顺着坡势,把舀出来的粪水顺沟流到附近的一块韭菜地里去。粪坑的容积大,她舀得很慢,一天从早到晚,舀五六千瓢,粪水才下去一尺多。但地下水渗得很快,过一夜又会涨起来四五寸。对此,她"不由得想到希腊神话里被神处罚的那个人,他每天从井里淘水,白天把水淘干了,一夜又涨满了。好像我也将永世这样干下去一样"①。

比起这些有形的强度劳动和肉体折磨来,无形的心灵痛苦是丁玲更难承受的。这种心灵痛苦主要来自人们对被打成异类的她的冷漠性歧视和在特殊环境下产生的精神威压。作为作家,丁玲本有着一颗敏感的心,而在被开除党籍、划为右派之后,这颗心就变得更其敏感了,甚至敏感到了柔弱的程度。她在八十年代所写的《远方来信》中对她儿女的心

---

① 丁玲:《风雪人间·立竿见影的劳动》,《丁玲全集》第10卷,第182页。

理作了这样的分析:"他们脸上好像打有金印,是谁的儿子。他们不敢见妈妈的熟人,也不敢见自己的熟人,他们变成最敏感的人,最柔弱的人,怕人家的恶脸,也怕人家的好脸;怕刺激,也怕同情。什么都是不幸……"①这段心理分析显然是以自己的切身体验为基础的,也可以说是丁玲的夫子自道。从峰顶跌落到山谷的巨变,使她自己往往由现实生活中的某一具体场景或事情,触发起今昔对比的思路,从而沉浸在深深的精神痛苦中。初到密山,正逢"七一",招待所的党员开会去了,她和陈明只能凄然地走在大街上,沉吟徘徊。以后,不管"哪年'七一',周围的同志们都兴高采烈,簇拥着去开会,庆祝党的诞辰。每当这时,我就独自徘徊在僻巷树荫,回想那过去战斗的幸福岁月,把眼泪撒在长空,滴入黑土"②。

处在逆境中的孤独痛苦的心灵是最需要温暖和抚慰的。但是,在当时的环境下,正常的人情和人际关系却被"左"的政治异化了,被打成右派的丁玲受到了人们冷漠的歧视。丁玲是一位著名作家,曾经也是一名党的高级干部,但现在却失去了与人平等交流的生存环境和情感空间。离开北京到农场来,她本以为可以悄悄地劳动,但哪知却"又掉进了那些比针还尖,比冰还冷的鄙夷的愤怒的目光中",成了"展览"和"示众"的材料。刚到汤原,她和陈明进食堂时,食堂里的人一层一层地端着饭碗,好像排着队在那里,还有许多人拥到门口来看大右派,两边房子里也拥出人来站在门口傻望。看客的围观使丁玲感觉到自己好像一个"在行刑前插着木标游街示众"的犯人,她的"心比一片片被人绞杀着更难过的那样

———————————

① 丁玲:《风雪人间·远方来信》,《丁玲全集》第10卷,第160页。
② 丁玲:《"七一"有感》,《丁玲全集》第8卷,第16页。

战栗着"。① 有一次开现场会,与会人员结队前来,名曰参观丁玲的鸡舍。人走后,丁玲哭着说:"这不是看鸡,是看人来了。鸡早就瘟死了,报告早就打上去了,为什么还要叫人来看?"

在鸡场工作一段时间后,有些姑娘渐渐与丁玲接近。她走路疲惫时,有人就帮助她。对此,农场领导在会上作了公开批评:"有人劳动观念不强,有些女孩子帮她提水、拿手提包"。对这种批评及其方式,丁玲缺少思想准备、不能接受,回家后哭了一场。她想去找场领导谈一谈,走到半路,她冷静下来后又折了回去。此后很长时间没有人敢给她帮忙了,她被人群疏离了。那时,"党政工作人员注意同她的接触,农工们也各怀戒心,采取了敬而远之的态度,只是远远地从背后望着她早晚同陈明一起散步"②。

疏离她的人中,除了农场工人外,还有她的儿子。1958 年 8、9 月间,远在苏联列宁格勒学习潜艇设计专业的儿子来信说:近几个月来,受到一些同学的批评,也得到一些同学的同情。他经过仔细思考,决定在一个时期里不同她有任何联系和关系。这封信对丁玲又构成了一次致命打击。她虽然理解儿子的处境,知道这样做是为了争取保住自己学习的专业,但此时更需要爱和温暖的她却被儿子的冷静冻僵了:"儿子啊!你也许不会想到从此你妈妈将被送上绞架、送到天国、送到地狱、送到永远的黑暗中去。"③亲人的疏离、亲情的失落,使丁玲产生了深沉的痛苦。这种"亲离"的痛苦,在某种意义上是更甚于"众叛"的。

初到农场的丁玲受到了歧视和疏离,而 1960 年 7、8 月间到北京参

---

① 丁玲:《风雪人间·展览》,《丁玲全集》第 10 卷,第 150 页。

② 赵国春:《丁玲在北大荒的岁月》,《黑龙江史志》2011 年第 12 期。

③ 丁玲:《风雪人间·远方来信》,《丁玲全集》第 10 卷,第 163 页。

加全国第三次文代会,也使她深深地感到世态的炎凉。丁玲作为戴帽右派的代表人物参加这次文代会,是经过毛泽东同意的。那年 6 月,张僖奉周扬之命到北大荒通知丁玲参加这次会议。当时,"丁玲显得很激动,她说:'党还没有忘掉我!'"①但是,与会后的一切却又不能不使她的"激动"情感一落千丈。周扬在开幕式上所作《我国社会主义文学艺术的道路》的报告,对 1957 年"反对丁玲、陈企霞反党集团及其他右派分子的斗争"给予了充分肯定。如果说这一说法缺乏新意,因而对于经历过反右风暴的丁玲已经没有太大的刺激的话,那么,她与他人的遭逢则不能不使她一次次地感到寒从中来。在文代会上,她见到了许多熟人,但没有什么人敢理她;"旁人说说笑笑",她则"天天坐冷板凳"②。据老作家林斤澜 1999 年 1 月 26 日回忆,作协在文代会期间曾开了一个小型座谈会,丁玲来到会场时没人搭理,刘白羽铁板着脸说话。休息时只有老舍一点都不怕,走近丁玲,大声问道:"身体好吗?"丁玲赶紧笑着站起来应答。③ 当然,老舍的"不怕"是有历史依据的。1957 年他批判丁、陈的激烈言论,使人感觉到他早与丁玲划清了界线,因此,他完全具有"不怕"的理由。在拍合影时,田间刚好站在她前边,丁玲拍了他一下肩膀,田间不敢打招呼,躲到另外一边去了。

丁玲在"风雪人间"的心灵痛苦,首先就来自这种基于人格不平等的有形的歧视。"围观"也好,"疏离"也好,表面上看一是走近、一是远离,行为恰好相反,但性质却完全一致:行动主体都是以自己的政治优势和

① 张僖:《只言片语——中国作协前秘书长的回忆》,北京十月文艺出版社 2002 年版,第 109 页。
② 丁玲:《我这二十多年是怎么过来的》,《丁玲全集》第 8 卷,第 95 页。
③ 转引自陈徒手:《丁玲的北大荒日子》,《人有病 天知否——一九四九年后中国文坛纪实》,第 140 页。

心理优势,表现出了对对象的一种居高临下的审视、玩弄、嫌弃至少是可怜。而哪怕是可怜,就表明双方已经是不平等的了。丁玲是一位经历过"五四"文学传统和思想传统浸润的作家,强调人格尊严、平等的个性主义思想在她脑海中已经根深蒂固,因此,一旦她被甩出体制、成为孤单的个体以后,作为一种价值观和行为准则的个性主义思想必然会浮出水面。因而,对她的任何不平等的歧视,必然会引起她极大的心灵痛苦。

其次,她的心灵痛苦还来自特殊环境下无形的精神威压。与有形的歧视相比,这更令她产生了一种恐怖感。前者因为是具体的,所以也是特定的;而后者却因为是一种背景、一种心境,所以就更带弥散性。在"文革"风暴初起的疾风苦雨里,造反派经常夜里三五成群,轮流到她那间七平方米的茅草屋里去抄家。于是,丁玲害了黑夜恐惧症:"天天快黑时,就等着吧,今天不知道哪一个来。"她和陈明就不睡觉而坐等着,夜里有时是 10 点、有时是 11 点、有时是 12 点,狗叫着,人来了。最初,他们还扣着门,后来,他们就干脆开着门,索性让来人省事些。在揪斗、抄家风头正炽、晚上又要来人时,为了睡上一觉,在无奈之下,她只能让陈明送到医院里去避难。

1969 年 5 月,刚从"牛棚"里释放出来,她被打发到 21 队监督劳动。21 队,是一个在多次武斗中出名凶狠的老虎队。其中有人打过她、侮辱过她,半夜里抄她的家。到 21 队去,她不敢从大道走,因为过去常常在大道上碰见一群群小孩,他们在几个大一点的学生的唆使怂恿下,跟在她后面起哄,边跑边喊:"打倒丁玲!打倒大右派!"有时还向她扔小石头,以此取乐。但她更怕从小道走,她唯恐遇到坏人,在没有行人时向她耍尽威风,他们或者用拳,或者用棍,或者用手中的镰刀、锄头向她砍来。想到这里,"我真怕,我得拼命地跑,有时得挨一两下,有时便狠狠地被饱打一顿"①。这样,在丁玲的脚下,在丁玲的心里,几乎就没有可走的路了。

1970年4月她被关进秦城监狱的单人牢房,每天除了能见到偶一露面的专事送饭、递报刊的管理员外,她几乎与整个人间都隔绝了。大墙内,她有了一点可怜的安全感,但却陷入了空前的孤寂之中。为了排遣无边的寂寞,阅读之余,她将旧报纸捏成纸球向墙上掷去,纸球从墙上反弹过来,她接住再掷出去。没有语言交流,时间久了,就会渐渐丧失语言能力。在没有明确期限的囚居中,她为了训练和保持自己的语言能力,对着大墙背诵起了孩提时代母亲教给她的那些流传千古的唐诗宋词,哼唱起了《八路军军歌》、《黄河大合唱》等伴了她近半个世纪的歌曲。这里,我们固然可以看出丁玲的坚韧,但也可以看出她的无奈,一种在巨大精神威压下的无奈。

总之,肉体折磨和心灵痛苦的交织,伴着丁玲走过了一段漫漫的苦难历程。在这段历程将要走到尽头的时候,古稀之年的丁玲年老体弱,头发花白,并患上了多种病症。这是1977年1月到太行探母时儿子眼中的丁玲:"我仔细端详着妈妈,她老多了,也清瘦了些,头发稀疏了,前额上的头发大都变白了,脸上堆满了皱纹……我凝视着她这在腥风血雨的岁月里,饱受风刀霜剑摧残而过早苍老了的脸庞,不禁黯然神伤,已止住的眼泪又潸然而下。"②残酷的身心折磨使她饱受灵肉之苦,浩劫过后给她留下来的印记,不但是她苍老的容颜、病弱的身体、蹒跚的步履,更有那颗破碎后结了茧子的心。为了承受加在她身体上的压力,她的手、她的肩磨出了一块块厚厚的茧子;而为了"承担无限重的精神上的痛

---

① 丁玲:《风雪人间・希望在阳光下》,《丁玲全集》第10卷,第169页。
② 蒋祖林、李灵源:《我的母亲丁玲》,第209页。

苦",她在几十年的风雪人间中"把心也磨出一块厚厚的茧子"。①

那么,她到底是凭借什么在自己的肉体和心灵上磨出茧子,走过那段苦难历程的呢? 在极其困难的时候,曾有好心人劝过她:"你死了算了,像你这个日子我一天也活不了。"实际上,丁玲自己也曾经思考过"生存还是毁灭"这一有关生命的极其沉重的命题:"在一九五七年的那场风暴中,我从报纸上,从文艺界一些领导人的言论上,从事态的发展上,自己感到可能是无可挽回了……一个人在绝无希望的时候,为什么还要活着呢? 又怎么活呢? 在这种情况下,根本谈不上个人前途,只感觉到自己是在死亡线上挣扎——为什么还要活下去?"②丁玲坚持活下来、走过来的勇气,当然首先源于湖湘文化的宝贵赐赠。有学者指出:"湖南人对大事小事都有一种十分认真的'蛮'劲,这种强悍炽热的士气民风表现出来的便是湖南人有敢死的精神,有坚强坚韧之志气,不屈服的节操。"③湖湘文化的这种精神质素内化为丁玲的文化人格,使之表现出坚韧的生命意识。同时,这种勇气也来自于她对真理的信念和对民间真情的汲取,来自于对人的尊严的坚守。从这个意义上说,对她起巨大超拔作用、使她受惠颇多的是"五四"的思想传统。

"人的发现"(即个性主义)是"五四"思想传统的重要内容之一。个性主义作为一种价值观,是以对个体生命的珍爱、对生命价值的尊重为基础和前提的。从二十年代末至四十年代后期,丁玲的创作大体贯穿着一条思想线索,这就是在个体生命与环境的对峙中展现个体生命的困境及其价值。这是她所秉承的"五四"个性主义思想传统在创作中的表现。

---

① 丁玲:《风雪人间·把心磨炼出厚厚的茧子》,《丁玲全集》第 10 卷,第 183 页。

② 丁玲:《党给了我新的生命》,《丁玲全集》第 6 卷,第 283~284 页。

③ 彭漱芬:《咬牙励志 韧性战斗——论丁玲的文化人格及其意志》,《云梦学刊》2001 年第 5 期。

令丁玲始料未及的是,新中国成立未久,她本人成了右派、被甩出体制——"当右派是很孤立的。在社会上最臭了,报上登了那么多次名字,社会舆论很臭"①。她与环境处在悲剧性整体对峙之中的现实境遇,使得在她1949年后创作中淡出的个性主义主题又得以在她的现实生活中回归。为了寻求生命的支撑,"五四"个性主义思想传统在她眼前再次闪烁出迷人的光辉。不管是在实际生活中,还是在虚拟的审美空间里,呵护生命、珍爱生命、肯定生命的价值和意义,又成了此时丁玲的生活态度和审美想象。

初到农场后不久,丁玲在孵化组养过鸡。对她而言,这与其说是一种工作,倒不如说是与另一类生命的交流。出于对弱小生命的敬重,她看着那些刚孵出的小鸡软绵绵、毛茸茸的,竟不敢用手去碰它们。养着养着,她对那些小生命产生了感情,怕它们生病、怕它们相互挤压死了,为此,她经常打扫鸡舍,并将鸡分格饲养以防相互挤压,表现出了对幼小生命的关爱。饶有意味的是,她还特别喜欢喂养"弱雏"。据原汤原农场养鸡排排长张振辉回忆:"她在孵化室养小鸡,专挑剩下不要的'弱雏'来喂养。自己花钱托人买鱼肝油来喂这些'弱雏'。早先鸡场都把挑剩下的'弱雏'一锅煮了当肥料,老丁来后,她放在热炕上精心饲养,成活率还挺高。"②对于这一行为的动机,丁玲后来解释说是为了不造成"浪费"。但除此之外,应该还有此时作为人世间的"弱者"的她对动物界"弱者"的同病相怜式的爱怜,有她对生命的大爱。正是有了这种对生命的大爱,才有了她为了不让鸡子挨饿而差点误车的举动。有一次,农场派她和一个饲养员到牡丹江购买良种鸡,却忘了买饲料。鸡饿得咕咕直叫,她担

---

① 丁玲:《与美籍华裔女作家於梨华的谈话》,《丁玲全集》第8卷,第31页。
② 郑笑枫:《丁玲在北大荒》,第40页。

心鸡会饿死,等火车在一个小站停靠时,便跳下车去,买了一抱白菜就往回跑。这时车已开动,她拼命跑着,抓住了最后一节车厢的把手,在列车员的帮助下才上了车。

有了这种珍爱生命态度的人,才可能在自然界中敏感地发现生命的力量。在她1965年始作、1977年重作的《杜晚香》开篇,读者读到了这样一段饱含生命质素的文字:

> 春天来了,春风带着黄沙,在塬上飞驰;干燥的空气把仅有的一点水蒸气吸干了,地上裂开了缝,人们望着老天叹气。可是草却不声不响地从这个缝隙、那个缝隙钻了出来,一小片一小片的染绿了大地。树芽也慢慢伸长,灰色的、土色的山沟沟里,不断地传出汩汩的流水声音,一条细细的溪水寂寞地低低吟诵。那条间或走过一小群一小群牛羊的陡峭的山路,迤迤逦逦,高高低低。从路边乱石垒的短墙里,伸出一枝盛开的耀眼的红杏,惹得沟这边,沟那边,上坡下沟的人们,投过欣喜的眼光。呵! 这就是春天,压不住,冻不垮,干不死的春天。万物总是这样倔强地迎着阳光抬起头来,挺起身躯,显示出它们生命的力量。

在这幅很有意境的春天万物图中,"草"、"树"、"流水"、"红杏",都处在黄沙飞驰、水气吸干的严酷环境中。但是,春天和春天里的万物也恰恰在这严酷环境中显示出了它们生命的力量。丁玲在歌唱春天,也是在歌唱"压不住,冻不垮,干不死"的生命。这是她的一种审美想象,也是她倔强的生命态度的流露。对于这种生命态度,她在另一处用更加直白的文字作了这样的表达:"'文革'动乱中在那些屈辱的日子里,……我脑子里只有一个想法,就是要熬过去,要有一股韧性,不管你对我怎么样,我得活着! 当时那些造反派给我取了一个诨名,叫'老不死'。当他们说这些的时候,我心里想,对! 就是'老不死',就是老而不死,就是要老而不死。只有不死,才有活路。"①在她看来,死是容易的,活是困难的,死是比较安稳的,而活是很艰难的,活着比死更需要勇气。因此,她的求生,不是苟活,而是一种富有韧性的倔强,是一种在珍爱生命基础上的对实现生命价值的期待。

珍爱生命,必然会导致对人的尊严的捍卫。她被下放北大荒进行"劳动改造",本来是要用主流话语来改造她的立场和思想,使之规规矩矩地与"体制"保持一致、成为"体制"的驯服工具。而在这种背景下,丁玲仍然要维护个体的尊严(虽然很有限),这就必然要她再次付出不能摘帽的代价。关于丁玲的摘帽问题,王震一直很关心。"王部长多次想为丁玲的'不幸'解决问题,他曾于 1960、1961、1962 连续三年指示合江农垦局转告汤原农场写申请为丁玲、陈明摘帽"②。但是,丁玲的摘帽问题在那时始终没有解决。个中原因是多方面的,就丁玲主观因素而言,她坚守自我的尊严和自主性是其中重要原因之一。

丁玲到北大荒经历过一段时间的"展览"后,养鸡场姑娘逐渐与丁玲接近,遭到了农场领导的批评。此后,她们就不敢跟她说话了,工作时各干各的,互不理会。丁玲找到支部书记,问道:"党对右派分子的政策是否改变呢? 为什么大家不理我?"1959 年 4 月,丁玲到佳木斯时,特地又向地委书记张林池提出同样的问题。这一维护生命尊严的"提问"给农场领导留下了恶劣的印象,他们将此上升到立场的高度,后来竟成了不

---

① 丁玲:《党给了我新的生命》,《丁玲全集》第 6 卷,第 285 页。
② 张靖宇:《1958—1964 丁玲在北大荒》,《新文学史料》2000 年第 4 期。

能给她摘帽的重要理由。1959 年 7 月,作协副秘书长张僖专程赴北大荒了解丁玲等人的改造情况。他在回京后给作协党组的正式报告中也反映了农场领导对丁玲的这一看法:丁玲"这个人表面上看来是叫干啥干啥,……但此人并不简单。她原来的那一套还是原封不动,指望她的思想、立场有根本改造是比较困难的"①。据此,作协党组把丁玲列为"对被划右派基本不服或完全不服"的第三类中的最后一名,在 1959 年 9 月 17 日给中宣部的汇报中说:丁玲"在黑龙江合江农垦局汤原农场养鸡场劳动,最初尚尽力参加劳动。后来由于她有拉拢人的企图,许多同志不理她,她就情绪消沉,质问农场书记,党对右派分子的政策是否变了?说明她的老毛病还没有变"。1959 年,丁玲因为这一"提问"失去了摘帽的机会。

此后,丁玲在许多方面依然故我,我行我素,甚至还多了点"情绪"。1960 年 11 月 22 日,农场党委组织部致函作协,称:丁玲参加文代会回来"工作积极性不如以前,上班迟下班早,情绪消沉,对摘帽子有考虑"。因此,1961 年给一批右派摘帽子时,丁玲还是不在其中。农场书记找她谈话,她又问:"没摘帽子是什么理由? 有没有文件?"这样,丁玲似乎陷入了一个循环的怪圈:为了维护自我的尊严和权利,她不能不质问有关剥夺其尊严和权利的当事人;而一旦提出质问,却又成了她不能摘帽的原因。也就是说,坚守自己的尊严和权利,最终又造成了对她尊严和权利的损害。这在丁玲是极富有悲剧性的。但在这个悲剧中,我们也多少能够体会到悲剧主人公个性的悲壮和崇高。

当然,在中国五十~七十年代的文化语境中,特别是像丁玲这样的

---

① 张僖 1959 年 8 月 20 日《给作协党组的报告》,转引自陈徒手《丁玲的北大荒日子》,《人有病 天知否——一九四九年后中国文坛纪实》,第 132 页。

相当政治化的人物,是很难将个性主义作为终极性、自足性的东西来独立持守的。在西方文化语境中,个性主义是"一种真正的哲学"。这一哲学认为,在个人与国家、社会的关系上,"个人才是目的,社会不过是一种手段",国家只有作为一种手段才能有价值可言。① 在丁玲当时所处的时代里,国家、社会不可能仅仅是"作为一种手段"而存在。因此,当残酷的现实将她推向"五四"个性主义思想传统时,她却不能不时时返顾现实政治,并从中汲取终极性的信念以作为维护尊严和维持生存的支撑。自然,以西方眼光来看,这样的个性主义是不彻底的。但是,经过对个性主义这样的改造、融合,丁玲却从中获得了一种比西方本色的个性主义哲学具有更为坚实的现实基础的信念。这一信念就是"相信党"。她说:"现在很多读者写信问我:你是怎么熬过来的? ⋯⋯我回答说,很简单,因为我有信念,我相信党⋯⋯就是这个信念,支持我斗争,支持我战胜一切困难。"②

应该说,丁玲对中国共产党的信念是真诚的,也是坚定不移的。共产党是她年轻时经历了很多挫折才找到的,她自己的丈夫胡也频也是为了共产主义理想而英勇献身的。尽管她受了委屈、经历了坎坷,但她无论如何不能动摇她年轻时的理想。这是她的精神依托,是她安身立命的信仰。因而,她复出以后的这类公开表白既是她的"外交辞令",也是她原本就有的真实感情的流露;既"有给人听的一面","也有她性格里很顽固坚守的一面"。③ 为了给自己的信仰寻找依据,她把"党"与党内的"一些人"区别了开来。这样,在她的逻辑里,制造了她的苦难的,只是党内

① [英]史蒂文·卢克斯:《个人主义:分析和批判》,第54页。
② 丁玲:《讲一点心里话》,《丁玲全集》第8卷,第67页。
③ 《张凤珠访谈》,见邢小群《丁玲与文学研究所的兴衰》,第152页。

的"一些人"。1980年12月12日,当外国驻京记者问"共产党执政以来你老挨整受苦,你为什么还相信共产党"时,她就是这样回答的:"不是共产党错了,是一些人错了,一些思想错了。"①在她看来,这些人在给她制造苦难时,也在给党制造苦难。这样,苦难不但没有疏远她与党的关系,反而强化了她与党患难与共的感觉。这种感觉自然增加了她对未来的乐观:因为党代表着真理,它必然战胜错误而取得胜利。这为她在困境中寻找到了"乐观"的依据,使她产生了"活过来"的勇气。

如果说,丁玲对党的信念为她的生存提供的是"理"的话,那么,在困难处境中,群众向她伸出来的一双双热切的手,则为她的生存更多地提供了"情"的滋润。处在困境中的丁玲虽然时时表现出个性中坚硬的一面,她在坚硬的外壳下却无法没有其善感、脆弱的一面。作为一名情感充沛的作家,丁玲每受到现实生活的刺激,总会激起情感的波澜。而在逆境中,这种善感则往往偏于脆弱、感伤。1957年秋天,在作协批斗她的会未完全结束时,她又被命令到全国妇女代表大会去"示众",她接到命令后攥着陈明的手哭着说:"我不敢去呀! 我怕,我怕呵!"脆弱、感伤的情感是需要通过抚慰、润泽来调适的,否则,感情的堤坝一旦冲决,就能淹没一切、毁灭一切(包括丁玲自己)。正是在这一意义上,丁玲对给她以情感滋润和抚慰的人们永怀感戴。1979年10月中旬,在会见美籍作家李黎时,丁玲说:"我个人在底下二十多年,我靠什么来营养我呢?我靠底下这些人对我的关系。"②1981年7月20日,在重返北大荒时,她又动情地说:"人民群众哺育了我,给了我很多东西,加煤添火,使我有力量,更坚强,更懂得生命的意义……在我最困难的时候,你们向我伸出了

---

① 丁玲:《答外国驻京记者问》,《丁玲全集》第8卷,第146页。
② [美]李黎:《"今生辙"——访丁玲》,孙瑞珍、王中忱编《丁玲研究在国外》,第436页。

手,给了我力量,给了我温暖,一句关切的话,一个关切的眼神,我怎么能忘记得了呢? 我怎么能忘记你们呢?!"①

在流落民间的十多年里,作为一个被打入另册的流囚,丁玲在与人们的最初交往中,也不能不受到时代政治氛围的影响,人们最初也是以通常的政治目光来打量她、围观她的。在评价人物的标准上,官方会对民间产生影响,但是,民间与官方毕竟也有不同,它更重直观、更重实际,而较少考虑政治上的利害得失。正如丁玲所说:"他们就是从他们简单的直观来评判一个人的好坏。是好人就对你好,是坏人就远远离开你";他们"既不为权势,又不为名利","既不因我戴了帽子而歧视,也不为摘了帽子而放心"。②

不管是在北大荒农场,还是在山西嶂头村,在经过最初一段时间的接触后,人们渐渐与丁玲建立了感情。从丁玲当时的通信和事后的追述来看,最使她感动的是人们把她当作一个平等的人,在平时给她以关爱,在动乱时给她以保护。到汤原农场后,闯进丁玲生活的第一个朋友是畜牧兽医技术员、青年诗人汪金宝。萍水相逢,丁玲还戴着高帽子,有的人唯恐躲之不及。他却不避嫌疑,主动拜丁玲为师。稍后,其他青年人也纷纷来探望她。丁玲当时以兴奋的心情在给侄儿们的信中作了这样的记述:"晚上还常常有些人到我们这里来玩,这些青年人都很热情,我们也乐意接待,这样也就睡得不很早。"③可以想见,已经习惯于没有朋友、习惯于不同人聊天的丁玲在与这些热情青年的交流、互动中,该获得了多大的做人的乐趣啊! 在那里,人们不但关心她的物质生活(家里没有椅

---

① 丁玲:《人民哺育了我》,《丁玲全集》第 9 卷,第 394～395 页。

② 丁玲:《致洛兰、马寅》(1979 年 9 月 28 日),《丁玲全集》第 12 卷,第 102 页。

③ 丁玲:《致蒋祖剑、蒋祖静、远英》(1958 年 7 月 13 日),《丁玲全集》第 11 卷,第 136 页。

子,马上有人想办法搬来了一把),更关心她的精神需求、抚慰她的精神痛苦。儿子的那封暂时断绝联系的来信给她以致命的打击,她欲哭无泪,呆呆地坐在椅子上一动也不动。这时,畜牧队那个打夜班的老王头悄悄地出现在她的身边。他茫然地望着她,过了半天,他才说:"出什么事了?我一直看见你屋里灯光不灭,唉,陈明不在家,要多照顾自己呵!"他看见她仍然不能动也不能说,只是呆呆的,就给她倒了一杯水,又向炉子里添了柴、加了煤块,最后,他把她扶到床上,为她关了电灯,退了出去。

"文革"风暴初起的动乱年代,丁玲是在宝泉岭农场度过的。在失去理智的疯狂时世里,丁玲却得到了民间温情的浸润,得到了许多善良农工的同情和保护。那时,丁玲被轰出招待所的住家,住到一个房屋比较差的家属区,而此时陈明因公烫伤,不能行动。这时,在工会做女工工作的邓婉荣(即《杜晚香》中同名主人公的原型)不顾一切,亲自张罗,给他们安排好住处。邓婉荣自然知道她是一个没有摘帽子的右派分子,但她仍然把她作为一个人来尊重、照顾。在批斗的高潮中,不少连丁玲都记不住姓名的人都以独特的方式保护过她。在一次陪斗时,丁玲被勒令弯腰跪下,弄得腰上有宿疾的丁玲痛不堪言。这时,另两个人主动要求替换上来看她。她们刚上来就大喝一声:"丁玲!站起来!把脑袋抬起来!让大家看看!看看你这个老右派!你这个大右派!"丁玲站起来,昂起头,伸直腰,感到了莫大的快慰⋯⋯

"文革"后期,从监狱里释放出来的丁玲、陈明到了山西长治嶂头村。长治系老根据地,老人、老干部、军烈属很多,群众也朴实、敦厚、热情,他们与丁玲一见如故。在长治所住的小小的向阳院里,同院的另两家有时做点好吃的,总要拿一碗给他们。队里分了西葫芦,或者从自留地里摘了几斤豆角时,他们也总忘不掉丁玲。最使丁玲感到精神愉悦的是院里孩子们给他们带来的快乐和老奶奶与她的唠嗑。丁玲刚到时,成了孩子们最欢迎的对象。他们"喜欢新来的爷爷、奶奶;爷爷、奶奶也喜欢他们。我们互教、互学。院里生气勃勃,融融洽洽,欢乐非常"①。在嶂头村,丁玲的右臂一度抬不起来、没法写作,看了好几位医生,也都说没有办法。这时,一位热心的同志出现在了丁玲的面前。他从朋友那里知道丁玲的病情后,主动赶来为她扎针。他家离丁玲的住处有二十里,来回一次就是四十里。夏天,他赶路赶得满头大汗,扎完针,丁玲也只能请他吃碗面条。他是党员,也知道这时他为丁玲治病要冒很大的风险,但他却说:"你们说她是右派,我不相信。我自己有眼睛、有思想,我读过她的作品,我认为她不是右派。现在她右手有病,不能写作,别人不管,我来试试。"所有这些,都使她产生了"回到老家的感觉,很兴奋"②。

　　总之,普通民众给丁玲的关爱和保护给了她生的勇气和希望。在逆境中,丁玲敏感、脆弱的心灵在重情义、轻名利的民间情感的润泽下得到了抚慰和调适,这使她变得乐观、变得坚强。1979 年 2 月,回到北京不久的丁玲,在给朋友的信中总结刚刚结束的二十一年流落生涯时也对此作了强调:"在广大的劳动人民中,的确有好人,有许多好人。同这些人做朋友,总是使人愉快的,觉得人类有希望,祖国有希望,我个人也是有希望的。正因为我多年在下边当农工,当农民,我才得以不死,我才得以有今天。"③对真理的信念和对民间真情的汲取,使丁玲从"理"和"情"两个层面强化了她对人的尊严的坚守,从而使她作为一个"脸上刺字的流囚"有勇气走过那段漫长的苦难历程。

----

① 丁玲:《致蒋祖林、李灵源》(1975 年 8 月 20 日),《丁玲全集》第 11 卷,第 165 页。
② 丁玲:《致蒋祖静》(1975 年 6 月 27 日),《丁玲全集》第 11 卷,第 144 页。
③ 丁玲:《致赵清阁》(1979 年 2 月 26 日),《丁玲全集》第 12 卷,第 110 页。

| 第二十二章　逆境中的惯性 |

　　在流落生涯开始前的 1958 年 4 月，丁玲说过："一个人失去了政治生命，就等于没有了生命。"而在二十一年漫长的痛苦历程快要走到尽头时的 1977 年 8、9 月间，丁玲在给女儿的信中仍然说道："工作条件是从政治条件的好坏为主的"，她在东北十余年尽心竭力地努力工作，"但欲获得更好的工作条件却不容易。我们的惨痛经验是足以为戒的"。[①] 这两段话相隔近二十年，但其中看重政治、热衷政治的思路是相同的。可以说，这条一以贯之的思路也同样伴随着她走过了那段困境。在残酷的现实和"左"的政治的危害把她更多地推向"五四"思想传统的同时，自三十年代以来经历过数十年意识形态的熏染、相当政治化的丁玲并没有因为"左"的政治的迫害而湮灭对政治本身的热情，那种热衷政治、顺应主流话语的思维模式作为一种惯性仍然在逆境中顽强地显现出来。在流

[①]　丁玲:《致蒋祖慧、周良鹏》(1977 年 8、9 月间)，《丁玲全集》第 11 卷，第 195 页。

落生涯中,依循着这一惯性的丁玲孜孜以求的是以自己的努力工作、努力改造来获得更好的工作条件和"政治条件"。而"政治条件的好坏",则显然不能脱离大的政治环境和时代公认的价值标准来自我争取和自我判断。因此,她要"获得更好的工作条件",就意味着必然要放弃对自我尊严的坚守、放弃自我的独立判断,而在靠拢、顺应中与当时的体制、政治取得一致。在她事后看来,她的"惨痛"主要不在于自我的放弃,而在于她在放弃自我、顺应体制之后却仍然没有获得更好的"政治条件"。

丁玲原是全国政协常委、著名作家,是"头面人物"。1957 年 12 月 16 日,亦即丁玲被开除党籍十天以后,刘白羽代表作协党组找延安时期他的老上级丁玲谈话,谈对她的处理问题。丁玲主动提出:"我想搞一搞林业,去伊春搞林业",并愿意与陈明分开下去。刘同意她下去,但又说"到哪里去,要实事求是,能做到的","原来我们考虑过你的身体,不要太勉强"。[①] 周扬曾指示,要把右派安排好,说丁玲年纪大了,可以不离开北京,在安置时要考虑到以后创作。作协党组书记邵荃麟也曾告诉她,根据政治协商会议小组会上的讨论,她和冯雪峰均按右派分子的第六类处理,工资和职务只降一级,并可留在北京、不送去劳动。周扬、邵荃麟和负责与她谈话的刘白羽在丁玲去留问题上均是按当时的政策处理的。但是,在丁玲的要求下,他们也答应将再作考虑,并最终同意她去北大荒。

为什么丁玲会主动提出离开北京、到条件艰苦的边远地区去工作?这与五十年代"哪里艰苦,就到哪里去"的改造自我的时代性思路有关,更与丁玲当时的主观心态有关。1958 年 4 月 11 日,在陈明作为文化部

---

① 有关刘白羽与丁玲的谈话内容,转引自陈徒手《丁玲的北大荒日子》,《人有病 天知否——一九四九年后中国文坛纪实》,第 123、124 页。

系统的右派分子到北大荒监督劳动以后,处在极度孤寂痛苦之中的丁玲
致函邵荃麟等作协领导,信中对她自己的这种心态作了披露:

> 去年10月间我就曾经向白羽同志披露过我的感情,说我
> 就怕一个人在家里。我一直都在竭力读书,写文章,但都压不
> 住我要冲到人里面去的渴望。离开了人,一个人就不须(需)要
> 什么生活了。一个人失去了政治生命,就等于没有了生命。这
> 几月,快一年来,我的心所走过的道路的确不是一下能说的清
> 楚的。我错了,过去全错了,我望着我的腐乱的尸体,是非常非
> 常的难过的,而且我在这里变得非常敏感,很容易只要一点点
> 都可以触到我的痛处。我抬不起头来,不是因为我的面子,而
> 是因为我的心。但我努力挣扎,我要经受得住,我也经受了。
> 这是因为我有希望,也有勇气去赎回这一切,而且相信也有机
> 会,也有可能。我决心什么都不要,全部拿出我所有的全部生
> 命,为人们服务,胼手胝足,以求补过,以求得我的心安。

为了求得心安,她时刻想着到人里面去,"不管做什么,我可以做任何工
作,也可以参加重劳动,搬砖头,挑土,都行"。从信中可以看出,丁玲在
当时的情况下,承认了自己的"错误":"我错了,过去全错了"。她把过去
的自己比作是"腐乱的尸体",以夸张的语言对自己的过去作了全部的否
定。此时的丁玲已把"政治生命"看作是全部生命,因而政治生命的失去
对她来说自然也就意味着整个生命的失去。在这种政治思维的作用下,
她1956年写《辩正书》时的倔强、面对批判组织者的率性而为的傲然、
1957年在批判会上面对如潮涌来的指责而作"辩解"和"抵赖"的勇敢,
在此时已经看不到了。严酷的政治斗争压碎了她脆弱的自我,被甩出体

制的恐惧化成了顺应体制的努力。她所能感觉到的只是：留在北京，随处都能触到她的痛处，她无法在人前抬起头来。于是，她所能做的只能是以赎罪之心，顺着体制规定的要求和做法（这些在她原本就不陌生），到边远的（同时也是艰苦的）地方去参加劳动改造，以"获得一个重新做人、改过自新的起点"。丁玲为了追随"集体"、为了顺应体制再一次显示出了放弃自我的脆弱。

作为一名作家，她到北大荒后几乎没有写过什么作品，写得最多的是汇报和检讨。① 在她所写的大量汇报和检讨中，我们可以进一步看出她顺应和皈依体制的努力。1958 年 7 月 12 日，丁玲从汤原农场向作协党组发出第一封信，汇报了自己初到农场的生活和劳动情况。她写道，"我个人对新的环境和新的生活都感到很愉快"，"生活得很自如"；并表示："我要极力在这生活的熔炉里，彻底地改变自己，我相信我可以在这里得到改造。"如上文所述，丁玲刚到农场时因"围观"、"示众"，心情并不愉快，但汇报中为了显示领导安排的正确和自我改造决心的坚决，却重新打造了自己的心情。"在这生活的熔炉里，彻底地改变自己"云云，则是很典型的主流话语。

1959 年 4 月 12 日，丁玲又奉命向作协党组寄来一份思想汇报。在汇报劳动的一般情况后，谈了对"改造自己"的认识。她写道：

> 我参加劳动是为了改造自己，这是党所指示给我的唯一正确的道路，同时既然在劳动岗位上，就一定把能完成劳动任务当着最高的愉快，我希望自己工作得尽可能好些，让群众认识

---

① 这些汇报和检查在《丁玲全集》中基本未收。下文所引，除注明出处者外，均引自陈徒手《丁玲的北大荒日子》，见《人有病 天知否——一九四九年后中国文坛纪实》。

> 到我虽然犯了错误，是一个右派分子，但因为曾经多年受到党的教育，因此在改正错误时，能像一个老党员那样受得住考验……我要求自己能够真正把劳动当着天经地义，当着自自然然，当着一种愉快。因为我是一个犯了罪的人，经常对人民对党有一种赎罪的要求，也就愈愿意更多地拿出力量。

在信尾，丁玲特意从个人与党的关系中检讨了自己"个人主义"的错误："针对我过去犯错误的根本原因，是个人同党的关系位置摆得不对，因此在经过党的教育以后，我对这个问题特别警惕，我反复反省自己一生的错误，嘴（咀）嚼党屡次给我的教育"。这份思想汇报不但承认自己"犯了罪"，并且还顺应着当年批判者的思路深挖了"犯错误"的原因，是"个人与党的关系位置摆得不对"。藉此，她表明了"赎罪"的决心和回到党内、归依集体的愿望。

丁玲的这一决心和愿望也曾向有关领导和黑龙江省委表露过。1960年6月19日，她致信农场党委书记程远哲，在谈及学习"中国革命史讲义"的心情和体会时说："一边读党史，一边回溯自己几十年来的历程。心里很难过，但也增加许多力量，要为党多做些事。"①她在这里所说的"心里很难过"，显然是因在"自己几十年来的历程"中犯了错误。十一天以后，汤原农场畜牧场一分场党总支在给中国作协党总支的信中也说："丁有时反映时说，我对党和领袖始终是拥护和热爱的，自以为自己最严重的问题是自由主义和骄傲自满。……丁曾有这样的反映，我愿意很好改造自己，使自己能从（重）回到党和人民的怀抱，为党和人民多作些有益的事，多贡献出一份力量。"1960年11月，农垦部副部长萧克上

---

① 见张靖宇：《1958—1964 丁玲在北大荒》"附件2"，《新文学史料》2000年第4期。

将来汤原农场视察工作时，丁玲讲到自己的问题，也承认："自己走错了道路。"

1962年，丁玲知道自己再次无法摘帽，为了表态，她于3月3日致信刘白羽："关于我的问题，和你对我的意见，陈明也转告我了……我没有任何意见，虽然有过一些难过，但一想到个人的进步，离党对我的希望还很远，成绩与罪过也不可能相比。如果因为许多人都解决了问题，脱了帽子，而自己就自卑自弃，这是违反党和同志们的希望的。"信中不但没有任何怨气，反而苛以"离党对我的希望还很远"的自责。为了能够摘帽，一向不愿把自己的问题暴露给基层组织而相信"我的问题，是中央解决"的丁玲，也开始主动向基层组织汇报思想。11月28日，中宣部委派作协党委办公室王翔云、高铮到农场调查，着重了解"丁玲是否真正认识错误，口服心服，确实悔改"。在座谈会上，农场场长薛枫介绍说：丁玲近一年来，"肯对组织谈思想问题了，比如南京自首问题、55年情况、反右派时的情况、自己是个人主义野心家等等"。可见，丁玲汇报时所涉及的问题及观点与当年批判者相当一致。对自己的"错误"，她不但承认，而且自愿当起"反面教员"，以此来劝告他人以免重蹈覆辙。就在这个座谈会上，薛枫还提到："畜牧队中有些职工资格很老，但思想落后，有闹工资问题等，她就讲她因为主观主义、个人主义、骄傲自满犯错误的例子来劝戒他们。"由此可以看出她认识"错误"的主动性和深刻性。

1963年2月20日，丁玲给作协党组书记邵荃麟写了封长达五六千字的信函。这是她在那一阶段中颇具代表性的思想汇报。在这封信中，她首先表达了自己回归队伍、回归体制的热切愿望和对把她甩出体制的"你们"的亲近感情："在感情上，我总是靠拢你们的，总愿多给你们写信。我想，这种感情你们是容易理解的：一个离开了家的儿子，一个离开了队伍的战士，他对家的怀念，对队伍的怀念，想重新回到家，重新回到队伍的感情。这种对家里人的想望,就是我对你们的感情和想望。……特别过去咎在我,是我对不起党。那末,自然我现在对党的倾向就更多,我越想靠紧党,越认识到过去自己的错误,那末就很自然要想到你们,想念你们,想和你们谈心,关心你们的身体,关心你们的工作。"接着,她谈了自己对错误的认识和改造的决心:"我是一个犯了错误的人,心里清楚自己犯得有罪,我是下来改造,既然是改造,就要放下包袱,重新做人。"

在这份汇报中,最值得注意的有两点:一是体制话语已经转化成了她的一种潜意识。她承认,"另外有一个埋在我心底里的声音,偶然当我想到什么,或说到什么的时候,它会忽然跳出来,悄悄地向我说:'你不配这样想,你不配这样说,你是一个坏人,你不只做过坏事,而且品质很坏。'"在这种潜意识的作用下,她以夸张的语言对昨日之我作出了自虐性的全盘否定,这样,为了心安,她所能做的只有"赎罪","把罪赎完了,才能得到安宁"。二是她将"飞蛾扑火,至死方休"的寓指由"追求真理"改为"放弃自我"。她指认自己 1955 年以前一段时期的一些行为"骄傲到极点,放肆到极点":"目中无人,心中无党,一切只有'我',这个'我'已经大到无以复加了",其实质就是"要同党较量,要党批准我,要党跟我走,要党让位给我"。在对"错误"的性质作这样的拔高后,她改变了瞿秋白赠言"冰之是飞蛾扑火,非死不已"的含义:"真所谓飞蛾扑火,至死方休,不放弃'我'就不能有所觉悟,阶级斗争的规律,就是这样残酷和无情的!"残酷无情的斗争使丁玲作出了顺应体制、放弃自我的抉择。这固然是丁玲在险恶的政治环境中生存的需要,但其本身也显示出放弃自我的脆弱。

这份具有典型性的思想汇报中的思路和话语在以后的信函中还一再出现过。1963 年 9 月 4 日,丁玲致信周扬、邵荃麟,恳求摘掉右派帽子,以便"在消除我和人民之间的敌我界限之后,我能更无阂地接近人,接近干部,接近领导,接近革命"。信中写道:"我的这顶右派帽子同人民之间有一道鸿沟,我跳不过去。这时我不能不痛苦,恨自己的改造不够,又迷茫于不知道今后还该如何改造。"信后附有一份思想汇报,在批判苏联赫鲁晓夫集团的同时,再次进行了自我清算:"我现在对自己的错误,真正是彻头彻尾明白了。正因为我认识了自己的错误,我就在思想上、感情上,热烈地拥护党的反右斗争和欢呼这个斗争的胜利……党批判我,揭露我,处分我,我从心里欢迎。"

1964 年 6 月 22 日,一边在等待北京调令、一边在农场参观的丁玲在信中向作协领导相当高调地谈了自己的感兴。她称农场是"一个革命洪炉,是改造思想、兴无灭资的好园地",而她"吃苦还没吃透","改造得不够,在汤原六年,尽管我对过去的错误有批判,也的确勤恳的劳动过,谨慎的工作过,虚心的学习过。可是同现实,同社会的发展,同党对我的要求,距离都还很远",并表示:"我有决心,有勇气,继续从头再来"——"再生活,再学习,再工作,再改造"。信中还提出,北京房子不好找,可"让我们再留在垦区一两年"。就是这封言辞慷慨的信,直接导致了她和陈明无法回京。

1966 年 10 月,她在写给农场党委的检查报告中,汇报了学习毛泽东"老三篇"的体会和对"一贯的英明正确"的毛泽东的认识:"我学习毛主席著作觉得每篇都是大文章、好文章,认识到毛主席几十年领导中国革命和建设,一贯的英明正确。也认识到毛泽东思想是反对'左'、右倾机会主义,贯彻在中国革命的全过程的一条胜利的红线。……'老三篇'首先成了我的一面严酷的镜子。毛主席的每一句话对我都成为一条鞭子,我每讲一次,就是鞭打我自己一次。"她还同时检讨了自己在辅导家属学习毛主席著作时对家属"管得少,说得更少",指出原因在于自己有"私心杂念",而之所以"我产生这些私心杂念,……一方面由于自我改造不够,没有摘去右派帽子。但主要原因还是自己没有经常狠狠向自'我'作斗争,没有做到坚决完全相信党,相信群众,没有'舍得一身剐,敢把皇帝拉下马'的革命精神,也就是没有真正树立起完全、彻底为人民服务的世界观"。① 她对家属"管得少,说得更少",主要原因当在其客观处境,她在检讨中却执意上纲上线,把原因归结为"自我改造不够"、向自我斗争不狠。确实,经过多年的改造,丁玲已习惯于运用通行的政治话语,依循着时代性的共同思路来思考问题了。

在以上所举的大量汇报和检讨中,我们可以看到丁玲为了"获得更好的政治条件"而作出的顺应和皈依体制的努力。她对"左"的政治的靠拢、顺应,不仅仅是一种策略、一种手段、一种姿态,实际上成了一种深藏于内心的潜意识。"脸上刺字的流囚"不但是她的客观处境的写照,而且也成了她对自我身份的主观认同——她自认自己有罪,是一个"败家子"、一个"不肖之子"。毛泽东逝世以后,在表达悼念之情时,她还对自己作了这样的责备和检讨:"主席逝世,给我很大的打击。我不能不想到主席给我的教育和培养,而我却辜负了他,我对不起他。我曾经希望有一天因为我改造得较好,能博得主席对我的原谅。主席会说我过去尽管愚蠢,现在总算改过来了,……我好像就是为主席的一句话而努力。我总希望我能像一个败家子而能回到主席面前。我总希望能在主席生前了结我这惟一的心愿,主席逝世了,我永远听不到他对我的宽恕了!我不能不责备我自己,不能不深自痛苦。"②周总理和毛主席的逝世使她特别感到"永远的遗憾"的是,她永远失去了在他们生前有一个汇报的机会:"我常常想到他们过去对我的教育、鼓励和希望,我也曾经深深体味过我

---

① 丁玲:《在宝泉岭农场》,《丁玲全集》第 10 卷,第 317、320~321 页。
② 丁玲:《致蒋祖剑》(1976 年 10 月 9 日),《丁玲全集》第 11 卷,第 179 页。

为主席去写作的幸福心情,可是一切愿与望违,我却成为一个不肖之子,我是多么痛苦过,只希望有那末一天,我能使他们对我点一点头,我才可以瞑目归去,谁知一切都无可挽回,我也曾想如果我能代他们死去,那是多么好的事,可是我却只能与悲恸一同生活下去……"①

　　值得注意的是,以上两段文字并非出自给组织的思想汇报或检讨,而是出自给自己侄儿的信中。因而它们不仅仅是她的表态,而且是此时她的心声的真实流露。② 为了与当时的体制、政治取得一致而作的靠拢、顺应必然逼使她放弃自己的自由思想和独立判断,从而使她付出牺牲自我的沉重代价。她将"飞蛾扑火,至死方休"的寓指由"追求真理"改为"放弃自我",就极富悲剧性地说明了这一点。这样,她就只能依据时代政治的共同思路和公认标准,按照通常的程序,使用通行的主流话语,人云亦云,在对自我的自虐性全盘否定中不断地认罪、赎罪。她当时既不敢去正视(更不用说争取)自己应有的权利,也就很难发出经过自己独立思索的声音。1960 年 10 月,参加全国文代会回到农场后,丁玲在向总场领导汇报时说,这次会议对她教育很大、感触很深,觉得自己是个有罪的人,党还这样关怀她。可见,在她的意识深处,她认为自己是"有罪"的,是不配参加这样的会的;而她没有想到,虽然作协副主席的职务被解

---

① 丁玲:《致蒋祖剑、远英》(1977 年 10 月 9 日),《丁玲全集》第 11 卷,第 203 页。
② 有一本丁玲传记中写过这么一段文字:在周总理、毛泽东逝世以后,丁玲和陈明说:"老陈,自从我被划成右派那天,我就相信会有一天能澄清事实。我的案子,当然是文艺界的一些人捏造出来的,但不经上边,也就是毛主席的'御笔',他们打不倒我。我尊敬毛主席,但我知道,他老人家这件事是错了。我总相信,他老人家会有一天觉察到这错误,还有中央那么多老同志,还有周总理。我们的党会纠正自己的错误。"(宗诚:《风雨人生——丁玲传》,中国文联出版公司 1998 年版,第 264 页)这可能是用丁玲后来的认识代替了她当时的认识。当时,她还不可能认识到毛泽东在"这件事上是错了",而只是认为自己错了,她所希望自己的是努力改造、"浪子回头"。

除了，但她仍然是作协理事，是有权利参加的。

　　思想意识上对自我的否定和对体制的皈依，使丁玲在行动上一改泼辣粗犷的工作作风和率真爽快的为人风格，而显得谨慎迟疑，唯恐因越出雷池半步而罹祸。在当文化教员时，她每次对职工讲时事之前，怕出毛病，都要事先把内容向支部作出汇报。队里开会，谈到某某人工作不好时，丁玲也提了一些意见。事后说："有时我又想说，又不想说，因为地位不同。"有一回，让她讲《实践论》、《矛盾论》，她不敢讲，特意找到畜牧队队长说："我就是在这方面犯错误的，有些问题不敢发挥，怕说错了。"在与文人的交往中，丁玲也显得小心谨慎、心有余悸。在当时的政治环境下，许多作家不愿搭理她，个别有历史或现实"问题"的作家想与她交流，她又不敢甚至不愿。据陈明回忆，他和丁玲在农场时，延安时期的老熟人、同是作协右派分子的李又然给他们写过一封信，向他们要钱。丁玲和陈明没有敢给他回信，因为在他们看来，他真是不知道利害关系，不合时宜，互相会惹祸。在 1960 年第三次文代会期间，丁玲备受冷落。有一次散会后在去公共汽车站的路上，沈从文看到丁玲，便追上去要跟她说话。忠厚仗义的沈从文此举当是他"在她因内部矛盾受排挤时，都是充满同情"①的表现，但是，丁玲却有意回避，不愿交谈。早在 1948 年，沈从文就被郭沫若在《斥反动文艺》中点名批判，被斥为"一直是有意识地作为反动派而活动着"；1949 年以后，他遭到排斥，被挤出文坛，"不声不响在博物馆不折不扣作了整十年'说明员'"。丁玲不愿与沈从文接谈，大概不会与沈从文此时作为"体制外人"的身份无关。

　　作为作家，丁玲这一时期创作很少。她在北大荒农场续写的《在严寒的日子里》五万字手稿在"文革"中也已经散佚，无法推见其原貌。但

---

① 沈从文:《致徐迟》,《长江文艺》1989 年第 1 期。

是,从 1976 年 3 月开始重写这部小说的过程中,我们可以看出丁玲思想上的自我否定对其创作产生的负面影响。1950 年,她在《大众文艺》星期讲演会上说,作家在创作时"要有见解,不要人云亦云"①。但此时,她却放弃了自己的见解,放弃了自主性,创作活动不再是她的"独立活动",而成了在领导直接干预下的有组织的活动:"这次创作(指续写《在严寒的日子里》——引者),我在北京时,已向当时组织领导说明,山西省委、市委、公社、大队负责与我联系的人都知道,他们替我去东北取原稿(稿已遗失),我现在的情况,大队支书也清清楚楚知道(未向其他人说)。"②在自愿接受组织领导(包括大队支书)的监督下,她考虑的首先是而且当然是"怎样把党写好,怎样把党的路线写好"③。这样,她就很难避免"主题先行"所导致的公式化、概念化。她过去所反对过的创作现象("作家先有了一个抽象的主题,然后到生活的海洋中去找材料,按照作家或领导方面的主观需要,在他所接近的生活边缘,抓取一些零星的生活,就凭空构造一个'伟大'主题的作品"④),在她这里又出现了。(详见第二十八章)

　　正因为她有了这样的思维定势和创作倾向,所以她与"革命样板戏"才能产生共鸣,才能从中吸取到"经验","革命样板戏是好的,如果没有样板戏占领舞台,那么舞台仍然还是由帝王将相,才子佳人去占领。没有新的、好的、革命的,就赶不走旧的、坏的、反动的。样板戏也的确给我

————————

① 丁玲:《谈文学修养》,《丁玲全集》第 7 卷,第 153 页。
② 丁玲:《致蒋祖林、李灵源》(1976 年 4 月 23 日),《丁玲全集》第 11 卷,第 172 页。
③ 丁玲:《致蒋祖慧、周良鹏》(1977 年 4 月 20 日),《丁玲全集》第 11 卷,第 187～188 页。
④ 丁玲:《要为人民服务得更好》,《丁玲全集》第 7 卷,第 304 页。

许多启示和激励。我从那些作品中也吸收了许多经验。"①在从"革命样板戏"获得启示和激励的同时,她还对自己以往的创作作出了反省和检讨。1976年春节期间,也即她动笔重写《在严寒的日子里》之前不久,她"读了许多抗日战争、解放战争时期的长篇著作,也读了目前的一些作品。对于我过去的作品,也作了许多检查。的确感到文艺创作上的许多问题。一定要批判过去的那种自然主义的写法……我有我生活的局限,也有写作上的弱点,还有思想的境界仍然是不高的"②。在五十年代中前期,尽管丁玲立志要"做好一名小号兵",但她没有轻易否定《莎菲女士的日记》、《我在霞村的时候》等对生活有独到发现的作品,而此时她却把这些"过去的作品"以"自然主义的写法"和"思想境界不高"的原因给否定了。为了在创作中追求"高的思想境界",她顺应主流话语,放逐了自我,放弃了对生活的自主发现和独到领悟。这应该是作为作家的丁玲最大的悲剧所在。

丁玲思想上、行动上和文学创作上的以上种种表现说明,在这一"风雪"时期里,丁玲为了获得更好的"政治条件",在顺应和皈依体制的努力中,付出了放弃自我的代价。应该承认,任何人都生活于特定的时代,谁也逃不出时代的局限。特别是对于丁玲这样长时期饱受灵肉之苦的作家,我们既然能够理解她处境的艰难,就应该理解她顺应主流话语、突出重围之用心的良苦。但是,从更高的要求来看,人不是环境的被动产物,人的价值也不可能在顺应环境中得到真正的实现;人之所以为人,还在于与环境的对峙中人的主体性、自主性的张扬。从这个角度来看,丁玲这种在逆境中所表现出来的热衷并顺应政治的思维惯性确实显示不出

① 丁玲:《致蒋祖林、李灵源》(1975年7月17日),《丁玲全集》第11卷,第152页。
② 丁玲:《致蒋祖林、李灵源》(1976年2月),《丁玲全集》第11卷,第170页。

悲壮、崇高的精神质素，这是令后人为之深深惋惜的。同时，丁玲此期所表现出的这种思维惯性还与她所接受的"五四"传统处在了极其尖锐的矛盾和对立中。追随主流政治与尊重自我，顺应体制要求与坚守人的尊严，在此期丁玲思想中成了一组解不开的矛盾，二者的相互纠结造成了丁玲此期思想的分裂和全部的复杂性。我们几乎随时都能够看到两个丁玲：一个是一再表白"飞蛾扑火，至死方休，不放弃'我'就不能有所觉悟"的丁玲，另一个则是"迎着阳光抬起头来，挺起身躯"的丁玲，随时都能够听到操着不同话语的两个丁玲的对话和争论。这是那个时代的一场正剧，更是丁玲的一场悲剧。

| 第二十三章　平反之路 |

1976 年 10 月粉碎"四人帮"的历史性胜利,使蛰居在山西长治农村的丁玲在痛苦和绝望中看到了光明和希望。作为一个被损害者,丁玲亟盼彻底推翻强加在自己头上的冤案。但是,历史的冰冻非一日之积,因而冰冻消融亦非一日之功。满怀着憧憬,也满含着艰辛,丁玲踏上了并非平坦的平反之路。在这路途中,丁玲以自己执著的努力和抗争,显示出坚韧不拔的意志和捍卫自我尊严、反抗不公正命运的强悍的个性精神。

丁玲的平反之路大体经历了三个阶段:一是摘掉右派之帽。1978年 4 月 20 日,中共中央(1978)11 号文件决定全部摘掉右派分子帽子。是月,丁玲向中共中央组织部呈交了要求平反冤案的申诉材料。社会主义新时期的初春来到了,但历史的冰冻尚未消融,因而对丁玲来说还有乍暖还寒的时候。这一年,《人民文学》第 5 期刊发了林默涵的《解放后十七年文艺战线上的思想斗争》,这是他于 1977 年 12 月 29 日在《人民文学》编辑部召开的文学工作者揭批"文艺黑线专政论"座谈会上的发言。文章指陈"丁、陈小集团和胡风小集团是两个长期隐藏在革命队伍中的反党和反革命集团。一个隐藏在革命根据地延安，一个隐藏在国统区。他们之间是遥相呼应的"。丁玲于6月"读了林部长的发言全文，觉得他很有气魄，很有权威，帽子比二十年前更大了"①。对于这样的"历史判决"，丁玲不能不感到寒从中来。在阴郁的心境中，令她感到稍许欣慰的是接到了给她摘掉右派帽子的决定。7月18日，在公社办公室为她举行摘帽子的会议，会议由公社党委主持，宣布摘掉丁玲的右派帽子，丁玲在会上发了言。为右派摘帽，是党的政策。这是大势所趋，谁也无法阻拦。这回摘帽，同农村的地主、富农摘帽一样，对于垂暮之年的丁玲，已经很难说有什么特别的意义。但是，这毕竟标志着从她头上卸下了套了二十一年的紧箍咒，毕竟标志着她从此回到了人民的队伍。更为重要的是，丁玲从这里看到了"在粉碎'四人帮'以后，党中央反复倡导，大力恢复和发扬毛主席教导的实事求是、调查研究、群众路线、发扬社会主义民主等党的优良作风"②，因而1949年以后由高层领导铸成的"铁案"并非不可改变，彻底改正自己的错案并非没有希望。

　　二是恢复党员生活。如果说摘掉右派帽子是党的统一规定，因而丁玲在这一问题上没有遇到意外阻力的话，那么，在其后迈向彻底平反之最终目标的每一步中，她几乎都因阻力重重而显得举步维艰。但也正因为如此，倒更显出丁玲抗争的坚决和意志的坚韧。在摘掉右派帽子之后，丁玲的注意点和兴奋点几乎全都集中到自己彻底平反问题上来。她听到有人说起老舍的自我忏悔，对此，她在日记中慎重而兴奋地记下了

---

① 丁玲：《致蒋祖林、李灵源》(1978年6月24日)，《丁玲全集》第11卷，第232页。

② 丁玲：《在右派摘帽会上的发言》，《丁玲全集》第8卷，第2页。

一笔:"下午,谢老师来。谈到老舍……我不觉心潮起伏。……说老舍曾谈过他后悔过去因为盲从,而损害了一些人。在被损害的人中,曾经提到我的名字。"①她大概不会忘记,在 1957 年 8 月 7 日批判自己的会议上,老舍曾严厉地面斥她道:"你以为你是'朕即文学',没有你不行,我看没有你更好。"②如今,老舍本人早已在专制的淫威下成为屈死之魂,当丁玲听到老舍生前的自我忏悔,她怎能不"心潮起伏"? 她从老舍的忏悔中不但体悟到了老舍软弱而善良的灵魂,更看到了历史的良知与公正。这无疑更增添了她争取彻底平反的信心和希望。

但是,丁玲也深深知道,信心是信心,希望是希望,要把它们化为现实,必须靠自己的不懈努力。1978 年 9 月 12 日,在向中共中央组织部呈交要求平反冤案的申诉材料五个月后,丁玲又抄出两份补充材料,27 日由陈明进城寄出。这一时期,在政治风云中历经磨练的丁玲对来自上层的有关平反冤假错案的信息十分关注。此时她虽身在山西乡下,但时刻心系北京。9 月 14 日,她收到陈明妹妹来信,信中抄来一段邓副主席讲话,意为:文联各协会要搞起来,调动各方面的积极性,文人相轻是个老问题、老传统了。三十年代的文艺路线总的是对的,也还有错的。老账新账都要实事求是对待。还说到错案,不管谁批的,都可以推翻。9 月 26 日,她又接到北京来信,信中说:"八月中,听说叶帅说过这样的话:功是功,过是过,是是是,非是非,无论什么时期,哪个朝代的问题,都要实事求是的解决。"③高层领导在平反冤假错案上的坚决态度,使她对自己问题的解决相当乐观、自信。当他人说起在其平反问题上"'人家'现在

<hr />

① 丁玲:1978 年 9 月 24 日日记,《丁玲全集》第 11 卷,第 442 页。
② 转引自李向东、王增如:《丁陈反党集团冤案始末》,第 219 页。
③ 丁玲:1978 年 9 月 26 日日记,《丁玲全集》第 11 卷,第 444 页。

还是有权有势,阻力太大"时,她笑笑:"相信党,相信群众,相信历史,相信实践,吾有何畏哉!"①

丁玲对彻底平反的执著,首先在于对自己政治权利的维护。政治权利虽然不是人的权利的全部,却是其中一个重要部分。特别是在当时中国政治化的语境中,政治权利在人的所有权利中更占有着突出的地位,它在一定意义上甚至决定了其他权利的实现和满足的程度。在这里,需要指出的是,政治化的"新体制"与个人的政治权利并不是两个等同的概念。前者虽然可以在一定程度上凸显后者在人的所有权利中的地位,但是,从意义指向上来看,前者所指毕竟是在集体与制度,而后者所指则在个体化的人权。丁玲对自己政治权利的争取,其出发点显然不在对制度的维护,而在对个人权利的守护。因此,丁玲在这一时期对自己政治权利的争取、守护,实际上可以看作是对"五四"个性主义精神传统的继承与弘扬。正因为她对个体权利如此看重,看重得如同命脉所系,她才会把她"政治问题"的解决提到如此高度来认识:1978年10月25日,"洛兰告知祖慧问中组部的回音,据说我们去京可住祖慧家。洛兰、祖慧都是极简单的好人,她们哪里会想到如我的政治问题不解决,我是无法住在祖慧那间小屋子的。我将愁死"②。

其次,她对平反问题的关注,还在于对他人政治权利的争取。当年因"丁、陈反党集团"一案牵连而受到处理的将近六十人,他们在二十多年的岁月中饱受坎坷、屈辱与歧视,后在"文革"中受牵连而遭到批判的则更多。1978年12月初,当年文学研究所的学员马烽与刘真相继来访,丁玲在强烈地感受到师生之间真情的同时,也产生了深深的愧

---

① 丁玲:1978年11月26日日记,《丁玲全集》第11卷,第460页。

② 丁玲:1978年10月25日日记,《丁玲全集》第11卷,第452～453页。

疚——是她作为"反党集团"的头目连累了那些无辜的人们。12 月 1
日,丁玲早饭后正在看报,久违的马烽参加社教组到晋东南地区工作,便
驱车至嶂头村自报其名来看望她。丁玲错愕、吃惊,当年年轻壮实的负
责文学研究所支部工作的马烽如今老得连丁玲也认不出来了。在 1955
年开始的那场运动中,马烽为了过关,在巨大的压力下,对丁玲提出了严
厉批评,以示与丁玲划清界限。但是,十年动乱中,他仍然作为"丁玲反
党集团的重要成员"被打倒,并遭到了残酷的迫害。如今,二十年过去
了,岁月的沧桑无情地刻在他们的额头上,刻在他们的心灵中。丁玲紧
紧握住马烽的手,"什么话也没有说,只是饱含着两眶热泪"①。此刻,她
不但原谅了马烽当年在无奈中对她的揭批,而且对自己在"文革"中连累
马烽深感歉意。

两天后,平静的小村庄又来了一位客人,这就是刘真。当年到文学
讲习所报到的小女兵,如今也已经变得令丁玲不敢相认了。刘真借要为
彭德怀写文章而采访丁玲为由,来看望丁玲,在丁玲那里待了整整七个
小时。她尽其所知,向丁玲介绍了文学研究所和文学讲习所许多老熟人
的情况。丁玲在当天的日记中写道:"听到谷峪、李涌等都被划为右派,
在黄泛区劳改,妻子无能,儿子又多,生活狼狈凄惨,我心中实在难
安。"②丁玲清醒地意识到自己的问题不仅仅是个人的问题,它还关系到
其他很多人的命运。为了改变这些受牵连者的命运,她必须彻底推翻强
加在自己头上的冤假错案。

如丁玲所期望的,事情开始出现转机。丁玲的申诉和陈明在北京的
奔走,有了初步的结果。1979 年新年伊始,中共中央批准丁玲回北京治

① 马烽:《历尽严冬梅更香——悼念丁玲同志》,《文汇月刊》1986 年第 5 期。
② 丁玲:1978 年 12 月 3 日日记,《丁玲全集》第 11 卷,第 464 页。

病,并指示由国家文化部接待。让丁玲以治病的名义回北京,透露出了中央可能为她进一步解决问题、落实政策的信息。就要告别嶂头村了,就要结束二十多年的流落生涯了,丁玲既心情激动又依恋不舍。对于那些在逆境中给她以情感润泽和滋养的善良百姓,丁玲充满感戴依恋之情。临行前几天,丁玲和陈明走访、辞别嶂头村村民和长治市的有关人员,并邀请邻居和当地干部来家聚别。1 月 8 日,长治市政府派专人和医生护送丁玲到省城太原。山西省委有关领导和丁玲的友好段杏绵、胡正、西戎、孙谦等人,热情接待了她。回京以前,丁玲把辅导长治青年业余作者李保平的任务慎重托付给了西戎,请西戎一定要负责到底;并给李保平写了一封信,具体提出六条意见,托西戎转交。此信以《致一位青年业余作者》为题,1979 年 3 月 15 日发表在山西文联的机关刊物《汾水》第 3 期上。这是丁玲在文坛尘埋了二十多年以后公开发表的第一篇文章。丁玲 1980 年编《丁玲近作》时"怀着异常的感谢之情",将此信收入,在后记中,她特地对编辑部的同志表示了感谢:"当时他们发表这封短信,不能不说是冒了一点小的风险,冲了一下禁区的。"①

　　1979 年 1 月 12 日凌晨,丁玲乘车抵达北京。距她从秦城监狱释放离开北京,已近四年。到北京后,她住进文化部和平里招待所,亲朋好友络绎不绝地前来探望。作协工作人员杨子敏也携夫人来看望了她。他告诉丁玲,关于平反问题,还需要向过去的几位领导做思想工作。2 月 12 日下午,丁玲住进友谊医院作检查和治疗。经检查,除原有的糖尿病外,还发现她可能患上了乳腺癌。为了创作,为了不至于一回到北京就把时间消磨在病床上,丁玲说服医生对之作保守治疗,一年后再考虑做手术。4 月初,丁玲从医院里出来,被安排在友谊宾馆东北区二单元一

----

① 丁玲:《〈丁玲近作〉跋》,《丁玲全集》第 9 卷,第 129 页。

套普通的客房里。刚刚安顿下来,她便去拜访恩师叶圣陶和茅盾。叶老于无比兴奋之中填《六么令》词一首,并书赠丁玲。师长的关切和鼓励,使丁玲倍感温暖。

但此时令丁玲深感痛苦的是,她的恢复组织生活的要求却如石沉大海。5 月 3 日,中国作协复查办公室作出了《关于丁玲同志右派问题的复查结论》。结论中虽然撤消了 1958 年中共中国作家协会总支"关于开除右派分子丁玲党籍的决议",恢复丁玲同志的党籍,但此后对丁玲参加组织生活没有作出任何具体安排。从那以后,丁玲曾三次致函中国作协党组,要求根据党的政策、根据改正的结论,请求恢复党的组织生活。但是,她没有收到任何答复。她忿忿地对他人说:"你说怪不怪嘛,我送去申请这么久,一句话都不吭,再不怎么样,我送去个东西,还总该给我一张收条的嘛,连个收条也不给,更不给你任何回话,解决任何问题,共产党的机关,有这样办事的吗? 不知道他们又在弄什么名堂!"①

与此同时,转机也在悄悄出现。是月,《人民日报》刊登了补选政协委员名单,丁玲被增补为政协委员。二十多年来,丁玲被视为敌人,被排斥在党和国家政治生活之外。现在,她不但回归了人民的行列,而且有了直接参政议政的机会和权利。这自然不能不使她感到格外的兴奋。更令她感到喜悦的是,那天下午政协会议进行分组讨论,她在找自己的小组时走到了党员小组,连忙掉头说:"对不起,走错了门。"周而复却大声说:"不错,不错,你就是我们这个组。"周而复的召唤,意味着自己回到了党的怀抱,可以参加党的组织生活了。在极度兴奋中,她都不知道自己是怎么坐了下去。怀着孤儿回到母亲怀抱般的激动心情,她于党的生日前夕写成《"七一"有感》,并于 7 月 1 日刊登在《北京日报》上。文章在

---

① 转引自周良沛:《丁玲传》,第 723 页。

简要回顾被迫离开党的辛酸之后,尽情抒发了回到党的怀抱的喜悦之情:"二十一年了,我被撵出了党,我离开了母亲,我成了一个孤儿! ……今天,我再生了,我新生了。我充满喜悦的心情回到党的怀抱,我饱含战斗的激情,回到党的行列,'党呵! 母亲,我回来了!'"①

丁玲的组织关系是在中国作协。当年开除她党籍的是中国作协,要恢复她的党员身份和组织生活,自然也只有依靠作协。虽然在政协会议上丁玲被安排在文化界的党员小组,丁玲也因此而自认"回到党的行列",但作协作为一级组织却没有对她如何参加组织生活作出任何反应。她的户籍仍在山西长治老顶山公社,每月八十元的生活费仍由长治寄来,她的组织生活的恢复自然无从谈起。《"七一"有感》的公开发表,一方面引起了许多同志的赞赏,认为她受了那么多委屈,却没有改变自己的信仰,没有流露出丝毫不满情绪,另一方面却招来了物议,说她是以此向作协党组施加压力。9 月 20 日,丁玲再次致信中国作协党组,要求早日落实政策,恢复她的组织生活,使她以党员身份参加第四次文代会:如果"我只是由'大右派'进而为'摘帽右派'、'改正右派',以这样的身份,以类似得到宽大处理的战俘身份去参与文代会,除了证明落实党的政策受到了阻碍,纠正历史的错误不彻底,不及时,不得力外,对党,对文代会议,对工作能有什么益处,能起什么积极作用呢?"②三天以后,她又直接致信中宣部部长胡耀邦,要求明确她参加文代会的政治身份,指出:"既然作协的复查结论确认一九五五年的反党集团的结论是错误的,一九五七年的右派是错划,并决定恢复我的党籍、行政级别,那末我便应该像最

---

① 丁玲:《"七一"有感》,《丁玲全集》第 8 卷,第 16～17 页。

② 丁玲:《致张僖并转作协党组》(1979 年 9 月 20 日),《丁玲全集》第 12 卷,第 127 页。

早的两次文代会时那样,以共产党员的身份参与这次文代会,这是自然的。"①在丁玲的多次争取下,她恢复党的组织生活问题在经历了一波三折之后终于有了一个圆满的结果。在第四次文代会召开前夕的 10 月 22 日,中央组织部宣教局通知第四次文代会筹备组转告第四次文代会领导小组,自即日起恢复丁玲的党籍,恢复组织生活。

三是澄清历史问题。"历史问题"一直是压在丁玲心头的一块沉重的巨石。自 1982 年 5 月起任丁玲秘书的王增如回忆,晚年丁玲"最大的一块心病,就是 1930 年代她被拘禁南京的那段历史。那是她的要害,是她的'政敌'紧握在手里的法宝"②。1978 年 4 月,还在山西长治嶂头村的丁玲在对其被划为右派问题提出申诉时,就要求对她的历史问题进行复查。1979 年 2 月中旬,刚回到北京不久的丁玲又再次为自己的问题进行申诉。2 月 17 日,"发给魏伯、张僖(二人时任中国文联副秘书长——引者)信,要四份当年批我的材料";20 日,在崔嵬追悼会上,丁玲见到魏伯,明确表示自己"决不同意一九五六年的结论"。在等待中国作协作出结论的日子里,也有令丁玲兴奋的好消息传来:3 月 23 日,"下午吴同和来,吴说,听迈克尔(即黎雪同志——引者)说,说是胡(指胡耀邦同志——引者)说的:丁玲的历史结论,应照一九四〇年的";3 月 25 日,"黎雪来,说胡(指胡耀邦同志——引者)说的:'坚持要一九四〇年结论,至于其它(如对周等……)可以不管它。'还说'我可以去看他'。我仍觉得可以等等"。③

在丁玲提出复查申诉一年多后,1979 年 5 月 3 日,中国作家协会复

---

① 丁玲:《致廖井丹、胡耀邦》(1979 年 9 月 23 日),《丁玲全集》第 12 卷,第 128 页。
② 王增如:《丁玲办〈中国〉》,人民文学出版社 2011 年版,第 16 页。
③ 丁玲:1979 年 3 月 23 日、25 日日记,《丁玲全集》第 11 卷,第 492～493、493 页。

查办公室作出了《关于丁玲同志右派问题的复查结论》。关于丁玲1933年被国民党逮捕后在南京的一段历史问题，复查结论中写道："经复查，丁玲同志一九三三年被捕问题，中央宣传部曾在一九五六年十月二十四日作过审查结论，属于在敌人面前犯过政治上的错误。一九七五年五月十九日中央专案审查小组办公室又重新作了结论，定为叛徒。但这个结论所依据的事实未超过一九五六年作结论时的根据。因此，我们认为，应维持中央宣传部一九五六年十月二十四日《关于丁玲同志历史问题的审查结论》，撤销一九七五年五月十九日中央专案审查小组办公室《对叛徒丁玲的审查结论》。"胡耀邦同志在中国作协写这个结论之前，已经说过丁玲同志的历史结论按1940年的办，但最终在丁玲历史问题上还是形成了这样一个结论。

丁玲很快见到了这个结论，并就其中的"历史部分"于6月8日明确提出保留意见："对于第一项历史部分说'应维持中央宣传部一九五六年十月二十四日《关于丁玲同志历史问题的审查结论》'，我不能同意。"她还陈述了自己不能同意的理由："（1）对于一九五六年的这个结论，当时迫于形势，我在这个结论上签了字，但同时声明，'结论中引用的我的交代与事实有不够确切符合之处'，作了三项带根本性的保留。在一九五七年夏天，作家协会党组扩大会议第四次会议上，会议主席、作协党组书记邵荃麟同志当众宣布而为众所周知：这一结论，中央组织部不予接受，退回。这就是说，这一结论没有最后成立"；"（2）一九四〇年在延安，中央组织部陈云同志亲自主持，任弼时同志亲自审查了我的这段历史，作了书面结论，认为没有问题，结论经过毛主席审批。一九四三年我在党校补充交代的一点事实，没有推翻我过去交代的事实，也不曾改变事情的性质；没有根据，也没有理由以这一补充交代来否定或修改一九四〇年中央组织部的正确结论"。丁玲要求"确认一九五六年十月二十四日中央宣传部《关于丁玲同志历史问题的审查结论》不能成立"，"确认一九四〇年中央组织部所作的结论是正确的，应该维持这个结论"。①

丁玲的意见送达后，中国作协复查办公室于 6 月 9 日迅速作出了《关于丁玲同志一九三三年被捕问题的复查报告》，坚持认为"一九五六年十月二十四日中央宣传部《关于丁玲同志历史问题的审查结论》是实事求是的，应维持中央宣传部于一九五六年十月二十四日《关于丁玲同志历史问题的审查结论》"。双方的意见截然对立，丁玲没有在这个复查报告中签字。事情陷入了僵局：丁玲不在这个结论上签字、不承认自己"在敌人面前犯过政治上的错误"，也就意味着自己的党籍和组织生活不能恢复——历史问题与现实问题在丁玲那里就这样互相缠绕着、纠结着。

这期间，第四次文代会正在紧张的筹备之中。丁玲为了明确自己与会的政治身份，于 6 月 21 日、24 日两次致信作协党组，都未得到回音。出于无奈，丁玲于 9 月 23 日直接致信中宣部部长，要求把历史问题与现实问题分开解决："难道因为我对历史结论有不同的保留意见，就能拖延党籍等问题的解决吗？万一我认为历史结论不合事实被迫作长期保留（这是党章允许的），是不是这些问题就一直不予解决呢？我想这是不应该的。"大概是丁玲的这封信起了作用，秋初，在一次文代会筹备小组会议上，中组部宣教干部局副局长郝逸民在会上转达了中组部关于丁玲问题的两个意见。其一是，丁玲的复查结论作出来了，她本人还没有同意，但"右派"结论肯定要改正的，她是全国政协委员，政协开会时她已经参加了政协的中共党员会议。因此中组部建议让她参加文代会的党员会议。在周扬等人的要求下，中组部宣教局于 10 月 22 日送来公函，同意

---

① 转引自徐庆全：《丁玲历史问题结论的一波三折》，《百年潮》2000 年第 7 期。

丁玲参加文代会的党员会议。

参加文代会的政治身份明确了,但丁玲党籍和组织生活的真正恢复却是她在经中央批准的中国作协的复查结论上签字以后。关于丁玲在这一结论上签字的时间与原因,黎辛回忆说,"1980 年元月丁玲才在上述复查结论上签字。丁玲终于承认历史上犯'政治上的错误',这样 50 年代批判她是事出有因的了。大约 3 年以后,一次闲谈,我问她:'你不同意,为什么签字呢? 这时候早已不斗人了,你怕什么?'丁玲说:'我要生活呀,同志!'说着她笑了,'我一个月 80 元生活费,要交房租、水、电、煤气费都不一定够,我还要吃饭的,我不签字,作协就是不恢复我原来的生活待遇。我住的房子是我找中央办公厅主任冯文彬要的。作协什么事都不管我。我的沙发,是从人民文学出版社借的 2000 元稿费买的。'"①为了"生活",丁玲在复查结论上签了字,这意味着自己对犯"政治上的错误"作了认可,但她内心深处仍然向往着 1940 年中组部的结论。

1983 年 8 月,丁玲绕过中国作协直接向中组部提出申诉,"对历史上的被捕问题,希望仍维持 1940 年中央组织部做的结论"。1984 年 3 月,中组部在查阅有关档案资料、听取丁玲本人意见并征求五十年代处理丁玲一案的负责人李之琏同志的意见后,作出了《关于对丁玲同志申诉的复议报告》,后附《关于为丁玲同志恢复名誉的通知》,上报中央书记处。报告明确提出结论性意见,对丁玲 1933 年被捕问题,"仍维持 1940 年中组部的结论",并"以此结论意见为准"。这个报告也曾经中宣部部务会议讨论,得到一致同意,只是其中的一句话作了修改。3 月 22 日,时任中宣部部长的邓力群附上意见,"建议中组部找陆定一、周扬、林默

① 黎辛:《文艺界改正冤假错案的我经我见》,《纵横》1999 年第 8 期。

涵、张光年、刘白羽等同志,听听他们的意见,向他们做些解释"。3月24日,中组部副部长陈野苹作出批示,同意邓力群的意见:"复印分送,如有意见,请告郑伯克同志。此件已经胡乔木同志同意。"中组部将这个带有邓力群、陈野苹意见的报告,分送有关同志。林默涵、刘白羽在这份报告上签了字,对报告表示同意。周扬看了,未作表态,但脸色一沉地说:"我虽然不管事了,但这么大的事儿,为什么事前不跟我打招呼?"张光年则将报告压了一个月,既不给中组部退回去,也不提意见。在此期间,他派人跟香港联系,找来了原国民党特务头子徐恩曾写的回忆录。在中组部的催促下,他最后把徐的回忆录和报告一起退回中组部。

这次征求意见,是经过胡乔木同志批准的。他交待,如果这几个同志有不同的意见,可以保留,但不论他们有什么意见,都必须执行。至此,丁玲所期待的历史结论在冲破重重阻力之后即将最后形成。5月,中组部派人到丁玲家里就《关于为丁玲同志恢复名誉的通知》征求意见稿征求丁玲意见,丁玲很自然地流露出一句话来——"我可以死了"。她以此表示"我的历史澄清了,没有问题了,没有尾巴了,我心情好多了,我是可以死的人了",因为在她看来"现在再没有我担心的事情了,我轻松了。我死了以后,不再会有什么东西留在那里,压在我的身上,压在我的儿女身上,压在我的亲人身上,压在我的熟人我的朋友身上"。①

两个月以后的7月14日,中组部将经中央书记处批复同意的《关于为丁玲同志恢复名誉的通知》最后定稿;8月1日,作为九号文件发至各省、自治区、直辖市党委,中央各部委,国家机关各部委党组,各人民团体党组,解放军总政治部,为丁玲"消除影响"、恢复名誉。丁玲的历史问题经过如此的一波三折终于尘埃落定。1984年8月,丁玲看到中央组织

---

① 丁玲:《党给了我新的生命》,《丁玲全集》第6卷,第286页。

部下发的九号文件时,抑制不住内心的激动,给党中央写了感谢信。写文章已经近六十年的丁玲第一次感到"我的文字是不够用的,我从脑子里找不到最合适的字眼来准确地充分地表达我现在的感情。这种感情如风驰云涌,如果不讲、不叫,我就无法平定我这种深沉而又激荡的心情"。信中以激情四溢的语言表达了自己对党中央的无限感激之情:"目前,中央组织部通知我:《为丁玲同志恢复名誉的通知》已经中央书记处批准,即将下达。这真如一轮红日,从浓雾中升起,阳光普照大地。我沐浴在明媚的春光中,对党的感谢之情如热泉喷涌,我两手高举,仰望云天,满含热泪,高呼:'党呵! 母亲! 你真伟大!'"①

与此同时或稍前,她还口授了一篇文章,除了表达与该信相同的情思内容外,还特别阐述了政治名誉对于一个共产党员的重要性:"对一个共产党员来说,诬蔑她的名誉、在敌人那里有过叛变行为,这对一个真正的共产党员是不能接受的。现在呢,组织上给我作了结论,党给我恢复了名誉,我还有什么要求呢? 我什么都不需要了。一个共产党员的名誉比生命还宝贵,这等于是给了我一个新的生命啊! 正如《通知》上所说的:我'是一个对党对革命忠实的共产党员',那么,我是一个纯粹的共产党员,这符合历史,符合现实,我没有任何其他的要求。"②一块压在她心头的巨石终于被搬掉,她的政治名誉终于得到恢复,已经八十高寿的她感到了由衷的轻松和释然。

从摘掉右派帽子到恢复组织生活再到澄清历史问题,丁玲问题的平反从 1978 年 7 月起,至 1984 年 8 月止,前后持续了六年多时间。在丁玲漫长而坎坷的平反之路上,固然可见新时期我国政治生活中拨乱反正

---

① 丁玲:《致中央组织部并转党中央》(1984 年 8 月),《丁玲全集》第 12 卷,第 242 页。

② 丁玲:《党给了我新的生命》,《丁玲全集》第 6 卷,第 287 页。

的深入,但也可见在社会转型时期"左"的阻力之大。特别是在澄清丁玲历史问题上的波折,很清楚,"主要是因为'左'的东西",在于"政治上的极'左'路线和文艺界的宗派主义"。① 面对着重重阻力,为了维护自己的政治权利,丁玲以自己执著的努力和坚韧的意志,进行了持久的抗争,显示出了捍卫自我尊严、反抗不公正命运的精神。"五四"个性精神之火在丁玲对自我政治权利的争取和维护中又一次闪耀出了璀璨的光芒。

① 郑伯农、陈漱渝语,见涂绍钧整理:《拨乱反正的历史结论必须坚持——中国丁玲研究会针对〈百年潮〉杂志发表〈丁玲历史问题结论的一波三折〉一文召开的专题座谈会纪要》,《常德师范学院学报》2001 年第 1 期。

第二十四章 "韦护精神"

1979 年末,第四次文代会期间,画家高莽为丁玲画了一幅像。丁玲看后很高兴,认为画得形神兼备。高莽请她题词,她不假思索地写上了"依然故我"四个大字。站在旁边的丁玲的原任秘书张凤珠深深感到,"虽然只有四个字,却拥有她个人心灵上太丰富的内涵。我想这是她在宣告:这就是丁玲,她的心,她的感情,她的灵魂是没有什么力量能够改变的!"①丁玲从二十年代就确立的"五四"个性精神和自由品格在经历过无情的政治风暴的袭击和洗礼之后,仍旧"依然故我",确实是没有什么力量可以把它彻底改变的。

"五四"个性精神和自由品格是在中国社会进入到彻底反封建时代、在反封建启蒙运动中得以形成和确立的。它以"人的发现"为前提,积极鼓吹在尊重个体权利基础之上的独立思索与独立行动,其内涵既包括对

---

① 张凤珠:《我感到评论界对她不够公正》,《黄河》2001 年第 2 期。

个体的人生关怀,也包括对个体生存环境的关怀(即社会关怀),其目的则在于使人生与社会趋于合理、美好。在"五四"时期创刊的《语丝》的《发刊辞》中,周作人说,"我们只觉得现在的中国的生活太是枯燥,思想界太是沉闷,感到一种不愉快,想说几句话,所以创刊这张小报,作自由发表的地方","我们这个周刊的主张是提倡自由思想,独立判断,和美的生活"。该刊终刊后,鲁迅对其思想文化特色也作出了这样的概括:"任意而谈,无所顾忌,要催促新的产生,对于有害于新的旧物,则竭力加以排击。"①周作人和鲁迅对《语丝》创刊目的和刊物特色的说明,正是对"五四"个性精神和独立品格的形象注解。自称"吃鲁迅的奶长大"②(也是吃"五四"的乳汁长大)的丁玲自觉继承了"五四"传统,在最初走上文坛时就以《莎菲女士的日记》等作品表现了对人生的关怀,后来虽然走向"革命",但她仍然以《我在霞村的时候》、《在医院中时》、《"三八"节有感》等表现了社会关怀,以自己的独立思索弘扬了反封建的主题。1949年以后,在她以一名"小号兵"的身份积极为新体制、新规范的建立和巩固摇旗呐喊时,在后来遭遇"风雪人间"的苦难时,她仍然忘怀不了并时时反顾"五四"个性传统。在进入社会主义新时期以后,她发现不管是在社会上还是在文艺界,人们所面临的一个共同的时代课题仍然是反封建。她指出:"总结几十年来的革命经验,特别是十年大动乱的教训,使我们痛定思痛,大家越来越看得清楚,在我们的国家里,甚至在我们党内,封建主义的残余影响还非常严重。"③她看到,在农村,"封建思想大大回潮";在文艺界,作为封建思想之具体表现的宗派主义,还在继续着。

---

① 鲁迅:《我和〈语丝〉的始终》,《鲁迅全集》第4卷,第167页。

② 丁玲:《我便是吃鲁迅的奶长大的》,《丁玲全集》第8卷,第204页。

③ 丁玲:《生活·创作·时代灵魂》,《丁玲全集》第8卷,第105页。

　　为了消除封建主义的残余影响,丁玲在这一时期更多强调的是一种社会关怀。她继承"五四"社会批评和文明批评的传统,以"五四"式的个性精神和自由品格积极提倡"讲真话",号召人们要发扬直面现实、干预现实的"韦护精神"。韦护是佛教里韦陀菩萨的名字,其塑像手持宝剑,被置放在第一殿佛像的背后,背对尘世,面对着正殿(第二殿),只看佛面。瞿秋白生前对韦陀"一发现尘世的罪恶,就要抱打不平,就要拔剑相助,就要伸手管事"的精神十分推崇,喜欢把自己比作韦陀,并用"屈(与"瞿"谐音——引者)韦陀"作笔名发表过文章;而丁玲于1929年创作的以瞿秋白为主人公原型、描写其革命与恋爱相冲突的长篇小说也以《韦护》为题。半个世纪过去了,丁玲又想起了韦护,并于1980年6月以《韦护精神》为题,积极提倡"伸手管事"、疾恶如仇的"韦护精神",强调"我们就是应该效法韦陀菩萨,我们要有更多的韦陀菩萨,人人关心国家大事,大胆干预生活"。丁玲此时倡导"韦护精神",主要为了召唤人们去斗争,"为了扫除新长征中的障碍,振兴国家,造福人民"。当时,社会处在转型期,前途光明,但问题不少、任务艰巨:"对我们社会里的封建残余以及资本主义的新垃圾,我们不应熟视无睹,和平共处,也不能合十打坐,清净无为。林彪、'四人帮'为祸十年,我们民族受难,人民遭殃。现在他们虽然得到了应有的下场,但他们的流毒还远未肃清。封建主义的枷锁也应进一步破除"。① 所有这些问题,都必须靠人们发扬"韦护精神"去解决。

　　丁玲提倡以"韦护精神"大胆干预生活,在内容上继承了"五四"社会批评的传统,在精神上则继承了"五四""任意而谈,无所顾忌"的个性主义传统。在政治风暴袭来的时候,在"风雪人间"的岁月里,丁玲曾经也于无奈之中湮灭过自己的个性,作过违心的检讨和认罪。因此,此期她

---

① 丁玲:《韦护精神》,《丁玲全集》第8卷,第91、92页。

对"五四"个性精神和"无所顾忌"的"说真话"传统的继承,必然伴随着对自己曾经迷失个性的反思。1980 年在中国作协文学讲习所对青年作家发表讲话时,丁玲承认:"过去对我们这个社会,特别是对于我们党受到的社会的旧影响,认识是不深刻的。我挨了打还说好,说应该。检讨写了那么厚。检讨的时候我脑子里只想:'什么时候我才可以不写检讨?千万不要再写这样的检讨了。'"①1982 年 9 月 3 日,丁玲在列席中国共产党第十二次全国代表大会时,在中直机关第二组小组会上的发言中对自己的过去作了这样的反思:"长时期内,为什么我们共产党却鼓励人、强迫人说假话?而我自己也抵制不住,先是为保持党籍(开除党籍就切断了我和人民的联系),后是为保留人籍(如果失了人籍,党籍就将永远失去),我不断地认罪,写检讨,按手印。我永远惭愧,我没有像有些同志那样,做到'不怕开除党籍,不怕坐牢,不怕杀头……'的教言。"②在她一再流露的这种真诚而沉痛的反思中,我们看到的是丁玲个性的回归和她对个性的坚守。1982 年在故乡临澧发表讲话时,她是这样说的:"我想讲什么,我都可以讲。讲错了,我不怕丢脸。如果因为我是什么'长',又是个什么'家',总得像个'长'的样子,像个'家'的样子,拉不下脸来,我就会不自在。"③她这里所说的"我想讲什么,我都可以讲",简直就是活脱脱的"五四"话语。

丁玲是这么表白的,也是这么做的。她以"伸手管事"、疾恶如仇的"韦护精神"大胆干预生活,常常"无所顾忌"地讲,其中讲得较多的是社会问题和文艺界问题。一场政治风暴过后,丁玲被打入民间,与普通民

---

① 丁玲:《生活·创作·时代灵魂》,《丁玲全集》第 8 卷,第 103 页。

② 丁玲:《总结历史教训,加强文艺队伍团结》,《丁玲全集》第 9 卷,第 415 页。

③ 丁玲:《致杨桂欣》(1984 年 6 月),《丁玲全集》第 12 卷,第 235～236 页。

众在一起生活了近二十年,对农村、农民的情况相当熟悉,因而她对社会问题的关注常常是从农村谈起的。如1979年6月她在中国人民政治协商会议第五届二次会议小组会上的发言中,她向大家汇报的都是"近三年多我在农村听到、看到、体会到的一些东西,从乡下带来的点滴生活"。她谈到了农民生活的贫困:粮食严重不足,吃菜很少,甚至没有钱买盐;谈到了农村封建思想的回潮:农村中有阴婚,姑娘死了,还要出嫁,还收彩礼;求神拜佛成风,没有庙,即以一棵树、一口井代替;变相的买卖婚姻更不用说了。

在所有这些问题中,她关注和揭露的重点是农村中的干部特权和由此而导致的紧张的干群关系。1979年在政协小组会上的发言中,她指出:"老百姓说,现在一个干部'翻身'只要五六年,当了五六年干部,就房子有了,写字台有了,立柜有了。我们农民喂鸡,卖鸡蛋,卖猪肉。可是缝纫机、自行车全到那些不卖鸡蛋不卖肉的干部那里去了。过去一个地主发家得两辈三辈,现在只要能当上干部,就用不了几年。……这是为什么,人人心里都清楚。"[1]1980年7月,在接受《文汇增刊》记者采访时,她不但承认确实存在干部特殊化的问题,而且把搞特权的干部与旧时代中的地主相比,指出前者较之后者甚至到了有过之而无不及的地步:"事实上,我们的某些特权,有时比旧社会的官僚、地主特权要高。过去,地主只有财政,只有土地权,他不直接管政权;而现在我们只要有权力,就什么都有了,什么都管了。农村一个大队书记就了不起,简直就成土皇帝了。……现在有些情况比过去还厉害。过去秦始皇修阿房宫,只在长安修,没有在全国修。可是有一阵子不是北京、上海、杭州……不少地方

---

① 丁玲:《在中国人民政治协商会议第五届二次会议小组会上的发言》,《丁玲全集》第9卷,第391页。

都有修而不用的'行宫'吗？不是比封建皇帝还厉害吗?"①

少数干部搞封建特权大大降低了党的威望，严重损害了干群关系。这也正是丁玲所痛心的。在政协会议的那个发言中，丁玲沉痛地指出："党的威信在群众中降低了。他们就不相信我们的领导干部艰苦朴素，不要特权，他们总把党的领导人的生活看得不知如何荣华富贵……抗战时的那种军民关系没有了，对上边来的，少数是阿谀奉承，大多数是敬而远之。"1982年9月，在中直机关第二组小组会上的那个发言中，她也说："二十多年来，三中全会以前，我在下面极痛心地看到我们党在人民群众心目中的形象，一天比一天坏。……战争时期，在下面，老百姓看见干部来了，都热情欢迎；现在的干部来了，老百姓都溜边，不得已时，便假装笑脸，不说真话。"②

丁玲对这些社会问题（尤其是干部特权问题）的关切，表现了一个正直的知识分子的良知和社会道义感，表现了她对"五四"时代所界定的文学家的社会角色的认同，表现了对"五四"个性精神的坚持和传承。在几乎举世欢歌十一届三中全会以来出现的新局面的情况下，丁玲敢于以如此尖锐的语言说真话，确实做到了她所声称的"我想讲什么，我都可以讲"。当然，她以巨大的勇气指出这些问题，最终目的还在于引起大家的注意，一起来解决这些问题。正如她在提到"现在我们这个国家有病，我们很多人有病"时所说："有病不能讳疾忌医。拖只有让病更厉害，不是长久办法，该动手术就得动手术。"③

丁玲对具体社会问题的关注和批评，表现出了其"任意而谈"、思想

---

① 丁玲:《谈谈文艺创作》,《丁玲全集》第8卷,第115页。
② 丁玲:《总结历史教训，加强文艺队伍团结》,《丁玲全集》第9卷,第415页。
③ 丁玲:《生活·创作·时代灵魂》,《丁玲全集》第8卷,第103～104页。

解放的一面。她的这一思想质素同时还表现在对当时僵化的思想风气
的冲击和批评中。1979 年,改革开放后不久,不少得时代风气之先的年
轻人在价值观和行为方式上迅速发生变化。他们开始撇下虚幻的理想,
以务实的心态重视并追求实利,同时在行为模式上重在标新立异、展示
自己的个性。这招致当时许多思想保守者的批评,认为这是他们"表现
不好"的表现。11 月 8 日,丁玲在中国作家协会第三次会员代表大会上
发表讲话,公开为这些勇于创新的年轻人张目:

> 尽管有人批评我们现在一些年轻人,说他们总想搞间好房
> 子,想做个沙发,想搞个什么……我的看法不一样。那天在小
> 组会上我讲了:穿喇叭裤有什么要紧,他们觉得穿喇叭裤好看,
> 好看就穿嘛! 你不习惯! 你要习惯了也会觉得喇叭裤好看。
> 我们都穿一个颜色,不是蓝的就是黑的,再不就是灰的,是不好
> 看! 穿个红的穿个绿的,好看嘛,年轻人嘛,穿衣服有他们的个
> 性,愿意穿裙子就穿裙子,对这我觉得无所谓,因为这些就说我
> 们青年表现不好,大概不确切。①

后来有一次,她在给青年作家讲话时,也是语出惊人。她说:"什么思想
解放? 我们那个时候,谁和谁相好,搬到一起住就是,哪里像现在这样麻
烦!"②丁玲发表的这些言论,其意义不仅仅在这些问题本身,更在于她
要借此来冲击当时僵化的思想观念。言行举止、穿着打扮、婚姻习俗等
等,看上去好像是生活中的小事,实际上它们是文化的载体、思想观念的

---

① 丁玲:《讲一点心里话》,《丁玲全集》第 8 卷,第 70 页。
② 转引自王蒙:《我心目中的丁玲》,《读书》1997 年第 2 期。

载体。历史真是惊人的相似。"五四"时期,关于女子剪辫、放脚,在新文化阵营与封建保守派之间也曾经展开过激烈的论辩,这实际上关乎新旧两种不同文化观念的冲突。而丁玲此时对青年穿喇叭裤、穿裙子的声辩,实际上也是要用"新"来冲击"旧"、用"新"来冲击在封闭的环境中形成的僵化的思维模式。

在关注社会问题的同时,作为一位作家,作为文艺界"左"的错误的受害者,丁玲理所当然地还关注着文艺界的问题。1949 年以来,由于文艺本身所具有的意识形态性质,也由于高层领导对文艺的高度重视,在很长时间内,文艺界矛盾盘根错节、斗争层出不穷,文艺界的动向甚至成了国内政治气候的晴雨表。到了社会主义新时期,如何清除文艺界的"左"的错误,如何在政策上为文艺界营造出一个宽松自由的整体环境,一直是丁玲思考和言说的重点。她以大无畏的"韦护精神",着重从以下正反两个方面"无所顾忌"地发表了自己的意见:

一是根除文艺界的宗派主义和不正之风。丁玲是文艺界的宗派主义和不正之风的直接受害者,对此,她有着切肤之痛。1979 年 11 月 8 日,丁玲在中国作家协会第三次会员代表大会上讲话时,对宗派主义的批判也是从总结历史教训开始的。她指出:"我们是吃了亏。我们文艺界吃的亏,大得很呐!"她"总想搞清楚,我们这个亏是吃在什么地方"。经过深入思考,她发现,"我们文艺界是有一个封建的东西,这个封建的东西要是不打倒",后果不堪设想。于是,这位从十五岁起就开始自觉反封建的战士大声疾呼:"我们现在还要反封建,反什么呀? 就是要反文艺界的宗派主义(热烈的掌声)。我们要不把这个东西反掉,管你谈什么百花齐放,百家争鸣,团结起来向前看,讲的很多很多,但是,只要这个东西还在就危险。"①三年后,她又再次强调:"封建思想在文艺界的具体表现就是宗派主义,衷心希望今后宗派主义这类事,再不要继续、重演了";并且提出质问:"文艺界有没有'一言堂'? 有没有终身总统制? 有没有任人唯亲? 有没有沿着错误的老路继续踏步? 有没有台上握手、台下踢脚和其它的不正之风?"②

为了从体制上彻底铲除宗派主义产生的基础,丁玲还力主:"文艺团体的负责人,按照民主通过的章程,应该由群众选举。……群众团体中民主选举产生的领导人不应由什么机关指定或委派,更不是终身制。"③她甚至还进而提出要取消文艺界的有关领导组织,因为在她看来,文学是靠党领导的,而不能由一两个人来领导。因此,"能够把这个衙门取消,真的做到'百家争鸣',那我觉得还有希望。要不然,老是把自己陷到小圈子里……"④从新中国初期为建立文学新体制摇旗呐喊并任职于有关领导组织,到现在提出取消领导文艺界的"衙门",就此而言,丁玲在新时期"思想解放"的潮流中确实显得相当"前卫"。

二是提倡艺术民主和创作自由。艺术民主和创作自由,关乎党的文艺政策,也关乎文艺界整体氛围的营造。历史的教训值得注意。在第一次文代会上,周扬在所作的《新的人民的文艺》报告中,将批评视为"实现对文艺工作的思想领导的重要方法"而予以强调;丁玲自己在报告中也把批评的作用界定为"对文艺工作、对作品指出方向,明辨是非,评定高低"。这样,文艺批评往往成了一种判决,取得了对作家生杀予夺的无上地位,作家因此常常丧失了反批评的民主权利。经过多年实践,到新时

① 丁玲:《讲一点心里话》,《丁玲全集》第8卷,第73页。
② 丁玲:《总结历史教训,加强文艺队伍团结》,《丁玲全集》第9卷,第417页。
③ 丁玲:《随谈》,《丁玲全集》第8卷,第129～130页。
④ 丁玲:《谈写作》,《丁玲全集》第8卷,第276页。

期丁玲终于发现:"由于多年来我们缺乏民主,有的人习惯于把评论当成打人的棍棒,当作法庭的终审判决,所以至今有的同志谈虎色变,一听到批评就紧张。"①为了纠正这种倾向,充分发挥艺术民主以繁荣文艺事业,1980年7月,丁玲在接受《文汇增刊》记者采访时公开提出要"改善和加强党对文艺工作的领导",并将"文艺批评的民主化"视为其中的重要方面:

> 我以为作家发表作品,评论家发表批评文章,一般地都不要禁止发表,应该允许发表,作品即使有错误,评论文章即使与领导上的意见不相同,不一致,也应该允许发表,要让群众来检查、鉴定,大家写文章。领导有意见,当然可以而且应该参加批评,但是不搞家长制,一言堂,也是一家之言。领导同志也有评论的自由。作家不同意,也可以反批评。②

类似这样的意见,丁玲在此前后曾反复表述过。稍前(1980年6月),在中国作协文学讲习所向青年作家发表讲话时,她说:"某篇作品真的有什么错误,我如果以个人名义写文章,我与作者是平等的,我是评论家,你是作家,我批评你,我把话讲在当面,文章写在纸上……那没有什么嘛!那很光明正大嘛!"③稍后(1980年12月),她更撰写了《我所希望于文艺批评的》一文,提出:"作家反对专横,蔑视棍子";批评工作是"民主运动的一部分",批评工作"要大胆,思想要解放,要独立思考,秉公执言,不随

---

① 丁玲:《生活·创作·时代灵魂》,《丁玲全集》第8卷,第106页。
② 丁玲:《谈谈文艺创作》,《丁玲全集》第8卷,第118页。
③ 丁玲:《生活·创作·时代灵魂》,《丁玲全集》第8卷,第106~107页。

风倒,不察言观色,不仰承长官旨意";"作家反对官僚,反对一言堂,反对
迷信,反对造神"。① 所有这些意见,都是丁玲在总结我国几十年文艺批
评的历史教训的基础上提出来的。它们既具有厚重的历史感,对新时期
文艺批评的民主和文艺创作的繁荣也有着迫切的现实意义。丁玲自己
是这么说的,在很多情况下也是这么做的。甚至为了保护作家的创作积
极性并为作家营造宽松的环境,她有时还审时度势,弃置了自己批评的
机会。据张凤珠回忆,"大约是在 80 年代,刘宾雁写了一篇小说,题目好
像叫《警告》,丁玲不喜欢这篇小说,说他怎么把环境和色彩都写的那样
阴森呢?""我向老太太说:你可别去写文章批他。老太太说:我怎么会去
批他,他现在写得很艰苦,又总被点名,我不会去批他"。② 虽然丁玲的
这种做法未必值得提倡,但她由此表现出来的为作家营造一个宽松环境
的拳拳之心还是令人感动的。

在丁玲看来,要营造文艺界宽松和谐的氛围以解放文艺生产力,除
了要改变以往将批评当作打人棍棒的现象,还要在政策上还作家以创作
自由。1985 年 2 月,党中央在作协第四次代表大会上提出"创作必须是
自由的"。丁玲听取这个祝辞后,以抑制不住的喜悦之情写下了极富情
感色彩的杂文《多么美好,中国的春天!》,把"创作自由"政策的出台比作
是美好春天的到来。在她看来,要真正获得创作自由,作家自己首先就
要解放思想。虽然她也看到,要在文艺界清除为害几十年的"左"的影
响,真正实现创作自由,还需要做许多艰苦的工作,但她在新春之际仍然
殷切寄语文艺界的新老朋友:"珍惜创作自由,正确运用创作自由,为实

---

① 丁玲:《我所希望于文艺批评的》,《丁玲全集》第 8 卷,第 142、143、144 页。
② 张凤珠:《我感到评论界对她不够公正》,《黄河》2001 年第 2 期。

现中国文艺的大繁荣,努力工作吧。"①

丁玲对党中央"创作自由"政策的拥护是由衷的,因为这也是她多年以来热烈向往、孜孜以求的。在她看来,要真正获得创作自由,作家自己首先就要解放思想,并以自己的努力和勇气去争取自由。早在1982年3月,在1981年全国优秀短篇小说发奖大会上,她就强调:"作家的思想还是要解放,创作要自由,要从各种桎梏中解放出来,不能'怕'字当头,一定要从不自由中获得自由。……作家在创作的时候,只能写自己的感受,不能有这样那样的框框。这几年有许多同志写文章表示要说真话,提倡说真话,这是对的。……我赞成作家应该说自己的话,应该说真话。"②1985年4月在中国作协陕西分会座谈会上的讲话中,在论述创作自由时,她又进而提出了反对行政干涉的命题。她指出:

> 我们现在讲的创作自由,不是讲的作家的精神状态、感情的自由,而是讲的行政干涉太多。行政干涉,可能有的地方、有的时候做得过了头,如发了篇有点什么问题的文章,把刊物查禁了,就过头了。……号召是需要的,但不能强迫,干涉太多了,不自由,没好处。③

总之,一方面,作家本人要解放思想、要有勇气,另一方面,在创作上要反对过多的行政干涉。这就是丁玲在如何实现真正的"创作自由"问题上的主要思考。

---

① 丁玲:《多么美好,中国的春天!》,《丁玲全集》第6卷,第304页。

② 丁玲:《如何能获得创作的自由》,《丁玲全集》第8卷,第152页。

③ 丁玲:《扎根在人民的土地上》,《丁玲全集》第8卷,第479页。

综上,丁玲在复出后的近十年中,以"依然故我"的个性姿态和直面现实、干预现实的"韦护精神",对社会问题和文艺界问题"无所顾忌"地发表了许多精辟而尖锐的意见,表现了对"五四"个性精神的坚持和传承。在这些意见中,贯穿了一条精神的总纲——"反封建"。她曾经提出:"我们不只是要竭尽全力,从体制上,作风上,领导上清除封建主义在生活中的残余影响,也不要忘记用我们的笔,在我们的作品里,塑造反封建斗争的战士和不朽的英雄。"①她本人则以自己的反封建实践在现实生活中塑造了一个"反封建斗争的战士"形象。这构成了新时期丁玲思想的一个重要方面。

---

① 丁玲:《生活·创作·时代灵魂》,《丁玲全集》第 8 卷,第 105 页。

| 第二十五章　《"牛棚"小品》与其他 |

丁玲复出以后继承"五四"个性精神,在以"伸手管事"的"韦护精神"直接干预现实、进行反封建斗争的同时,还以散文创作和文艺评论表现出了对自由和个性的审美追求。在这一方面,首先要提及的是她的《"牛棚"小品》以及《风雪人间》。《"牛棚"小品》是她在得知患了乳腺癌之后,在医院中以巨大的毅力写出来的。对这篇在死神的威胁下用生命的血泪和余热写就的作品,丁玲十分珍视,并在发表之前多次向家人和朋友征求意见。丁玲在她的日记中记述道:1979 年 3 月 11 日起写,写完其中一章后即读给陈明听,陈"颇感兴趣";"给凤珠看了,她说,这种东西会有读者的。未说好坏";3 月 20 日,"李纳、朝兰来,读《"牛棚"小品》,说很感动"。①《风雪人间》是对《"牛棚"小品》的延展和深化②,丁玲最初把它定名为《风雪十二年》。在 3 月 24 日的日记中,她写道,"近日为周'文'(指赵浩生的长篇访问记《周扬笑谈历史功过》一文——引者)所苦。决先写《风雪十二年》"③。该书后更名为《风雪人间》,直至 1985 年上半年写完,前后共有六年之久。

《"牛棚"小品》是在"伤痕文学"的高潮中诞生的。关于它的创作背景和创作动机,丁玲事后有过这样的说明:"《"牛棚"小品》是一九七九年四月(应为三月——引者)我住在友谊医院时写的。我原无心写我自己,只是在读了别的同志写的'牛棚'生活、夫妻爱情、生离死别的散文以后,心有所感,才提笔试一为文的。我想要写出这种伤心,但不要使人灰心,使人怜悯,不要倾泻无余,而要留几缕情思,令人回想。"④确实,在《"牛棚"小品》以及《风雪人间》其他各章中,作者积极顺应"伤痕文学"的思想潮流,秉笔直书地写出了"这种伤心",因而导致了对"描写工农兵英雄人物"这条创作路线的"偏离"⑤。她以如椽之史笔描画了人间凛冽的风雪,揭露了在特殊历史时期中人妖颠倒的现实怪象,控诉了"左"倾错误对人性的扭曲和剥夺。这是作品表现出来的最重要的思想意义之一。

极"左"路线为害之甚,不但造成了对被损害者的巨大伤害,而且扭曲、异化了那些为虎作伥的施虐者的人性。作品中一再写到她被监督劳动时,那些被极"左"路线扭曲了人性的造反派们对她大施淫威的情景:

---

① 丁玲:1979 年 3 月 11、20 日日记,《丁玲全集》第 11 卷,第 489、492 页。

② 《风雪人间》共有上、下两卷,在下卷中收入了《"牛棚"小品》(三章),编为其中的第(二)、(三)、(四)章。

③ 丁玲:1979 年 3 月 24 日日记,《丁玲全集》第 11 卷,第 493 页。

④ 丁玲:《〈"牛棚"小品〉刊出的故事》,《丁玲全集》第 9 卷,第 298 页。

⑤ [日]田畑佐和子:《以纯真的情感写下的狱中记——〈"牛棚"小品〉解说》,孙瑞珍、王中忱编《丁玲研究在国外》,第 340 页。

中午收工时,她拖着疲惫的身躯回到集体宿舍,想躺一躺,舒展一下几乎要散架的筋骨。但是耳边立即传来了"你还配睡午觉"的吆喝:"她怎么也敢睡觉?! 她怎么能和我们一样? 我们是革命派,她是反革命,我们休息,她也休息,那怎么成呢?"于是,她被轰了出去。她想抽口劣质香烟,也立即遭到干涉和谩骂:"什么东西! 不准抽烟!"麦收时节,她被勒令下大田,手拿镰刀参加重体力劳动。因为她平素缺乏劳动锻炼,手脚笨,割得慢,于是,"常常遭受女将们的斥骂"。这些造反派们在极"左"路线的毒害下扭曲了人性,异化成了"非人"。听到那个女将对她抽烟的斥骂时,她禁不住产生了可怜之情:"我冷冷地看着她,看着她那一副傻相,想骂她几句,但不知为什么,一股可怜的心情压过了一切憎恶的感情,'唉! 她怎么会变得这样蠢,真像一只野猫。'"①她们变得"傻"、变得"蠢",变成了"野猫",这正是极"左"路线的"杰作"。从这个意义上说,她们这些为虎作伥的施虐者也是极"左"路线的牺牲品。这也正是丁玲对她们表示"可怜"的原因。

作品在揭露极"左"政治扭曲和剥夺人性的同时,还挖掘和讴歌了在极"左"政治的高压下潜伏在人们心灵深处的美好情愫,在苦难的生活中展示了令人感奋的人情美和人性美。丁玲所说的"要留几缕情思,令人回想",主要就表现在这里。这是作品中所蕴涵的重要思想意义的又一方面。1982 年,丁玲在谈《"牛棚"小品》的创作时说:"粉碎'四人帮'之后,我看了一些抒写生死离别、哭哭啼啼的作品,我不十分满足,我便也写了一篇。我的经历可以使人哭哭啼啼,但我不哭哭啼啼。"②应该看到,她对极"左"政治错误的揭露确是满含血泪的,她所展示的严峻的生

---

① 丁玲:《风雪人间·"你还配睡午觉"》,《丁玲全集》第 10 卷,第 174 页。

② 丁玲:《和北京语言学院留学生的一次谈话》,《丁玲全集》第 8 卷,第 292 页。

活内容也确有令人歌哭之处,但她同时又致力于挖掘人的美好而纯洁的
内心世界——这便是她所说的"我不哭哭啼啼"的由来。在作品中,她满
含温情地叙述了"人世中还有的好人":其中有养鸡场可爱纯真的姑娘,
有没有把她当作敌人的李主任,有对她信任无间的青年诗人,有关心她
的姜支书,有在她绝望时劝她"多照顾自己"的老王头,有为了使她免受
攻击而让她从小道走的"解差"……写出了他们的善良、纯洁,他们的乐
于助人,他们冲破了极"左"政治桎梏的大爱。

当然,受主体对被描写对象熟悉程度的影响,也受叙述视角的制约,
在丁玲对人物美好心灵的挖掘中,写得更为深入、更为感人、也最能表现
出其艺术创造力的还是她的《"牛棚"小品》三章。王蒙也曾指出:在这部
作品中,"丁玲描写她与陈明同志的爱情,竟是那样饱满激越细腻温婉,
直如少女一般,令人难以置信,但这是真正的艺术的青春"①。它通过对
"牛棚"生活中"窗后"、"书简"和"别离"等三个片段的生动描写,抒写了
她和老伴在相互隔绝的情况下在感情上互相系念、在精神上相互鼓励的
相濡以沫、患难与共的真情,写出了他们在身处逆境时在精神上对自由
的渴望和对爱的追求,借此,她进而写出了在苦难人生的泥淖中不灭的
人性之光。

《窗后》写到她和老伴被分关在两个"牛棚"里,不能见面。环境是如
此地死寂,没有阳光,没有文字,只有一个女造反派严厉地看守着她。人
是有追求自由和幸福的天性的,越是在逆境中,这种天性便越是执著、越
是顽强。在看守去打饭的瞬间,她猛然一跃,跳到炕上,从窗棂的窄窄缝
隙中,去搜寻在广场上扫地的老伴的身影。她的眼神找到了他,他也如
有感应一般地发现了她。他昂着头,注视着窗里熟识的面孔,一边扫着

---

① 王蒙:《我心目中的丁玲》,《读书》1997 年第 2 期。

尘土，一边大步直奔过来。她享受着这"缕缕无声的话语，无限深情的眼波"，虽然一天中只有几次，一次只有几秒钟，但是，"这些微的享受，却是怎样支持了我度过最艰难的岁月，和这岁月中的多少心烦意乱的白天和不眠的长夜，是多么大地鼓舞了我的生的意志啊！"

《书简》写自己接到老伴扔过来的书简（小纸团）以后的兴奋和因看守在旁不能展读的焦躁，令人想到了恋情遭到家长反对的纯情少女初接情书时的情景："我那时的心啊，真像火烧一样，那个小纸团就在我的身底下烙着我，烤着我，表面的安宁，并不能掩饰我心中的兴奋和凌乱。'啊呀！你怎么会想到，知道我这一时期的心情？你真大胆！你知不知道这是犯法的啊！我真高兴，我欢迎你大胆！什么狗屁王法，我们就要违反！我们只能这样，我们应该这样……'"在这段似娇似嗔、如痴如醉的内心独白中，我们仿佛看到了丁玲被爱火烧烤着的不能自控的情态和她所葆有的青春少女的情怀。正如张凤珠所说："记得她刚刚写完《"牛棚"小品》后拿给我看，我一边看，一边心里又惊异又赞叹：丁玲又写这样作品了，就像过去她写的《不算情书》，人世间能有这样真挚的情感，是多么感动人啊！丁玲和陈明之间的亲昵我看过很多，我曾说，他们的爱情是书本上才有的古典爱情。现在《"牛棚"小品》里把这种爱情细腻的，绵绵如絮地描绘出来了，这就是丁玲。这就是写出《莎菲女士的日记》的丁玲，才能在过了古稀之年，仍葆有青春少女的情怀，实在可圈可点。"①

《别离》写走出"牛棚"时的分别，与《书简》相比，更多了一些深沉，更多了一些沧桑，但感情的执著依然如故。刚是相聚，旋为别离。这是为她所无法想象和接受的：

---

① 张凤珠：《我感到评论界对她不够公正》，《黄河》2001年第2期。

我咽住了。我最想说的话,强忍住了。他最想说的话,我也只能从他的眼睛里看到。我们的手,紧紧攥着;我们的眼睛,盯得牢牢的,谁也不能离开。我们马上就要分别了。我们原也没有团聚,可是又要别离了。这别离是生离呢,还是死别呢?这又有谁知道呢?

在丁玲这样的感情凝重而绘声绘色的描写里,确实,"我们看到了两个活生生的人,看到了他们之间高尚的感情的闪光;我们也感到了他们不可遏止的感情交流,精神上相互有力的支持"①。

丁玲自己说过,"我写的'牛棚'小品不是当作伤痕,而只是抒写当时环境下个人的感情,我把这当做有趣的东西来写"②。确实,《"牛棚"小品》着重抒写了她身处逆境时的个人情感,抒写了她对"爱"、对"温暖"、对"自由"的渴求,展示了令人感奋的人情美和人性美;由于她把这一切的表现都置于"文革"的背景中,所以事实上也具有了写"伤痕"的意义。惟其"伤痕"是如此深重,所以其中迸发的人性之光也就显得格外璀璨、格外夺目、格外令人感奋! 这正是鼓舞人在逆境中顽强生存、毅然前行的"希望"之所在。1985 年 7 月,当她得知一位美国作家翻译了《"牛棚"小品》并且纽约某杂志准备发表时,她也是这样说的:"我希望国外的读者能够理解,在那最困难的日子里,我们这样的中国人是怎样满怀着希望生存过来的。"③

总之,《"牛棚"小品》以及《风雪人间》其他各章既控诉了"左"倾错误

---

① 牟豪戎:《丁玲散文近作漫议》,《西北师院学报》1983 年第 3 期。
② 丁玲:《解答三个问题》,《丁玲全集》第 8 卷,第 60 页。
③ 丁玲:《致严鸣晨》(1985 年 7 月 15 日),《丁玲全集》第 12 卷,第 296 页。

对人性的扭曲和剥夺,又在苦难的生活中展示了令人感奋的人情美和人性美。这双重思想内涵的建构,说明丁玲在创作精神上坚持和传承的仍然是"五四"个性传统和"人的文学"传统。对封建性的"非人"生活的揭露,对"人"的尊严的维护和对美好人性的呼唤,本来就是"五四"新文化运动和新文学运动的核心主题。进入新时期以后,当丁玲反顾那段令人"伤心"的历史时,她痛苦地发现"五四"时期提出的反封建的任务并未完成。因此,她自觉继承"五四"反封建的个性传统,在以"伸手管事"的"韦护精神"积极干预现实的同时,又以文学创作的方式反观历史,既写出了人性的被扭曲,又挖掘出了在艰难时世中尚未泯灭的人性之光。这就是作品在丁玲思想发展道路上所呈现出的思想史的价值。

在创作《"牛棚"小品》等作品的同时,丁玲作为新文学发展史上一名资深作家还就新文学的历史与现状发表了许多意见。因为身处"政治"与"文学"的张力场中,也因为受两种文学传统的影响,她所发表的意见自然是驳杂的,甚至是相互抵牾的。这里所要述说的是她传承"五四"个性传统和"自由"精神的一面。关于她自己 1949 年前的创作,是她这一时期谈论新文学历史时涉及得较多的话题。这不但关涉她个人在新文学史上的声誉和地位,更牵涉到如何评价"五四"文学传统的大问题。与五十年代一样,她对自己继承"五四"文学传统的作品采取的仍然是"历史地对待历史"的态度。相比较而言,她的这种态度此时显得更加坚决,评价更加直截,所肯定的作品也更多。七十年代后期复出后,丁玲不但在重刊、重版时保留了五十年代即选入《丁玲选集》的《莎菲女士的日记》《我在霞村的时候》两篇小说,而且选入了在发表之初即引起争议、到五十年代后期更遭到猛烈批判的《在医院中》、《"三八"节有感》、《我们需要杂文》等作品。1979 年 6 月 23 日,她在致儿子、儿媳的信中说:"且有一杂志,要在最近登《在医院中》,下期登《"三八"节有感》。我自己也在考虑把《在医院中》选入小说集,《"三八"节有感》选入散文集,《我们还须要杂文》(应为《我们需要杂文》——引者)选入文艺论文集。"①

复出后的丁玲在各种选集中把自己 1949 年前创作的、之后被打成"毒草"的作品几乎全部收入,与五十年代初相比,范围大大扩展了。不但如此,她还对自己的这些作品(尤其是《莎菲女士的日记》)进行了反驳式、辩诬式的直截评价。为了在莎菲形象的评价问题上拨乱反正,为了洗去那些"假充的理论家"泼在主人公身上的污水,丁玲从正面就莎菲形象的特质作了反复的申述。1979 年在答记者问时,她说,莎菲"想寻找光明,但她看不到一个真正理想的东西,一个真正理想的人。她的全部不满足是对着这个社会而发的"②;1985 年 4 月在致函他人时,又称莎菲有着"在那个黑暗社会背负着时代重载的那颗热烈顽强、毫不屈服、向往光明的知识少女的心","以莎菲对黑暗社会的彻底叛逆的性格和对光明希望的执着追求,我想,莎菲不会'悄悄的死去'。她不仅没有死去,而且从彷徨中走出了黑暗,找到了光明"。③ 她以自己当年创作该作时的客观背景和主观动机为据,对莎菲作出了与茅盾的《女作家丁玲》所作的经典论断相当一致的评价,肯定莎菲是一个旧社会的叛逆者,是一个光明的追求者,是一个"五四"以后出现的积极的个性主义者。至于《我在霞村的时候》、《"三八"节有感》等,她指出:"这几篇曾被认为是毒草文章。但我相信广大读者的鉴别能力"。前者刻画的贞贞是这样一个人:"她没有被痛苦压倒,她也是向往光明的";后者"那时主要批评它攻击了领导,污蔑了边区。其实我说的只是一个妇女问题,只不过是离婚再结婚嘛,

① 丁玲:《致蒋祖林、李灵源》(1979 年 6 月 23 日),《丁玲全集》第 11 卷,第 291 页。

② 丁玲:《答〈开卷〉记者问》,《丁玲全集》第 8 卷,第 9 页。

③ 丁玲:《致赵大民、都郁、黄兆义》(1985 年 4 月 27 日),《丁玲全集》第 12 卷,第 283 页。

那有什么了不起,现在很多问题比那时可严重多了"。①

丁玲对自己这些曾经受到过狂风暴雨般批判的作品的重刊和重评,其意义显然不仅仅限于这几篇作品本身,不仅仅在于要还它们的历史本真和应有的文学史地位,更在于要通过对历史的回顾和梳理来肯定和弘扬这些作品中所包孕的"五四"个性传统和文学传统,来宣示"五四"文学传统的历史价值及其当代意义。为了张扬"五四"文学传统,丁玲除了重刊、重评自己的作品外,还对新文学史上的其他重大事件和重要作品重新作出了评论。

这里特别要提到的是她对萧军的重新评价。从1942年6月开始到1949年3月,丁玲曾经在批判萧军大会上三次当主席,对萧军的"个人主义"思想作出了非常严厉的清算。距1949年3月,整整三十五年过去了,又是一个春天。1984年3月6日下午,度尽劫波的丁玲与萧军又在一个会议上相见了。这次不再是批判会,而是"庆祝萧军从事文学创作五十年"庆祝会。到会的左联老人还有周扬、胡风、聂绀弩等。雷加请丁玲讲话,在没有准备的情况下,她在萧军的要求下,把上午在文学讲习所讲的有关萧军的话移过来又讲了一遍。她说:"《八月的乡村》,是个不朽的作品,打不倒的!"她联系1934年左翼文坛沉寂、萧条的状况和某些左联作家"左而不作"的现象,指出它是"这个时候最需要的作品";"在那样的时代,《八月的乡村》这部稿子拿出来,怎么能够不令有心的人、有感情的人、对革命忠实的人高兴呢?!"②她讲话时,萧军、周扬等不时插话,气氛热烈融洽。在这个庆祝会上,丁玲虽然没有对以往批判萧军问题作出

---

① 丁玲:《答〈开卷〉记者问》,《丁玲全集》第8卷,第8、9页。

② 丁玲:《在"庆祝萧军从事文学创作五十年"庆祝会上的讲话》,《丁玲全集》第8卷,第403、404页。

直接的反思和检讨,但是,从她应萧军之邀发言与发言时萧军不时插话来看,是否意味着他们已经冰释前嫌? 而她对《八月的乡村》是"打不倒的"断言,是否也隐含了萧军是"打不倒的",他所继承的"五四"个性精神也是"打不倒的"?

丁玲在通过对历史的重新评价阐扬"五四"个性传统和"自由"精神的同时,还从这种传统与精神出发,就新时期的文学创作发表了许多精辟意见。首先,她强调文学创作应该干预现实,表现出作家的社会关怀。她认为:"作家应该是一个时代的声音,他要把这个时代的要求、时代的光彩、时代的东西在他的作品里面充分地表达出来";她希望作家"走在时代的前列,代表人民的要求"[1],使文学创作"不只是要表现生活,而且同时是战斗的武器"[2]。"文革"结束以后,知识分子的主体精神空前高扬,"五四"文学批判社会弊病的战斗传统在文学创作中迅速回归,并凝聚成了"伤痕文学"的大潮。丁玲不但以《"牛棚"小品》的创作对这一文学大潮及时作出呼应,而且发表了许多评论,对这股社会关怀思潮起到了推波助澜的作用。在"伤痕文学"勃兴后不久的 1979 年初,丁玲在答记者问时就对"伤痕文学"产生的必然性和合法性作了正名,指出:"写'伤痕'小说,有的人赞成,有的人不赞成,这有什么赞成不赞成呢? 社会里有那个事你就可以写嘛";并肯定那些写"伤痕文学"的新作家们"敏感,有感受,思想解放,敢于提出问题、回答问题",甚至说"他们是我们文艺的希望"。[3] 同年 9 月,在北京语言学院讲演时,她对"伤痕文学"的现实价值又作了进一步的阐发:"现在有'伤痕'小说,我看过一部分,这是

---

① 丁玲:《答〈开卷〉记者问》,《丁玲全集》第 8 卷,第 10、11 页。

② 丁玲:《和北京语言学院留学生的一次谈话》,《丁玲全集》第 8 卷,第 286 页。

③ 丁玲:《答〈开卷〉记者问》,《丁玲全集》第 8 卷,第 10、11~12 页。

在文艺上继续深入揭批'四人帮'的罪恶,是很有现实意义的。"①

在宏观上为"伤痕文学"的合法性和现实意义作出正名后,丁玲还从微观上对"伤痕文学"作品作了具体的肯定性评论。1980 年 6 月,她为黄蓓佳的短篇小说集《小船,小船》作序,称赞其中的《阿兔》"令人深思":它"反映了'四人帮'横行时代给予我们年轻一代的创伤。作品没有怒斥,没有正面控诉,只是使人慢慢回昧,好像罩在一片悲伤的雾霭中,就觉着在心上压了一块石头。这条创作的路,是应该坚持的"②。同年 12 月 4 日,读完《一个冬天的童话》,认为其"较有深度"③。1981 年春,她对《人到中年》和《李顺大造屋》作出较高评价,指出:前者"提出了一个很现实的普遍存在着的社会问题",后者"刻划的农民形象,反映的农村生活,都是真实生动的"。④ 1981 年 11 月 23 日,她在加拿大麦锡尔大学就中国当代文学创作发表演讲,回国后于 1982 年 1 月整理成文。在介绍到第五代作家创作情况时,她特别提到了《班主任》《伤痕》《将军吟》《芙蓉镇》等"伤痕文学"的代表性作品,称赞它们的作者"感时忧世,敢想敢说,以冲锋陷阵的姿态,为揭露'四人帮'的罪恶,扫除'四人帮'的余毒,写了许多好作品。他们是最有希望的一代,是可以信赖的接班人"⑤。1982 年 4 月,在爱不释手地反复阅读《洗礼》以后,她写了长篇书评,称赞作品对"在史无前例的浩劫中,我们民族遭受磨难和痛苦的一段历史"作了"大胆而深刻"的描述,写出了"以王辉凡为代表的共产党人痛定思

① 丁玲:《解答三个问题》,《丁玲全集》第 8 卷,第 60 页。

② 丁玲:《序〈小船,小船〉》,《丁玲全集》第 9 卷,第 127 页。

③ 丁玲:1980 年 12 月 4 日日记,《丁玲全集》第 11 卷,第 496 页。

④ 丁玲:《答〈当代文学〉问》,《丁玲全集》第 8 卷,第 159、160 页。

⑤ 丁玲:《五代同堂　振兴中华》,《丁玲全集》第 9 卷,第 404 页。

痛,从眼泪和血泊中艰难地站起来"的过程。①

丁玲对"伤痕文学"的推波助澜,表现了她对文学社会关怀功能的高度重视。与此同时,为了同样的目的,她还积极倡导杂文的写作。在1981年8月吉林省暨长春市纪念鲁迅诞辰一百周年学术讨论会闭幕式上讲话时,她"欢迎有识之士针砭时弊",号召大家"学习鲁迅的战斗精神","学习发展鲁迅杂文的文风,更多种多样,比鲁迅写得更明确、更明朗些,更痛快些,更直接些"。她还分析了当时"杂文不能往深里写"的原因:"有的人怕批评,文章还没有说到他,他自己就对号入座;有的人自己怕闯祸,分明看出问题了,也有很好的意见,但前车有鉴,因文取祸,最好还是少管闲事。"②她希望大家以鲁迅一样的勇气和社会责任感创作出"揭发问题,针砭时弊"的杂文来。

其次,她还积极鼓吹文学创作应该实现多元化。丁玲认为文学作品"是一种特殊产品,是精神食粮",因而"它生产的每一件产品都不是一个模式的",这种产品的"品种要多样,不能重复,不能只是一个模子"。③文学创作作为一种精神劳动,从本质上说是作家将自己以独立、自由精神对社会、人生所作的思考进行形式化的过程,因而每个作家的独到见解和独特艺术技巧必然会使文学创作呈现出多元化的特征。丁玲对文学创作多元化特征的认识,是深深契合文学创作的这一规律的,也是她自己继承"五四"个性传统和"自由"精神的结果。在她看来,文学创作的多元化至少应该包括以下三个方面的内容:

一是文学表现对象的多元化。她从"作家应当写自己熟悉的生活、

————————

① 丁玲:《我读〈洗礼〉》,《丁玲全集》第9卷,第288页。

② 丁玲:《关于杂文》,《丁玲全集》第8卷,第213、214页。

③ 丁玲:《文学创作的准备》,《丁玲全集》第8卷,第172页。

熟悉的人物"的命题出发,指出文学创作"不仅仅写工农兵,还要写知识分子、专家,写上层政治家"①。也就是说,文学表现的对象完全应该由作家根据自己对生活某个方面的熟悉程度来抉择,而作家又往往有自己独特的生活积累,这必然导致文学表现对象的多元化。在这一问题上,丁玲最具有思想锋芒的是对"号召"表现"主流题材"的思考。她认为,在表现"主流题材"方面,"号召是可以的,但不能强迫"。她旗帜鲜明地反对在文学表现对象问题上作过多干涉——"干涉太多了,不自由,没好处"。②丁玲对文学表现对象多元化的思考是与她对读者多元化阅读要求的认识联系在一起的。她在给陈学昭的信中明确提出了"读者群"的概念,指出:"文学作品可以有各种各样的主题和表现方法,也会有各种各样的读者群。只要能引人向上,能给读者以美的享受的,就应该得到支持和鼓励。一本书,可能工人农民不喜欢,而知识分子读了却能引人入胜。"③这就从受众角度为文学表现对象多元化提供了极有力的理论支撑。

二是文学主题的多元化。如果每个作家都能写出自己对生活的独特感受和理解,那么,从整体上看,文学创作必然会出现"主题的多元化"。从这个意义上说,作家对生活的独特感受和理解是文学主题多元化的前提,而文学主题的多元化则是作家独特感受和理解生活的结果。丁玲非常重视作家的主体性,强调"作品就是作家抒发自己对人生、对世界、对各种事物的认识、感觉和评论"④。其实,丁玲从"写自己熟悉的生活、熟悉的人物"这一前提出发积极提倡文学表现对象的多元化,已经内

① 丁玲:《答〈开卷〉记者问》,《丁玲全集》第8卷,第11页。
② 丁玲:《扎根在人民的土地上》,《丁玲全集》第8卷,第479页。
③ 丁玲:《致陈学昭》(1983年12月8日),《丁玲全集》第12卷,第219页。
④ 丁玲:《谈自己的创作》,《丁玲全集》第8卷,第86页。

含了作家见解的独特性(以及由此而形成的文学主题的多元化);因为所谓"熟悉",不仅仅是一种对生活的浅层次的了解,更应该包括作家对生活的深层次的独特感受和理解。但是,长期以来,由于"赶任务"、"写政策"创作程式的桎梏,许多作家带着先定的政策性主题"深入生活"、"熟悉生活",他们对生活的"熟悉"实际上仅仅是一种了解、一种削足适履式的了解,他们对生活的表现也就成了对先定政策的一种图解。这种现象到"文革"中更是发展到了登峰造极的地步。丁玲在粉碎"四人帮"以后对在"文革"中影响极大的浩然的《金光大道》的批评就是从这个角度出发的。她指出作者"过去长期在农村,对农村生活较熟",尽管如此,小说仍然出现了重大失误,其关键就在于:"它的艺术性被政策性完全强占了";为了让"读者懂得"政策,作者甚至在小说中"不惜讲解",从而使小说变成了"教科书"。① 她借此从反面强调了作家对生活的独特感受和理解对于文学创作成功的重要性。

　　丁玲这种见解还表现在对新时期发表的作品的正面评价中。徐迟的《哥德巴赫猜想》,是新时期报告文学创作中的报春之燕。1978 年 3 月初,还在山西长治的丁玲仔细读了这篇作品后,盛赞徐迟"写得非常好","比许多小说好,比他自己的诗也好"。在丁玲看来,它的成功主要在于作者"有热情"、"有感受","否则他不会理解这位科学家这样深"。② 张扬的小说《第二次握手》在历经坎坷后终于正式出版。丁玲用一周时间读完了这本书,并以"满怀喜悦、兴奋"的心情向读者作了热情的推荐。她指出:作者的可贵之处就在于他以自己对生活的独特感受和理解,"正确描写了知识分子,一群使人尊敬的、可爱的人",使他们"以崭新的正面

---

① 丁玲:《致蒋祖林、李灵源》(1977 年 7 月),《丁玲全集》第 11 卷,第 190、191 页。
② 丁玲:《致蒋祖林、李灵源》(1978 年 3 月 4 日),《丁玲全集》第 11 卷,第 218 页。

形象站在我们面前";在刻画这群知识分子时,"《第二次握手》写了爱情,不仅是要解决终身大事,而且还抒写了比生活上的结合更深、更属于精神领域的感情方面",这对过去"有人把这种爱情一概看作是小资产阶级的玩意,一概排斥否定"的"简单化、模式化"现象也是一种反拨。① 总之,徐迟和张扬的成功,说到底就在于他们有自己对生活的独特见解。这使他们的创作克服了图解先定概念和政策的简单化、模式化倾向,积极推进了文学主题的多元化。

三是文学形式的多元化。在文学形式上,丁玲也非常强调通过创新实现多元化。她指出:随着时代的前进和人们文化水平的提高,文学从内涵到形式都必须有所变化、有所创新:"我们文学的内涵、形式如果不能随着时代的发展而前进,那就是停滞、保守、落后","如果我们只保持着延安文艺的水平,创作方法、内容、形式都没有新的突破,那也是不行的"。② 在她看来,由于时代的变化,生活的发展,现实的更加复杂,文学创作不能仅仅停留在莫泊桑、托尔斯泰和《红楼梦》时代了,其形式还需要发展,还"需要用一些更为宏伟的章法来写了"③。为了实现形式的创新和多元化,丁玲号召"作家要努力学习,提高自己","要能够吸收新东西","突破自己的旧框框","要思想解放,要能像吸水的海绵那样,到处都能吸收东西,都能感受新东西"。④ 对于王蒙形式新异的"意识流"小说,丁玲虽然有所保留,但仍然认为王蒙"是有意要突破中国传统的艺术

---

① 丁玲:《一朵新花——我读〈第二次握手〉》,《丁玲全集》第 9 卷,第 255、257、260 页。
② 丁玲:《浅谈"土"与"洋"——〈延安文艺丛书〉总序》,《丁玲全集》第 9 卷,第 172~173 页。
③ 丁玲:《谈自己的创作》,《丁玲全集》第 8 卷,第 90 页。
④ 丁玲:《关于文学创作》,《丁玲全集》第 8 卷,第 284~285 页。

手法,追求和探索一条新的道路,这当然是可以的"①。这与其说是一种宽容,倒不如说是对文学形式多元化的一种期待。

丁玲关于文学多元化的主张,在她主编的大型文学刊物《中国》上得到了贯彻和落实。1985年1月创刊的《中国》(初为双月刊,1986年1月起改为月刊)是丁玲晚年呕心沥血办起来的。为了这个刊物,她在各种复杂的矛盾中惨淡经营②,为各种琐事(如刊址、经费、编制、稿件乃至用车)忙碌奔波,付出了许多心血。关于刊物的性质,她在创刊号上的"编者的话"中说:"我们的刊物不是同人刊物,不是少数人的刊物。刊物的撰稿人将包括五湖四海、老中青"③。后来,她对此更作出了具体的说明:

> 我们办的文学双月刊《中国》认真贯彻百家争鸣的方针,不搞宗派门户,不排斥任何人。老作家、老诗人、现代派的作品,我们都发表。有些人自称现代派,其实他不一定是真正的现代派,他写的也不一定是真正的现代派作品。他们往往只朦朦胧胧知道点现代派的皮毛,就树起什么旗号来。我们可以让他们实验一下,给他们创造接受群众检验的条件。我相信他们在探索中会不断有所前进。④

---

① 丁玲:《和北京语言学院留学生的一次谈话》,《丁玲全集》第8卷,第288页。
② 丁玲于1985年6月21日《致周良沛》中说:"《中国》编得太费劲,也不理想。内忧外患太多,我不想告诉你,不愿你为我担心。我并不乐观,只是不能不办下去,总想尽最后一点力!"见《丁玲全集》第12卷,第289页。
③ 丁玲:《〈中国〉文学创刊号编者的话》,《丁玲全集》第9卷,第221页。
④ 丁玲:《创作自由及其他》,《丁玲全集》第8卷,第486页。

从实际办刊情况看,丁玲主编的《中国》确实做到了"五湖四海"、兼收并蓄。它打破宗派门户,容纳多种艺术风格,既发表了萧乾、孙犁、路翎、苏金伞、绿原、邹荻帆、骆宾基、郑敏、陈敬容、王蒙等著名老作家的作品,又"一向重视对年轻人的扶植和发现新作者"①,推出了许多新人新作。其中,许多作品都相当前卫,极富探索精神和现代色彩,包括北岛、舒婷、江河、杨炼等朦胧诗人以及"新生代"诗人的诗歌,残雪的《苍老的浮云》、刘恒的《狗日的粮食》、格非的处女作《追忆乌攸先生》等小说。对"当时颇受争议,甚至有点'灰溜溜'的作家",《中国》也"提供一个露面的机会"。② 在创刊号和第 2 期上,就发表了此前因《春天的童话》、《苦恋》而受到严厉批评的遇罗锦和白桦的作品——散文《刘晓庆的生日礼物——〈无情的情人〉拍摄散记之一》和小说《秋天回旋曲》。同时,它还发表了李何林、唐弢、王富仁、刘晓波等知名学者的论文,其中不少充满个性和锋芒。

王蒙曾经指出,丁玲"是以发表革命老作家的作品的理由来创办新刊物的,但是她主办的《中国》,实际上以发表遇罗锦、刘晓波、北岛的作品而引人注目"③。倘从刊物所发生的影响来看,此说不无道理。但是,倘从刊物发文的实际情况来看,丁玲却也不是在暗度陈仓——《中国》确实刊发了许多老作家创作的革命现实主义作品。而"刊发老作家作品其实与当时所谓的'现代派'没有多少联系,也没有想过要反对'现代派'作

① 牛汉语,见孙晓娅:《访牛汉先生谈〈中国〉》,《新文学史料》2002 年第 1 期。丁玲在《〈中国〉文学创刊周年编者的话》中也说:"它是老中青作家的阵地,尤其是青年作家和要成为作家的青年成长的土壤,《中国》愿意尽自己的力量,扶植严肃地对待社会人生、在任何艰苦环境都不放弃诚挚的艺术追求的青年作家和文学青年",见《丁玲全集》第 9 卷,第 238 页。

② 王增如:《丁玲办〈中国〉》,第 84 页。

③ 王蒙:《我心目中的丁玲》,《读书》1997 年第 2 期。

品而发一些'现实主义'的作品,事实上《中国》杂志从来都没有刻意去抵制一些新思想、新事物的出现"①。《中国》几乎每期都刊登外国文学作品以及港台作家和海外华裔作家的作品,配发了一些外国文学作品的评论。它确实做到了丁玲在创刊号上《编者的话》中所说的那样,在继承和发扬"五四"以来革命新文学的优良传统的同时,"有选择地介绍其它各种现代形式和艺术流派,只要它们确有艺术特色,不但无害于读者,还能丰富我们的精神生活"②。所有这些,都表现了《中国》及其主编丁玲对多种风格的容纳和对文学多元化的追求。

综上所述,复出后的丁玲不管是在为平反所作的持久抗争中,还是在以"韦护精神"对生活所作的大胆干预中,也不管是在《"牛棚"小品》等作品的创作中,还是在对新文学历史的反思性回顾以及对新时期文学创作的引导式评论中,都表现了她在思想上坚守"五四"个性传统和"自由"精神的一面。但这只是问题的一个方面。对于同时具有浓郁政治情结的丁玲来说,政治又如同"梦魇"一般困惑着她、纠缠着她。从三十年代初期走向革命之后一直在她心灵深处存在着的"革命"与"自由"的矛盾,在她的晚年还在继续着,甚至在某种程度上还得到了进一步的展开。

---

① 牛汉语,见牛汉、陈华积:《〈中国〉杂志、丁玲与 80 年代文学》,《上海文化》2010 年第 3 期。
② 丁玲:《〈中国〉文学创刊号编者的话》,《丁玲全集》第 9 卷,第 221~222 页。

第二十六章 "政治"的梦魇

因为两种传统的影响,丁玲的心灵深处从三十年代开始渐次形成了追求"革命"与向往"自由"的矛盾。这一矛盾到她的晚年并未消泯,在某种程度上甚至还得到了进一步的展开。这使她在以"韦护精神"伸张个性、呼唤"自由"的同时,不能不对政治抱有特殊的敏感和热情,从而表现出了固着的政治情结。有学者指出:"半个世纪的特殊生活经历,使丁玲养成了善于从政治角度思考问题的思维定势。"[①]需要补充说明的是,特别是二十余年的流囚生涯以及由此而生的切肤之痛,更使丁玲进一步意识到了在政治面前个人的渺小以及政治对于个体生命的决定性意义——这无疑进一步强化了她对政治的敬畏之感。从消极自我保护的需要出发,这种敬畏之感又反过来进一步激发了她对政治的关注,并成

---

① 张永泉:《走不出的怪圈——丁玲晚年心态探析》,《华北水利水电学院学报》1999 年第 1 期。

了她与政治合流、同谋的心理动力。可以说,这种心理动力之强劲在丁玲那里是前所未有的;也正缘于此,丁玲晚年的政治意识发展到了空前的程度,丁玲的分裂(由此形成了"两个丁玲"的现象)也发展到了空前的程度。

毋庸讳言,对于极"左"政治的危害,丁玲不但有着切肤之痛,而且心有余悸。二十余年的肉体摧残和精神折磨,在她心中刻下了永远无法抹去的痛苦记忆。她深深知道,这种痛苦和不幸不仅仅属于她本人,还波及了包括她的子女、朋友、学生在内的更多的无辜者。直到她去世前一年,她还写了《风雪人间》中之一章《远方来信》,以饱含血泪的笔触记述了自己的右派冤案对儿子的牵连和儿子为了争取保住自己学习的专业而忍痛与自己断绝联系的无奈。由此可见,这种记忆对她来说是多么持久、多么深刻、多么惨痛! 在她复出前后,这种痛苦的记忆和体认,在她的日记、书信等纯个人化的文本中得到了反复的宣示。1978 年 9 月 16 日夜,尚在山西农村的丁玲,"静坐院中,看树影东移,夜凉如水,忆几十年大好年华,悄然消失,前途茫茫,而又白发苍苍,心高命薄,不觉怆然。惟有鼓起余勇,竭力挣扎。难图伸腰昂首于生前,望得清白于死后,庶几使后辈儿孙少受折磨,有发挥能力的机会,为国为民效劳而已"[①]。稍后在给朋友的信中,她还较具体地说到了她的儿女们的遭遇和不幸,说到了自己的担心:"儿女虽被株连,受害,受压,但也总算过来了。他们也很快要接近老年了,除了勉励他们要继续埋头,没没(默默)无闻为党尽力以外也没有什么别的希望。好在新的一代又出来了……惟一希望他们有所成就。不要再因为祖母而浪费一生"[②]。1979 年初以治病之由回

---

① 丁玲:1978 年 9 月 16 日日记,《丁玲全集》第 11 卷,第 440 页。

② 丁玲:《致洛兰、马寅》(1978 年 9 月 28 日),《丁玲全集》第 12 卷,第 103 页。

到北京后,她在向友人报告近况时写道:"我现在一家八口,今年春节总算在北京都见到了。自然他们都因我而逃不掉不受株连,给他们带来了许多不幸";她还看到,在极"左"政治的祸害下,她的冤案所株连的远不止"九族":"其实因我而受株连的人,在我上边的,在我下边的,亦不知有多少……使人常常为这些人不安,为文艺工作而不能坦然"。① 在另一封信中,她还写到了自己对儿子的株连以及自己的愧疚:儿子"是学潜艇制造的,因为我的问题,使他失去资格发挥他的所学"②。

对于一个真正强悍的个性主义者来说,对极"左"政治祸害的痛恨应更能激发反抗的热情,对无辜被株连者窘境的"不安"也该更能积聚反抗的力量。但是,丁玲此时想得更多的却是不能重起祸端,不能"自找麻烦,遗祸后代"。这不可避免地使前者变成了对后者的消解力量。为了实现对自己的消极保护,她从反面汲取了教训。她对极"左"政治祸害的痛恨转而变成了对它的畏惧,她唯恐牵连他人的负责心理也反而成了她的一个精神包袱,使她在很大程度上消泯了反抗的锐气和勇气。在自己那些个人化文本中,她披露了这一心理演变的轨迹。1978 年 10 月 8 日,她"午睡时构思一短文,以一中学教员回乡务农,从他的生活中反映农村所受'四人帮'毒害之深为题材,用日记形式,仿《狂人日记》。真是数年不见,农村的面目全非,令人痛恨。但一觉醒来之后,又有所畏惧了。文章要写得深刻点,生活化些,就将得罪一批人。中国实在还未能有此自由。《三八节有感》使我受几十年的苦楚。旧的伤痕还在,岂能又自找麻烦,遗祸后代!"③她所想写的应该是很有思想锋芒的"伤痕文学"、"反思

① 丁玲:《致赵清阁》(1979 年 2 月 26 日),《丁玲全集》第 12 卷,第 110 页。
② 丁玲:《致叶孝慎、姚明强》(1979 年 7 月 7 日),《丁玲全集》第 12 卷,第 119 页。
③ 丁玲:1978 年 10 月 8 日日记,《丁玲全集》第 11 卷,第 447 页。

文学"类的作品,但是,历史上曾有过的并且还存在着的伤痛却使她望而却步。她所希冀的是自己不要因文字而罹祸,并"使后辈儿孙少受折磨"。

丁玲写这篇日记时,以真理标准问题讨论为标志的思想解放运动已经蓬勃兴起,文学界的"伤痕文学"的创作也已经蔚为壮潮。即使她写出这样的作品,也不会犯忌,也不会"自找麻烦,遗祸后代",但她却因"畏惧"、因恐授人以柄而丧失了勇气。这种借回避(乃至躲避)以远祸的心态,她在 1981 年 6 月 4 日向友人倾吐内心苦衷的信中几乎和盘托出,得到了更加集中、充分的呈现:

> 我现在虽然在北京,既不参加高级会议,又很少见高级人物。文坛事实与我无缘。你不要看见我在这个刊物有点短文,那个刊物有点小消息,或者又偶在电视中晃一晃,实际不过是晃一晃人物,自然,也很难不见外国人,这种时候,我大半很谨慎,怕授人、授自己人以柄,为再来挨一顿棍棒做口实。但愿这只是我的"余悸"。……我明确的告诉你,假如《苦恋》是我写的,你可以想见那些左的右的都会汇成一股洪流来围剿的。难道二十多年还不能得点经验教训? 不学一点乖吗? 文艺事大不可为,希望在五十年后,在我,在我们死后许久,或可有有勇气的(也许那时不须要勇气),真正无私的,有真知灼见的人们。

信末,她还提醒收信人:"我的意见只是一管之见,望勿扩散。……全国都有耳,小报告四处飞。我惹不起人。"[1]

在这封信里,她特别提到如果《苦恋》是她写的,"那些左的右的都会

---

[1] 丁玲:《致宋谋瑒》(1981 年 6 月 4 日),《丁玲全集》第 12 卷,第 176、177 页。

汇成一股洪流来围剿",事态会更为严重。这里,丁玲透露出了一个重要的信息,这既关乎丁玲对自己处境的体认,也关乎她借回避(乃至躲避)以远祸之心态的形成原因。白桦的《苦恋》问世以后,受到了某些方面人士的严肃批评。这些批评者在思想倾向上事实上只能是丁玲所指称的"左的右的"中的一种。而丁玲在这个假设中所假定的对她的"围剿"者却是二者的合流。这是因为在丁玲自己看来,她既是曾经被打入另册的人,又是在现实中仍然引起争议的人,所以,客观处境较之白桦更加不堪。虽然此时组织生活在历经曲折后终于得到恢复,但历史问题尚未澄清,她的平反还留有尾巴。这成了她心中一个解不开的结、一块掀不掉的石头。"这压在心上的沉重石块,不能不影响到她晚年的心境和处事"①。1984 年夏中组部为她恢复名誉后,她在谈及前几年的心情时曾说过:"谁看到我都认为我精神很好,认为我心情很好⋯⋯可是,有谁知道在我心底里还压着这样一块沉重的石头? 我能向谁诉说呢? 我只能这样活下去,别无选择。"②因此,为了有助于自己历史问题的最后解决,为了推翻那块压在心上的沉重的石头,她几乎是"别无选择"地选择了"谨慎"、"学乖",而绝对不能再授人以柄。她的疲惫的心灵再也经不住新的打击,她所需要的是"平静"。对此,她在给友人的信中说得分明:"我是一个适合于住在乡村的人了,一切关系简单。我的年龄也不准许我负担任何工作和问题。身体可以劳累,心灵再也受不住打击了。躲在鼓浪屿,世外桃源,还是能心情平静的。"③从这种心理出发,为了避免遭受新的心灵打击,她不得不关注政治,不得不关注他人对自己的评价,不

① 张凤珠:《我感到评论界对她不够公正》,《黄河》2001 年第 2 期。

② 丁玲:《党给了我新的生命》,《丁玲全集》第 6 卷,第 286 页。

③ 丁玲:《致李纳》(1981 年 2 月 21 日),《丁玲全集》第 12 卷,第 160 页。

得不去斟酌、去"寻思""左的也好,右的也好,究竟对我们如何看法,如何对待"。从这一意义上说,丁玲对政治的敏感和热情又是一种被动的选择。这瞻前顾后的"寻思",其结果自然只能导致她的"畏惧"。

总之,为了消极地保护自己,为了避免在自己彻底平反问题上再起祸端,为了避免遭受新的心灵打击,复出后的丁玲开始与政治合流、共谋,在许多政治问题上开始不仅自觉地"顺着说",而且还常常说得过分、夸大,失去了应有的分寸感。这固然可以看出她的政治策略与智慧,但也可以见出她的无奈和意志的脆弱。她也不得不为此付出代价,因为这一选择所造成的对自我个性的压抑和自由精神的褫夺显然不言而喻。对政治的"畏惧"、关注与对自由的向往、呼唤,二者的并存与矛盾使丁玲处于矛盾与分裂的状态,它使我们看到了与高扬"韦护精神"、热情呼唤"自由"的丁玲相对的、另一个政治化的充满说教的丁玲。因为这一矛盾的存在,她所想的与所做的、私下说的与公开说的常常形成尖锐的对立,甚至给人判若两人的感觉。因此,运用政治术语简单说她是"左"还是"右",虽然真实,却并不全面。事实上,丁玲既有思想解放的一面,也有保守的一面。我们不能因为她思想中有保守的一面而否定其思想解放的一面,同样,我们也不能因为其有思想解放的一面而对其保守的一面视而不见。

在丁玲生前,她就被不少人看成是"老左",是"正统派"。当时,与暮年丁玲接触较多、关系较密的杨桂欣也听到"那些关于她的流言,什么'左'呀,'整人的棍子呀'"[1]。所有这些,也是为她所风闻的。1984年夏天,她在福州提到,"有人告诉我说,这里听到北京有人说,你们是四条棍

① 杨桂欣:《我所接触的暮年丁玲》,中国广播电视出版社2004年版,第111页。

子(指的是我与艾青、臧克家和欧阳山)"①。当然,除了这些"流言"外,人们对她还有戏谑般的批评。在 1984 年 12 月至 1985 年初召开的第四次作家代表大会上,她曾被台下的人喊作"红衣主教"。这不仅是因为她平时爱穿红毛衣,更是一语双关地说她"左"。总之,在当时不少人的心目中,丁玲政治形象不佳;因而,"谁靠近丁玲,谁就是老左,就再没好果子吃"②。

对当时文坛上的这些传言和批评,丁玲也有所辩白。1984 年 2 月,她在给友人的信中写道:"这几年我已经被人说成'正统派'了。还有人说我'左',真可笑,真是'左'、'右'都由人说,'左'、'右'都由人骂,好在我是骂不倒的,也打不倒。我以前是怎么的,现在还是怎么。只是实在是因为有人'左'时,他说你'右',他'右'时,又说你'左'。"③1985 年 4 月访问延安时,她又说:"我的一辈子,不过是这样两句话:有人想表示自己是左派了,就把我打成右派;有人想表示自己是反'左'的了,又把我打成极左派。"④丁玲的这些辩白是缺乏事实依据的,因而也是无力的。她之所以给人以"左"的印象,是有她的许多言论和文字作证的。

比如在如何总结历史教训问题上,她多次说过这样的话:"党在奋斗的时候,我们跟着党奋斗;党在倒霉的时候,我们也倒霉嘛!肉体的伤,心灵的伤,你的伤,我的伤,哪里能比得过党的伤? 过去的就过去了嘛,个人受一点苦,有什么了不起!"⑤话看上去说得很漂亮、很豁达,但是,总给人一种说教的感觉。如果所有个人的肉体和精神上的"伤"都"没有

① 丁玲:《在中宣部一次文艺座谈会上的发言》,《丁玲全集》第 8 卷,第 439~440 页。

② 王家斌:《我与〈中国〉》,《文学自由谈》2011 年第 5 期。

③ 丁玲:《致聂华苓》(1984 年 2 月 20 日),《丁玲全集》第 12 卷,第 221 页。

④ 萧云儒:《又见塔影——访陕七日中的丁玲》,《新文学史料》1998 年第 2 期。

⑤ 丁玲:《我的命运是跟党联在一起的》,《丁玲全集》第 8 卷,第 202 页。

什么了不起"、都真的不值得一提的话,那么,"党的伤"又何从谈起? 如果"过去的就过去了",那么,历史的教训又何从反思、总结? 如果历史的教训没有得到应有的反思、总结,那么,"过去的"难道真的就能够成为过去? 1979 年 8 月,在会见日本学者时,因唯恐自己过去的"伤"、"苦"成为他人攻击党的口实,她则进而干脆说:"我在北大荒什么罪也没有遭过"①。这显然更是有悖基本事实的违心之论。又比如在文艺思想和文艺批评中,她固执地坚持"文艺为政治服务"的口号,认为"作家是政治化了的人",并对"伤痕文学"和现代派文艺作出了相当严苛的批评(详见第二十七章)。在文学创作方面,她在偶一为之地写出《"牛棚"小品》后,就很快举起了"歌德"的旗帜,认为"应该坚持写《杜晚香》,而不是写《"牛棚"小品》";她扼制了控诉极"左"错误的欲望,继续以小说创作进行政治说教——"在能尽情吐露不满、发泄牢骚的时刻,没有人,甚至是很少很少的人会这样隐忍的"②(详见第二十八章)。在对待西方现代文明的态度上,她充满了一种与改革开放潮流相左的、国粹派式的民族自大情绪(详见第二十九章)。甚至在与湖南同乡周扬、沈从文的纠葛中,她也表现出了相当"左"的政治偏见(详见第三十章)。

当然,对于丁玲的"左",人们印象最强烈的还在于她在清除精神污染中的所作所为。有些人认为她的晚年糟得很,也"主要认为她'清污'前后的表现太左"③。1983 年 10 月,中国共产党召开十二届二中全会,作出关于整党的决定。邓小平在全会作了题为《党在组织战线和思想战线上的迫切任务》的讲话,旗帜鲜明地指出:思想战线不能搞精神污染;

---

① [日]田畑佐和子:《丁玲会见记(节译)》,孙瑞珍、王中忱编《丁玲研究在国外》,第430 页。

② [新加坡]骆明:《我们眼中的丁玲》,《文艺理论与批评》2000 年第 3 期。

③ 王增如:《无奈的涅槃——丁玲最后的日子》,上海书店出版社 2003 年版,第 122 页。

精神污染的危害很大,足以祸国殃民。根据这次全会精神,在全国范围内开展了反对精神污染,即反对资产阶级自由化的斗争。丁玲对此迅速作出反应,她因此也成了在这场思想斗争中较早公开表态的作家。10月 28 日,她接受新华社记者郭玲春采访,表示"由衷地拥护党中央防止和清除精神污染的决策"。她强调:"社会主义的文艺,容不得任何污秽的东西,社会主义的作家、艺术家更不能以低劣的精神产品去污染社会。"她说:"近年来,我们很重视文艺创作的繁荣,往往忽略了文艺思想的混乱"。她还列举了"文艺思想混乱"的表现:"一个时期来,有人提出党最好少管或不管文艺,有人向往资产阶级自由化,有的青年作家以为创作可以不要生活,也不要政治。翻开某些文学刊物,很少能读到鼓舞人向上的作品。但一些有严重错误的作品却在俘虏、欺骗天真的、没有社会经验的青年";"还有其它一些迹象,如剧场里传出靡靡之音,会博得一片喝采,听严肃的歌曲,掌声寥寥,甚至唱'没有共产党就没有新中国',竟有人发出笑声。某些戏剧电影的改编,借古喻今。为什么我们历史上那么多的孤臣逆子、忠义之士不写,偏去写些含沙射影的故事和人物? 还有种怪事,三十年代某些作家的一些远离人民生活的作品,只要国外有人捧,我们就也有人跟着叫好"。丁玲在列举这些表现后还进一步指出:"这些都只是现象,是在一种思潮下产生的"。① 她没有说明这"一种思潮"的蕴指,但联系整个语境来看,显然是指资产阶级自由化思潮。

应该看到,丁玲在罗列"思想混乱"的表现时显然过于宽泛,对所列举的现象缺乏应有的甄别和分析,因而也缺乏应有的说服力。例如,人们的审美趣味是多样化的,有人喜爱严肃歌曲,也有人喜爱抒发个体情

---

① 《不能以低劣的精神产品去污染社会》,《人民日报》1983 年 10 月 31 日。

怀的抒情歌曲(她在这里把它贬指为"靡靡之音")。对此,至多只能说审
美趣味的不同甚至格调的高低,而显然与这"一种思潮"无甚关涉。(同
年 12 月 14 日,为了防止清除精神污染扩大化,胡耀邦在发表谈话时就
明确指出:"歌曲方面,我们提倡有革命内容的歌曲,提倡昂扬向上的歌
曲。对不是淫秽的,不是色情的,没有害处的抒情歌曲及轻音乐,不要禁
止。")又如在历史题材的创作上,人们不禁也要问,为什么就非写"孤臣
逆子、忠义之士"不可? 难道不写这些人物,就是"精神污染"了吗? "精
神污染"本是一个严格的政治概念,是指散布形形色色的资产阶级和其
他剥削阶级腐朽没落的思想,散布对于社会主义、共产主义事业和对于
共产党领导的不信任情绪。丁玲把上述有关现象都归之于"精神污染",
显然将清除精神污染问题扩大化了。

这篇眉题为"丁玲认为:'社会主义文艺容不得任何污秽'"的记者专
访刊于《人民日报》10 月 31 日,比中国作协党组在新侨饭店召开的拥护
党中央决策的座谈会还早了五天。11 月 4 日,作协领导及作家代表张
光年、冯牧、杨沫、李瑛、草明等先后在座谈会上发言。丁玲参加了这次
会议,没有讲话。两天后,11 月 6 日,丁玲作为中国作协的副主席与创
作委员会主任委员,就清除精神污染问题应邀在中央人民广播电台举办
的星期演讲会上发表了题为《认真学习、开展批评、整顿文坛、繁荣创作》
的广播讲话。(与此形成鲜明对照的是:也就在这一天,《人民日报》发表
了周扬与新华社记者的谈话。在谈话中,周扬表示"拥护整党决定和清
除精神污染的决策",并"就发表论述'异化'和'人道主义'文章①的错误

---

① 这篇"文章"是指周扬 3 月 7 日在中央党校纪念马克思逝世 100 周年学术报告会上
所作报告《关于马克思主义的几个理论问题的探讨》,该报告稍后刊于 3 月 16 日《人
民日报》。

做自我批评"。)丁玲的这个讲话虽然对那篇记者访谈中某些绝对化的缺乏事实依据的说法(如"翻开某些文学刊物,很少能读到鼓舞人向上的作品")作了一定程度的匡正,肯定"我们的文学主流是健康的",但是,在列举文坛上还存在的"散发着臭气,污染社会,毒害青少年"之支流的种种表现时,将"宣扬文艺作品应该远离政治"、鼓吹"表现'自我'"、在文学表现手法上向外国现代派学习、写"乌七八糟令人看不懂的东西"①等一些可以探索的命题和技术层面的问题都视作精神污染的表现,仍然有失之过宽的扩大化的嫌疑。

在短短的一周时间左右,丁玲两次就清除精神污染问题在权威媒体上发表讲话,迅速表态,非常引人注目。这并非丁玲一时的心血来潮,而是有其较为深厚的思想基础的。早在1982年4月5日给一位文学青年的信中,她就以非常严重的口吻指出:"近年来,社会上出现了一小股盲目崇拜西方资本主义腐朽生活方式的思潮,这种思潮的实质就是极端的个人主义,尔虞我诈,尽情享受,是与社会主义、集体主义相抵触的";她要求文学艺术工作者在党的领导下,"反对、扫除这种有毒的思潮"。②在两个月以后所作的一篇文章中,她对思想界和文学界的"邪气"进行了公开的批判,指出:近几年来,"社会上出现了崇洋的歪风,共产主义、社会主义在这部分人眼里只是一些失败的、痛苦的经验。反映在少数作品里,由针砭发展为诅咒,由对于某些个人的指责而发展到对整个社会的控诉。自我无限膨胀了,好像中国大地,十亿人民,除我或几个气味相投的朋友以外就无一好人"③。1983年3月在云南个旧又说:"这几年,我

---

①　丁玲:《认真学习、开展批评、整顿文坛、繁荣创作》,《丁玲全集》第8卷,第378、379页。

②　丁玲:《致一位青年》(1982年4月5日),《丁玲全集》第12卷,第189页。

③　丁玲:《增强党性　去掉邪气》,《丁玲全集》第9卷,第410页。

觉得我们的文艺作品很繁荣,但文艺思想是比较混乱的";"该说不说,该管不管","这有害于我们的文学事业,有损于我们的国家,对我们人民没有好处".① 半年后,她在为《殷夫集》作序时又强调:"真正妨碍我们前进,阻止我们前进的正是少数人对革命传统的背离,对民族遗产的虚无、轻视,某些人的崇洋媚外,拜物、拜金主义思想,几千年来残留的封建恶习,和至今正为人们揭露的资产阶级自由化."②

丁玲不但在清除精神污染问题上较早表态,而且对之表现出了持续关注的热情。1984 年 9 月,她在中宣部一次文艺座谈会上的发言中说:"大家都说精神污染煞住了,好多了。应该承认,的确是好多了。但是我看新的不健康的风又渐渐吹出来了";"有些文章的作者,醉翁之意不在酒,他们文章中的矛头,却只是针对共产党的领导,使人看起来不舒服"。她所举之例是 9 月 9 日《人民日报》上刊载的一篇写农民花两千元请客的文章。对于这篇文章的倾向性,她进行了严厉的批评:它"甚至说提倡什么勤俭节约、艰苦朴素都不合新时期的道德观念。还说'用少数先进人物……甚至革命烈士的楷模律之于全民'也要受到责备,并且断言不会收到实效。这种观点是否太偏了?"③实际上,丁玲批评的这篇文章所讨论的是新时期道德观念的变化以及道德的特殊性与普适性的关系问题,即使它的观点有片面性、有值得商榷之处,但无论如何也上升不到她所指称的将矛头指向"共产党的领导"的政治高度。人们不由得也要疑惑:她的这种观点是否也太偏了、太激了呢?

三个月以后,在丁玲和舒群共同建议下,中国作协作家支部举行庆

---

① 详见丁玲:《根》,《丁玲全集》第 8 卷,第 343 页。

② 丁玲:《〈殷夫集〉再序》,《丁玲全集》第 9 卷,第 176 页。

③ 丁玲:《在中宣部一次文艺座谈会上的发言》,《丁玲全集》第 8 卷,第 440 页。

祝毛泽东同志诞辰九十周年座谈会。在畅谈延安文艺座谈会对自己的影响前,与会的丁玲又再次提出党员作家在清除精神污染斗争中的政治态度问题:"党中央做出了英明的决定:要整党,每一个党员,每一个党员作家应该采取什么态度,应不应该反对那些非无产阶级思想的精神污染?应不应该清理一下在新的历史时期里资产阶级、封建阶级思想对自己的影响、浸蚀呢?"她批评一些同志在这场斗争中抱着"何必得罪人"、"何必碰得头破血流"的心理和"得过且过的苟安思想","只是摇晃小旗,按兵不动";并称"我是不大考虑退路的。因为我后边的路可(似应为"不"——引者)长了,也没有什么更可怕的。但我也有自由主义。我的自由主义表现在我对彻底改变某些坏现象信心不足"。[①] 在"清污"高潮早已过去以后,丁玲还不断地表示在这一斗争中自己"不大考虑退路"的战斗精神和不怕"碰得头破血流"的勇敢姿态,而她开展战斗的对象却又往往不是真正政治意义上的精神污染。这会不会使人强化丁玲"左"的印象呢?

总之,丁玲在"清污"先后所发表的许多言论确实有不少夸大、偏激之处,这主要缘于其对"精神污染"这一政治概念的内涵和外延没有作出严格的准确的把握,因而不能不给许多人留下"左"的印象。再加上"清污"开始后文坛上盛传一时的丁玲等老作家"写诬告信"、上书告状的传言,更加深了人们的这一印象。1983 年 9 月,中国作协作家支部举行了两次学习《邓小平文选》的座谈会,会后根据发言记录整理成一份简报,上报作协党委并转邓小平同志。10 月,邓小平同志阅后,批示印发政治局和书记处各位同志。于是,"作家支部怎么那么'左'"、"丁玲等人诬告周扬、诬告作协",甚至"丁玲因为没告倒周扬自杀了"等传言就出来了。

---

① 丁玲:《在中国作协作家支部庆祝毛泽东同志诞辰九十周年座谈会上的发言》,《丁玲全集》第 9 卷,第 424 页。

作家支部的老作家们早就要求对此给予澄清,但丁玲至死也未能摆脱传言的阴影,致使许多朋友对她都敬而远之。1985 年 9 月 16 日,重病之中的丁玲对秘书王增如说:"你感觉到没有,许多原来常来的朋友也不来了,他们害怕。"①这种委屈、这种凄凉,她在 1985 年 6 月底给友人的信中作了尽情的宣泄:

> 你自然还是会知道我的情况的,我又有一点落在一九五七年的情况之中了。不过帽子是换了一顶,右的还没有完全摘掉,左的又来了。过去是大张旗鼓,现在改变了手法,是窃窃私语,谣言满天飞;过去是明令禁止,现在是暗暗封锁破坏,最近有一个老左联的人写了一首诗,诗写到我,投稿某大报,该报复信云,诗很好,惟所提到的人,左,故把稿子退了! 那些真左的人,一贯左的人,始终是要设法打死人的。明枪暗箭都来,明枪时有暗谋;暗箭中又组织队伍明压。有这些人,正派人是难过的。难活下去的。
>
> 我现在日子很不好过……②

在所谓"诬告信"事件中,丁玲确实是委屈的。在简报所摘录的发言内容中,她说到了思想教育的重要性,说到了自己得罪了"管事的人",也带点影射地说到了"一贯正确"的问题,但她并没有去诬告他人。关于反对资产阶级自由化的问题,丁玲当时在发言中甚至还显得相当低调:"现在旌旗招展,不知什么颜色的旗子。说我是正统派,就是僵化。他们原来打

---

① 　转引自王增如:《无奈的涅槃——丁玲最后的日子》,第 137 页。
② 　丁玲:《致陈登科》(1985 年 6 月 30 日),《丁玲全集》第 12 卷,第 295 页。

的是解放派的旗子，现在又打出'反对资产阶级自由化'的旗子。你们当权的最好讲清楚，我们也好明白。"但是，传言之所以能够出来，且有人相信或半信半疑，从丁玲自身原因来看，则与她自己公开发表的有关"清污"的文章有关。这为少数人制造传言和不明真相的人相信传言提供了基础。

当然，传言不足为信，而且必须澄清。但她在"清污"斗争中确实有扩大化和"打棍子"的"左"的嫌疑，这有她发表的文章为证。1985 年 5月，丁玲访澳归来经香港返京前，在香港三联书店举行的茶话会上与香港作家座谈。在谈到自己批评精神污染问题时，她说："我戴了二十多年的帽子，刚刚才被摘下，正要戴上正统帽子的时候，现在又有人要给我再戴帽子，说我左，说我打棍子，因为我批评这些文章，我就等看这棍子打得对不对。"①现在又一个"二十多年"过去了，再看丁玲当时的许多言论，不但她有"打棍子"之嫌，而且她打得也并不对。从她临去世前接受香港作家林湄访问时所说的话中，可以看出她对反精神污染问题也曾经作过反思："开始时我是支持去掉这些污点，后来觉得过分了，也不赞成。但我还是认为党不能控制人的思想，不能用行政手段加以'判决'。"②虽然去世前她也积极鼓吹过作家的创作自由和思想解放、反对对作家创作作过多的行政干涉，但她并没有直接对自己有关"清污"的言论作出见诸文字的反省。这对丁玲来说成了一个永远无法弥补的遗憾。

① ［新加坡]刘培芳:《我心深处的丁玲》，汪洪编《左右说丁玲》，中国工人出版社 2002年版，第 310 页。
② ［香港]林湄:《最后一次的访问——医院中访名作家丁玲》，《丁玲纪念集》，第 493页。

| 第二十七章　遥远的回声 |

　　丁玲复出之时,中国文坛的格局正在发生巨大变化,新中国成立后十七年所确立的文学体制在经受内外冲击的情况下开始转型。但是,在"政治"梦魇困扰下的丁玲,却无视这些变化的发生,以一种刻舟求剑式的愚笃和忠诚依然故我地维护着陈旧的文学体制,一以贯之地发出了为陈旧的文学体制呼号的"小号兵"的声音。她的呼号,事实上成了应和十七年文学体制的"遥远的回声",从而显示出了其文艺思想上的"左"。这突出地表现在以下几个方面:

　　一、在观念上,坚持文艺为政治服务。这是丁玲谈得最多的一个理论话题。文艺与政治的关系,是粉碎"四人帮"后,在思想解放运动中提出来的一个尖锐的理论课题和现实课题。1979 年第四次文代会后不久,邓小平在《目前的形势和任务》中就提出"不继续提文艺从属于政治这样的口号"。1980 年 1 月 26 日,《人民日报》发表了题为《文艺为人民服务,为社会主义服务》的社论。社论以邓小平有关文艺与政治关系的理论为指导,明确肯定文艺的"两为"方针,认为它"比孤立地提为政治服务更全面、更科学。它不仅更完整地反映社会主义时代对文艺的历史要求,而且更符合文艺规律"。这集中表现了党对文艺方针的重大调整。

但是,半年多以后的 1980 年 8 月,丁玲在庐山召开的全国高等学校文艺理论学术讨论会上所作的题为《漫谈文艺与政治的关系》的发言中,却坚持认为"文艺为政治服务"、"文艺为人民服务"、"文艺为社会主义服务"这三个口号完全一样,没有什么根本区别;并且执意把作家政治化,认为只要是生活着的人,就脱离不了政治,宣称"创作本身就是政治行动,作家是政治化了的人。有的作家说他可以不要政治,你是个作家,就有志向,就有理想,就有感情,这都不是与政治无关的吧?"①

1981 年 5 月 17 日,她在《会见加拿大作家代表团的讲话》中又老调重弹:"现在不提文艺为政治服务,实际上,文艺不是为这个政治服务,就是为那个政治服务。文艺是教育人的。"②同年 7 月 11 日,在为《叶圣陶论创作》作序时,她借文学研究会"为人生"之题对文艺与政治的关系作了进一步发挥,将叶圣陶及文学研究会的"为人生"的主张曲解成了"为政治"。她说:"叶老讲到文艺与政治的关系,他的见解也是非常精辟的。现在有些人一提到'政治'两个字,就感到头痛,好像政治是妨碍文学发展的祸害,把政治当成棍子。这种看法自然是林彪、'四人帮'等的淫威造成的。他们就是把政治当成棍子,伤害过许多作家、艺术家、知识分子,因此弄到现在就有人谈虎色变。但其实,一个作家、一篇作品都是无法离开政治的。叶老当年是文学研究会的成员。文学研究会就主张文

---

① 丁玲:《漫谈文艺与政治的关系》,《丁玲全集》第 8 卷,第 121、122 页。
② 丁玲:《会见加拿大作家代表团的讲话》,《丁玲全集》第 8 卷,第 194 页。

学是为人生的。"①而她在这一观点下所列举的叶圣陶关于文学使命的论述——"使群众从迷梦中跳将出来，急欲求索人之所以为人"，却显然是典型的启蒙主义话语，与"文学为政治"的命题毫不沾边。用叶圣陶的这一观点来论证"文学为政治"的命题，不啻为郢书燕说。同年8月，在延边文联举行的欢迎会上，她声称"艺术总是与政治有关的。一个作品艺术性很高，完全与政治无关，与人民生活无关，能吸引人看，虽也无害，但对人类也没有益处，用艺术性掩盖了政治上的贫乏，这种作品比那种艺术性低，政治性也低的作品，作用可能更加不好"②。同年11月，在加拿大一所大学演讲时还批评"现在有些人忌谈政治，标榜文学脱离政治，国内也有少数人持这样的观点。……固然，文学不等于政治，但文学要完全脱离政治，那也是不切实际的幻想。因为任何一个作家的思想的形成都不可能完全脱离当时的政治环境和社会生活"③。

在1982年4月所作的《到群众中去!》中，她认为作家"同时也是一个政治家，他有高度的政治热情，把政治溶入他所描写的形象、感情中，使读者觉得这只是文学，但这些吸引人的优美的文学却起到政治上的作用"④。同月，在与外国留学生的谈话中，她借批评萧红"政治性太少，和革命老离得远远的"，阐述了"想脱离政治轨道去追求什么创作自由，是行不通的，文学和政治绝缘是不可能的。作家本身也是政治家，脱离了政治，作家的生命就要完了"⑤。同年5月，她在天津作协分会召开的座谈会上强调："哪个作品不是有高度的政治性它才更富有艺术生命? 作

---

① 丁玲:《序〈叶圣陶论创作〉——从头学习》,《丁玲全集》第9卷,第147页。
② 丁玲:《延边之行谈创作》,《丁玲全集》第8卷,第219页。
③ 丁玲:《五代同堂 振兴中华》,《丁玲全集》第9卷,第405页。
④ 丁玲:《到群众中去!》,《丁玲全集》第8卷,第247页。
⑤ 丁玲:《和北京语言学院留学生的一次谈话》,《丁玲全集》第8卷,第293、294页。

品的艺术生命是跟着政治思想来的。"①

党对文艺方针进行重大调整以后,有人仍然坚持"文艺为政治服务"的口号,丁玲是其中很有代表性的也非常引人注目的一个。为此,胡乔木在 1982 年 6 月召开的中国文联第四届二次全委会上,对"两为"口号提出的意义又作了进一步的阐述,指出:政治本身不是目的,是达到目的的手段,它也应该为经济、文化教育包括文艺等一切人民所需要的东西服务;党提出文艺的"两为"方针,是找到了社会主义时期文艺的终极目标。从那以后,丁玲仍然反复鼓吹"文艺为政治服务",继续把作家政治化。1983 年 10 月底,她接受新华社记者采访就"清污"问题公开表态时,还甚至有把"不要政治的文学观"列为精神污染的表现之嫌,说:"现在的年青作家是从十年动乱中走过来的,他们中有的人对政治厌倦甚至惧怕。对此,我们应该理解,但决不能附和、迎合",继续鼓吹"为人民、为社会主义,那就是政治"。② 1984 年 3 月 6 日,她在"萧军从事文学创作五十年"庆祝会上发表讲话,希望"我们现在的文学作品,要像《八月的乡村》那样,及时地反映时代,及时地把我们人民要讲的话讲出来,应该是这样的",而批评"我们现在有很多人,至少是有一些人吧,主张专门讲究艺术性,不要思想,排除什么时代、教育、政治……"③。

丁玲在新时期对"文艺为政治服务"观念的泥守,集中表现了她文学思想的保守与僵化。她借此所要维护的是毛泽东《在延安文艺座谈会上的讲话》中提出来的这一观念的正统地位(而不允许对之作任何发展与修正),所要显示的是自己作为一个从延安走出来的曾经亲耳聆听过毛

---

① 丁玲:《谈写作》,《丁玲全集》第 8 卷,第 269 页。

② 《不能以低劣的精神产品去污染社会》,《人民日报》1983 年 10 月 31 日。

③ 丁玲:《在"萧军从事文学创作五十年"庆祝会上的讲话》,《丁玲全集》第 8 卷,第 404～405 页。

泽东这一讲话的老共产党员在政治上的可靠和忠诚。① 丁玲对这一观念的坚守,一方面出于其业已定型的政治—文学价值系统(当然其中也充满矛盾),另一方面则出于对彻底解决自己问题的政治上的考虑。自从 1942 年经历延安文艺座谈会的洗礼、洗脑之后,毛泽东的政治—文艺价值系统已经深深地植入其心灵。新中国初期,她就是以此为准则和方向,在建立文学新体制的过程中发出"小号兵"的声音的。虽然她曾经历经磨难,但到新时期以后,对此仍然衷心不改。在他人看来,这该是一种什么样的忠诚! 当然,自认有"自由主义"毛病的丁玲,在其他场合也偶然讲过"文学和政治是并行的,都是为人民服务,殊途同归,相辅相成。优秀的文学作品对政治是一种推动,甚至是启发"之类的话,但在更多的时候,她都在不断地、反复地鼓吹着"文艺为政治服务"的命题。这其中,一方面有着她的信念,另一方面也应该有着她的政治策略。一个非常重要的事实是,她对这一命题的鼓吹主要集中在 1980 年至 1984 年初。那时,她组织生活问题虽然得到解决,历史问题的阴影却萦绕在她的心头。因此,她必须在文艺思想上找到一个抓手,来显示自己的可靠和忠诚。

① 为了显示自己这种政治上的可靠与忠诚,丁玲在 1979 年 5 月所作的《〈太阳照在桑干河上〉重印前言》中饶有深意地称这部长篇是为毛主席写的。她说:"因为那时我总是想着毛主席,想着这本书是为他写的,我不愿辜负他对我的希望和鼓励。那时我总想着有一天我要把这本书呈献给毛主席看的。当他老人家在世的时候,我不愿把这种思想、感情和这些藏在心里的话说出来。现在是不会有人认为我说这些是想表现自己,抬高自己的时候了,我倒觉得要说出那时我的这种真实的感情。我那时每每腰痛得支持不住,而还伏在桌上一个字一个字地写下去,像火线上的战士,喊着他的名字冲锋前进那样,就是为着报答他老人家,为着书中所写的那些人而坚持下去的。"(见《丁玲全集》第 9 卷,第 99 页)该文于 7 月 18 日在《人民日报》发表以后,有许多人或不相信她说的是真话,或不理解她在经过二十多年的打击以后还能像苏联小说中红军战士喊着斯大林去冲锋那样,说自己为毛主席而写作。丁玲的原任秘书张凤珠持后一种看法。丁玲听罢,沉默有顷,笑笑说:"看来这廿多年,你政治上进步不大。"见张凤珠《我感到评论界对她不够公正》,《黄河》2001 年第 2 期。

这一命题正好成了她的抓手。果然,1984 年 8 月她的历史问题解决之后,她就不再反复鼓吹这一命题,而更多地提倡创作自由了。

二、在内容上,提倡歌德型主流话语。关于"正确地解决歌颂和暴露的问题",是一个由"文艺为政治服务"观念派生出来的命题。1942年,毛泽东的《在延安文艺座谈会上的讲话》对此作出过明确的说明:"一切危害人民群众的黑暗势力必须暴露之,一切人民群众的革命斗争必须歌颂之",并以苏联建设时期的文学为例提倡"以写光明为主",规定对黑暗的描写只能成为整个光明的陪衬,反对只是暴露黑暗的"暴露文学"。这是"革命文艺家的基本任务",也是文学创作的党性原则。毛泽东讲话的这一精神不但在稍后解放区文学创作中得到迅速的贯彻,而且随后成了新中国文学创作的基本指导思想,在很大程度上决定了中国文坛的基本风貌,从而形成了一个长达数十年的颂歌时代。粉碎"四人帮"以后不久,从"四人帮"专制主义桎梏下解放出来的人们怀着强烈的义愤,以艺术的方式揭露了"文化大革命"所造成的累累伤痕,创造了中国当代文学史上第一批社会主义时期的悲剧作品。这股"伤痕文学"思潮一时蔚为文坛主流,冲击了"暴露"只能成为"歌颂"陪衬的观念。在这股思潮的裹挟下,丁玲虽也写了并不"急于发表"的《"牛棚"小品》,并阴错阳差地成了她实际上的"亮相"之作,但是,为了说明自己的政治态度和对这一观念的忠诚,她很快打出了"歌德派"的旗帜。她认为,作家们"可以献上一些颂辞,有德可歌,还是可以歌的"[1];并要求作家站稳立场,"为党颂德,为人民说话"[2]。她不但以《杜晚香》表现出了"歌德"倾向,而且于 1981年 6 月建党六十周年前夕写出了"歌德"的长诗,题目即为《歌德之歌》。

---

[1]　丁玲:《致孙犁》(1980 年 10 月 30 日),《丁玲全集》第 12 卷,第 148 页。

[2]　丁玲:《还是要人、文并进》,《丁玲全集》第 8 卷,第 210 页。

有人向她建议把题目改为"献给党之歌",因为"'歌德'这个字眼,已经让人给糟蹋了"。她断然说:"不,还是'歌德'好,别人是别人,不管他",并表示哪怕群众不理解也要这样写。①

　　丁玲强调要做"歌德派",要歌党之德、歌人民之德、歌社会主义之德,这当然是无可非议的。但丁玲常常把"歌德"当成唯一的价值取向,并"把'歌德'与'揭露'机械地对立起来,似乎只能写好不能写坏,一写伤痕,一写阴暗面,便违背了'歌德'之旨"②。她认为:

> 　　国家的问题太多,总是要有人来挑担子,作家也应该分担
> 自己的一份。一个作家,如果不关心这个困难,不理解挑担子
> 的人的难处,你老是写问题,那么,你的作品对我们的国家民族
> 有什么好处呢? 对老百姓有什么好处呢? 对年轻人有什么好
> 处呢? ⋯⋯你不帮忙,你在那里老是挑剔,那有什么好处?③

总之,她既承认国家问题很多,又反对"老是写问题"。在她看来,如果"老是写问题",在态度上就不是"帮忙"而是"挑剔",在性质上就会使我们的国家显得"毫无希望",在结果上对国家民族、对老白姓、对年轻人就没有好处。给人的感觉是有问题但不能写问题。在这种思想指导下,文学干预生活的功能就会丧失殆尽。当然,她也看到,在一个九百六十万平方公里的国家里,在建设社会主义的漫长进程中,总会出现一些不合理想的事,产生"各色各样的悲剧"。但她认为,"这类事最好不写,写起

---

① 　袁良骏:《丁玲同志印象记》,《丁玲纪念集》,第 373 页。

② 　袁良骏:《我所认识的丁玲》,《重庆三峡学院学报》2001 年第 1 期。

③ 　丁玲:《谈自己的创作》,《丁玲全集》第 8 卷,第 89 页。

来、读起来都令人心酸,我是不赞成把这些形诸笔墨,叫下一代为我们难过的";如果要写,也"不要写得哭哭啼啼,悲悲切切,灰心丧气,不要把整个社会写成一团漆黑,毫无希望,令人丧失斗志,而要把处在苦难中的人物写得坚定、豪迈、泰然,把他们人与人之间的关系写得亲密、庄重、神圣、无私,这就更显出在社会主义制度下生活的人是如何可爱"。① 根据丁玲所倡导的这种写法,对社会主义时期"各色各样的悲剧"的描写,实际上却成了对生活在社会主义制度下的人的歌颂。这样,"问题"本身也就被掩盖而不成其为问题了。

从这种指导思想出发,丁玲对"伤痕文学"思潮提出了不切实际的要求。"伤痕文学",顾名思义,本是以"暴露"(暴露"文革"和极"左"路线的罪恶性)为目的的文学,是写"伤痕"、写悲剧的文学,是勇于揭露社会阴暗面、积极干预现实的现实主义文学。丁玲却更以一种理想主义的规范去要求它、制约它,因而,在她的相关言论中始终贯穿了"虽然—但是"、"不仅—更要"式的转折或递进式的、置重于后者的思路。这一思路就是她在 1980 年 7 月所作的《谈谈文艺创作》中概括的"要批评社会的缺点,但要给人以希望"②。类似这样的看法,她曾经反复表述过:1979 年,她在答记者问时说:"想不写伤痕是不行的,但要写得气壮山河,不光是同情、悲痛,还要乐观、要有力量。作家是有自觉的人,不能光是叹气、受苦,还要引导。"③1980 年 6 月 21 日,在中国作家协会文学讲习所对青年作家讲话时,她评价道:"你们的文章虽然反映了社会的广度,能够切中时弊,但还不能说是很深。这意思是说,我们的作品在批判社会黑暗、揭

---

① 丁玲:《一首爱国主义的赞歌——读张贤亮的短篇小说〈灵与肉〉》,《丁玲全集》第 9 卷,第 276 页。
② 丁玲:《谈谈文艺创作》,《丁玲全集》第 8 卷,第 112 页。
③ 丁玲:《答〈开卷〉记者问》,《丁玲全集》第 8 卷,第 11 页。

露丑恶人性时,不是只让读者感到痛苦、失望,灰心丧气,或悲观厌世,还要能使读者得到力量,得到勇气,得到信心,得到鼓舞,去和一切黑暗势力、旧影响作斗争。"①同年 10 月 30 日在给孙犁的信中说到新时期创作时,她指出:"我并不是希望大家只写过去,我认为写现在,写动乱,写伤痕,写特权,写腐化,写黑暗,可是也要写新生的,写希望,写光明。不管你怎样写,总要从生活出发,写的深,写的热,写的细,写的豪迈。不管怎样令人愤怒、发指,但终究是要给人以力量,给人以爱,给人以前途,令人深思,促人奋起!"②应该承认,从宽泛的意义上说,丁玲所表述的文学创作中有关社会生活的内容范畴是比较全面的,因为它们大抵包括"暴露"(即"写黑暗")与"歌颂"(即"写光明")这两个方面,但是,如果把它置放于特定的文学语境中,则显然有以"全面"来否定"伤痕文学"这一特定的"片面"(局部)之嫌。因为对于任何一部典型的"伤痕文学"作品而言,要在"暴露"的同时还有"歌颂",这不但是一种苛求,而且也是有违"伤痕文学"之旨的。尤其是她在具体论述中所贯穿的转折或递进式的思路,更在目的上把"歌颂"置于"暴露"之上,这就不啻从根本上否定了"伤痕文学"存在的合法性。

丁玲对"伤痕文学"的不切实际的要求,导致了她对其中一些作品作出了过苛的指责。"她屡屡批评那些暴露'文革'批判极左的作品。说过谁的作品反党是小学水平,谁的是中学,谁的是大学云云"③。类似的传言很多,难以一一查对、落实,但是,下面这些批评文字是有案可稽的。她在肯定"《高山下的花环》是写得美的,因为它不仅揭露了不正之风,更

---

① 丁玲:《生活·创作·时代灵魂》,《丁玲全集》第 8 卷,第 101 页。

② 丁玲:《致孙犁》(1980 年 10 月 30 日),《丁玲全集》第 12 卷,第 147 页。

③ 王蒙:《我心目中的丁玲》,《读书》1997 年第 2 期。

主要地是它赞美了一大批英雄人物"的同时,批评《春天的童话》"尽管它揭露了何净这样的人物,但它的总倾向我不赞成。如果我们的作家都是这样的心灵,那我们的创作就危险了"。① 在她看来,如果单是"揭露"而没有"赞美",那么,作家的心灵就"不美"了,"格调和境界"就不高了,创作就危险了。

白桦等人的电影剧本《苦恋》是一部较有深度的"暴露"型作品。它展现了爱国知识分子的悲剧命运,并对社会体制的弊端提出了追问。对这样一部引起争论的作品,丁玲通过与《牧马人》的比较作出了否定,认为"同样都是苦恋,但一个健康,一个不健康;一个起积极作用,一个没有产生积极的效果"②。其之所以"不健康",是因为作者"在动笔的时候,为了表现'苦',就失去了分寸,把平日深埋在心底的一点小小委屈的火花闪亮了,信笔所之,淋漓尽致,编造了一些不现实的生活、情节,流露出一种并不健康的情绪,使读者和观众感到诧异,感到委屈,感到愤慨。这恐怕是作者当初没有想到的。在摄制过程中,由于各种艺术手段的使用,影片更加离开了原有的主题,使人看了感到人生的凄凉,对我们这个社会主义国家,对我们民族的前途失去信心。从社会效果看,是很不好的"③。

1981 年,丁玲对认为符合其"不仅—更要"的理想模式的张贤亮的《灵与肉》及据此改编的电影《牧马人》作出过较高的评价,但三年后在中宣部一次文艺座谈会上的发言中,她对作者的另一篇小说《绿化树》却作出了相当严苛的批评。这篇作品重点是写主人公章永璘在马克思经典理论的启示和劳动人民善良品德的浸染下人性复苏的过程,是以"写光

---

① 丁玲:《我读〈高山下的花环〉》,《丁玲全集》第 9 卷,第 292、291 页。

② 丁玲:《和北京语言学院留学生的一次谈话》,《丁玲全集》第 8 卷,第 294 页。

③ 丁玲:《延边之行谈创作》,《丁玲全集》第 8 卷,第 221~222 页。

明"为主的作品。但由于作者把这一过程的描写置放于主人公被打成右派后、在三年困难时期遭受磨难的背景之中,所以一定程度也继承了"伤痕文学"的遗绪。丁玲明确表示:"我不喜欢这篇小说,我觉得太过分了"。她置历史具体性于不顾,指责主人公在"饥饿、贫困"之中"像个狼孩","他们之间只有饿狗争食那种关系",并进而指责作品"使人感到是共产党把人变成了兽。这个世界太阴暗"。[①]　这就连"不仅"也不能有了,剩下来的就只有"更有"即"歌德"。

三、在形式上,以固有的民族形式排拒现代派文艺。从总体上来看,丁玲对形式创新的意义是相当轻视的。她说:"形式可以影响内容,内容更能影响形式,新的内容很自然地会冲破一般的旧的形式。"[②]这显然是从内容决定形式的机械决定论出发,认为只要有了新的内容就必然会有新的形式。这样,她就把从内容到形式看成了一种自然而然的过程,于是,形式本身的相对独立性也就被取消了。虽然她也强调"文学艺术一定不能墨守成规,一定要推陈出新,一定要有新意",这自然也应当包括形式上的创新,但是,她又认为作家只要深入生活,"时时和群众一起斗争前进,建设新生活",只要"长期与人民在一道,从人民日常的生活中、德行中去体会去学习",那么,写出来的作品"都会有所变化,都会更加丰富,都会有所创新"——"'新'就会油然而生"。在这里,她把形式创新不但看成是一种自然过程,而且简直成了作家的一种本能,一种深入生活后就能显现出来的本能。正如她所说:"作家只有深入生活、深入群众、深入矛盾斗争,作家的思想感情、作家的人生观、世界观,作家对生活的剖析与感受,才能更敏锐、更正确、更深刻,才能够取得敢于和善于抒

---

① 丁玲:《在中宣部一次文艺座谈会上的发言》,《丁玲全集》第 8 卷,第 442 页。

② 丁玲:《浅谈"土"与"洋"——〈延安文艺丛书〉总序》,《丁玲全集》第 9 卷,第 167 页。

发这种职业的、近于天生的、充满诗意的本能。"①

轻视形式创新的意义及将形式创新视为作家之本能,不但表现了丁玲在理论上的保守与偏颇,而且也表现了她在新时期特定的文学语境中抵御西方现代派文学之形式影响的企图和苦心。因为在她看来,既然形式创新是一种自然的过程,是作家的一种本能,而这一切又都是以"深入生活"为基础的,那么,学习和借鉴西方现代派就非但没有必要,而且简直就成了一种舍本逐末的行为。这是她在新时期坚守这些僵化观念的最重要的现实目的之所在。新时期文坛在由封闭走向开放以后,西方现代派文学从思想观念到内容形式对新时期文学创作产生了全方位的影响,新时期文学创作也在中外文化和文学的碰撞交流中走向繁荣。在这种背景下,丁玲不但从过去僵化的文学体制中去寻找、建构自己排拒外来文学——文化思潮的理论支点,而且还对现代派屡屡提出直接的批评和责难,认为现代派在西方虽说时兴过并且风行一时,后来却被抛弃了,是一种过时的、陈旧的文学思潮和文学现象,它们格调低沉灰暗,超乎现实之上,追求"纯粹艺术的文学形式",不可能给社会主义的文学创作提供新鲜的血液和有益的养料,因而不足为训,不值得效法。

丁玲对西方现代派几乎全盘否定,而对新时期学习借鉴西方的"中国式的现代派"也基本持批评否定态度。1984 年 5 月,她在《延安文艺丛书》首次出版发行座谈会上发言,严厉批评"现在有的人不重视延安的文艺传统,却追求西方一些荒诞离奇的文艺思潮"②。在新时期"中国式的现代派"文学创作中,她侧重从形式方面批评得较多的是以王蒙为代表的"意识流"小说。她以传统的现实主义的尺度,用异元批评的方法,

---

① 丁玲:《浅谈"土"与"洋"——〈延安文艺丛书〉总序》,《丁玲全集》第 9 卷,第 168 页。
② 丁玲:《回顾与追求》,《丁玲全集》第 8 卷,第 417~418 页。

批评"意识流"小说故弄玄虚,故意绕圈子,故意"跳来跳去",是形式重于内容。她说:"我对于所谓'意识流'的理解可能不全面,这个东西可以叫作'意识流',我不反对,但是你一定要深刻地告诉读者:你到底要说一件什么事情。……不要引着读者绕圈子"①;"现在有人写小说,这里写两句,一会又跳开去了。电影表现手法不同,可以这样做,而小说这样写,就叫一般老百姓很难看懂。我们中国小说的表达是很简捷明白的,为什么不继承这些,不发扬这些,而要去写那些跳来跳去的? 我觉得我们有的东西玄得很,玄到一般读者不能接受"②。她认为,"意识流"不是写实际的东西,而是加入一些与此不相干的东西,但这类东西太多了,"就把感情的连续性冲淡了,而减少了整个的意思,就不好。不能从形式上出发,而是应从作品本身的内容去谈"③。

客观说来,以王蒙创作为代表的中国式"意识流"小说仍然是重视内容的,从其创作的主题、题材来看仍然具有较强的意识形态性,在观念上、意识上并没有"离经叛道",它们所借鉴的只是西方现代派的一些形式、技巧,注重用主观感受、内心独白、自由联想、梦幻等艺术手法来表现生活,而"去掉了很多叙述语言,没有那么多交代过程的话"④,从而展现了远远大于相应篇幅的时空跨度。但即使如此,丁玲也仍然不能接受,认为这种"意识流"小说是"去掉自己的珍宝,去拣别人的东西",把它上升到了民族虚无主义的高度。这也足以见出丁玲观念上的保守与僵化到了排拒所有探索创新的程度。当时,"'现代派'是被看做'自由化'的一种表现的"。1983 年 11 月 6 日,丁玲在中央人民广播电台发表的题为

---

① 丁玲:《谈写作》,《丁玲全集》第 8 卷,第 273～274 页。
② 丁玲:《扎根在人民的土地上》,《丁玲全集》第 8 卷,第 478 页。
③ 丁玲:《会见加拿大作家代表团的讲话》,《丁玲全集》第 8 卷,第 198 页。
④ 王蒙:《在探索的道路上》,《漫话小说创作》,上海文艺出版社 1983 年版,第 48 页。

《认真学习、开展批评、整顿文坛、繁荣创作》的讲话中,也把"学习人家的现代派"看作是"有关文艺创作的错误思想和言行"之表现的。这种语境上的"政治性倾斜",又使丁玲对"现代派"和中国式"意识流"的批评"很容易被人利用,或产生错觉,而被蒙上了别样的色彩"(即政治上"左"的色彩——引者)。①

在排拒现代派文艺的同时,丁玲在理论上所张扬的是固有的民族形式。或者说,她对后者的张扬正是为了达到抵御前者的目的。她反复申述过这样的观点:"中国的很多传统的艺术形式,在我们看来,是最好的东西。可惜现在的作家接受的不多"②;"我很希望我能是受了中国小说的影响,我希望我们按中国形式按照中国读者的习惯和欣赏的兴趣,来写自己的新作品。我们要充分研究我们民族古典文学作品的精华,究竟好在哪里,不要一味崇拜西洋,只走欧化的一条路"③;"从写作上讲,我有一个体会,我很后悔我没有坚持三十年代我在创作中曾经偶然发现的问题,就是在我国自己的民族形式、民族传统的基础上继承、发展和创新"④。1985 年在给孙犁的信里又说:"我是喜欢中国传统小说的,很想学习它的写法。"⑤

从一般的意义上来说,强调文学的民族传统、民族形式,本也无可厚非;说"人家喜欢我们的东西是什么样的呢? 是中国式的"⑥,本也无错。因为在世界文学到来的时代,一国文学的价值常常就在区别于他国文学

---

① 林贤治:《左右说丁玲》,《南方周末》2001 年 3 月 8 日。

② 丁玲:《和北京语言学院留学生的一次谈话》,《丁玲全集》第 8 卷,第 288 页。

③ 丁玲:《关于文学创作》,《丁玲全集》第 8 卷,第 285 页。

④ 丁玲:《和湖南青年作者谈创作》,《丁玲全集》第 8 卷,第 317 页。

⑤ 丁玲:《致孙犁》(1985 年 5 月 20 日),《丁玲全集》第 12 卷,第 285 页。

⑥ 丁玲:《走正确的文学道路》,《丁玲全集》第 8 卷,第 335 页。

的独特性(包括形式上的独特性)。但是,丁玲在对民族传统、民族形式的理解上是有着巨大的偏颇的,她不是把它们理解为在中外文学交流、借鉴中的不断发展之物、不断生成之物,而是把它们视为已有之物、既成之物、僵固之物。她所提及的可以作为民族形式之代表的就是中国传统小说、民族古典文学作品,而认为"五四"以来的新文学因为"大体上都是洋的,都是走的西洋的路子,都是受欧洲文艺复兴和十九世纪的欧洲文艺的影响",而将其实际排斥在民族传统、民族形式之外。这样,她对民族传统、民族形式的强调,事实上不但在性质上成了一种复古,而且在实践中成了一种排外。无怪乎,她在强调民族传统、民族形式时常常是与反对崇外对举的。比如,她说:"有些年轻作者迷于外国现代派的文艺。……但我认为我们文学的优秀传统,我们文学的主流应该还是现实主义的。……不要盲目崇外。要顾及中国大多数老百姓的欣赏习惯和接受能力,要注意自己文学的民族性"①。她甚至还嘲弄"我们有些人很有趣,老把人家不要的东西拿回我们这里来,拿舶来品给外国人看,甚至拿来显示我们的'进步'。这该怎么说呢? 好像也不能打掉这些人的兴趣,他们正兴高着呢!"②

总之,从观念、内容到形式,丁玲都相当自觉地维护着在特定战争环境和其后封闭的文化环境中形成的、已经相当陈旧的文学体制,对之显示出了自己一以贯之的忠诚。在思想解放运动蓬勃兴起、文学体制也已发生重大调整的时候,丁玲还继续发出为原先的文学体制呼号的遥远的回声,就显得相当滞后、相当落伍,甚至相当僵化。这是在"政治"梦魇困扰下晚年丁玲文艺思想的一个真实侧面。

---

① 丁玲:《回忆与期望》,《丁玲全集》第 8 卷,第 256 页。
② 丁玲:《走正确的文学道路》,《丁玲全集》第 8 卷,第 335～336 页。

第二十八章　政治化的小说写作

1979 年 7 月,丁玲同时在《人民文学》第 7 期和《清明》创刊号上发表短篇小说《杜晚香》和长篇小说《在严寒的日子里》(未完稿)。这是丁玲复出之后发表的仅有的两篇小说。与《莎菲女士的日记》、《在医院中时》等小说不同,其创作出发点不再是内心的真实感受,而是为了追求政治功利。在这两篇作品中,贯穿的是"文艺为政治服务"的陈旧理念,充斥的是"歌德"型主流话语。

《杜晚香》始作于"文革"前的 1965 年,丁玲当时"记录了一些她(指主人公杜晚香——引者)幼年的生活"。"文革"结束后,还在山西农村的丁玲对它进行了重写,并于 1978 年 9 月写就。对于《杜晚香》,丁玲所寄托的期望是远过于作品本身的。那时,她已经摘掉右派帽子,对自己复出文坛充满信心。她在 1978 年 12 月 10 日给陈明的信中说,"既然帽子已摘,就可以发表,没有人敢不开绿灯"。她是把这部作品作为自己政治上的"亮相"和献给读者的政治上的见面礼的。

　　作品写完的当月,她曾经"给四个人看过,反映都不很好。……这只能说我的文章已落后了,已不能抓住人心,叫人为我拍案了。我曾有过的那种与读者心心相印,成为莫逆之交的时代不易恢复了"①。虽然如此,她仍然觉得"不一定等问题全部解决后再发表,无妨先发表。……群众只问这个人的名字在报上出现没有,哪里管其它问题,见报后对解决问题也有好处"②;又说"你若有文章见报,人家不管你写得好不好,只注意你是'出'来了"③。这样,一篇文章的发表就被她赋予了超出文章的政治功利。

　　虽然朋友们的反映"都不很好",丁玲却仍然执意将《杜晚香》作为"亮相"之作发表。这是丁玲在政治上煞费苦心、反复权衡的结果。据陈明回忆,到底以什么作品作为给读者的见面礼,丁玲"曾左思右想了很久,最后认定不论将来政局发生什么变化,《杜晚香》这样的主题精神是不会遭到非难的,所以她将它作为复出文坛的首篇作品与读者见面"④。唯恐政局有变"遭到非难",而有意去寻找符合上级精神的"永远正确"的题材和主题,这是晚年丁玲在政治上"顺着说"的思路在文学创作上的延伸和展开。这不能不造成作为作家的丁玲的平庸。对一个真正的作家而言,文学创作的目的是要表现自己对生活、对人生的真知灼见,而并不是以之为工具作一般的政治表态。因此,政治上的表态再好、再正确,也代替不了自己对生活的独到发现。如果对现实生活缺乏独立思考和勇敢探索精神,就必然会落伍于时代。这在思想解放时期更是如此。

　　这篇被丁玲赋予政治功利的作品,其发表过程颇为曲折。在这过程

①　丁玲:《致蒋祖林、李灵源》(1978 年 9 月 28 日),《丁玲全集》第 11 卷,第 260 页。
②　丁玲:《致陈明》(1978 年 12 月 10 日),《丁玲全集》第 11 卷,第 272~273 页。
③　丁玲:《致陈明》(1978 年 12 月 16 日),《丁玲全集》第 11 卷,第 276 页。
④　转引自刘慧英:《走出男权传统的藩篱》,三联书店 1996 版,第 55 页。

中,也颇见丁玲对政治功利的考虑。她最初将此稿投寄《中国妇女》,为了使作品早日问世,还于 1978 年 12 月致函邓颖超。她最初选择这个非文艺性刊物作为自己复出的阵地,显然更多出于政治而非作品本身的考虑。她在 12 月 17 日给陈明的信中饶有深意地写道:"我愿意在这个刊物上发表。其理由你也可以想到。"但最后丁玲没有能够如愿。

1979 年初回北京后,她又托人把稿件转给了《人民日报》。编辑部建议她加以删改,原因是文章太长,不宜在报纸上刊用,或者可以留在那里,等将来办刊物时再用。但她是经不起如此等待的。她索回原稿,托人转交《人民文学》。该刊准备刊用,同时建议作者对结尾处有重复的地方作些删改。但丁玲对"根深叶茂"这最后一节中记述杜晚香的学习心得和直白地抒发对党的深情的文字(如"党呵!英明而伟大的党呵!你给人世间的是光明!是希望!是温暖!是幸福!我们将永远为你、为共产主义事业战斗,我们是属于你的!"等),难于割舍,"不愿删削"。因为如果删削,那么,作为"亮相"的政治效应就要大打折扣。于是,她只得把稿子要回、放进箱子,等待时机。

5 月 16 日,刘心武代表《十月》编辑部来向她约稿、索稿,态度极其诚恳,她抱着试试看的想法把稿子给了他们。当天夜里,刘心武即写成一信(几天后寄出),说后面杜晚香的那段讲话写得"真切感人,想必是她之所言,也是您之心声",因而"对塑造杜晚香的形象,真有'一锤定音'之效"。五天后,刘心武又写信告知编辑部虽有不同意见,但决定采用——"《杜晚香》毕竟是香的"[①]。6 月的一天,《人民文学》副主编刘剑青派编辑吴芝兰又去要回这篇稿子。经过协调,丁玲当即决定将稿子从《十月》撤回,而给了《人民文学》,后于 7 月出版的第 7 期刊出;作为补偿,她把

---

① 《刘心武等致丁玲的信》,《中国现代文学研究丛刊》2004 年第 4 期。

自己本不想"急于发表"的《"牛棚"小品》给了《十月》,于第 2 期刊出。她置刘心武的"知音"之语于不顾,而把《杜晚香》交《人民文学》发表,这应该是她更多地考虑稿子发表后的影响(同时也是她政治上"亮相"的影响)问题所致。因为《人民文学》是一个老牌的全国性的大刊物,《十月》则是 1978 年 8 月才创刊的地方性刊物。事实上,《人民文学》之所以要回稿子,也有政治上的考虑:"中央有关方面已向编辑部打过招呼,丁玲同志落实政策的第一篇作品最好是在《人民文学》上发表"①。因此,《杜晚香》之最终在《人民文学》上发表,应该是双方均考虑政治影响的结果,也即双方在政治上合谋的结果。

由于发表过程中的周折,也由于考虑作品发表的影响面,这篇作为其"亮相"之作的《杜晚香》阴错阳差地晚出于《"牛棚"小品》。为了弥补这一遗憾,也为了诠释自己"亮相"的姿态和"亮相"后的追求,丁玲事后多次说明《"牛棚"小品》只是偶尔为之,而写《杜晚香》式的作品才是自己努力的方向,明显表现出了扬此抑彼的情感倾向。1982 年 3 月,《"牛棚"小品》获《十月》文学奖,为了表明自己的心志,她在授奖大会上发表了与整个会议气氛相当不协调的即席讲话。她说自己的这篇作品是在看了他人同类作品后"心有所感,才捉笔试一为文的"。虽然这篇作品发表后,反响不错,她却决然表示:"难道真的我个人不了解我自己的作品吗? ……昨天,今天,我反复思量,我以为我还是应该坚持写《杜晚香》,而不是写《'牛棚'小品》。"②同年次月,在和北京语言学院留学生的谈话中,她又说:"我自己今后走的道路不是《'牛棚'小品》,我只是偶一为之。

---

① 吴芝兰:《难以忘却的记忆——记〈杜晚香〉发表及其他》,《新文学史料》2004 第 3 期。
② 丁玲:《〈"牛棚"小品〉刊出的故事》,《丁玲全集》第 9 卷,第 298、299 页。

……这样的作品可以偶然写一篇,但不想多写。我还是要努力写《杜晚香》式的作品,尽管有些人不喜欢。"①

总之,从丁玲对《杜晚香》作为政治"亮相"之作的权衡、《杜晚香》发表过程的周折到发表后丁玲对《杜晚香》的诠释,都可以看出丁玲对作品之外的政治效应的精心考虑和对政治功利的潜心追求。如果说《杜晚香》也是一首"诗"的话,那么,丁玲更看重的显然是它的"诗外之旨";在这一过程中,她展示得更多的显然也是她自己的"诗外功夫"。

那么,这篇被丁玲在政治上异常看重并被她视为代表着自己努力方向的作品,到底是怀着一个什么样的动机创作的,所采用的到底是一个什么样的视角,所寓托的又到底是一个什么样的主题精神呢? 对此,丁玲自己曾作过如下说明:

> 一九七八年,我在山西农村,正在写长篇小说《在严寒的日子里》。那时国内政治形势已越来越好……我将拿什么新的作品给读者作为见面的礼物呢? ……想来想去,认为重写过的《杜晚香》比较合适。……我想,中央领导同志在"十一大"的报告中提到,文艺作品应少宣传个人,要多写普通劳动者,那么《杜晚香》不正符合中央的精神吗? 像杜晚香这样扎实、朴素的人物是值得提倡的。②

她还说过:"杜晚香有很多地方我还没把她写出来,但有时候是把我的

---

① 丁玲:《和北京语言学院留学生的一次谈话》,《丁玲全集》第 8 卷,第 292 页。
② 丁玲:《〈"牛棚"小品〉刊出的故事》,《丁玲全集》第 9 卷,第 296～297 页。

话、我的思想感情放到她身上去了"①;"我写了杜晚香对北大荒的无限
深情,也同时抒发了我对北大荒、对党的事业的热爱。……我写杜晚香
对北大荒的感情,实际也是我的感情"②。总之,歌颂具有社会主义道德
品质的新人,从中寓托自己"对党的事业的热爱",并间接地对自己作出
政治上的说明,这是她写作这篇作品的动机和主题追求。可以说,《杜晚
香》既是一篇显示其人生理想典范的"圣佳行状",又是展示其"信念"和
"革命情操"的"很有意思的见证"。③ 从这一点来看,它确实"是一篇应
时之作,借以表示丁玲跟一个刚刚恢复其名誉的政权步调完全一致"④。

　　这种在更深层次上对自己政治态度作出说明的目的,在事后果然实
现了。有一位青年读者给她来了一封"使我感动"的信,信中写道:"《人
民文学》登了你的《杜晚香》,我好奇,心想,右派究竟写些什么玩艺儿呵?
为了考证,看看吧! 我看了一遍,两遍,三遍,这时,我反复地考虑,这样
爱人民,这样爱祖国,这是右派写的么? ……我脑子里,这时才彻底地替
你平了反。"⑤她在中国作家协会第三次会员代表大会上还特地讲到了
这一来信,可见这封来信中的观点对她实现自己预期的政治目的该有何
等重要! 同时也说明信中这样的观点实际上就是她在政治上所预期的。
有论者事后确也如此认为:《杜晚香》的重写,"这本身就是一件十分动人
的事情。它说明我们的作家抱有何等坚强的信念,也说明我们的作家对

---

① 丁玲:《关于文学创作》,《丁玲全集》第 8 卷,第 283 页。
② 丁玲:《关于〈杜晚香〉》,《丁玲全集》第 9 卷,第 267 页。
③ [香港]程步奎:《读〈丁玲近作〉》,香港《抖擞》杂志第 48 期,1982 年 1 月。
④ [法]加斯东·德沃:《丁玲的〈大姐〉》,法国《工人斗争报》1981 年 1 月 31 日。转引
　　自韩日新《半个世纪的脚印——1936 年至 1989 年国外丁玲研究巡礼》,《中国现代
　　文学研究丛刊》1993 第 2 期。
⑤ 转引自丁玲:《讲一点心里话》,《丁玲全集》第 8 卷,第 71～72 页。

党、对人民、对伟大的社会主义事业怀有多么深厚的爱、炽热的激情"①。

但是,从如此动机出发创作的、寓托如此主题追求的《杜晚香》,显然落后于时代、偏离了时代主题,因而显得相当地不合时宜。1978 年 5 月以真理标准问题的讨论为标志,思想解放运动已经轰轰烈烈地在全国展开,文学创作界的"伤痕文学"也已经蔚为壮潮。《杜晚香》显然与此大相径庭。就连她当时的许多朋友也一致认为它"不是时鲜货,靠它亮相,怕是不行",因为当时急切需要的是清算极"左"错误以开创未来。鉴于丁玲受"左"的错误迫害时间较长、创伤很深这一特殊的历史遭遇,人们完全有理由期待她在思想解放的大潮中拿出揭露和反思极"左"路线错误的扛鼎之作来。但是,为了避免"自找麻烦,遗祸后代",她弃置了对极"左"路线进行控诉、反思的愿望——极"左"政治迫害了她,也改造了她、驯化了她。

当然,《杜晚香》的落伍,不仅仅表现在其落后于时代,还表现在其视角的陈旧和观念的落后上。在这里,丁玲将自己对政治功利的追求与道德诉求相聚合,以道德诉求的方式表现出了对政治功利的关注。它以古典主义式的道德视角,关注的是人物放弃了自我个性的"道德品质",表现的是道德教化的陈旧观念。因此,从丁玲自己的创作道路看,《杜晚香》"无论主题还是写法,都可以归入延安整风以后丁玲写作的《田保霖》等歌颂性的报告文学谱系"②;而在宏观的文学背景上,也可以归入从四十年代出现、到五六十年代盛极一时的那些浅薄的道德教化型、颂歌型的作品行列。

《杜晚香》是一篇"圣佳行状",它所刻画的同名主人公是一个在新中

---

① 张炯、王淑秧:《朴素·真诚·美》,人民文学出版社 1988 年版,第 31 页。
② 王中忱:《作家生活史与文学史的交集》,《中国现代文学研究丛刊》2004 第 4 期。

国成长起来的劳动妇女。丁玲以写好人好事式的颂歌型笔调叙写了她的成长过程：出身贫穷的杜晚香十三岁时便出嫁当媳妇，在土改运动中受到党的教育，成为一名共产党员。当参军打仗的丈夫转业以后，她只身离开西北的小山沟奔赴北大荒。她以社会主义主人公的姿态从家庭走出，带领家属参加农场的繁重劳动，积极投入到开发、建设边疆的事业中去，成为"有高尚品德的新型劳动者"。

对于这样的题材和人物，擅长探索女性命运的丁玲本来可以从中深入开掘出妇女实现个性解放和社会解放的深层意蕴，但由于她艺术勇气的缺乏和预设的政治性、道德性主题的限制，更由于她对"五四"个性精神的弃置，她不但没有对此作出应有的探索，反而以传统、落后的道德意识掩盖并且代替了对这一题中应有之义的挖掘。从文本来看，丁玲执意回避了对杜晚香个人的情感、欲望的描写，从而使杜晚香成了一个纯然概念化的人物、一个只知奉献的"道德圣人"。作品虽也写到了她的家庭生活，但在她身上表现出的却是丁玲自己以前所批判过的非常陈旧的道德观念和传统女性的特征。杜晚香到北大荒后，在家庭生活中与丈夫很不平等。而她本人不但没有对男女平等的要求，反而表现出了一种无意识的依附与顺从。她的丈夫"回到家里，就只是等着她端饭，吃罢饭就又走了，去找别的人谈、笑，或者是打扑克卜象棋，他同她没有话说，正像她公公对她婆婆一样。其实，他过去对她也是这样，她也从没有感到什么不适合，也没有别的要求，可是现在她却想：'他老远叫我来干什么呢？就是替他做饭，收拾房子，陪他过日子吗？'她尽管这样想，可是并没有反感，有时还不觉得产生出对他的尊敬和爱慕，她只是对自己的无能，悄悄地怀着一种清怨"。

杜晚香在家庭生活中是缺乏平等和温暖的，她对此不但没有反感，反而因此萌生出对丈夫的尊敬和爱慕。这真令人感到匪夷所思。正是在这里,杜晚香表现出了非常陈旧的男权观念,丁玲对这一观念显然没有进行应有的剖析和批判,倒是以赞赏的口吻表现出对人物的肯定和对这一陈旧观念的认同。在后来对杜晚香走出家庭参加农场劳动、实现其社会价值的描写中,丁玲实际上以女性的社会解放涵盖并取代了妇女的个性解放,以为妇女走向社会、参加劳动就等于妇女人性的全面解放。这种观念当然非常偏颇,也相当陈旧。果真如此,那么,中国许多从事直接生产劳动的妇女在数千年前就得到解放了。

丁玲曾经是一个被视为具有鲜明女权主义色彩的作家,她以《莎菲女士的日记》、《我在霞村的时候》、《"三八"节有感》等作品表现出了对女性命运的深切关注和独特思考,思想相当前卫。令人遗憾的是,到她晚年创作的《杜晚香》中,一切都发生了倒置。为了政治上的功利,丁玲经过反复掂量选择了"永远正确"的题材和主题,以陈旧的道德视角表现出落后的道德观念。这不能不说是晚年丁玲在创作上的一个悲剧。

《在严寒的日子里》是《太阳照在桑干河上》的姐妹篇。早在写作《太阳照在桑干河上》时,丁玲就"得到了一些沦陷后桑干河一带护地队斗争的材料",并拟以此为素材来写"小说的第二部"[①]。这部小说后于1954年夏起笔,到1978年3月,共写出二十四章(未完稿)。它虽然在内容上承续《太阳照在桑干河上》,却颠覆了《太阳照在桑干河上》的复式结构。主要原因就在于丁玲非常理性地为《在严寒的日子里》设定了一个纯政治化的主题:翻身农民在中国共产党领导下,以"斗争和流血"战胜地主阶级,"保卫既得胜利"。它一方面统领情节设计、人物刻画等紧紧围绕政治化轨道运行,使之成为对这一主题的图解和说明;另一方面,则非常有效地控制了与此不相吻合的个人体验的发生,防止了作者自己与主流

---

① 丁玲:《序〈桑干河上〉》,《丁玲全集》第9卷,第45页。

意识形态不相一致的独特识见的"走火"。所有这些,都从不同层面为作品纯粹"意识形态意义"的彰显提供了保证。

为了凸显"斗争和胜利"这个单一化的政治主题,《在严寒的日子里》在果园村布设了泾渭分明的两大人物阵营,二者的对垒和斗争则构成了作品的中心线索。它所描写的全部情节内容就是:果园村的地主阶级向翻身的贫苦农民反攻倒算,贫苦农民则严阵以待、积极斗争。于是,《太阳照在桑干河上》中曾经出现过的那种犬牙交错的人物关系不见了,取而代之的是对这种极为简单也极为分明的阶级营垒的描画。而在形象的刻画上,总的来说,不管是对哪一个人物阵营的描写,我们所能看到的只有他们的阶级属性,丝毫没有与之不一致的人性表现。《太阳照在桑干河上》中像李子俊、顾涌那样具有复杂人性内涵的人物在这部作品中全都不见了。这说明丁玲对人物阵营的布设、对人物的描写,不是从生活本身的丰富性出发的,而是从先在的意识形态的规定出发的,其结果自然只能导致对人物的简化和人物关系的简化。

在地主形象的塑造中,作者从主流政治对地主阶级的一般规定出发,对他们作了简单化的设定和妖魔化的描写。在她的笔下,这些在土改中失去土地的地主们对翻身农民极度仇恨,具有疯狂的复仇愿望,慑于翻身农民和共产党的力量,又显得色厉内荏、外强中干。头号地主赵金堂不敢公开翻把,而是撺掇他人出来主事,他在暗中操控。二号人物旧村长高永寿欺善怕恶,劣迹斑斑,虽时刻盼望着"翻身复业",表面上却显得恭顺圆滑,甚至在赵金堂要他出面主事时,他还找到村里党员询问准不准他当村长。生性懦弱的李财虽然对分地农民恨之入骨,在匪军进村以后拔掉了插在原先属于他家的葡萄地上的地界牌子,但也只能趁无人的时候……总之,在他们身上,只有这些阶级属性,而没有任何其他的人性内涵。尽管作品也写出了其性格、行为上的一些差异,但它们也都只是其阶级属性的不同表现而已,而没有指向复杂的人性。这种简单化的处理,不可避免地导致了人物的类型化。与《太阳照在桑干河上》对同类形象的刻画相比,《在严寒的日子里》的这一变化,说明作者的政治意识得到了极大的强化。

丁玲政治意识的强化,更突出地表现在对贫苦农民形象的刻画中。与地主形象的塑造一样,作者对贫苦农民形象的塑造也是从主流政治所规定的阶级属性出发的。其区别在于:前者对地主形象的塑造所使用的是漫画化的手段,而后者则对农民作出了理想化的描写。在她的笔下,这些农民身上再也没有《太阳照在桑干河上》中那些小生产者的精神痼疾,而是显得那样深明大义、豁达无私,表现出了牺牲小家为大家的崇高品质。民兵队长的母亲万福娘送子打游击,临行前她深情嘱咐:"孩子,你放心走吧。跟着共产党,要跟到底。……世上要是没有共产党,天就永远不会亮。你走了,家里事不要结记,凡事都有娘。"在展现农民崇高品质的同时,丁玲更是凸显了农民在行动上所表现出的革命的坚决。当我军撤退、匪军袭来之时,他们抱着"跟共产党走"的坚定信念,一方面冲破封锁线,寻找党组织,另一方面则疏散撤离、坚壁清野,并与地主展开针锋相对的较量。所有这些,都反映了农民的"革命性"这一根本的阶级属性以及他们身上所具有的"革命"的力量。当然,作品中也写到了个别农民的"变化"。因多年困苦生活的折磨,李七月对世界抱着一种冷淡和畏缩的心情,遇事保守。起初,他反对弟弟出头露面,"把自己性命拿着耍",怕他闯下祸带累自己和全村人。但是,被头号地主赵贵打了之后,他就觉悟了——他泪流满面地自责"我太死心眼了",并托王大林转告弟弟:"他该怎么干就怎么干吧"。就这样,李七月多少年来所形成的人生态度和价值立场在瞬息之间彻底改变了。作者对这个人物"变化"过程的如此描写,其目的与其说是要表现"改造农民"的主题,倒不如说要彰显农民身上所蕴蓄的、并且随时可以引发的"革命"潜能。因此,比之于《太阳照在桑干河上》对土改后农民基本意识倾向依然如故的描写,这样的处理显然也是理想化的,因而也是简单化的。

当然,根据主流意识形态的要求,丁玲深知在描写两大敌对阶级搏战时必须凸显党的领导。她在第十八章中曾将这一认识外化为作品人物王大林的心理活动,就是:劳动人民只有"在共产党领导下抱成团行动起来,推翻剥削者,压迫者",革命"才能成功"。因此,要写人民的革命斗争,必须写好党的领导。她在"开场白"中也交代得分明:虽然果园村的工作在这一带并不是走在前列的,"可是这里也有人民,有了新建立起来的党,有正确的革命路线"。这是革命斗争取得胜利的根本保证。那么,"怎样把党写好,怎样把党的路线写好"①呢?她从主流意识形态对文艺创作的一般规定出发,将它落实到对代表正确路线的党员形象的塑造中。在对区委书记梁山青作出一般性描写的同时,她重点刻画了村支书李腊月的形象,并对他进行了神化,从而使之表现出与《太阳照在桑干河上》中的支部书记张裕民大为不同的精神风貌。在刻画张裕民形象时,她意识到他"不可能一眨眼就成为英雄",因而"不愿把张裕民写成一无缺点的英雄",②所以,作品在着重表现他的沉着、老练和对革命事业忠心的同时,也如实写出了这位农民出身的先进分子身上还存在着的多疑、犹豫等缺点。而这部作品中的李腊月一开始就是在品质上一无缺点、在行动上一无过失的完美"英雄"。他在激烈的阶级斗争中,以"奔正道,跟共产党走,万匹马也拉不住我"和"为穷人千桩祸我也敢当"的正气和牺牲精神,始终表现出了革命的坚定性和彻底性。他主动出击,亲自

① 丁玲:《致蒋祖慧、周良鹏》(1977 年 4 月 20 日),《丁玲全集》第 11 卷,第 187 页。
② 丁玲:《〈太阳照在桑干河上〉重印前言》,《丁玲全集》第 9 卷,第 98 页。

组织捉拿枪击梁山青的凶手赵贵;在奉命去找区委领导之前,他登上高院房向全村父老发表讲话,稳定人心,激励斗志;在还乡团进村以后,他又冒着危险潜回村里,继续组织斗争……虽然作品也以有限的笔墨写到了他的情感生活,写到了他与兰池的那种朦胧恋情,但是,它却不像《太阳照在桑干河上》中所写程仁和黑妮的关系那样更多地偏向于个人情感领域,而是指向了政治。兰池出生贫苦、遭遇坎坷,而且极富斗争性,最初使李腊月感动的也正是她对"吃人的旧社会"的控诉。他们的感情的扭结点不是别的,而是"我们要一辈子跟定共产党闹革命"的共同信念。因此,从作品的这些描写来看,与其说他们是情感上的恋人,还不如说是政治上的同志更确切些。也就是说,丁玲对李腊月情感生活的表现,仍然是政治化的,其目的说到底仍然是要突出其政治上的坚定性。从以上的分析可以看出,丁玲对李腊月的塑造,作了脱离具体历史语境的拔高,因而具有很强的神化色彩。在丁玲笔下,神化他,就是为了凸显党的领导的正确;因此,可以这样说,他的形象越是完美、越是高大,就越是表现出丁玲在这部作品中追求"把党写好"、"把党的路线写好"的坚决。

《在严寒的日子里》是丁玲1955年以后在极"左"思潮的长期迫害中重写和续写的。它曾被作者视作"朝夕爱抚的宠儿",称它能够"治疗我心灵的创伤"。[①] 诚然,丁玲"心灵的创伤"是极"左"思潮造成的,但是,这并不等于说这部被她视为"心灵创伤疗救者"的作品在思想倾向上是与之相对立的。事实上,主流意识形态作为一种权力话语既在迫害着她,又在规训着她,使之成为顺从者。法国学者福柯根据对知识系统的分析,指出:在一个特定社会的特定时期,某个方面支配着有意识的、正

---

① 丁玲:《风雪人间·悲伤》,《丁玲全集》第10卷,第121、118页。

常的、理性的思想活动，这个方面可以称作"知识"、"认识"或"档案"。①
对于主流意识形态这一处在支配地位上的"知识系统"，丁玲从左联时期
以来（特别是从延安整风运动以来），就有着非常透彻的认识和理解。她
的不少作品事实上也成了它所倡导的、具有典范意义的代表。但是，由
于早期所接受的"五四"文学传统影响力的强大和自我对这种影响的自
觉接受，丁玲在《太阳照在桑干河上》的创作中仍然保留了自己的个人话
语，仍然在一定程度上表现出了对"人"的关注。二者的并置，使作品在
思想意蕴上形成了复式结构。到创作《在严寒的日子里》时，主流意识形
态作为一种起支配作用的"知识系统"，不但在丁玲那里得到了内化，而
且变成了支配丁玲思想活动的唯一因素，这就不能不造成作品在意蕴结
构上的线性特征。

　　对于丁玲为了图解"斗争和胜利"这一政治化主题而作出的艺术处
理以及由此所造成的线性意蕴结构，读者曾经提出过质疑。1980 年 6
月，在中国作家协会文学讲习所对青年作家讲话时，她对此作了转述，并
同时作了辩解："前几天我收到一封信，说《在严寒的日子里》我把农民写
的太好了，问我是不是受了江青、'四人帮'的影响，是不是受了一九五
七、五八年对我的那些批评的影响。我说很遗憾，这些文章我都没有看，
现在也懒得看。"②稍后，日本学者杉山菜子也事实上对丁玲的这一辩解
作出了呼应。她虽然正确地指出该作"继承了五十年代文学的主题"，但
又根据对丁玲自己写"成长和变化"的声言的解读（即其中"被描写的人
物最初是不成熟的，然后逐步成长，在成为公认的模范人物之后仍作为
普通的一员出现"），认为该作"体现出她对'四人帮'时期的'三突出'论

---

① 　郭宏安等：《二十世纪西方文论研究》，中国社会科学出版社 1997 年版，第 446 页。
② 　丁玲：《生活·创作·时代灵魂》，《丁玲全集》第 8 卷，第 98～99 页。

的批判精神"。① 然而从上文的分析来看,读者对她"把农民写的太好"的质疑是切中要害的,对其原因的分析也是深刻的,而丁玲的自我辩解则显得相当苍白、相当无力。至于说那些批判她的文章"都没有看",并以此说明自己没有受到相关影响,显然是有违真实的强辩之语。

从1949年后的"十七年"到"文革"时期,主流意识形态一直强调文学为政治服务。这一占支配地位的文学观念作为一种权力话语,统御了这一时期的创作,并导致了此期文学创作主体性、独立性的丧失。1976年3月丁玲执笔重写《在严寒的日子里》时,反右斗争中的极"左"文艺思潮以及作为其恶性发展的"四人帮"的"题材决定论"、"三突出"等帮派文艺思想,作为主流意识形态的重要思想资源,也都摆在了丁玲面前,并对这部小说的重写产生了影响。1976年春节期间,也即她动笔重写《在严寒的日子里》之前不久,她"读了许多抗日战争、解放战争时期的长篇著作,也读了目前的一些作品。对于我过去的作品,也作了许多检查。的确感到文艺创作上的许多问题",表示"一定要批判过去的那种自然主义的写法"。② 在主流话语场中,"写真实"就是"自然主义"的同义语,所以,稍后,她还明确表示"原就不打算写真实","实际我不是写真实"③——她深深知道,不管是"自然主义"还是"写真实",都会因个人体验的掺入而导致"政治意义"的不纯粹。

这里所说的"自然主义的写法",是当年反右斗争中批判者根据主流意识形态的评判标准给她的《太阳照在桑干河上》强加的罪名。批判者曾经指出:"从黑妮和农村妇女形象的对比中,从顾涌和一大群贫雇农形

---

① [日]杉山菜子:《丁玲文学的新生及其二十年的下放生活》,孙瑞珍、王中忱编《丁玲研究在国外》,第352、353页。

② 丁玲:《致蒋祖林、李灵源》(1976年2月),《丁玲全集》第11卷,第170页。

③ 丁玲:《致蒋祖林、李灵源》(1976年4月),《丁玲全集》第11卷,第172、171页。

象的对比中,特别是从作者对农民的落后面貌和落后情节以及脏话的偏
爱中,我们都能闻到浓厚的自然主义的气息,那侯忠全形象上的刺眼的
一笔,在这里也可看到,它并不是偶然划上去的。"①不难看出,《太阳照
在桑干河上》中被批判者视为"自然主义"表现的这些部分,大多是作者
有独特发现灌注其间因而与主流话语不相吻合的地方,也是作品中最有
价值的地方。在经受了主流意识形态粗暴的批判以后,丁玲被规训了,
她油然萌生了悔其少作、急欲更弦改辙之感。丁玲的这一自我批判,说
明主流意识形态已经真正在思想上完成了对她的改造。

　　如果说 1957、1958 年对丁玲思想上的"个人主义"和创作上的"自然
主义"的批判,是"主流政治"对她的负面规诫的话,那么,作为"四人帮"
帮派文艺思想之载体的"革命样板戏"则是"主流政治"对她的正面引导。
(详见第二十二章)所有这些,都在"不能做"和"应该做"方面无形地规训
了她,并影响到这部作品的创作。在主流意识形态这样的规训下,丁玲
的《在严寒的日子里》的创作果然"只走一条路"了:她以单一的历史理性
覆盖了应有的人文精神,以对一般"政治意义"的呈现来灭失自我的艺术
发现,以对人物一般阶级属性极端化、单一化的展示(由此导致了对人物
的理想化、神化或漫画化)来替代对丰富人性内涵的深刻挖掘。这样,
《太阳照在桑干河上》"二项并立"、张力巨大的意蕴结构,到这部作品中
就蜕化为以"革命意识"为唯一内蕴、以传达意识形态说教为唯一目的
的、毫无张力的线性结构。

---

① 　竹可羽:《论〈太阳照在桑干河上〉》,《人民文学》1957 年第 10 期。

| 第二十九章 访美之行与《访美散记》 |

　　1981年8月29日，丁玲应美国爱荷华国际写作中心邀请，赴美国作为期四个月的访问写作（其间，应加拿大政府文化理事会邀请，曾赴加拿大访问十天），至年底回国。这是她二十多年来的第一次出访。四十年代后期到五十年代初期，丁玲多次访问过苏联和匈牙利、捷克等东欧社会主义国家，这次出访是她第一次亲眼看资本主义发达国家。经过漫长的飞行，她到达了此行的目的地——爱荷华。这是美国中部爱荷华州的一个仅有五万人左右的小城，城内有规模不小的爱荷华大学。坐落其间的国际写作中心，由爱荷华大学文学系主任、诗人保罗·安格尔于四十年代创办。起初只是一个小小的创作室，后来渐渐发展为国际写作中心，邀请各国作家到美国作为期四个月的访问写作。

　　关于访美的设想，丁玲早在1979年复出之初就曾经萌生过。那时，丁玲接到了旅美华裔女作家於梨华发出的赴美访问的邀请，因故未能成行。后来，在另一位旅美华裔女作家、安格尔的夫人聂华苓的联系和安排下，她终于得以成行。关于赴美访问的目的，丁玲在给於梨华的信中说，是为了加强中美两国的文学交流和中美两国人民的友谊。但后来应爱荷华国际写作中心邀请赴美前夕，她在给朋友的信中，却表示对"在（应为"去"——引者）美国，我原来兴致就不高"；她之所以愿意"趁还能走动时"去走走，主要目的在于"希望我能使聂华苓更能理解中国些"，"想为中国去做一点工作"。[①] 在成行前一个月，她又说自己肩负使命，要尽量"为国家多做点工作"，"让美国人、旅美侨胞多多了解我们"。[②]

　　带着这种神圣的政治宣传使命，丁玲踏上了异国的土地。在美国和加拿大，她多次发表讲演、参加座谈，以自己的言论在异邦人士面前精心打造了一个政治化的"丁玲形象"。在一些公众话题上，她义不容辞地承担起了政治宣传的使命。在国际写作中心最初举行的中国作家报告会上，她应邀演讲"中国文学现状"。她着意渲染新时期文坛万紫千红的繁荣，并借题发挥，以五六十年代的体制话语向美国听众大谈文学与政治的关系。在加拿大，当有人问及中国作家的创作自由时，她回答道："中国人的自由，是在尊重大众及社会的自由下，享受着不妨碍社会进步的自由。"对照她几个月前给友人的信中所说的"假如《苦恋》是我写的，你可以想见那些左的右的都会汇成一股洪流来围剿的"之类的话，可见，说此番言语的丁玲为了政治宣传的需要而戴上了正统的政治面具。

　　丁玲在公众话题上的讲话政治宣传色彩过浓，效果不佳——外国人更关心的是她个人的际遇及其感触。一位在爱荷华工作的中国教师告诉她，"你的讲话被认为太官气了，好像官方代表讲话，这里人不喜欢听，他们希望你能讲讲自己。"在这种情况下，她开始谈自己了。但是，固着

① 丁玲：《致周良沛》(1981年3月18日)，《丁玲全集》第12卷，第168、169页。
② 丁玲：《致李铁铮》(1981年7月13日)，《丁玲全集》第12卷，第179页。

的政治情结使她在谈自己时仍然脱不了浓厚的政治宣传色彩,她对自己个人经历的说明甚至还成了对自己政治信念的阐释,成了论证某种政治理念的例证。关于走上创作之路的动机,她多次从政治化的角度作出说明。10 月 31 日,在国际写作中心举行的中国周末的活动上,她应邀演讲"我的生平与创作",在说到自己从事文学创作的原因时指出:"我是为人生,为民族的解放,为国家的独立,为人民的民主,为社会的进步而从事文学写作的。"①11 月 6 日,在纽约哥伦比亚大学演讲时,她又说,她原来并不想当作家,而是"在无其他任何出路的情况之下,开始写小说,所以根本不是什么'为文艺而文艺',也不是为当作家出名,只是一吐为快,为造反和革命"②。在这里,她对自己走上创作道路的原因作出了单一的政治化的解释。从丁玲自己的政治化思维来看,这是一种拔高;证之以其初期以《莎菲女士的日记》为代表的创作实际,这是有违事实的。她的初期创作如果说有"造反"因素的话,也仅限于思想伦理层面,而与政治上的"革命"、与"国家的独立"和"民族的解放"其实并没有什么直接联系。

关于她被整的遭遇,是推崇人权的异邦人士较为关注、提得较多因而也是她说得较多的话题。丁玲深谙两种不同的社会制度、不同的意识形态之间的巨大差异,意识到了内外有别,因此,决计不到国外去叫屈、去抱怨,这是无可厚非的。事实上,她也是这样做的。据外籍作家回忆,丁玲"在访问加拿大的时候,每次被外国人问到她的过去时,丁玲对自己的国家,没有说过一句批评的话,多少个夜晚,我们在下榻的饭店闲聊时,她总是坚强地重复一句话:'我要批评自己的祖国,也不会到外国来

---

① 丁玲:《我的生平与创作》,《丁玲全集》第 8 卷,第 230 页。

② 丁玲:《我怎样跟文学结下了"缘分"》,《丁玲全集》第 8 卷,第 238 页。

批评。'"①应该说很好地表现了她的政治觉悟和民族情感。从不抱怨、不批评自己的祖国的立场出发,对这些敏感的话题,她本可以王顾左右而言他地作出回避。但是,她却说了。既要考虑政治影响,唯恐照实说而授人(包括"外"人更包括"内"人)以柄,于是,她便从自己过去被整的惨痛经历中找出了"趣味",这就不能不使许多人感到她的矫饰。②

11月的一天,在华盛顿的一个外国朋友家里,当有人诧异丁玲在农场养过鸡时,丁玲却强调"养鸡也很有趣味"。一位先生更纳闷了:"一个作家,不写文章,却被处罚去养鸡,还认为养鸡很有趣味,我真难理解,倒要请教丁女士,这'意思'不知从何而来?"丁玲犹疑着,不知从何说起,只是觉得"他们程度低",而美国人对她也实在感到难以理解。对于她被整的历史,她在一次公开演讲中表明了自己的态度:"现在,我搜索自己的感情,实在想不出更多的抱怨。我个人是遭受了一点损失,但是党和人民、国家受到的损失更大。我遭受不幸的时候,党和人民也同受蹂躏。"美国人说话直截:"共产党把你已经整成这个样子了,你怎么还是——或是,就是要整得你只能这么说了?"她回答说:"不!整我的不是共产党,只是党里作了错事的人!这才是整得我更明白的道理!"对于在价值观上以个人为本位的美国人来说,丁玲的如此说法自然是难以理解的。安格尔听了丁玲的讲述后就说:"我真不懂。受了罪,挨了打,坐了牢,没有半点怨言!还笑得这么开心,好像谈的是别人的事。中国人,中国人,我

---

① [加拿大]刘敦仁:《哀丁玲》,《丁玲纪念集》,第504页。

② 王蒙在《我心目中的丁玲》一文中写道:"丁玲到美国大讲她的北大荒经验是如何美好快乐,以致一些并无偏见的听众觉得矫情。"在一定程度上也可以看出国人对丁玲这一言谈的评价。

永远也没法了解!"①她还像在国内一样,在另一个公开演讲中表现出了"向前看"的姿态:"现在我的国家正处在大乱之后,疮痍满目,百废待兴,举步维艰。……但我绝不能沉缅(湎——引者)于昨天的痛苦而呻吟叹息,也不能为抒发过去的忧怨而对现今多所挑剔。"②

总之,不管是谈论公众话题还是个人遭遇,丁玲都带上了浓重的政治宣传色彩,都非常"官气",都"好像官方代表讲话"。她之所以如此,一半出于"为国家多做点工作"的需要,一半也出于她个人政治上的考虑。在她访美前夕,中国作协还有人放出流言,说邀请她前往国际写作中心是拿联邦调查局的钱。那时,丁玲本人的"历史问题"既悬而未决,现实处境又复艰难。她也深深知道,人虽暂时到了国外,但她的一言一行仍然在国人的视野之中。她在国内时对友人说过:"全国都有耳,小报告四处飞";"翻不了身,网大着咧"。现在,她也知道,这"耳"和"网"已不仅仅在国内了。政治的梦魇仍然追随着她,她必须不做"低规格"的事,并以此来显示自己对党和国家的忠诚。出于这样的政治策略,她以自己如此的政治宣传言论在外国人面前更是在中国人面前塑造了一个忠于共产党的政治化的"丁玲形象"。

丁玲在访美之行中的角色是双重的。她既是一个"被看者",也是一个"看者"。作为一个"被看者",她根据自己的政治使命和政治需要打造了一个政治化的"丁玲形象";而作为一个"看者",她又以自己的眼睛描绘了她心目中的"美国形象"——这对于我们了解丁玲的文化心态同样重要。

从1981年9月至1983年3月,丁玲在访美期间及归国以后,陆续

① [美]聂华苓:《黑色,黑色,最美丽的颜色》,香港三联书店1983年版。转引自周良沛《丁玲传》,第783~784页。

② 丁玲:《我的生平与创作》,《丁玲全集》第8卷,第234页。

写成记录其美国之行的散文二十五篇,稍后辑为《访美散记》,由湖南人民出版社1984年1月出版。丁玲访美成行于我国改革开放之初,本身也可说是受惠于改革开放的国策。在《访美散记》中,丁玲却从自己的狭隘理解出发,将"自我"与"他者"相对立、以异证异、以异斥异,从而表现出了与改革开放国策相悖逆的、以本土文化为中心的文化中心主义思想。这一思想阴影是如此浓重,致使对美国文明这一"他者"的批判事实上成了《访美散记》的中心主题。

自然,丁玲不能不直面美国高度发达的现代文明。在给家人的信中,她曾写道:"美国人讲的就是享受。我们去过农民家庭,他们的生活也是我们不能想象的。每个人都有一个家,一定要有一栋房子,一辆汽车。"①在《访美散记》中,丁玲依照自己的行踪也多次写到美国科技的发达和生活的文明富足。她所在的小城爱荷华是一个流淌着田园交响乐的"安宁的,舒适的文化城",给人"一种难得的和平的安全感"(《爱荷华》);她去过的那里的超级市场货物丰富、物美价廉、购物方便快捷(《超级市场》);她所住的公寓环境优美、设施齐备、生活极为便利(《五月花公寓》);她所参加的国际写作中心的活动也很"舒服、消停"(《国际写作中心》)。在外地,她登上"世界上最高的楼房"——芝加哥摩天大楼,称其"真有点叹为观止"(《芝加哥夜谭》);她参观迪尔公司,为这家声誉盛隆的世界著名公司优美的环境、井然的秩序和宁静的氛围所震撼(《约翰·迪尔》)。此外,她在《曼哈顿街头夜景》、《汽车与计程车》等篇中还描写了纽约曼哈顿街头夜景的迷人、交通的便利等。

总之,丁玲从衣食住行、环境以及生产与消费等方面写出了美国的

---

① 丁玲:《致蒋祖林、蒋祖慧、周良鹏、胡延妮、周欣》(1981年9月19日),《丁玲全集》第11卷,第305～306页。

"繁华、现代化"。但是,应该看到,丁玲的这些描写,在很大的程度上都已失去其自足的意义。可以这样说,她之展开这类描写的目的并不是为了就事论事地展示其物质文明的高度发达,而是为了反衬其制度文明和精神文明的堕落。为了主观上批判"他者"的需要,她在《访美散记》中有意将浑融为一的美国文明作了拆解,并进而通过其物质文明与制度文明、精神文明的对比,以凸现美国文明的弊端。藉此,她既实现了其文化批判的目的,又展露出其由文化中心主义滋生出来的"妄自尊大"的情绪。这种情绪可以用她在美期间给家人信中的一段话来概括:"美国的科技是好的,生活是好的,但文化是低的。我对他们曾说过,一切古典文学对你们都已无用,你们已经不须要优美的感情,只有性。你们每个人都很努力,争取头衔,为硕士、博士努力,为汽车、房子奔忙……你们除了这些,什么理想也没有……说老实话,我为这个国家担心。"①归国后,在一个公开的报告中,她又说:"我去过外国,但我总是觉得我们这个国家好啊,我们这个社会主义好啊,我们的老百姓好啊!他们不脏,他们虽然穷,却高尚。"②

《向昨天的飞行》和《二十九日又一页》,是她到美国后最初写就的两篇散文。在批判美国文明方面,它们事实上成了整部《访美散记》的思想总纲。丁玲把9月1日所作的开篇之作定名为《向昨天的飞行》,不是随意为之的。从她的书写内容来看,所关乎的显然不仅仅是时差,更隐含着美中两国在文明层次上具有"昨天"与"今天"之别。文章第二部分"两个普通美国人的谈话"叙写了与两名华裔美国人的交谈。在与苏姓华裔的谈话中,她迅即感悟到"生活可能是美国方便,条件好些",但是,"人情

---

① 丁玲:《致蒋祖林》(1981年11月2日),《丁玲全集》第11卷,第314页。

② 丁玲:《走正确的文学道路》,《丁玲全集》第8卷,第334页。

是中国好，还是中国人呵！"接着，她更是借沈姓美国人之口说出美国"许许多多人生活不错，可是空虚，一片空虚。许多美国朋友，也有同样的感受"；他表示："我想回到中国去，我喜欢中国人是在为祖国，为着祖国美好的未来而生活。"丁玲的这一感悟和她所着意描写的沈姓美国人的如此言语，点明了其全部访美散文的中心主题。在具体触摸、具体感受美国之前，仅仅通过与两个美国人的简短交谈，丁玲在刚到美国后的两三天里就写出了这样的文章，就点示了这样的中心主题，不能不说带有很鲜明的先入为主的色彩。

两天后所作的《二十九日又一页》同样是一篇带有先入为主色彩的、以意为之的散文。第一部分"在旧金山"，写她从机场径到领事馆，中间因故未能去"看看旧金山"。而到领事馆之后，因为前面有住宅高楼，挡住了视线，所见只是那高楼上一排排的窗户。就在对旧金山没有任何直接接触、甚至没有多少观感的情况下，她却发出了这样的感慨："旧金山，唐人街，几百年来，一代一代，我们的同胞在这里留下了多少苦难辛酸。……为了保持中华民族固有的文明、淳朴、勤劳、无私、纯真、充实，面对西方近代的一些腐朽的、空虚的精神生活，曾经自然地长期地潜蓄着无声的抗拒。……他们怀念先辈的坚贞，他们现在也在思索、寻求生活的意义和奋斗的目标。"在这里，她流露出来的是对美国文明的先天般的质疑，而她笔下的秉承了中华传统美德的旧金山的华人似乎成了拯救堕落的美国文明的一支重要力量。不管丁玲这样的感慨是否符合实情，问题在于它并不是丁玲考察所得，而纯为其主观上的已成之见。

沿袭着《向昨天的飞行》和《二十九日又一页》这两篇具有总纲性质散文的批判思路，从自己先入为主的已成之见出发，丁玲《访美散记》中其他各篇进一步开展了对美国文明这一"他者"的具体剖析和批判。它们涉及美国社会尤其是制度文明和精神领域的方方面面。主要包括：

一、对美国商业文明的批评。《五月花公寓》几乎通篇都在写美国生活的文明有序,但是,丁玲忽然插入了这样一段描写,对美国的商业广告文化作出了相当严厉的指责:"夜深人静时,我们便打开电视机,领略美国人的生活风貌,看那些香水香粉香膏互相争辉的画面,以及什么意大利烤饼、法兰西蛋糕等形形色色的广告。"对此,她竟"由怀疑而感叹,美国的老板们是否就拿这些色香味来为市民和儿童洗脑呢?"在商业社会中极为常见的广告文化,就这样硬是被她涂抹上了意识形态色彩,将其视为"洗脑"的工具和手段。《芝加哥夜谭》所批评的是对"门票"的追逐。她在芝加哥参观"世界上最高的楼房",发现顶层走廊里没有一张椅子供游客稍事休息或"留连忘返",于是,便生发出如此感想:"因为这里只是一种生意,不需要给你精神享受,不需要你安逸,只需要门票。"不难看出,这一感想也脱离了具体情境,纯为带有浓重偏见的奇想。顶层走廊没有安放座椅,当有人流数量与安全等方面的考虑,绝不仅仅是因为"只需要门票",也绝不是要剥夺游客的"精神享受"。其实,即使是只为了门票,也没有什么可以指责的,因为追求利润最大化,本也是企业发展的必然。《超级市场》一文以极大的篇幅介绍美国货物充足、购物便利,但最后却忽然起了转折,展开了对美国商业社会之惟利是图的批评。它把美国比作一个"大的超级市场",这个超级市场"拥有从全世界各地搜罗来的新鲜的、五颜六色的、应时的、有利可图的商品……凡是好的,有用的,美国都不遗余力地去挖掘、搜集、网罗、购买,不惜血本。但一旦被认为过时了,陈旧了,无利可图了,便都无情地扔掉,毫不可惜"。她还由此联想到与处理货物并无直接关系的"使用人力"问题,指出:"这样对待商品货物,还可以无足厚非,但对待人才,使用人力,也是这样,那就未免过于残酷了。"其实,人力资源也是市场,它也需要进行合理的配置。这是持计划经济眼光的丁玲所无法理解的。《约翰·迪尔》先写该公司的"豪富、华贵、彬彬有礼"，最后，她"在这富裕和温良恭俭让的背后"所看到的是"那实际隐藏着的无边恶风险浪，那剧烈可怕的残酷斗争"。而作为其论据所列举出来的问题之一，便是国外子公司的工人工资较低。其实，开拓国外市场、建立子公司，任何公司都自然应该核算人力成本。最后她从中得出了这样的感悟："蓝天是可爱的，但蓝天之下，也有乌云。池水能照出明亮的蓝天，但也能透出乌黑的泥沼。"她将"乌云"、"乌黑的泥沼"置于收尾处来写，事实上把上文所写的该公司所具有的"磐石的坚实和深谷的幽静"都否定掉了。总之，讲究成本、追求利润、积极营销商品、强调资源的合理配置，本是市场经济的规则，丁玲却以计划经济的陈旧眼光苛刻打量美国市场经济现象，进而作出了这些远不切合实际的评论。

二、对美国社会问题的揭露。这大体涉及美国社会的贫富不均、治安恶化等。在她看来，这些问题的存在都缘自其社会制度。在《访美散记》中，除《会见尼姆·威尔士女士》外，丁玲对美国社会问题的揭露一般尾随于对某一专题的客观书写之后，在结尾处通过某一细节来进行"陡转"，并以自己的揣测议论，收卒章显志、画龙点睛之效。《会见尼姆·威尔士女士》一文没有转折，通篇都在写主人公的贫病。尼姆的一句话（"我现在也不自由，那是因为我穷，是经济问题"），深深地打动了她，使她在为包括她在内的中国作家能够"按月领工资"、"不必为生活担心"深感庆幸的同时，感到美国"以她许多浓重的阴影压迫着我，我喘不过气来"，从而为这个"孤身老年病人"发出了悲鸣。与《会见尼姆·威尔士女士》不同，《纽约的住房》以绝大部分篇幅比较翔实地介绍了自己在纽约所见的中等的旅舍、豪华的旅舍、"比较高贵的公寓"、"流动房子"以及唐人街的房子等，甚至还突出了各种旅舍的设施齐全、"舒适方便"和公寓的管理严格、"陈设豪华"等，但在结尾处却忽然写到"人们告诉我"的一个细节："夏天的夜晚，有些马路上、公园里到处都有无家可归而露天住宿的人"。这样,她由住房问题的描写,引入对美国贫富不均问题的揭露,并发出了如下感慨:"美国既然那样富有,那样容易赚钱,怎末还会有这末多无家可归,只能露宿街头的人?在那样巍巍高楼、金屋遍地、掷钱如泥的富裕国家里,怎么还会有这末一些寻不到一席安身之地的可怜虫?"本来,贫富不均是一个全球性的问题,并不仅仅存在于美国。美国既存在这样一个问题,自然也可以书写、也可以揭露。但是,丁玲对这一问题的揭露,其目的却不在分析出现这一问题的原因、寻找解决这一问题的办法,而只是为了达到对"美国生活"的否定。正是在这里,丁玲又流露出了文化中心主义的思想和相当明显的意识形态的偏见。

与《纽约的住房》一样,《汽车与计程车》也用了先扬后抑的手法,先写在美国"坐计程车实在也很方便",接着她注意到了计程车内设施上的一个细节:计程车的司机座旁不准乘客乘坐,而在前座和后座之间都有一块铁板,把司机和乘客隔开;铁板上挖了一个小孔,乘客通过小孔看计程表上的数字,并把车钱从小孔里塞给司机。这本来是一个正常的安保设施,丁玲从"一切都是适应实际生活的需要"的大前提出发,作出了如此推断:"如果不曾有过可怕的戏剧性的危险发生,就不会有这些看起来是过分了的措施。……至于这些危险的、戏剧性的表演,在资本主义社会的报纸上屡见不鲜,我们是无法想象的。"在这一推断中,她把一般的安保问题至多是社会治安问题,上升到政治、制度层面,并以这一细节,直接奔向"否定资本主义社会"的大主题。

在对美国社会问题的揭露中,最具有揣测、悬想性质从而更能显示出其主观偏见的大约要数《曼哈顿街头夜景》了。在起首铺写了曼哈顿绚丽夜景之后,作者用了一半多篇幅对一个坐在街角的、"伛偻着腰,半闭着眼睛"、神态木然的老人作了想象性描写。她将他作为中心来描写、"让他来点缀这繁华的街道",其目的就是为了消解曼哈顿的繁华。在她的笔下,他虽然是"一笔不显眼的灰色",但曼哈顿绚丽夜景却因此成了"一幅俗气的风景画"。从文本提供的信息来看,作者与他没有任何接触,只有一面之缘。但是,为了这一目的,她对这个老人的境遇和经历作了大胆的悬想、揣测。首先,她把他悬想为一个没有妻子儿女的孤单的老人,因为"没有人理他",所以才来到街头枯坐。这一悬想凸现了美国社会人与人之间的隔膜和对老人的没有关爱;用文中的话说,这里显示出了"令人思索的一缕冷漠和凄凉"。接着,她又对他的经历作了没有任何依据的揣测,称他可能曾经是教授、拳王或亿万富翁;意在将其"往昔荣华"和"今天的满腹忧愁"相对照,以其个体人生的无常,来揭露美国社会的投机性质和社会保障机制的缺乏。我们知道,叙事散文当以纪实为主,虽然不排斥必要的想象,但它必须有一定的事实依据。而丁玲在这篇散文中所作的这前后相续的两层想象,则缺乏令人信服的依据。如果说有"依据"的话,那也不是来自事实,而是来自她内心的文化优越感和批判美国文化这一"他者"的主观需要。是她的这种主观需要,促使她对这一老人的境遇和经历作出了如此毫无根据的悬想。

三、对美国精神危机的揭示。丁玲对美国商业文明和社会问题的批判,主要涉及的是其制度层面。在丁玲看来,与这些问题同时存在的,还有其精神上的堕落。在《People 杂志的采访工作》一文中,她以直白的语言记述了自己"对美国的观感":虽然美国物质文明发达,但"青年人中比较普遍地缺乏信仰,精神空虚,不关心他人";此外,她还谈到了"资本主义制度下人与人之间冷漠"等。而在其他多篇散文中,她对其精神危机作了具体的展示。《安娜》中那位富有的、生活"比神仙还舒适"的主人公在筹办了一个招待作者的晚宴之后,在"空廓、冷寂"中,"一个人坐在客厅里的沙发上逝世了"。丁玲闻讯后感到"一片怅惘"。她所怅惘的不仅有人生的无常,更有资本主义社会中人与人之间的冷漠。《养鸡与养狗》以含义显豁的标题概括了两种不同的生活方式：一是自己过去在北大荒养过鸡；二是美国一阔太太现在养着狗。作者以此作对比，揭露了美国人的精神空虚。在《一九八一年的新问题》中，她在反驳外国记者"中国男女不平等"之说时，列举了"某些文明社会"（即美国）存在的"纳税的，合法的"色情业（如妓女、脱衣舞、橱窗女郎以及男妓等），以此显示美国人的道德沦丧。

《电影〈锡鼓〉及其它》是一篇比较典型的意识形态批评，重在揭示美国人的低级趣味。《锡鼓》又译作《铁皮鼓》，是德国新电影流派著名导演施隆多夫的力作，改编自联邦德国作家君特·格拉斯 1959 年出版的同名长篇小说，曾获 1980 年奥斯卡最佳外语片奖。作为电影史上最著名的反纳粹电影之一，这部影片用儿童视角深刻揭露了成人世界的虚伪，用夸张手法猛烈抨击了纳粹的罪恶。丁玲在批评这部影片时却无视它的这一特点和价值，以古典主义式的道德律令指责它"露骨"地、"不堪入目"地表现了性生活，"完全自然主义地塞进一些挑逗人，引诱人走入邪道的不道德的东西"，从而"把一些丑恶的东西"原原本本地呈现给了观众。她进而又从美国观众的神态和他们的赞美声中，同时判定了他们趣味的"低级"。总之，在丁玲心目中，美国人与人之间关系冷漠、精神空虚、道德沦丧、趣味低级，出现了严重的精神危机。《向昨天的飞行》中沈姓美国人所说的美国"许许多多人生活不错，可是空虚，一片空虚"，《二十九日又一页》中所指称的"西方近代的一些腐朽的、空虚的精神生活"，在安娜的溘逝中、在那位阔太太的生活方式中、在美国色情业的存在中、在《锡鼓》及其反响中，都得到了细节化的证实。

在《访美散记》中，丁玲不但对美国的精神危机的表征作了呈示，而且还分析了其原因。在她看来，这种危机的出现，导源于资本主义制度：在这种制度下"人与人之间冷漠，利害竞争，弱肉强食，不是个人的意志所能转移的"①。在《一九八一年的新问题》中，她比较系统地表达了对这一问题的认知：一是美国商业文明强行给人"洗脑"、侵蚀了人的精神。美国社会给人们脑子里塞进去的"尽是意大利烤饼，法兰西香水，或者就是空虚，无信仰，'今朝有酒今朝醉'等等"。二是美国以"钱"为中心，意识形态没落腐朽。就出版业而言，在美国没有审查制度；如果说有审查官的话，那就是商人。他们以能不能赚钱来衡量作品。对于严肃认真的艺术作品，他们没有兴趣。这导致文艺刊物良莠杂存，黄色无聊的作品不少，向读者传播自私，引诱青年放荡、犯罪。总之，在她看来，是制度因素导致了其精神的堕落，而其精神的堕落又进而加剧了制度性问题的出现。这样的恶性循环，自然不能不使丁玲"为美国担心"②。

从以上分析中可以看出，丁玲对美国制度文明和精神文明的批判确立了两个维度：一是以其物质文明的高度发达来反衬；二是以中华精神文明来比照。这两个批判维度的确立，其共同的用意都在寻找"他者"的弊端、都在发现和凸显本土文化的优势。可以这样说，正是为了建立本土文化的中心地位，她才确立了这两个批判维度。从这种文化中心主义思想出发，在《访美散记》中，她人为地拆解了作为一个整体的美国文明。这样，美国科技的发达和生活的富足似乎不但不值得肯定和欣羡，倒适成其"文化是低的"观点的反证。按照她的这一主观命意，甚至可以说，其科技越是发达、生活越是富足，倒越是显出其文化之低和精神之堕落来。这样，在她那里，二者的关系非但不是相互联系、相互促进的，倒反而是相互割裂、相互对立的。这就不能不导致事实上和逻辑上的悖论。如果如她所言美国文明已经彻底堕落、没有丝毫创造力和进取气象的

① 丁玲：《People 杂志的采访工作》，《丁玲全集》第 6 卷，第 264 页。
② 丁玲：《国际写作中心》，《丁玲全集》第 6 卷，第 156 页。

话,那么,也就很难说明它为什么还会创造出"繁华、现代化"的物质文明来。一贯相信物质决定精神、存在决定意识的丁玲偏偏在这里违背了唯物辩证主义的基本原理,将物质与精神截然分开、形成对立之势,从而制造了充满偏见的"富必堕落"的现代神话。在《五月花公寓》里,她也曾质疑过"美国青年人都没有信仰,没有理想,只知道玩乐,吸大麻"的传说,指出:"这可能吗? 如果真的都是这样,美国的物质生活是从哪里来的?难道不是美国人民、美国的青年人的劳动创造而全是掠夺与剥削得来的吗? 是不是有些人习惯看外表,或者只凭一时的一知半解就下结论,容易夸大缺点呢?"应该说,她的这一质疑是有力的,也是符合实情的。但是,在《访美散记》的整体运思中,在文化中心主义思想的作用下,她事实上却仍然落入了这一"传说"的窠臼,从而使充满意识形态偏见的"美国物质文明虽好,而精神文明却差"成了贯穿其整个访美散文的思想线索和中心主题之一。

为了凸显美国精神文明的堕落,丁玲同时还以中华精神文明与之相对照。这种"人家"/"我们"、"物质"/"精神"的对照思路,在其归国后所说的一段话中表达得分明:"尽管我们目前的生活水平不高,物质条件比人家差一点,但是,我们精神上的东西比人家丰富得多。因此我觉得,我们中国是最有希望、最有前途、最光明的地方。"①可以说,在其对美国商业文明、社会问题和精神危机的揭露批判中,她始终有一个显在或潜在的理想的参照系,这就是中华精神文明。可以看出,在将二者进行比照时,她对本土文化是有着巨大的优越感的。这一优越感源自以自我为中心的文化中心主义思想和狭隘的民族主义倾向,在赴美之前就蛰伏于她的心中(前述其情感上、心理上的先入为主皆缘于此),到了那里就迸发

---

① 丁玲:《走正确的文学道路》,《丁玲全集》第8卷,第329~330页。

出来了。中国文化曾经经历过独立的发展,曾经有过自己的辉煌时期。当它与已经兴起或正在兴起的强势的异质文化发生撞击时,极易产生这种以自我为中心的文化中心主义。对于一个曾经辉煌而又在现实中落伍的民族来说,优越感与自卑感的相互交织,正如汤因比所说,是易于从自我中心的世界主义者向民族主义者转变的[①];而在这种背景下滋长起来的狭隘的民族主义倾向不可能不具保守性。从这种文化中心主义思想和狭隘的民族主义倾向出发,丁玲必然会将"他者"与"自我"对峙起来,必然会从"自我"的价值观出发对"他者"持批判、排斥态度。

应该看到,在全球化时代到来、各种文化碰撞激烈的背景下,一方面珍视本土文化、努力发掘本土文化的合理性和存在价值,另一方面对异质文化保持应有的警醒甚至持必要的批判态度——所有这些对于建立民族文化的自信心,是非常必要的,也是完全应该的。但我们却不能因此而走向"风景这边独好"式的本土文化中心主义。萨义德曾经指出:"每一文化的发展和维护都需要一种与其相异质并且与其相竞争的另一个自我(alter ego)的存在。……每一时代和社会都重新创造自己的'他者'。"[②]顾彬也认为:"如果没有'异'的存在,人们将无法认识自我。"[③]每一时代都需要"他者",尤其是在文化大撞击、大交流的时代更是如此。没有"他者",无以发现"自我";没有"他者"的存在和竞争,没有"自我"向"他者"的学习、借鉴,既不能保全"自我",更无以发展"自我"。此时,丁玲有机会踏上美国这一"世界上少有的繁华、现代化的国度"作实地考察,在文化交流和借鉴方面,应该是一个难得的契机。然而,置身于异质

① [英]汤因比、[日]池田大作:《展望二十一世纪——汤因比与池田大作对话录》,国际文化出版公司1985年版,第290~291页。

② [美]萨义德:《东方学》,三联书店1999年版,第426页。

③ [德]顾彬:《关于"异"的研究》,北京大学出版社1997年版,第47页。

文化环境,她却把自己当作"一个偶然的,匆忙的过客",并在心志上、情绪上表现出与它的格格不入:"这里有一切,这里没有我。……我走在这里,却与这里远离";她徜徉在热闹的、灿烂似锦的街头,不但"看不出它的美丽"①,却随处看到"许多浓重的阴影"②。这种文化态度,显然既影响了对"他者"的客观全面评价,最终也不利于本土文化在交流互补中的自强。虽然丁玲对美国文明这一"他者"的批判不乏合理之处,但是,从中显示的以异证异、以异斥异的文化态度无疑是保守的、排外的,笼罩着很浓厚的文化中心主义的阴影,表现出了狭隘的民族主义倾向。

因为访问时间短暂,丁玲对美国的了解相当有限,因而她在访美散文中所勾画的"美国形象"也只是初具轮廓。就从她所勾画的轮廓来看,她对"他者"形象的勾画,是从主体的正统的意识形态出发的"以我观物",从中所体现出来的是以异求异的封闭的思维方式。因而,这与其说是一种文化交流,还不如说是一种文化批判。她对"他者"形象的描画,充满了意识形态上的成见,而成见则不能不导致偏见。在改革开放之初,在亟须学习西方、融入现代文明的进程中,丁玲显现了一种保守、封闭的文化心态。她说过,自己写作这样的文章不是"跟风",不是"迎合",是自己发自肺腑的"由衷之言"。诚如斯言,则只能说明她文化观念的保守。而从她把那一封对她的访美散文表示失望的读者来信和自己的回信公开发表的举动来看③,则她在这样的文化观念中显然隐含着她自己政治上的考虑。说到底,作为一个叙述者,她所描绘的"美国形象"中仍然有她自己的"丁玲形象"在。

---

① 丁玲:《曼哈顿街头夜景》,《丁玲全集》第 6 卷,第 204、203 页。

② 丁玲:《会见尼姆·威尔士女士》,《丁玲全集》第 6 卷,第 145 页。

③ 见丁玲:《致一位青年》,《丁玲全集》第 12 卷,第 187~191 页。此信原以《丁玲与青年的通讯》为题,始刊于《新观察》1982 年第 9 期。

第三十章　"文人相轻"的背后

中国向来有"文人相轻"的传统,到二十世纪二十年代以后,这一传统在政治权力的参与和改造下被"现代化"了。它不再仅仅是一般情感层面上文人的相互轻视,而是沾上宗派色彩后显现出了政治上极强的排异性和攻击性。因此,"文人相轻"往往只是外衣,其中包裹的内容则是无情的"政治"。新中国初期,由于体制对队伍的选择,丁玲产生了巨大的自豪感和优越感,不大瞧得起和她同时代的一些作家(包括巴金、老舍在内)。这种心理的背后虽然也具有了某些现代的政治内容,但仍然带上了较为鲜明的"文人相轻"的传统色彩。在那一时代里,真正把这一业经"现代化"的传统发挥到极致因而显现出极强的排斥和攻击功能的,则是许多文人借助于政治权力所开展的一系列排斥异己的批判运动。

继批判"胡风反革命集团"之后开展的对丁玲、冯雪峰的批判,也可以算作那一时代"现代化"的"文人相轻"的经典之作。夏衍说过:"十七年中,如果不是周扬同志领导文艺界工作,而是什么李扬、王扬……恐怕挨整的人会更多。"①1979年9月,第三次来到桑干河的丁玲着眼于"社会"原因,也说过类似的话。当见到因她的牵连而蒙冤的同志时,她感慨地说:"这里没有什么个人恩怨,我们的遭遇是社会问题,不是哪一个人要把咱们打倒。"②他们的观点虽然有一定的合理性,但如果不是与之有"个人恩怨"的周扬来组织、实施的话,胡风、丁玲、冯雪峰等未必一定会成为被重点攻击的首选人物,或者未必一定会被攻击到这种程度。他们的被攻击,确实是一个"社会问题",但不能否认的是,其中仍然交缠着"个人恩怨"。作为一种心理动力,"个人恩怨"本身在一定程度上最终助成了"社会问题"以这一种方式而不是那一种方式的解决。1975年出狱后,周扬去看望病重的冯雪峰时告诉他:"文艺界反右运动是主席领导的,批判冯雪峰、丁玲,是主席亲自抓的。"③虽然如此,作为执行者的周扬却利用这一政治的大势,"把个人情绪同政治斗争捆在一起,从而导致与胡风、丁玲等人矛盾的激化,并借助于革命的名义,借助别人没有的权力,把长久的纠纷,画上了一个圆圆的句号"④。总之,丁玲的挨整,与周扬有着直接的关联,而这又源于他们之间长期以来的说不清道不明的矛盾。

周扬与丁玲都是湖南人,一个在益阳,一个在常德,相距并不遥远。不但如此,他们还是同根生的左翼作家,是在左联共同战斗过的战友。丁玲1933年5月被捕之后,正是由周扬接任了左联党团书记一职。1936年11月,丁玲出狱后先期到达陕北;半年多以后的1937年8月,周扬也去了延安。可以说,在政治倾向上,两人之间并没有什么实质性的

---

① 卓宜休:《思念和关怀——探望周扬同志时的随想》,《文艺报》1985年第3期。

② 张民阜:《桑干河的深情——悼丁玲》,《农民日报》1986年3月15日。

③ 露菲:《文坛风雨路——回忆周扬同志片段》,《新文学史料》1993年第2期。

④ 李辉:《胡风集团冤案始末》,湖北人民出版社2003年版,第469页。

区别。但是,丁玲对周扬是有看法的。据黎辛回忆,在延安时期,丁玲对周扬印象就不好。1942 年春,黎辛去丁玲处送稿、取稿,遇到欧阳山在那里聊天。那时,周扬在窑洞外喊"丁玲同志",欧阳山问谁来了,丁玲答曰:"会演戏的"。这种看法较早见诸文字的是在她的日记和书信中。1948 年 7 月 5 日,丁玲辗转来到山东胶东地区,在那里,"胡考和雪苇都问到周部长(指周扬——引者),问是否作风有改变,我无法答复,只说了些他的长处。每当这种时候,就使我为难,我得违心的说话"①。在出发以前,周扬曾挽留她"搞文艺工作委员会"。10 月,辗转来到哈尔滨的丁玲却致函陈明,希望他来东北,原因之一"我实在不愿回去和那个人(指周扬——引者)在一起"②。

　　丁玲对周扬不满,从可考的资料来看,其原因当有以下两个方面:一是延安时期关于"暴露"与"歌颂"之争。以丁玲为代表的"文抗派"主张暴露黑暗,而以周扬为代表的"鲁艺派"则主张歌颂光明。两派为此曾进行过相当激烈的论争。二是后来周扬对《太阳照在桑干河上》的态度。丁玲在 1948 年 6 月 14 日的日记中记述道:"当我说到我的小说已突击完工时,他不置一词。"③丁玲写完书稿后复写了两份,将一份先交给周扬看,周扬压了几个月未作表态。后来丁玲在胡乔木的支持下将书稿带到东北,于 1948 年 9 月由新华书店东北总分店初版。在出版半年后,当时住在沈阳东北鲁迅艺术学院的丁玲去大和旅馆看望代表党中央专程来沈阳迎接著名民主人士去北平的林伯渠。林伯渠"告诉我江青一看见他就告诉他我这本书很好,周扬压住不印"④。

---

① 丁玲:1948 年 7 月 5 日日记,《丁玲全集》第 11 卷,第 348 页。
② 丁玲:《致陈明》(1948 年 10 月底),《丁玲全集》第 11 卷,第 72 页。
③ 丁玲:1948 年 6 月 14 日日记,《丁玲全集》第 11 卷,第 337 页。
④ 丁玲:《致陈明》(1949 年 2 月),《丁玲全集》第 11 卷,第 79 页。

按说,在正常的情况下,文艺观点的讨论甚至争论,本不该影响到当事人之间的私人关系。而周扬对丁玲书稿的态度,其实也只是"果"而不是"因"。丁玲和周扬相互不满的真正原因,实际上还在于左翼文学内部根深蒂固的宗派主义。它与1935至1936年"两个口号"的论争有着直接的关联。那一场论争爆发时,丁玲尚被囚在南京,自然没有直接卷入。但是,后来,在"爱屋及乌"和"厌恶和尚,恨及袈裟"正反两重心理的作用下,作为自认喝过"鲁迅的乳汁"的鲁门弟子,作为胡风的友人[①],尤其是作为冯雪峰的至交,丁玲因此与周扬有了情感上的疏离,而周扬也因此对丁玲有所戒备,对于有着深厚的血缘宗派传统的中国文坛来说,本也在情理之中。曾任中国作协副秘书长、当时与周扬和丁玲联系较多的张僖也认为,"周扬和丁玲在历史上没有什么重要的矛盾",真正的问题在于:"丁玲和一部分人关系比较好,主要是冯雪峰"[②]。五十年代中期,在批判"胡风反革命集团"的政治运动开始之后,丁玲迅速联想到"一整胡风,我就预感到有人是不会放过我的"。这种不祥之兆的产生,正是源于对文坛内部宗派因素的体认,而事后发生的一切也无情地证明了丁玲预感的正确和中国文坛宗派主义的存在。

对于丁玲1955年以后开始的长达二十余年的悲剧命运,周扬作为批判"丁、陈反党小集团"的领导者、执行者,是难辞其咎的。"文革"爆发以后,周扬也遭到了厄运。1967年5月,他被监护审查。1975年5月,

① 丁玲与胡风相识于三十年代初。据胡风回忆,1932年底,以群"引我去参加了左联(书记丁玲)的一次日常性会议。和丁玲也是一见如故。我和丁、冯(指冯雪峰——引者)等有过几次欢聚"。见胡风《回忆参加左联前后(一)》,《新文学史料》1984年第1期。后来,他们也保持了很深的友谊。丁玲曾将1936年毛泽东赠自己的《临江仙》手稿,寄给在重庆的胡风,请他代为保管。之后,胡风历尽坎坷,却奇迹般地保存了这一手稿,并于1982年交还给丁玲。单单就此,也可见出两人情谊的深切。

② 张僖语,见徐庆全《知情者眼中的周扬》,第181页。

他也被送进了关押过丁玲的秦城监狱;7月14日,在丁玲出狱近两个月后,才被释放。"文革"噩梦结束后,丁玲对周扬曾多有期待。1978年10月,尚在山西农村的丁玲派女儿去见周扬。但周扬却说,丁玲"四十年的表现,可除掉疑点,但不能排除污点"。这使丁玲痛感"周仍坚持错误,对我毫不放松",并发出了"此等人为什么要去见他"的感慨。① 1978年12月,陈明赴京向党中央和有关组织呈递丁玲的申诉材料,要求给"丁、陈反党集团"和"丁玲、冯雪峰右派集团"平反时,丁玲特地在信中说:"勿须去看'周伯伯',要祖慧不要再找他。"②1979年初,丁玲回到北京后在日记中仍然多次表现出了对周扬的不满和反感,态度相当激烈:1月26日晚,在"电视中见到周,依然仰头看天,不可一世,神气活现。谣传将出任部长"③;2月27日,"读着周的大文,仍然是空话大道理连篇"④。

但是,两个多月后的5月9日下午,作为受害者的丁玲却出人意料地拜访了曾经作为施害者的周扬。据甘露回忆,那天上午,她接到陈明电话,说丁玲有十几年没有和周扬见面了,想到北京医院去看看他,并邀甘露一并前往。下午三点,他们一行三人到了二楼周扬住的病房。丁玲与周扬谈了大约半个小时,就起身告辞了,周扬一直送出走廊。甘露陪丁玲去看周扬前后的心情是不一样的。在接到陈明电话后,她想,长期受磨难的丁玲能够不计个人恩怨,在自己宿疾缠身的情况下,主动去医院看望周扬,确为难得。这应该成为文艺界老一代领导之间加强团结的一个新起点,她为此感到很高兴。她本来以为自己能够分享他们劫后余

---

① 丁玲:1978年10月17日日记,《丁玲全集》第11卷,第451页。

② 丁玲:《致陈明》(1978年12月1日),《丁玲全集》第11卷,第268页。

③ 丁玲:1979年1月26日日记,《丁玲全集》第11卷,第481页。

④ 丁玲:1979年2月27日日记,《丁玲全集》第11卷,第486页。所说"大文",当是刊载于1979年2月出版的《新文学史料》上的《周扬笑谈历史功过》一文。

生、久别重逢的喜悦，但是在这半个小时里，她却没有感受到喜悦的气氛，而只感到惘然。①

丁玲主动去看望周扬，这一大度的举动中所包含的动机到底是什么，外人是很难窥其堂奥的。不过，这大概与周扬此时对自己以往"恶行"的反省、忏悔有关。1979 年 3 月，在《文艺报》座谈会上，周扬"讲到在那场反右斗争中，他如果不执行，自己必然会首当其冲地被打成右派的身不由己的过程。他讲得诚恳而沉痛，流着眼泪向受害的同志道歉"②。也许丁玲以为他真的痛改前非了，因而想借这个机会去亲耳听听他的道歉。只要这样，她和周扬在度尽劫波以后，也就可以"相逢一笑泯恩仇"了。但是，丁玲的这一愿望并没有实现。

作为受害者主动去向周扬示好，这对要强、好胜的丁玲来说是需要有相当的勇气的。周扬却没有向她做出相应的反应，这就不能不使她感到失望和憋屈。这从反面使她进一步激发出了一种反击甚至主动出击的心理。带着这种心理，在 1979 年 11 月 8 日中国作协第三次会员代表大会上，在事先没有安排的情况下，丁玲作了一个即席发言，后以《讲一点心里话》为题发表在当年《红旗》第 12 期上。在这个发言中，丁玲当着在场的周扬，树起了"反文艺界的宗派主义"的大旗，并且相当深刻地指出："有了权再搞宗派这就可怕了，到这个时候，就不是什么文艺见解的问题了。不是这个了，而是要在这里面争权"。对于熟悉中国当代文坛掌故的在场作家来说，谁都能领悟出她这些话的所指。这话说得很解恨，但也合理。在发言的最后，她还驳斥了《周扬笑谈历史功过》一文中周扬所说的延安有"鲁艺"与"文抗"两派的观点，与周扬公开唱起了对台

---

① 详见甘露：《一次难忘的探视——忆丁玲探望周扬》，《新文学史料》1991 年第 3 期。

② 李子云：《探病中周扬》，王蒙、袁鹰主编《忆周扬》，第 538 页。

戏。这话虽然有针锋相对之势,反驳得似乎也很解气,但却不合理了。宽泛说来,在延安文艺座谈会以前,延安文艺界确实有继承革命文学传统、主张歌颂的和继承"五四"文学传统、主张暴露的两派。两派的观点、倾向性和历史传承均有所不同,这是无法否认的事实。丁玲为了与周扬叫板,开始有意置某些基本的事实于不顾,其中所贯穿的是类似于"凡是敌人拥护的我们就要反对"的反驳式、证伪式思路。这使她与周扬之间的论争掺杂了很多意气用事的成分——这显然是一个相当严重甚至相当危险的信号。

周扬晚年多次坦白地解剖自己,多次向包括冯雪峰、胡风等在内的受害者道歉,但对受害很深的丁玲却没有表示过歉意。非但如此,他还在丁玲平反问题上频繁设置障碍,一直坚持认为丁玲在历史上有问题,直到1984年中央给丁玲的历史重新作出结论时还持不同意见。他在丁玲问题上多有固执己见、不肯改悔之处,这既关乎他的个人认识,也关乎他的历史责任感。不管他曾经给多少受害者道过歉,只要他对丁玲冤案的态度不作根本改变,就不能说他对五十年代那段历史是完全负责任的。因此,丁玲至死对他也不能原谅,是可以理解的。

然而,晚年的周扬也是复杂的。他虽然在丁玲问题上仍然有"左"的一面,有失误的一面,但从总体上来看,他在新时期思想解放的潮流中所扮演的却是一个先锋的形象、一个不懈的探求者的形象。1979年5月,在全国社科界纪念"五四"运动六十周年学术讨论会上,他作了题为《三次伟大的思想解放运动》的重要报告,并侧重论述了目前正在进行的第三次思想解放运动的意义和开展的方法,在全国产生了很大的影响。1983年3月,在纪念马克思逝世一百周年学术报告会上又发表了《关于马克思主义的几个理论问题的探讨》的讲话,对人道主义和异化问题作出了富有识见的论述。在文艺界,那几年周扬也是"如同老母鸡保护小鸡一样地以保护文艺新生一代为己任"①。而丁玲从"凡是敌人拥护的我们就要反对"的思路出发,执意要对高扬思想解放大旗的周扬进行反驳,这样,她就把自己逼到了"左"的一面。丁玲在新时期给人留下"左"的印象的言论与做法,固然有她自己五十年代的思想资源,但从心理上说则与新时期的周扬直接相关。或者说,正是因为周扬的存在,为了反驳周扬的现实需要,才促使她更多地汲取了那一时代的思想资源。

丁玲反驳周扬的事例,比比皆是。兹举二例如下:一是关于文艺与政治的关系。1980 年 8 月,在庐山召开的全国高等学校文艺理论学术讨论会上,丁玲就"文艺与政治的关系"作了发言,强调"文艺为政治服务"。这也可以说有着反驳周扬的背景。1962 年 5 月,值纪念《在延安文艺座谈会上的讲话》发表二十周年之际,《人民日报》发表由周扬主持撰写的社论《为最广大的人民群众服务》。社论将文艺"为政治服务"扩展成"为以工农兵为主体的全体人民服务",在科学地认识文艺与政治的关系上,有了进步。在 1979 年第四次文代会上所作题为《继往开来,繁荣社会主义新时期的文艺》的报告中,周扬将文艺和政治的关系,解释为"从根本上说,也就是文艺和人民的关系"。这也可视为在文艺和政治关系理论问题上的重大进展。虽然文艺"两为"口号是党中央最后提出的,但是周扬在纠正文艺"从属说"和"工具说"方面起到了积极的作用。这一经过,丁玲自然了解。她唯恐听者无心,还特别点到了"有些人说的一套,做的一套,总是别人错误,自己正确",带点影射地将矛头指向了周扬。由此可见,她提出这些"左"的观点,动因之一是在反驳周扬。这种情绪化的意气用事,使她自己陷入了理论上的误区。

二是在反对资产阶级自由化斗争中。丁玲深深知道周扬虽然"在某

---

① 王蒙:《周扬的目光》,王蒙、袁鹰主编《忆周扬》,第 409 页。

些问题上,对某些人上(主要指对她自己——引者),实在一丝一毫也不愿、不肯解放的",但他毕竟扛的是"解放"旗帜。① 而在她看来,"解放"一旦失去分寸,就会陷入"自由化"的泥潭。丁玲深知其中奥妙,于是趁反对资产阶级自由化之机,对周扬进行了反击。1982 年 9 月,在列席中共十二大期间的一次发言中,她对担任思想意识形态方面领导工作的、自认"一贯正确"的"负责同志"从不能与中央保持一致的高度进行了攻击:

> 党中央对于文艺战线上的资产阶级自由化倾向,及时敲响了警钟,明确批评了领导上的软弱无力。在思想意识上的严重的敌情面前,在党中央的严肃批评面前,有的人能及时警惕,但也有一些负责同志放不下一贯正确的架子,从不在适当的场合写文章或讲话,作一点认真的具体的自我检查和必要的自我批评,而是含含糊糊,遮遮掩掩,好像总有难言之隐、难于和中央完全一致。②

明眼人一看便知,她所说的"放不下一贯正确的架子"的"负责同志"就是指周扬。1983 年 10 月 25 日,《人民日报》头版头条发表了号召清除精神污染,积极开展对人道主义、异化论等批评、斗争的消息。可以想见,"当差不多是她取得了最后胜利的时候,当她的对手××被证明是犯了鼓吹人道主义和社会主义异化论的错误,从而使党的信赖易手的时候,她该

---

① 丁玲:《致宋谋瑒》(1981 年 6 月 4 日),《丁玲全集》第 12 卷,第 176 页。
② 丁玲:《总结历史教训,加强文艺队伍团结》,《丁玲全集》第 9 卷,第 417 页。

是多么快乐呀"①。正是在这种背景和心境中,她迅速向媒体发表讲话,就"清污"问题公开表态。由于情绪激动,其中有不少夸大、偏激之处,有使清除精神污染扩大化之嫌。(详见第二十六章)

另外,据丁玲的原任秘书张凤珠回忆,在其他一些场合的讲话中,她也经常敲打周扬几句。有一次,她在鲁迅文学院讲话,用挖苦的口气影射周扬。当时就有学员在下边议论,怎么只反大臣,不敢碰皇上呀。这些不甚明智的举动,使效果适得其反,反而损坏了丁玲自己的形象。在1984、1985年之交召开的中国作协第四次代表大会上,代表们对周扬和丁玲的评价形成了极其鲜明的对比。病中的周扬因为不能与会,在医院中写来贺信。当1984年12月29日在开幕式上宣读时,全场响起了雷鸣般的掌声,经久不息。1985年1月3日,366位作家代表联名给周扬写了封情意恳切的慰问信。信中表达了他们对他热切的想念,并告慰他"多年来渴望的艺术民主与创作自由的黄金般的时代,终于来到"。而正是在这个会上,丁玲被人们称作"红衣主教"。

有一位著名作家曾经私下里对王蒙说:"丁玲缺少一位高参。她与××的矛盾,大家本来是同情丁的。但是她犯了战略错误。五十年代,那时候是越'左'越吃得开,××批评她右,她岂有不倒霉之理? 现在八十年代了,是谁'左'谁不得人心,丁玲应该批判她的对立面'左',揭露××才是文艺界的'左'的根源,责备他思想解放得不够,处处限制大家,这样天下归心,而××就臭了。偏偏她老人家现在批起××的右来,这样一来,××是越批越香,而她老人家越证明自己不右而是很'左',就越不得人心了。"从策略和效果上看,此说自然不错。但是,在人际关系问题上,如果涉及原则是非,重要的还不是对策略的考虑,而应该是对真理的

---

① 王蒙:《我心目中的丁玲》,《读书》1997年第2期。

坚持。丁玲因为对周扬的失望和怨恨,在许多重大是非问题上陷入了意气用事地对着干的境地,流露出了相当明显的宗派情绪,因而常常放弃了对真理的理性探讨,给人们留下了"左"的印象。事过境迁,后人将为之扼腕痛惜。

在与周扬对着干的同时,丁玲还左右开弓,对另一个湖南老乡——沈从文发起了攻击。在人们看来,她左右开弓所要攻击的两个对手在地位上、在力量上竟是如此地不相称:一个是几十年来处在中心位置上的"负责同志",另一个则是在 1949 年后就退出文坛,因而被彻底边缘化的文人。但在与这两个对手的交手中,丁玲却有着异中有同的统一的考虑;同她与周扬相轻一样,她与沈从文相轻的背后,也潜伏着"政治"上的因素。

丁玲与沈从文的相轻,是丁玲主动出击的结果。1979 年 8 月,日本汉学家中岛长文和中岛碧夫妇在访问丁玲时,送给丁玲两本书,是沈从文作于三十年代的《记丁玲》和《记丁玲续集》的翻印本。丁玲读后很快作出了强烈的反应。她于次年初写成《也频与革命》一文,稍后公开发表于《诗刊》1980 年 3 月号。她在文中称沈从文的《记丁玲》是"一部编得很拙劣的'小说'",并斥责了作者作为一个"绅士""对革命的无知、无情"和"对革命者的歪曲和嘲弄"。文末在肯定胡也频走向革命的必然性后写道:"贪生怕死的胆小鬼,斤斤计较个人得失的市侩,站在高岸上品评在汹涌波涛中奋战的英雄们的高贵绅士是无法理解他的。这种人的面孔,内心,我们在几十年的生活经历和数千年的文学遗产中见过不少,是不足为奇的。"这一口气又给沈从文戴上了几顶帽子。

对于丁玲的主动出击,沈从文也迅速作出了反应。他虽然没有公开发表文章,没有与丁玲直接交火,但在编辑十二卷本《沈从文文集》时,却断然抽出了《记丁玲》和《记丁玲续集》两书,并在致友人的信中表明了自己的观点和态度(在丁玲和沈从文均已作古以后,收信人才将信件公之于世)。1980年7月,即在丁玲的《也频与革命》公开发表三个多月以后,沈从文在给徐迟的信中说到自己作品的"正面"反响后写道:"当然还有'反面'的,也值得欣赏,即《诗刊》三月份上中国'最伟大女作家'骂我的文章,不仅出人意料,也为我料想不到。真像过去鲁迅所说'冷不防从背后杀来一刀',狠得可怕!乍一看来,用心极深,措辞极险。但是略加分析,则使人发笑",这是她"为了恢复她的'天下第一'地位,却别出心裁,用老朋友来'开刀祭旗'"。① 一年多后,他在给周健强的信中对自己被杀一刀的怨气又作了这样的倾诉:

> 丁玲这二十年来受了些委屈是真事,以她的绝顶聪明,应当明白这委屈自有或远或近原因,可派不到我的头上。……质实一点说来,只不过是四十多年前那本《记丁玲》认为内中不大真实,(她最近在国外还向人说是本"最坏的小说")主要还是觉得举得她不够高,有损于她伟大形象,如此而已。②

沈从文的"被骂"使他积聚了满腹的怨气,这股怨气在他的行动中也很快表现出来。1981年5月12日,丁玲和沈从文都参加了接待南斯拉夫作家代表团的活动。在宴会上,丁玲找过沈从文,说要和他同桌吃饭,但他却躲开了。事后,他解释说,"人家已经在《诗刊》上骂过我是'市侩'、'胆小鬼'了,我怎么能跟一个骂过我的人同桌吃饭呢?"丁玲出访美国前夕,文联有人请他去参加一个宴会。当得知丁玲也参加时,他断然拒绝,说:

---

① 《沈从文致徐迟》,《长江文艺》1989年第1期。
② 《沈从文致周健强》,《散文世界》1989年第8期。

"有丁玲参加的宴会我不参加。……我只能跟自己喜欢的、相投的人一起聚会吃饭。我不能为了那个原因委屈自己,去赴自己不愿赴的宴会。"①据说,这个宴会是丁玲自己请的。

丁玲对昔日的老朋友沈从文发起攻击,不但出乎沈从文这个当事人的意料,也使很多熟悉现代文坛掌故的人大惑不解。沈从文是胡也频和丁玲夫妇二三十年代的至交,在事业和生活上都曾互有照顾。1933年丁玲被软禁后,沈从文"曾特别和家中人去看望过她一次","抗战前数月,她到北京时(或系去延安以前),曾住在我家中一阵"。②此后两人便天各一方了。1949年6月,丁玲从沈阳来北平参加第一次全国文学艺术工作者代表大会,于10日去"看了表哥和沈从文"③。此时,两人政治上的分野十分鲜明:一个是从延安走出来的新体制的中坚,一个则是遭到左翼文坛严厉批判的"第三种"政治势力的代表、"桃红色文艺"的作家。但是,在1949年后的那一段时期里,丁玲并没有因为政治原因而终结与沈从文的友谊。八十年代,沈从文对周健强也说过:"我们一直都是朋友,一直要好。解放后,她在天上飞来飞去的时候,我没有去巴结过她,她对我也没有什么恶意。"1955年以后,丁玲"因内部矛盾受到排挤",沈从文"都是充满同情","到明白转过山西临汾时,还托熟人致意"。④但在动乱当中,他们俩也自顾不暇,以致音讯久隔。直到粉碎"四人帮"两年后的1978年冬,陈漱渝向他打听丁玲的地址和近况,他"表示一无所知,并承认'和丁玲多年来没有直接通过信'"⑤。在这种情

---

① 转引自周健强:《记沈老给我信的前后》,《散文世界》1989年第8期。
② 见陈漱渝:《沈从文给我的两封信》,《新文学史料2007年第3期》。
③ 丁玲:《致陈明》(1949年6月11日),《丁玲全集》第11卷,第84页。
④ 《沈从文致徐迟》,《长江文艺》1989年第1期。
⑤ 陈漱渝:《干涸的清泉——丁玲与沈从文的分歧所在》,《人物》1990年第5期。

况下,他们之间的友谊自然谈不上发展,但也不可能恶化。

到了度尽劫波的新时期,丁玲却突然向沈从文发起攻击,这当然会使很多人感到意外。答案只能从《记丁玲》一书中所塑造的"丁玲形象"中去找,从丁玲的现实处境和现实需要中去找。据陈漱渝的粗略统计,丁玲在《记丁玲》和《记丁玲续集》两书中作了一百二十七条眉批、旁注,内容相当丰富。从这些材料来看,在有关"丁玲形象"的刻画上,最令丁玲愤怒的当有二:其一,正如后来陈漱渝所归纳的,"丁玲认为,沈从文按照自己的低级趣味,把她描绘成一个向往'肉体与情魔'、与湘西土娼毫无二致的女人,把她跟胡也频的结合写成是单纯肉体的结合,并有意无意地在她的私生活中蒙上一层粉红颜色。"①这个概括相当准确。丁玲1985 年 6 月给友人的信中也说,《记丁玲》"到底只是在生活上歪曲了我和也频"②。其二,就是沈从文在书中提到了"现今还活在台湾的一个人的'怀疑'"——这就是丁玲在囚禁期间曾继续与之同居的冯达。

《记丁玲》最初在《国闻周报》上连载时题为《记丁玲女士》,是沈从文在误信丁玲已被害的传言时为追忆故友而写的,所以一方面本不存在故意丑化的动机;而另一方面,"我也没有有意夸大、抬高她,我是按照我当时的所见所闻所感写的"③。因此,他所追求的应该是真实,用他自己的话说,就是其中所写事实是"多可征信"的"真人真事"。《记丁玲女士》发表时,受上海良友图书印刷公司赵家璧委托向沈从文组稿以出版单行本的巴金也认为,在此作中,"作者用真挚的感情讲出读者心里的话"④。丁玲后来则认为它是"一部编得很拙劣的'小说'",并在眉批、旁注中多

---

① 陈漱渝:《干涸的清泉——丁玲与沈从文的分歧所在》,《人物》1990 年第 5 期。
② 丁玲:《致姚明强》(1985 年 6 月 25 日),《丁玲全集》第 12 卷,第 294 页。
③ 转引自周健强:《记沈老给我信的前后》,《散文世界》1989 年第 8 期。
④ 巴金:《怀念从文》,《新文学史料》1989 年第 2 期。

次斥为"混蛋"、"胡说"。在丁玲的"私生活"上到底哪一说更可信,现在已经很难判断了。可以肯定的是,根据沈从文当时的认识,他显然不可能从政治角度对之作过多描写,把她当作一个革命者、一个马克思主义者来加以赞美。他对她"私生活"的渲染,倒更令人觉得她在性情上是一个小资产阶级分子、一个个性主义者。而他在书中对冯达的提及,更关乎对丁玲三年南京生活的评价。

迂笃的沈从文事后倒也看得分明,丁玲的愤怒主要还是该书"举得她不够高,有损于她伟大形象"。例如,在书中,"沈指出胡也频和丁玲投身革命部分是出于天真"①,而并不全是出于理智。确实,所有这些对"丁玲形象"的勾画,都不能不使处在现实窘境的丁玲怒不可遏,因为前者涉及对她政治上的定性,而后者则涉及对她历史问题的判断。1979年10月,虽然丁玲在费尽周折后明确了以党员身份参加文代会,但党籍和组织生活的真正恢复,却是丁玲在经中央批准的中国作协的复查结论上签字以后。1980年元月,丁玲为了生活,在经中央批准的中国作协的复查结论上签字,承认自己历史上犯"政治上的错误"。正是在这一背景下,丁玲看到了沈从文的这两本书。她于是不能不敏感地意识到,它们客观上为她政治上的对手提供了攻击她的历史依据,证明五十年代对她"个人主义"思想的定性是真实的,对她历史问题的结论是可信的。因此,为了自己的政治前途,为了自己历史问题的最后解决,她必须对沈从文发起攻击。借此,她可以"向世人证明她鲜明的政治立场,表明她始终站在革命事业一边。这样,那些年对她的诬陷就不攻自破"②。在攻击沈从文这个"弱"的对手时,她具有很强的心理优势,不需要瞻前顾后、投

---

① [美]金介甫:《沈从文传》,湖南文艺出版社 1992 年版,第 341 页。
② 李辉:《沈从文与丁玲》,湖北人民出版社 2005 年版,第 169 页。

鼠忌器。有人问过丁玲为什么老跟沈从文过不去，她答曰："沈从文去了一趟美国回来骄傲了，架子大了，不理我了，我偏要碰碰他……"从这种心理优势出发，她自然就可以大大地把他"相轻"一番了。

丁玲对沈从文的"相轻"，其背后的动因仍然是政治功利。她要改变自己的政治处境，本无可非议，但是，为此她却"用老朋友来'开刀祭旗'"，这不能不使那些看重朋友间非功利的情谊、道义的人感到失望。邵燕祥就说过，在丁玲与沈从文之间，自1931年胡也频遇难后"沈从文的一系列行动所表现出来的道义精神，只是早年纯真情谊得不到真诚回应的尾声罢了"①。八十年代初，沈从文文学创作的思想价值和艺术价值已经开始受到国内外的高度关注，而此时丁玲为了攻击的需要给沈从文戴上了多顶侮辱性的帽子。这只能使他人强化"丁玲左"的印象，并最终造成对丁玲自我形象的损害。

---

① 邵燕祥：《政治·功利·友谊》，《读书》1994年第3期。

| 结　　语 |

　　1986 年 3 月 4 日 10 时 45 分，在历经人间的是是非非之后，八十二岁高龄的丁玲走到了生命的尽头，驾鹤西去了。

　　在生命即将结束时，丁玲多次谈到了"佛"：

　　1985 年 5 月 30 日，访澳归来在香港逗留的丁玲，向他人宣讲了"佛家中'无'的精神"。她说，孙犁曾经谈到"忘"，说要懂得忘，忘掉不愉快和痛苦的事情。丁玲认为"忘"还不够，要懂得"无"——"'无'就是没有"。① 她此时悟出了"无"的道理，似乎是要跳出三界外，似乎是要超脱什么了……

　　1986 年 2 月 8 日，农历除夕。那天下午，丁玲歪歪扭扭地写下了最后一行字："你们大家高兴吧，我肯定能成佛。"守在一边的陈明不解："为什么说成佛呢？我们还要在人间携手奋斗呢。"丁玲回答："以后我什么

---

① 　[新加坡]刘培芳：《我心深处的丁玲》，汪洪编《左右说丁玲》，第 307 页。

都不管了，只写我的文章，还不是成佛吗？"五天以后，她在神志不清、舌根发硬时，还清晰地一字一顿地对秘书说："我早成佛了。"

"丁玲是一个具有巨大文学才能而为政治所吞噬的作家"。她的问题，其"全部的复杂性在于身为作家而要革命。因为这样，便决定了她得在同一时间内进入文学和政治两个不同的文化圈"。① 去世后被称为"我国杰出的无产阶级革命文艺战士"②的丁玲，于弥留之际，在极度疲惫中，对由自己一只脚同时跨入"文学"和"政治"两条河所造成的"复杂性"似乎真的有所顿悟了：

她终于意识到了，几十年来的是是非非其实有许多是由"文章"以外的"什么"造成的——这是像她这样的现代中国作家的一种宿命般的生存环境。这样的环境给她带来的，固然有短暂的如鱼得水般的顺遂，但更多的却是坎坷、辛酸与无奈。从她这一迷途知返般的顿悟中，我们可以读出她对这一环境的厌倦和执意超脱的心态。

她终于意识到了，"写我的文章"（"文艺"）与她过去管过的"什么"（当然包括"政治"而且主要是"政治"）究竟不是一回事，"文艺"和"政治"是可以分开的。而她想到要把它们分开，则意味着她终于也认识到了二者之间的矛盾和冲突。

其实，早在1927年，鲁迅就深刻地指出过"文艺与政治的歧途"："我每每觉到文艺和政治时时在冲突之中；文艺和革命原不是相反的，两者之间，倒有不安于现状的同一。惟政治是要维持现状，自然和不安于现状的文艺处在不同的方向"；文艺和政治在整个社会结构中担任的角色和所起的作用不同："政治想维系现状使它统一，文艺催促社会进化使它

---

① 林贤治：《左右说丁玲》，《南方周末》2001年3月8日。
② 《丁玲同志生平》，《人民日报》1986年3月16日。

渐渐分离;文艺虽使社会分裂,但是社会这样才进步起来。"[1]因此,如果强行使文艺为政治服务,去"促进革命和完成革命",那么,"这样的文章是无力的,因为好的文艺作品,向来多是不受别人命令,不顾利害,自然而然地从心中流露的东西;如果先挂起一个题目,做起文章来,那又何异于八股,在文学中并无价值,更说不到能否感动人了"。[2]　垂危中的丁玲在这一顿悟中似乎回到了鲁迅的这一理论元点。

理所当然的,她还应该意识到自己双重身份之间的矛盾。在党员这个政治身份和作家这个社会身份中,她过去一向强调:"共产党员作家,马克思主义者作家,只有无产阶级的立场,党的立场,中央的立场"(1942年5月)[3];"我首先是一个共产党员,其次才是一个作家"(1979年8月)[4]。现在,她既然已经意识到"文艺与政治的歧途"的存在,那么,她如果还有机会的话,首先该以自己的哪一种身份来从事文艺活动?在文艺活动中,她对这双重身份的认识和排列还会如此断然、如此简单吗?

顺理成章的,她还应该进一步意识到文艺的本质到底是基于个性之上的"自由"、"审美"还是基于集体之上的"革命"、"功利";在二十世纪形成的两种文学传统中,哪一种更符合文艺的本质和规律……

所有这一切的顿悟,对她来说虽然为时已晚,但对后人毕竟具有久远的昭示意义。整个新文学的运演过程,始终伴随着"文艺"与"革命"的矛盾。自1927年登上文坛,丁玲以自己近六十年的文学道路具体而微地展现了这一矛盾,在一定程度上,她也成了这一矛盾的全息切片。

---

① 鲁迅:《文艺与政治的歧途》,《鲁迅全集》第7卷,第113、114页。
② 鲁迅:《革命时代的文学》,《鲁迅全集》第3卷,第418页。
③ 丁玲:《关于立场问题我见》,《丁玲全集》第7卷,第65页。
④ 丁玲:《与美籍华裔女作家於梨华的谈话》,《丁玲全集》第8卷,第29页。

| 后　记 |

　　从 2003 年起，本人涉足丁玲研究领域，至今已近十年。丁玲自 1979 年复出以后，以其曲折的人生际遇、复杂的思想面貌和多声部的文学创作，越来越受到中外学人的关注。丁玲研究由此也成了中国现当代作家作品研究中的一个热点。据不完全统计，从 1979 年到现在的三十多年里，有关丁玲研究的论文两千四百余篇，著作四十多部，其中，评传类或传记类的著作就多达近二十部。其研究成果之多，在中国现当代作家研究中是相当突出的。笔者之所以还涉足如此兴盛的丁玲研究领域，是因为丁玲对我的吸引力和丁玲其人其作在中国现当代文学史中所显示出的典型意义。

　　在我看来，丁玲的魅力不仅仅在于其早期的女性化写作和四十年代后期的土改书写，不仅仅在于其思想与创作演变的"过程"，甚至也不仅仅在于其创作所取得的成就以及所达到的高度，而更在于其创作在"文学"与"政治"这个张力场中所表现出的具有典型性的复杂的意义形态——这是以往的研究没有给予应有关注的部分。二十世纪中国文学发展到三十年代,随着文学主潮从"文学革命"到"革命文学"转型的发生,形成了两种文学传统相互对峙的局面:一种是立足于"个体"、"启蒙"和"为人生",凸现个性、情感和审美的"五四"文学传统,另一种则是立足于"集体"、"政治"和"为革命",强调共性、理性和革命功利性的革命文学传统。这两种文学传统作为相对的两极,相互冲突、相互缠绕,形成了一个极富张力的文学场域。丁玲文学道路的演变,就发生在这两种传统所构成的张力场中。

　　丁玲是"满带着'五四'以来时代的烙印"[①]步入文坛的,其以《梦珂》和《莎菲女士的日记》为代表的早期创作,以阐扬"五四"自由思想为旨归,因而深深地烙上了"五四"的精神印记。但是,这一在意义形态上显得相对单一的"莎菲"时期是很短暂的。1929 年下半年,受正在建立中的"革命文学传统"的影响,丁玲创作开始转型。从那以后直到 1986 年谢世(除陕北后期的三年外),丁玲在长达半个多世纪的文学道路中,一直表现出了相当复杂的意识倾向。其全部复杂性根源于:从大的方向上来看,她虽然接受了革命文学传统的巨大影响,并因此实现了走向革命的转折,但同时又未能忘怀"五四"文学传统,因而在其充满转折的文学之路上,"五四"文学精神仍然时时迸发出灿烂的火花,甚至有时化为熊熊火炬。总的来说,在丁玲漫长的创作生涯中,走向革命与向往自由,追随主流政治与尊重自我,张扬革命文学传统与继承"五四"文学传统,形成了一组解不开的矛盾。

　　丁玲创作中的这组矛盾,是在两种文学传统相互对峙的中国现当代文学场域中发生的。这两种文学传统作为其精神的两极,统领了其所有

---

① 　茅盾:《女作家丁玲》,《文艺月报》1933 年 7 月第 2 号。

的创作。二者的对峙与影响的消长，既造成了其思想的复杂，又演化为其创作中的巨大矛盾。虽然在不同时期由于重心的偏移，造成了多次演变，但是，这些演变都是在这两极之中发生的，是在这两极之间的波动。

丁玲文学之路虽然是独特的，但是，她在两种文学传统影响下所表现出的思想和创作矛盾却有其典型意义。在 1930 年代以后整个新文学的运演过程中，始终伴随着"文学"与"政治"的矛盾，也始终交织着这两种文学传统的冲突。可以说，凡是受过"五四"文学传统的浸润、又受过革命文学传统熏陶的二十世纪中国作家，不管是同代的艾青、何其芳、周立波，还是上代的鲁迅、茅盾以及下代的王蒙、杨沫等，都在不同程度上存在着这样的矛盾。在这样的背景下，丁玲就成了一个极具典型价值的"标本"，其思想和文学道路在中国现当代文学史上也就具有了较为普遍的意义。这是丁玲最为重要的文学史价值之所在。正是丁玲的这一文学史价值引起了我的注意。在初步完成一个现代文学社团的研究之后，我便把主要精力倾注到丁玲研究之中，着力从主体意识倾向和文本意义形态层面来挖掘和阐释丁玲的这一文学史价值，并先后在《文学评论》、《中国现代文学研究丛刊》、《鲁迅研究月刊》、《文艺争鸣》、《小说评论》、《武汉大学学报》、《齐鲁学刊》、《江海学刊》、《江苏社会科学》、《学海》、《南京社会科学》、《青海社会科学》等学术期刊上发表过近三十篇论文。

感谢南京大学中国现代文学研究中心的约请，使本著得以列入"中国现代文化名人评传丛书"，也使本人能借这一机会将相关前期成果系统化，并促使自己抓紧完成其他部分的研究。本著的写作，贯彻了本人的四个基本构想：

一是"确立主脑"。即从主体意识倾向和文本意义形态层面来探索和显示丁玲的文学史价值。具体说来，就是：以"两种文学传统的影响"为角度，以"两种文学传统与丁玲的思想、文学道路"为主线，以系统梳理和细致辨析传主每一时期创作中的矛盾为重点,对丁玲复杂的意识倾向和创作现象作出合乎实际的还原和阐释,对丁玲文学道路演变的历史文化语境和内在心理机制作出比较深入的探讨,并在此基础上,对丁玲的意识倾向以及创作上的成败得失作出评述。作为丁玲之"传",本著同时也相对完整地叙述丁玲的生平、行状。在这方面内容的书写中,本著也围绕着这一"主脑",着重以丁玲主体意识倾向(主要包括"个性思想"和"革命意识")的发生、演变、冲突为线索展开,对与此无甚关联的琐屑之事不作过多的描述。

本著之确立这一"主脑",是基于以下两种考虑:首先,它是有依据的。如上所述,两种文学传统影响力的消长、作用力的强弱以及丁玲对它们接受的程度,事实上决定了其思想—创作的基本结构。因此,以此为"主脑"展开研究,是深深切合于研究对象的内在理路的。其次,它是有价值的。以往的研究大都注意到了丁玲思想、文学道路的历时演变,但往往忽视了其演变中仍然共时性存在着的"二项并立"现象。这就不可避免地导致了对丁玲思想—创作之复杂性的遮蔽。而以此为"主脑",则能比较充分地揭示其思想—创作结构中"二项并立"的特点及其成因,从而能在相当大的程度上弥补以往研究的不足,对之收到"去蔽"之效。

二是"平正立论"。文学研究是一项带有很强主观性的工作。就评传的写作而言,虽然每一个作者都会以"客观性"为追求,但是,毋庸讳言,这只是一个永远无法企及的目标。这是因为不但"评"即是作者的主观评价,就是"传"也不可避免地会带上作者的主观色彩。因此,本著的"主观性"自然也是不言而喻的。尽管如此,我仍然追求的是一种忠实的"主观性",亦即忠实于史实,也忠实于自己的内心,尽量做到平正立论、论从史出。

在本书写作过程中,我看到了一幅丁玲在"文革"初期被批斗示众的照片。这是《世纪》2005 年第 1 期在刊发王增如女士所作《丁玲一次特殊的"表演"》一文时所配发的,是此前从来没有披露过的。照片中的丁玲戴着高帽子,胸前挂着"大右派分子丁玲"的大牌子,脸上被涂上了一道道的墨汁,眼中充满了无望和悲戚。紧挨在她身后的,则是一群稚气未脱的学生。他们中有的在愤激地喊着什么,有的脸上则露出过节般的喜庆和快意……丁玲的苦难,我曾经从文字的记述中不止一次地见过,也不止一次地设身处地地体验过。但这幅照片还是以其强烈的直观性和强大的冲击力,使我的心灵受到了极大的震撼。尽管如此,我在写作时仍然坚持"不虚美、不隐恶",对哪怕是处于逆境和苦难中的丁玲仍然作出了我自己的评判,虽然我也曾一度怀疑过自己是否心肠太硬了。

三是"重视文本"。这里所说的"文本"既包括其公开发表的作品(可称之"文学文本"),也包括当时没有公开刊布的一些私人化的文本(如日记、信件)以及检讨文字和他人对传主的访谈记录等等(可称之"其他文本")。在考察丁玲创作的意义形态时,我均以细读其"文学文本"为前提,并辅之以"其他文本";而自己对丁玲创作的阐释,也始终注意结合文本展开,尽量做到既言之有物,也言之有据。此外,在分析丁玲的意识倾向时,本著也始终紧紧围绕其以上两类文本展开,避免作蹈空的揣测和无依据的引申。

四是"甄别史料"。作为一个现代文化名人,丁玲的相关资料虽不能说完备,但也并不匮乏。为了保证本著的实证性、学术性,在开笔之前,我广泛地搜罗了相关资料;动笔之后,我也一直关注着新近披露的有关材料。在尽可能拥有相对齐备的史料以后,我进而做了甄别取舍的工作:一方面,对那些与本著所立主脑紧密相关的资料,如系有争议的孤证,一概不予采信;如对于同一事实有不同说法,而又无足够依据作出取舍时,一般同时列出以备考。另一方面,对那些与本著所立主脑无甚关涉的资料(如毛泽东与江青结婚时,丁玲受邀而因事未去;丁玲与陈明的恋爱过程,等等),即使真实,也一概不予采用。

以上四个构想(尤其是第一个构想)的贯彻,可能使本著成了有别于其他同类著作的一种。至于在本著中这些构想贯彻得怎样,甚至这些构想本身是否有其价值,只有敬请读者评说了。

2012 年 8 月 21 日于南京

图书在版编目(CIP)数据

丁玲评传 / 秦林芳著. —南京：南京大学出版社，
2012.12

(中国现代文化名人评传丛书)

ISBN 978-7-305-10956-0

Ⅰ.①丁… Ⅱ.①秦… Ⅲ.①丁玲(1904～1986)-
评传 Ⅳ.①K825.6

中国版本图书馆 CIP 数据核字(2012)第 304095 号

出 版 者　南京大学出版社
社　　 址　南京市汉口路 22 号　　邮　编　210093
网　　 址　http://www.NjupCo.com
出 版 人　左　健
丛 书 名　中国现代文化名人评传
书　　 名　丁玲评传
著　　 者　秦林芳
责任编辑　马蓝婕　　　　　　　编辑热线 025-83594071
照　　 排　南京紫藤制版印务中心
印　　 刷　南京爱德印刷有限公司
开　　 本　635×965　1/16　印张 35　字数 420 千
版　　 次　2012 年 12 月第 1 版　2012 年 12 月第 1 次印刷
ISBN　978-7-305-10956-0
定　　 价　87.00 元

发行热线　025-83594756
电子邮箱　Press@NjupCo.com
　　　　　Sales@NjupCo.com(市场部)

出版统筹　金鑫荣

责任编辑　马蓝婕

责任校对　陶　韬

装帧设计　敬人书籍设计工作室
　　　　　吕敬人 + 杨 婧